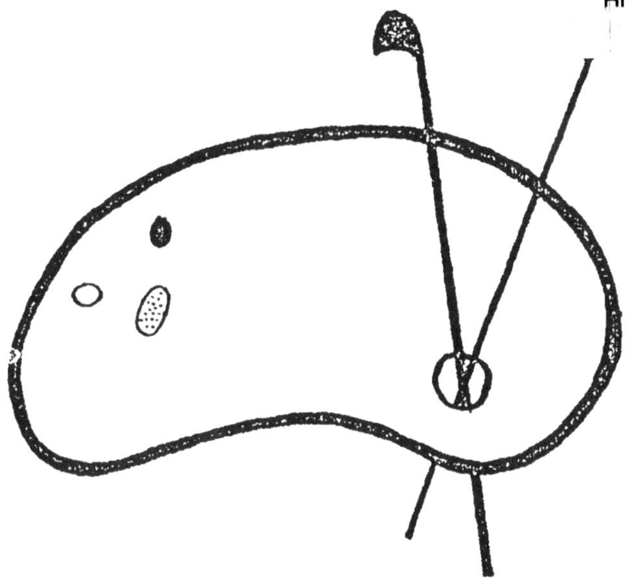

COUVERTURE SUPERIEURE ET INFERIEURE
EN COULEUR

Bibliothèque
Historique & Scientifique

P. HUC

Voyage
dans la Tartarie
et le Thibet

VOYAGE

dans la Tartarie et le Thibet

C'était une reine du pays des khalkas. (P. 29.)

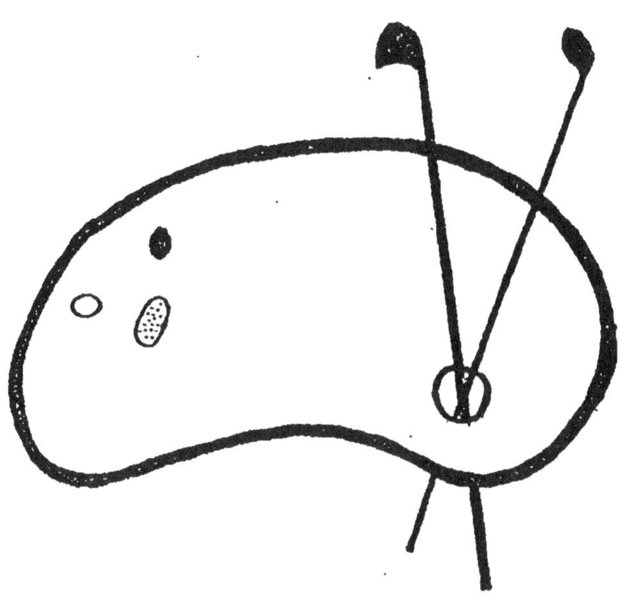

M. HUC
ancien missionnaire apostolique

VOYAGE

dans la Tartarie

et le Thibet

ÉTABLISSEMENTS CASTERMAN, S. A.
ÉDITEURS PONTIFICAUX
Paris, Rue Bonaparte, 66 — Tournai, (Belgique)

LA TARTARIE

I

La Mission française de Pékin, jadis si florissante sous les premiers empereurs de la dynastie tartare-mandchoue, avait été désolée et presque détruite par les nombreuses persécutions de *Kia-King* [1]. Les Missionnaires avaient été chassés ou mis à mort ; et, en ce temps, l'Europe était dans de trop grandes agitations, pour qu'on pût aller au secours de ces chrétientés lointaines. Longtemps elles furent presque abandonnées ; aussi, quand les Lazaristes français reparurent à Pékin, ils ne trouvèrent plus que débris et ruines. Grand nombre de chrétiens, pour se soustraire aux poursuites de l'autorité chinoise, avaient passé la grande muraille, et étaient allés demander aux déserts de la Tartarie un peu de paix et de liberté, vivant çà et là de quelques coins de terre que les Mongols leur permettaient de cultiver. A force de persévérance, les Missionnaires finirent par réunir ces chrétiens dispersés, se fixèrent au milieu d'eux, et dirigèrent de là l'ancienne Mission de Pékin, confiée immédiatement aux soins de quelques Lazaristes chinois. Les Missionnaires français n'auraient pu, sans imprudence, s'établir comme autrefois, au sein de la capitale de l'Empire. Leur présence eût compromis l'avenir de cette Mission à peine renaissante.

En visitant les chrétiens chinois de la Mongolie, plus d'une fois nous eûmes

---

(1) Cinquième empereur de la dynastie tartare-mandchoue. Il monta sur le trône en 1799

occasion de faire des excursions dans la *Terre-des-Herbes* [1], et d'aller nous asseoir sous la tente des Mongols. Aussitôt que nous eûmes connu ce peuple nomade, nous l'aimâmes et nous nous sentimes au cœur un grand désir de lui annoncer la loi évangélique. Nous consacrâmes dès lors tous nos loisirs à l'étude des langues tartares. Dans le courant de l'année 1842, le Saint-Siège vint mettre enfin le comble à nos vœux, en érigeant la Mongolie en vicariat apostolique.

Vers le commencement de l'année 1844, arrivèrent les courriers de *Si-Wang* [2], petite chrétienté chinoise, où le vicaire apostolique de Mongolie a fixé sa résidence épiscopale. Le prélat nous envoyait ses instructions pour le grand voyage que nous étions sur le point d'entreprendre, dans le dessein d'étudier le caractère et les mœurs des Tartares, et de reconnaître, s'il était possible, l'étendue et les limites du vicariat. Ce voyage, que nous méditions depuis longtemps, fut enfin arrêté; et nous envoyâmes un jeune Lama, nouvellement converti, à la recherche de quelques chameaux que nous avions mis au pâturage dans le royaume de *Naiman* En attendant son retour, nous nous hâtâmes de terminer les ouvrages mongols, dont la rédaction nous occupait depuis quelque temps.

Nos petits livres de prières et de doctrine étaient prêts; mais notre jeune Lama n'avait pas encore paru. Nous pensions pourtant qu'il ne pouvait guère tarder. Nous quittâmes donc la vallée des *Eaux-Noires* [3], pour aller l'attendre aux *Gorges-Contiguës* [4]. Ce dernier poste nous paraissait plus favorable pour faire les préparatifs de notre voyage. Cependant les jours s'écoulaient dans une vaine attente; les fraîcheurs de l'automne commençaient à se faire piquantes, et nous redoutions beaucoup de commencer nos courses à travers les déserts de la Tartarie pendant les froidures de l'hiver. Nous résolûmes donc d'envoyer à la découverte de nos chameaux et de notre Lama. Un catéchiste de bonne volonté, homme d'expédition et bon marcheur, se mit en route. Au jour fixé il fut de retour. Mais ses recherches avaient été à peu près infructueuses. Seulement il avait appris d'un Tartare que notre Lama était parti depuis quelques jours pour nous reconduire nos chameaux. Aussi, grande fut la surprise du courrier quand il sut que personne n'avait encore paru. « Comment, disait-il, est-ce donc que j'ai le jarret meilleur qu'un chameau? Ils sont partis de *Naiman* avant moi..., et me voici arrivé avant eux! Mes pères spirituels, encore un jour de patience; je réponds que chameaux et Lama, tout sera ici demain. » Plusieurs jours se passèrent, et nous étions toujours dans la même position. Nous renvoyâmes le courrier encore une fois à la découverte, en lui recommandant d'aller jusque sur les lieux mêmes où les chameaux avaient été mis au pâturage, de voir les choses de ses propres yeux, sans se fier aux rapports de qui que ce fût.

---

(1) Nom par lequel on désigne les pays incultes de la Tartarie. — *Tsao-Ti*.

(2) Petit village chinois, situé au nord de la grande muraille, et éloigné de *Suen-Hoa Fou* d'une journée de chemin.

(3) Hé-Chuy.

(4) Pié-lié Keou.

Pendant ces jours de pénible attente, nous continuâmes d'habiter les *Gorges-Contiguës*, pays tartare dépendant du royaume *Ouniot* [1]. Ces contrées paraissent avoir été bouleversées par de grandes révolutions. Les habitants actuels prétendent que, dans les temps anciens, le pays était occupé par des tribus coréennes. Elles en auraient été chassées par les guerres, et se seraient réfugiées dans la presqu'île qu'elles possèdent encore aujourd'hui, entre la mer Jaune et la mer du Japon. On rencontre assez souvent, dans cette partie de la Tartarie, des restes de grandes villes, et des débris de châteaux forts assez semblables à ceux du moyen-âge de l'Europe. Quand on fouille parmi ces décombres, il n'est pas rare de trouver des lances, des flèches, des débris d'instruments aratoires et des urnes remplies de monnaies coréennes.

Vers le milieu du dix-septième siècle, les Chinois commencèrent à pénétrer dans ce pays. A cette époque il était encore magnifique; les montagnes étaient couronnées de belles forêts, les tentes mongoles étaient disséminées çà et là dans le fond des vallées parmi de gras pâturages. Pour un prix très modique, les Chinois obtinrent la permission de défricher le désert. Peu à peu la culture fit des progrès; les Tartares furent obligés d'émigrer et de pousser ailleurs leurs troupeaux. Dès lors le pays changea bientôt de face. Tous les arbres furent arrachés, les forêts disparurent du sommet des montagnes, les prairies furent incendiées, et les nouveaux cultivateurs se hâtèrent d'épuiser la fécondité de cette terre.

Maintenant ces contrées ont été presque entièrement envahies par les Chinois; et c'est peut-être à leur système de dévastation qu'on doit attribuer cette grande irrégularité des saisons qui désole ce malheureux pays. Les sécheresses y sont fréquentes; presque chaque année les vents du printemps dessèchent les terres. Le ciel prend un aspect sinistre, et les peuples effrayés sont dans l'attente de grandes calamités. Les vents redoublent de violence, et durent quelquefois jusque bien avant dans la saison de l'été. On voit alors la poussière s'élever par tourbillons au haut des airs; l'atmosphère devient obscure et ténébreuse; et souvent en plein midi on est environné des horreurs de la nuit, ou plutôt d'une obscurité épaisse, palpable, en quelque sorte, et mille fois plus affreuse que la nuit la plus sombre. Après ces ouragans, la pluie ne se fait pas longtemps attendre. Mais alors on la redoute plus qu'on ne la désire; car d'ordinaire elle tombe avec fureur. Quelquefois le ciel se brise et s'ouvre brusquement, en laissant échapper tout à coup, comme une immense cascade, toute l'eau dont il était chargé; bientôt les champs et les moissons disparaissent sous une mer boueuse, dont les énormes vagues suivent la pente des vallées et entraînent tout sur leur passage. Le torrent s'écoule avec vitesse, et quelques heures suffisent pour que le sol reparaisse. Mais plus de moissons, presque plus même de terres végétales. Il ne reste que des ravins profonds, encombrés de graviers, et où il n'y a plus d'espérance de pouvoir désormais faire passer la charrue.

La grêle tombe fréquemment dans ce malheureux pays, et souvent elle est

---

[1] Malgré le peu d'importance des tribus tartares, on leur donnera le nom de royaume, parce que le chef de ces tribus est appelé *Wang* (roi).

d'une grosseur extraordinaire. Nous y avons vu des grêlons de la pesanteur de douze livres. Il suffit quelquefois d'un instant pour exterminer des troupeaux entiers.

C'était dans ce triste pays que nous attendions avec quelque impatience le courrier que nous avions envoyé dans le royaume de *Naïman*. Le jour que nous avions fixé pour son retour arriva ; beaucoup d'autres s'écoulèrent encore ; mais toujours point de chameaux, point de Lama, et, ce qui nous paraissait le plus étonnant, point de courrier non plus. Nous étions poussés à bout ; nous ne pouvions vivre plus longtemps dans cette douloureuse et inutile attente. Nous imaginâmes d'autres moyens, puisque ceux que nous pensions avoir entre les mains s'étaient évanouis. Le jour du départ fut irrévocablement fixé ; il fut en outre réglé qu'un chrétien nous conduirait avec son chariot jusqu'à *Tolon-Noor*, éloigné des *Gorges-Contiguës* de près de cinquante lieues. A *Tolon Noor*, nous renverrions ce conducteur temporaire, pour nous enfoncer seuls dans le désert, et poursuivre ainsi notre pèlerinage. Ce projet faisait peur aux chrétiens ; ils ne comprenaient pas comment deux Européens pouvaient seuls entreprendre un long voyage dans un pays inconnu et ennemi ; mais nous avions des raisons pour tenir à notre résolution. Nous ne voulions pas de Chinois pour nous accompagner. Il nous paraissait absolument nécessaire de briser enfin les entraves dont on a su envelopper les Missionnaires de Chine. Les soins précautionneux, ou plutôt la pusillanimité d'un catéchiste, ne nous valaient rien dans les pays tartares ; un Chinois eût été pour nous un embarras.

Le dimanche, veille de notre départ, tout était prêt ; nos deux petites malles étaient cadenassées, et les chrétiens étaient déjà venus nous faire leurs adieux. Cependant, à la grande surprise de tout le monde, ce dimanche même, au soleil couchant, le courrier arriva. A peine eût-il paru, que, sur sa figure triste et déconcertée, il nous fut aisé de lire les fâcheuses nouvelles qu'il apportait. « Mes pères spirituels, dit-il, les choses sont mauvaises ; tout est perdu, il n'y a plus rien à attendre ; dans le royaume de *Naïman*, il n'existe plus de chameaux de la sainte Eglise. Le Lama, sans doute, a été tué ; à mon avis, le diable est pour beaucoup dans cette affaire. »

Les doutes et les craintes font souvent plus souffrir que la certitude du mal. Ces nouvelles, quoique accablantes, nous tirèrent de notre perplexité, sans changer en rien le plan que nous avions arrêté. Après avoir subi les longues condoléances de nos chrétiens, nous allâmes nous coucher, bien persuadés que cette nuit serait enfin celle qui précéderait notre vie nomade.

La nuit était déjà bien avancée, lorsque, tout à coup, des voix nombreuses se firent entendre au dehors ; des coups bruyants et multipliés ébranlaient la porte de notre habitation. Tout le monde se lève à la hâte ; notre jeune Lama, les chameaux, tout était arrivé ! Ce fut comme une petite révolution. L'ordre du jour fut spontanément changé. Ce ne serait plus le lundi qu'on partirait, mais bien le mardi ; ce ne serait pas en charrette, mais bien avec des chameaux, et tout à fait à la manière tartare. On alla donc se recoucher avec enthousiasme, mais on se garda bien de dormir ; chacun de son côté dépensa les rapides heures de la nuit à former des plans sur le plus prompt équipement possible de la caravane.

Le lendemain, tout en faisant les préparatifs pour le départ, notre Lama nous donna les raisons de son inexplicable retard. D'abord il avait éprouvé une longue maladie; ensuite il avait été longtemps à la poursuite d'un chameau qui s'était échappé dans le désert; enfin il avait été obligé de se rendre au tribunal pour se faire restituer un mulet qu'on lui avait volé. Un procès, une maladie, des animaux perdus, étaient des raisons plus que suffisantes pour le faire absoudre de son retard. Notre courrier était le seul qui ne participât point à la joie générale; car il était clair pour tout le monde qu'il s'était malhabilement tiré de la mission qui lui avait été confiée.

La journée du lundi fut entièrement employée à l'équipemeat de la caravane. Tout le monde fut mis à contribution. Les uns travaillaient à la réparation de notre maison de voyage, ou, pour parler plus clairement, les uns rapiéçaient une tente de grosse toile bleue, pendant que d'autres nous taillaient une bonne provision de clous de bois. Ici on écurait un chaudron de cuivre jaune, on consolidait un trépied disloqué; ailleurs on nous fabriquait des cordes, on rajustait les mille et une pièces des bâts de chameau. Tailleurs, charpentiers, chaudronniers, cordiers, bourreliers; gens de tout art et de tout métier abondaient dans la petite cour de notre habitation. Car, enfin, grands et petits, tous nos chrétiens voulaient et entendaient que leurs pères spirituels ne se missent en route que munis de tout le confortable possible.

Le mardi matin, il ne restait plus qu'à perforer les naseaux des chameaux, et faire passer dans le trou une cheville de bois qui devait en quelque façon servir de mors. Ce soin fut laissé à notre jeune Lama. Les cris sauvages et perçants que poussaient nos pauvres dromadaires, pendant cette douloureuse opération, eurent bientôt rassemblé tous les chrétiens du village. En ce moment notre Lama devint exclusivement le héros de l'expédition. La foule était rangée en cercle autour de lui. Chacun voulait voir comment, en tirant par petits coups la corde qui était attachée à la cheville enclavée dans le nez des chameaux, il savait les faire obéir' et les faire accroupir à volonté. C'était chose nouvelle et curieuse pour les Chinois, que de voir notre Lama arranger et ficeler sur le dos des chameaux les bagages des deux Missionnaires voyageurs. Quand tout fut prêt, nous bûmes une tasse de thé, et nous nous rendîmes à la chapelle. Les chrétiens chantèrent les prières du départ; nous reçumes leurs adieux mêlés de larmes, et nous nous mîmes en route. Samdadchiemba [1], gravement placé sur un mulet noir de taille rabougrie, ouvrait la marche en traînant après lui deux chameaux chargés de nos bagages, puis suivaient les deux Missionnaires, MM. Gabet et Huc : le premier, monté sur une grande chamelle; l'autre, sur un cheval blanc.

Nous partîmes, bien décidés à abdiquer nos anciens usages et à nous faire Tartares. Cependant nous ne fûmes pas tout d'un coup, et dès notre premier pas, entièrement débarrassés du système chinois. Outre que nous nous étions mis en marche escortés de chrétiens chinois qui, les uns à pied, les autres à cheval, nous

---

(1. Nom thibétain de notre chamelier.

accompagnaient un instant par honneur, nous devions prendre pour étape de notre première journée une auberge tenue par le grand catéchiste des *Gorges-Contiguës*.

La marche de notre petite caravane ne s'exécuta pas tout d'abord avec un plein succès. Nous étions encore novices et tout à fait inexpérimentés dans l'art de seller et de conduire des chameaux; aussi presque à chaque instant nous étions obligés de faire halte, tantôt pour arranger quelque bout de corde ou de bois qui blessait les animaux, tantôt pour consolider nos bagages mal assurés et qui sans cesse menaçaient de chavirer. Malgré ces retards continuels nous avancions pourtant; mais c'était toujours avec une inexprimable lenteur. Après avoir parcouru trente-cinq lis, [1] nous sortîmes des champs cultivés pour entrer dans la Terre-des-Herbes. La marche fut alors plus régulière, les chameaux se trouvaient plus à leur aise au milieu du désert, et leurs pas semblaient devenir plus rapides.

Nous gravîmes une haute montagne; mais les dromadaires savaient se dédommager de la peine qu'ils prenaient en broutant à droite et à gauche de tendres tiges de sureau ou quelques feuilles de rosier sauvage. Les cris que nous étions obligés de pousser, pour aiguilloner ces animaux nonchalants, allaient donner l'épouvante à des renards, qui sortaient de leurs tanières et s'enfuyaient à notre approche. A peine fûmes-nous arrivés sur le sommet de cette montagne escarpée, que nous aperçûmes dans l'enfoncement l'auberge chrétienne de *Yan-Pa-Eul*. Nous nous y acheminâmes, et la route nous fut continuellement tracée par de fraîches et limpides eaux, qui, sortant des flancs de la montagne, vont se réunir à ses pieds et forment un magnifique ruisseau qui entoure l'auberge. Nous fûmes reçus par l'aubergiste en chef, ou, en style chinois, par *l'intendant de la caisse*.

On rencontre quelquefois dans la Tartarie, non loin des frontières de Chine, quelques auberges isolées au milieu du désert; elles se composent ordinairement d'une immense enceinte carrée, formée par de longues perches entrelacées de broussailles. Au milieu de ce carré est une maison de terre, haute tout au plus de dix pieds. A part quelques misérables petites chambres à droite et à gauche, le tout consiste en un vaste appartement, qui sert à la fois de cuisine, de réfectoire et de dortoir. Quand les voyageurs arrivent, ils se rendent tous dans cette grande salle, essentiellement sale, puante et enfumée. Un long et large *kang* est la place qui leur est destinée. On appelle *kang* une façon de fourneau qui occupe plus des trois quarts de la salle. Il s'élève à la hauteur de quatre pieds, et la voûte en est plate et unie : sur ce *kang* est une natte en roseaux; les personnes riches étendent de plus sur cette natte des tapis de feutre ou des pelleteries. Sur le devant, trois immenses chaudières incrustées dans la terre glaise servent à préparer le brouet des voyageurs. Les ouvertures par où l'on chauffe ces marmites monstrueuses communiquent avec l'intérieur du *kang* et y transmettent la chaleur : de sorte que continuellement, même pendant les terribles froids de l'hiver, la température y est très élevée. Aussitôt que les voyageurs arrivent, l'intendant de la caisse les

(1) Le li chinois est le dixième de la lieue de France.

invite à monter sur le *kang* ; on va s'y asseoir, les jambes croisées à la manière des tailleurs, autour d'une grande table dont les pieds ont tout au plus cinq ou six pouces de hauteur. La partie basse de la salle est réservée pour les gens de l'auberge, qui vont et viennent, entretiennent le feu sous les chaudières, font bouillir le thé, ou pétrissent la farine d'avoine et de sarrasin pour le repas des voyageurs. Le *kang* de ces auberges tartaro-chinoises est le théâtre le plus animé et le plus pittoresque qu'on puisse imaginer : c'est là qu'on mange, qu'on boit, qu'on fume, qu'on joue, qu'on crie et qu'on se bat. Quand le soir arrive, ce *kang*, qui a servi tour à tour, pendant la journée, de restaurant, d'estaminet et de tripot, se transforme tout à coup en dortoir. Les voyageurs déroulent leurs couvertures, s'ils en ont, ou bien ils s'arrangent sous leurs habits les uns à côté des autres. Quand les hôtes sont nombreux, on se place sur deux lignes, mais toujours de manière à ce que les pieds soient opposés. Quoique tout le monde se couche, il ne s'ensuit pas que tout le monde s'endort ; pendant que quelques-uns ronflent consciencieusement, les autres fument, boivent du thé ou s'abandonnent à de bruyantes causeries. Ce fantastique tableau, à demi éclairé par la lueur terne et blafarde de la lampe, pénètre l'âme d'un vif sentiment d'horreur et de crainte. La lampe de ces hôtelleries est peu remarquable par son élégance ; ordinairement c'est une tasse cassée, contenant une longue mèche qui serpente dans une huile épaisse et nauséabonde. Ce fragment de porcelaine est niché dans un trou pratiqué dans le mur, ou bien placé entre deux chevilles de bois qui lui servent de piédestal.

L'intendant de la caisse nous avait préparé pour logement son petit cabinet particulier. Nous y soupâmes, mais nous ne voulûmes pas y coucher ; puisque nous étions voyageurs tartares et en possession d'une bonne et belle tente, nous entendions la dresser pour faire notre apprentissage. Cette résolution ne fâcha personne ; on comprit que nous agissions ainsi, non pas par mépris de l'auberge, mais par amour de la vie patriarcale. Quand donc la tente fut tendue, quand nous eûmes déroulé par terre nos peaux de bouc, nous allumâmes un grand feu de broussailles pour nous réchauffer un peu, car les nuits commençaient déjà à ê're froides. Aussitôt que nous fûmes couchés, l'*inspecteur des ténèbres* se mit à frapper à coups redoublés sur un tam-tam. Le bruit vibrant et sonore de cet instrument d'airain allait se répercuter dans les vallons, et donner l'épouvante aux tigres et aux loups qui fréquentent ces déserts.

Le jour n'avait pas encore paru que nous étions sur pied. Avant de nous mettre en route, nous avions à faire une opération de grande importance ; nous devions changer de costume, et en quelque sorte nous métamorphoser. Les Missionnaires qui résident en Chine portent tous, sans exception, les habits des Chinois ; rien ne les distingue des séculiers, des marchands, rien ne leur donne extérieurement le moindre caractère religieux. Il est fâcheux qu'on soit obligé de s'en tenir à ces habits séculiers ; car ils sont un grand obstacle à la prédication de l'Evangile. Parmi les Tartares, *un homme noir*[1] qui se mêle de parler de

(1) Les Tartares appellent *hara houmou* (homme noir) les séculiers, peut-être à cause des cheveux qu'ils laissent croître. C'est par opposition à la tête blanche des Lamas, qui sont obligés de se raser la tête.

religion, n'excite que le rire ou le mépris. Un homme noir est censé s'occuper des choses du monde; les affaires religieuses ne le regardent pas; elles appartiennent exclusivement aux Lamas. Les raisons qui semblent avoir établi et conservé l'usage de l'habit mondain parmi les Missionnaires de Chine n'existant plus pour nous, nous crûmes pouvoir nous en dépouiller. Nous pensâmes que le temps était venu de nous donner enfin un extérieur ecclésiastique, et conforme à la sainteté de notre ministère. Les intentions que nous manifesta à ce sujet notre vicaire apostolique dans ses instructions écrites étant conformes à notre désir, nous ne balançâmes point. Nous résolûmes d'adopter le costume séculier des Lamas thibétains; nous disons costume séculier, parce qu'ils en ont un spécialement religieux, dont ils se revêtent quand ils prient dans les pagodes ou assistent à leurs cérémonies idolâtriques. Le costume des Lamas thibétains fixa par préférence notre attention, parce qu'il était conforme aux habits que portait le jeune néophyte Samdadchiemba.

Nous annonçâmes aux chrétiens de l'hôtellerie que nous étions décidés à ne plus ressembler à des marchands chinois; que nous voulions retrancher la queue et raser entièrement la tête. Cette nouvelle mit en mouvement leur sensiblerie; il y en eut qui parurent verser des larmes; quelques-uns même cherchèrent par leurs discours à nous faire changer de résolution : mais leurs pathétiques paroles ne firent que glisser sur nos cœurs; un rasoir, que nous prîmes dans un petit paquet, fut la réponse que nous donnâmes à leur argumentation. Nous le mîmes entre les mains de Samdadchiemba, et il suffit d'un instant pour faire tomber la longue tresse de cheveux que nous laissions croître depuis notre départ de France. Nous revêtîmes une grande robe jaune, qui s'ajustait sur le côté droit par cinq boutons dorés; elle était serrée aux reins par une longue ceinture rouge; par-dessus cette robe nous passâmes un gilet rouge, terminé à sa partie supérieure par un petit collet de velours violet; un bonnet jaune surmonté d'une pommette rouge complétait notre nouveau costume.

Le déjeuner suivit cette opération décisive; mais il fut morne et silencieux. Quand l'intendant de la caisse apporta les petits verres et l'urne où fumait le vin chaud des Chinois, nous lui déclarâmes qu'ayant changé d'habit nous devions aussi modifier nos habitudes de vivre. « Emporte, lui dîmes-nous, ce vin et ce réchaud; dès aujourd'hui nous renonçons au vin et à la pipe. Tu sais, ajoutâmes-nous en riant, que les bons Lamas s'abstiennent de fumer et de boire du vin. » Les chrétiens chinois dont nous étions entourés ne riaient pas, eux; ils nous regardaient sans rien dire et d'un œil de commisération : car ils étaient persuadés au fond du cœur que nous mourrions de privations et de misère dans les déserts de la Tartarie. Quand le déjeuner fut fini, pendant que les gens de l'auberge pliaient la tente, sellaient les chameaux et organisaient le départ, nous prîmes quelques petits pains cuits à la vapeur d'eau, et nous allâmes cueillir le dessert sur les groseilliers sauvages, le long du ruisseau voisin. Bientôt on vint nous avertir que tout était prêt. Nous enfourchâmes nos montures, et nous prîmes la route de *Tolon-Noor*, accompagnés de notre seul Samdadchiemba.

Voilà donc que nous étions lancés seuls et sans guide au milieu d'un monde nouveau ! Désormais nous ne devions plus trouver devant nous des sentiers battus par des Missionnaires anciens ; car nous marchions à travers un pays où nul n'avait encore prêché la vérité évangélique. C'en était fait ; nous n'aurions plus à nos côtés ces chrétiens si empressés à nous servir, et cherchant toujours par leurs soins à former autour du Missionnaire comme une atmosphère de la patrie. Nous étions abandonnés à nous-mêmes, sur une terre ennemie, condamnés désormais à traiter nous-mêmes nos affaires, sans espoir d'entendre jamais sur notre route une voix de frère et d'ami... Mais qu'importe ? nous nous sentions au cœur courage et énergie ; nous marchions en la force de Celui qui a dit : *Allez, et instruisez toutes les nations ; voilà que je suis avec vous jusqu'à la consommation des siècles !*

Comme nous l'avons dit plus haut, Samdadchiemba était notre seul compagnon de voyage. Ce jeune homme n'était ni Chinois, ni Tartare, ni Thibétain. Cependant, au premier coup d'œil, il était facile de saisir en lui les traits qui distinguent ce qu'on est convenu d'appeler la race mongolique. Un nez large et insolemment retroussé, une grande bouche fendue en ligne droite, des lèvres épaisses et saillantes, un teint fortement bronzé, tout contribuait à donner à sa physionomie un aspect sauvage et dédaigneux. Quand ses petits yeux sortaient de dessous de longues paupières entièrement dépouillées de cils, et qu'il vous regardait en plissant la peau de son front, il inspirait tout à la fois des sentiments de confiance et de peur. Rien de tranché sur cette étrange figure : ce n'était ni la malicieuse ruse du Chinois, ni la franche bonhomie du Tartare, ni la courageuse énergie du Thibétain ; mais il y avait un peu de tout cela. Samdadchiemba était un *Dchiahour*. Dans la suite nous aurons occasion de parler avec quelques détails de la patrie de notre jeune chamelier.

A l'âge de onze ans, Samdadchiemba s'était échappé de sa lamaserie, pour se soustraire aux coups d'un maître dont il trouvait, disait-il, les corrections trop sévères. Il avait ensuite passé la plus grande partie de sa jeunesse errant et vagabond, tantôt dans les villes chinoises, tantôt dans les déserts de la Tartarie. Il était aisé de comprendre que cette vie d'indépendance avait peu poli l'aspérité naturelle de son caractère ; son intelligence était entièrement inculte ; mais en retour sa puissance musculaire était exhorbitante, et il n'était pas peu fier de cette qualité dont il aimait à faire parade. Après avoir été instruit et baptisé par M Gabet, il voulut s'attacher au service des Missionnaires. Le voyage que nous venions d'entreprendre était tout à fait en harmonie avec son humeur errante et aventureuse. Ce jeune homme ne nous était d'aucun secours pour nous diriger à travers les déserts de la Tartarie ; le pays ne lui était pas plus connu qu'à nous. Nous avions donc pour seuls guides une boussole et l'excellente carte de l'empire chinois par Andriveau-Goujon.

Dès notre sortie de l'auberge *Yan-Pa-Eul*, nous cheminâmes sans encombre et avec assez de succès, si l'on en excepte quelques malédictions que nous eûmes à essuyer de divers marchands chinois en traversant une montagne Les nombreux mulets, attelés aux lourds chariots qu'ils conduisaient, prenaient le mors aux dents aussitôt qu'ils apercevaient venir à eux notre petite file de chameaux. Saisis d'épouvante, ils cherchaient à fuir à droite ou à gauche, mettaient le désordre dans l'attelage, et quelquefois renversaient la voiture. Les conducteurs se vengeaient alors de ce contre-temps par mille imprécations contre la grosseur des chameaux et la couleur jaune de nos habits.

La montagne que nous gravissions est appelée *Sain-Oula*, c'est-à-dire la Bonne-Montagne. Il est probable que c'est par opposition qu'on lui donne ce nom; car elle est fameuse et renommée dans le pays par les accidents funestes et les aventures tragiques dont elle est le théâtre. Nous en fîmes l'ascension par un chemin rude, escarpé, et en grande partie encombré de débris de rochers.

Après avoir grimpé pendant près de trois heures, nous nous trouvâmes enfin au haut de la montagne, sur un immense plateau, qui, de l'est à l'ouest, compte une grande journée de chemin. Du nord au midi, le prolongement est incommensurable. Du haut de ce plateau on découvre au loin, dans les plaines de la Tartarie, les tentes des Mongols, rangées en amphithéâtre sur le penchant des collines, et ressemblant dans le lointain à de nombreuses ruches d'abeilles.

La *Bonne-Montagne* est fameuse par ses frimas. Il n'y a pas d'hiver où le froid n'y tue un nombre considérable de voyageurs. Souvent des convois entiers, n'arrivant pas aux jours marqués, sont retrouvés sur la montagne; mais hommes et animaux, tout est mort de froid. Aux dangers de la température se joignent ceux des voleurs et des bêtes féroces. Les brigands y sont, pour ainsi parler, à demeure fixe, attendant les voyageurs qui se rendent à *Tolon-Noor* ou qui en reviennent. Malheur à l'homme qui tombe entre les mains de ces brigands! Ils ne se contentent pas d'enlever l'argent et les animaux; ils arrachent même les habits, et abandonnent le malheureux détroussé à la merci du froid et de la faim.

Les voleurs de ces contrées savent assaisonner leur brigandage de politesse et de courtoisie. Ils n'ont pas la malhonnêteté de vous braquer un pistolet sur la gorge, et de vous crier brutalement : La bourse ou la vie! Ils se présentent modestement, et puis : Mon vieux frère aîné, je suis las d'aller à pied, veuille me prêter ton cheval... Je suis sans argent, veuille me prêter ta bourse... Il fait aujourd'hui bien froid, veuille me prêter ton habit... Si le vieux frère aîné a assez de charité pour prêter tout cela, on lui dit : Merci, mon frère; sinon, l'humble requête est spontanément appuyée de quelques coups de trique. Si cela ne suffit pas, on a recours au sabre.

Le soleil commençait à baisser que nous n'étions pas encore descendus du plateau. Nous songeâmes néanmoins à camper. Notre premier soin fut de chercher dans ces lieux sauvages un poste convenable, c'est-à-dire un endroit où il y eût du combustible, de l'eau et du pâturage, trois choses essentielles dans un campement. De plus, vu le mauvais renom de la *Bonne-Montagne*, nous désirions trouver un site solitaire et isolé. Peu aguerris encore et tout à fait novices dans la vie nomade, la pensée des voleurs nous préoccupait sans cesse. Nous avions toujours peur de camper en vue des passants qui auraient bien pu venir nuitamment nous dévaliser et enlever nos animaux. Un enfoncement entouré de grands arbres fut le lieu que nous adoptâmes. Après avoir fait accroupir nos chameaux et avoir mis bas les charges, nous allâmes essayer de dresser notre tente sur une place bien unie que nous avions remarquée au bord de la forêt impériale, et à côté d'une petite fontaine qui sortait de dessous le tronc d'un pin séculaire. La construction de notre petit palais de toile nous donna du tracas et de la fatigue.

> D'abord on s'y prit mal, puis un peu mieux, puis bien,
> Puis enfin il n'y manqua rien.

Après ce premier travail, nous installâmes notre portier. Car nous avons oublié de dire qu'un portier faisait partie de notre caravane. Un gros clou de fer fut enfoncé en terre jusqu'à la tête. La tête du clou était traversée d'un anneau suivi d'une longue chaîne, et au bout de la chaîne était retenu par un collier notre fidèle *Arsalam* [1], dont l'office était d'aboyer à l'approche des étrangers. Ayant ainsi assuré l'inviolabilité du territoire dont nous venions de prendre possession, nous allâmes recueillir des *argols* [2], et faire quelques fagots de branches sèches. Bientôt la cuisine fut en train. Dès que nous vîmes l'eau de notre chaudière entrer en ébullition, nous y précipitâmes quelques paquets de *Kouamien*, ou pâte préparée d'avance, et tirée en fil à peu près à la façon du vermicelle. En guise d'assaisonnement, nous y ajoutâmes quelques rognures d'une assez belle tranche de lard, dont nous avaient fait hommage les chrétiens de *Yau-Pa-Eul*. A peine le ragoût fut-il soupçonné cuit à point, que chacun exhiba de son sein son écuelle de bois, et la remplit de *Kouamien*. Notre souper était détestable, immangeable! Nous nous regardâmes en riant, mais au fond du cœur un peu contrariés, car nous sentions que nos entrailles se tordaient de faim. Les fabricants de *Kouamien* le salent ordinairement pour le rendre incorruptible et pouvoir le conserver longtemps en magasin. Celui que nous avions acheté était horriblement salé. Il fallut donc se résigner à recommencer l'opération. Nous donnâmes le premier bouillon à *Arsalam*, qui n'en voulut pas, et après avoir fait le lavage à grande eau de cette misérable soupe, nous la fîmes bouillir une seconde fois. Cette seconde expérience ne fut guère plus heureuse que la première. Le potage demeurant toujours excessivement salé, nous fûmes contraints d'y renoncer. Mais Samdadchiemba, dont l'estomac était accoutumé et aguerri à toute sorte de cuisine, se précipita avec héroïsme sur la chaudière. Pour nous, dans ce contre-temps, nous eûmes recours au sec et au froid, comme disent les Chinois. Nous prîmes quelques petits pains dans le sac des provisions, et nous dirigeant vers la forêt de l'Empereur, nous cherchâmes à assaisonner au moins notre repas d'une agréable promenade.

Notre premier souper de la vie nomade fut moins triste que nous ne l'avions craint tout d'abord. La Providence nous fit rencontrer dans la forêt des fruits délicieux, des *Ngao-lu-Eul* et des *Chan-li-Houng*. Le premier de ces fruits est une espèce de cerise sauvage, mais dont le goût est très agréable. Il croît sur une petite

(1) Mot tartare-mongol qui signifie lion.
(2) Les Tartares appellent *argol* la fiente des animaux, lorsqu'elle est desséchée et propre au chauffage.

tige qui n'a guère que quatre ou cinq pouces de hauteur. Le *Chan-ly Houng* est une toute petite pomme, rouge ponceau, et d'une saveur aigrelette ; on en fait une compote vraiment succulente. L'arbre qui produit le *Chan-ly-Houng* est petit, mais très rameux.

La forêt impériale comprend plus de cent lieues du nord au midi, et près de quatre-vingts de l'est à l'ouest.

Les cerfs et les chevreuils se promènent dans cet immense parc, par troupeaux innombrables. Les tigres, les sangliers, les ours, les panthères et les loups n'y sont guère moins nombreux. Malheur aux bûcherons et aux chasseurs qui s'aventurent seuls ou en petit nombre dans les labyrinthes de la forêt ; ils disparaissent, sans que jamais on en puisse découvrir les moindres vestiges.

La crainte de rencontrer quelqu'une de ces bêtes féroces nous empêcha de prolonger trop longtemps notre promenade. La nuit d'ailleurs commençait déjà à se faire, nous nous hâtâmes de regagner notre tente.

Notre premier sommeil dans le désert fut assez paisible. A peine le jour commençait à blanchir, que nous nous levâmes. Une poignée de farine d'avoine détrempée dans du thé bouillant nous servit de déjeuner, et après avoir chargé nos chameaux, nous nous remîmes en marche. Nous étions toujours sur le plateau de la *Bonne-Montagne*. Bientôt nous nous trouvâmes en présence du grand *Obo*, au pied duquel les Tartares viennent adorer l'esprit de la montagne. Ce monument n'est autre chose qu'un énorme tas de pierres amoncelées sans ordre. A la base est une grande urne de granit dans laquelle on brûle de l'encens. Le sommet est couronné d'un grand nombre de branches desséchées, fixées au hasard parmi les pierres. Au-dessus de ces branches sont suspendus des ossements et des banderoles, chamarrées de sentences thibétaines ou mongoles. Les dévots qui passent devant l'*Obo* ne se contentent pas de faire des prostrations et de brûler des parfums, ils jettent encore de l'argent en assez grande quantité sur ce tas de pierres. Les Chinois qui passent par cette route ne manquent pas non plus de s'arrêter devant l'*Obo* ; mais après avoir fait quelques génuflexions, ils ont soin de recueillir les offrandes que les Mongols ont eu la bonhomie d'y déposer.

Dans toutes les contrées de la Tartarie, on rencontre fréquemment de ces monuments informes ; toutes les montagnes en sont couronnées, et les Mongols en font l'objet de fréquents pèlerinages. Ces *Obo* nous rappelaient involontairement ces lieux élevés, *loca excelsa*, dont parle la Bible, et où les Juifs portaient souvent leurs adorations, contre la défense des prophètes.

Il était près de midi quand le terrain, commençant à s'incliner, nous avertit que nous touchions à la fin du plateau. Nous descendîmes par une pente rapide dans une vallée profonde, où nous trouvâmes une petite station mongole. Nous passâmes sans nous y arrêter, et nous allâmes dresser notre tente sur les bords d'un petit étang. Nous étions dans le royaume de *Gechekten*, pays coupé de collines et arrosé par de nombreux ruisseaux Les pâturages et le bois de chauffage s'y rencontrent partout en abondance. Mais les voleurs désolent incessamment ces malheureuses contrées. Les Chinois les ont envahies depuis longtemps, et en ont fait comme l'asile de tous les malfaiteurs. Habitant de *Gechekten* est devenu maintenant synonyme d'homme sans foi ni loi, qui n'a horreur d'aucun meurtre et ne recule devant aucun crime. On dirait que, dans ce pays, la nature a vu avec regret les hommes empiéter sur ses droits. Partout où la charrue a passé, le terrain est devenu triste, aride et sablonneux. On n'y récolte que de l'avoine, dont les habitants se nourrissent habituellement. Dans le pays, il n'y a qu'un seul endroit de commerce, appelé en mongol *Altan-Somé* (temple d'or). C'était d'abord une grande lamaserie qui contenait près de deux mille Lamas. Peu à peu les Chinois s'y sont transportés, pour trafiquer avec les Tartares. En 1843, nous eûmes occasion de visiter ce poste ; il avait déjà acquis l'importance d'une ville. Une grande route part de *Altan-Somé*, et se dirige vers le nord. Elle traverse le pays des *Khalkha*, le fleuve *Keroulan*, les monts *Kinggan*, et va jusqu'à *Nertechinck*, ville de la Sibérie.

Le soleil venait de se coucher, et nous étions occupés dans l'intérieur de la tente à faire bouillir notre thé, lorsque Arsalan nous avertit par ses aboiements de la venue d'un étranger. Bientôt nous entendîmes le trot d'un cheval, et un cavalier parut à la porte. — *Mendou!* nous cria le Tartare, en portant ses deux mains jointes au front. L'ayant invité à boire une tasse de thé, il attacha son cheval à un clou de la tente, et vint prendre place autour du foyer. « Seigneurs Lamas, nous dit-il aussitôt qu'il fut assis, sous quelle partie du ciel êtes-vous nés ? — Nous sommes du ciel d'Occident. Et toi, quelle est ta patrie ? — Ma pauvre iourte est vers le nord, au fond de cette grande vallée qui est à notre droite. — Ton pays de *Gechekten* est un beau pays. » Le Mongol secoua la tête avec tristesse et ne répondit pas « Frères, ajoutâmes-nous, après un moment de silence, la terre des herbes est encore très étendue dans le royaume de *Gechekten*. Ne vaudrait-il pas mieux ensemencer vos prairies ? Que faites-vous de ces pays incultes ? De belles moissons ne sont-elles pas préférables à ces herbes ? » Il nous répondit avec un ton de conviction profonde : « Les Mongols sont faits pour vivre sous la tente et faire paître les troupeaux. Tant que cet usage s'est conservé dans notre royaume de *Gechekten*, nous avons été riches et heureux. Maintenant, depuis que les Mongols se sont mis à cultiver la terre et à bâtir des maisons, ils sont devenus pauvres. Les *Kitat* (Chinois) ont envahi le pays. Troupeaux, terre, maisons, tout a passé entre leurs mains. Il nous reste encore quelques prairies ; c'est là que vivent encore sous la tente ceux des Mongols qui n'ont pas été forcés par la misère à émigrer dans d'autres contrées. — Puisque les Chinois vous sont si funestes, pourquoi les avez-vous laissés pénétrer dans votre pays ? — Cette parole est une vérité ; mais vous ne l'ignorez pas, seigneurs Lamas, les Mongols sont simples, ils ont le cœur faible. Nous avons eu pitié de ces méchants *Kitat*, qui sont venus en pleurant nous demander l'aumône. On leur a laissé cultiver, par compassion, quelque peu de terre. Les Mongols ont insensiblement suivi leur exemple et abandonné la vie nomade. Ils ont bu leur vin et fumé leur tabac à crédit ; ils ont acheté leur toile. Mais quand le temps est venu de faire les comptes, tout a été fixé au quarante, au cinquante pour cent. Ils ont alors usé de violence, et les Mongols ont été forcés de leur abandonner tout, maisons, terres et troupeaux. — Vous ne pouvez donc pas demander justice aux tribunaux ? — Justice aux tribunaux! oh! c'est impossible; les *Kitat* savent parler et mentir. Il est impossible qu'un Mongol gagne un procès contre un *Kitat*... Seigneurs Lamas, tout est perdu pour le royaume de *Gechekten*... . ⸗ A ces mots, le Mongol se leva, nous fit une génuflexion, monta à cheval, et disparut promptement dans le désert.

Nous fîmes encore route pendant deux jours à travers le pays de *Gechekten*, et partout nous eûmes à remarquer le malaise et la souffrance de ses pauvres habitants. Cependant cette contrée est naturellement d'une richesse étonnante, surtout en mines d'or et d'argent; mais ces trésors eux-mêmes ont été souvent la cause des plus grandes calamités. Malgré la sévère défense d'exploiter les mines, il arrive quelquefois que les bandits chinois se réunissent par grandes troupes, et s'en vont les armes à la main fouiller les montagnes. Il existe des hommes qui ont une capacité remarquable pour découvrir des mines d'or : ils se guident, dit-on, d'après la conformation des montagnes et l'espèce des plantes qu'elles produisent. Il suffit d'un homme doué de ce funeste talent pour porter la désolation dans de vastes contrées; il se voit bientôt suivi de gens sans aveu qui arrivent par milliers, et alors le pays qui est assigné devient le théâtre des plus grands crimes. Pendant que quelques-uns s'occupent de l'exploitation de la mine, les autres vont exercer leur brigandage dans les alentours, ils ne respectent ni les propriétés, ni les personnes, et se portent à des excès qui surpassent tout ce qu'on peut imaginer; le désordre dure jusqu'à ce que leur audace se soit adressée à quelque mandarin assez courageux et assez puissant pour les écraser.

Des calamités de ce genre ont souvent désolé le pays de *Gechekten*; mais rien n'est comparable à ce qui eut lieu dans le royaume de *Ouniot* en 1841. A cette époque, un Chinois, *regardeur de mines d'or*, se transporta sur une montagne, et après avoir constaté la présence du métal qu'il cherchait, il fit appel à ses compatriotes. Aussitôt les bandits et les vagabonds accoururent de toute part jusqu'au nombre de douze mille; cette hideuse armée subjugua en quelque sorte le pays, et y exerça en toute liberté son brigandage pendant deux ans. La montagne presque tout entière passa au creuset; l'or en fut extrait en si grande quantité, qu'en Chine sa valeur diminua tout d'un coup de moitié. Les habitants de ces contrées portèrent en vain leur plainte aux mandarins chinois; ceux-ci, ne voyant aucun profit à se mêler de cette affaire, refusèrent d'y porter remède. Le roi de *Ouniot* n'osa pas non plus se mesurer avec ces brigands, dont le nombre augmentait toujours davantage.

Un jour la reine, se rendant à la sépulture de ses ancêtres, fut obligée de traverser le vallon où se trouvait réunie l'armée des mineurs; son char fut bientôt environné; on la contraignit brutalement d'en descendre, et ce ne fut que par le sacrifice de ses joyaux, qu'elle put obtenir de continuer sa route. De retour dans sa demeure, la reine manifesta hautement son indignation ; elle reprocha amèrement au roi sa lâcheté : Quelle honte! disait-elle, dans votre royaume, votre épouse même ne peut maintenant voyager en sûreté! Le roi de *Ouniot*, piqué de ces reproches, convoqua les hommes de ses deux bannières et marcha incontinent contre les mineurs; ceux-ci, ayant l'avantage du terrain et du nombre, se défendirent longtemps; mais enfin ils furent enfoncés par la cavalerie tartare qui en fit une horrible boucherie. Un grand nombre allèrent chercher une retraite dans l'intérieur de la mine ; les Mongols s'en aperçurent, et en bouchèrent l'entrée avec de grosses pierres. Pendant plusieurs jours on entendit les hurlements de ces malheureux ; mais on n'en eut pas pitié, et on les laissa mourir dans cet affreux réduit. Ceux qu'on prit vivants furent conduits au roi, qui leur fit crever les yeux et les laissa ensuite aller.

Nous venions de quitter le royaume de *Gechekten* pour entrer dans le *Thakar*, lorsque nous rencontrâmes un camp militaire, où stationnaient quelques soldats chinois chargés de veiller à la sûreté publique. L'heure de camper était venue ; mais ces soldats, au lieu de nous rassurer par leur présence, ne faisaient, au contraire, qu'accroître nos craintes, car nous savions qu'ils étaient eux-mêmes les plus hardis voleurs de la contrée. Nous allâmes donc nous blottir entre deux rochers, où nous trouvâmes juste ce qu'il fallait de place pour dresser notre tente. A peine eûmes-nous achevé d'organiser notre petite habitation, que nous aperçûmes dans le lointain, sur le flanc des montagnes environnantes, courir, au grand galop, de nombreux cavaliers. Dans leurs évolutions brusques et rapides, ils semblaient poursuivre une proie qui leur échappait sans cesse. Deux des cavaliers, qui sans doute nous avaient remarqués, coururent vers nous avec rapidité ; ils mirent pied à terre, et se prosternèrent à l'entrée de notre tente ; ces deux cavaliers étaient Tartares-Mongols. « Hommes de prière, nous dirent-ils pleins d'émotion, nous venons vous inviter à tirer un horoscope. Aujourd'hui on nous a volé deux chevaux ; il y a longtemps que nous cherchons en vain les traces des voleurs ; hommes dont le pouvoir et la science sont sans bornes, enseignez-nous dans quel endroit nous retrouverons nos chevaux. — Frères, leur répondîmes-nous, nous ne sommes pas Lamas de Bouddha ; nous ne croyons pas aux horoscopes. Dire qu'on a le pouvoir de faire retrouver les choses perdues, c'est proférer une parole mensongère et trompeuse... » Ces pauvres Tartares redoublèrent de sollicitations ; mais quand ils virent que nous étions inébranlables dans notre résolution, ils remontèrent à cheval pour regagner les montagnes.

Samdadchiemba avait gardé le silence, et n'avait paru faire aucunement attention à cet incident. Il était toujours resté accroupi auprès du foyer, sans détacher de ses lèvres une tasse de thé qu'il tenait embrassée de ses deux mains. Il fronça enfin les sourcils, se leva brusquement, et alla à la porte de la tente. Les cavaliers étaient déjà loin, mais le *Dchiahour* poussa un grand cri, et fit signe de la main pour les engager à revenir. Les Mongols, s'imaginant qu'on s'était décidé à leur tirer l'horoscope, ne balancèrent pas à rebrousser chemin. Aussitôt qu'ils furent à portée de la voix : « Mes frères Mongols, leur cria Samdadchiemba, à l'avenir soyez plus prudents ; veillez exactement auprès de vos troupeaux, et on ne vous volera pas. Retenez bien ces paroles, car elles valent mieux que tous les horoscopes du monde... » Après cette petite allocution, il rentra gravement dans la tente, et alla auprès du foyer continuer de boire son thé

Nous fûmes tout d'abord contrariés de ce singulier procédé ; mais comme les deux cavaliers n'en parurent pas choqués, nous finîmes par en rire. « Voilà qui est singulier, grommelait Samdadchiemba ; ces Mongols ne se donnent pas la peine de veiller sur leurs animaux ; et puis, quand on les leur a volés, ils courent partout se faire tirer des horoscopes. Personne ne leur parle franchement comme nous ; les Lamas les entretiennent dans cette crédulité, qui est pour eux une source d'un bon revenu. Au reste, ajouta Samdadchiemba, en faisant un geste d'impatience, il n'y a pas moyen de faire autrement. Si vous leur dites que vous ne savez pas tirer l'horoscope, ils ne vous croient pas ; ils demeurent convaincus qu'on est peu disposé à les obliger. Pour ce débarrasser d'eux, le plus court parti, c'est de leur donner une réponse à l'aventure. . » A ces mots, Samdadchiemba se prit à rire, mais d'un rire si expansif, que ses petits yeux en furent totalement masqués. « Est-ce que, par hasard, lui dîmes-nous, tu aurais quelquefois tiré l'horoscope ? — J'étais encore bien jeune ; j'avais tout au plus quinze ans ; je traversais alors la *bannière rouge* du *Thakar*. Je fus appelé par quelques Mongols, qui me conduisirent dans leur tente. Là, ils me prièrent de leur deviner où s'était sauvé un bœuf qu'ils avaient perdu depuis trois jours. J'avais beau leur prote ter que je ne savais pas deviner, que je n'avais pas même appris à lire. « Tu nous trompes, me disaient-ils, tu es un *Dchiahour*, et nous savons que les Lamas qui viennent de l'Occident savent toujours deviner un peu. » Comme je n'avais pas moyen de me tirer de cet embarras, je m'avisai de singer ce que j'avais vu quelquefois pratiquer par des Lamas, en pareille circonstance. Je chargeai quelqu'un d'aller chercher onze crottins de mouton, les plus secs qu'il pourrait rencontrer. Je fus servi à l'instant. Je m'assis gravement ; je comptai les crottins, je les divisai par catégories ; je les comptai de nouveau ; je les fis rouler sur ma robe ; enfin je dis aux Mongols, qui attendaient avec impatience le résultat de l'horoscope : « Si vous voulez trouver votre bœuf, allez le chercher du côté du nord. » Aussitôt que j'eus prononcé ces paroles, quatre chevaux furent sellés, quatre hommes montèrent dessus, et s'en allèrent au grand galop à travers le désert, se dirigeant toujours vers le nord. Par le plus grand des hasards, le bœuf fut retrouvé ; on me fêta pendant huit jours, et je ne partis qu'avec une bonne provision de beurre et de feuilles de thé. Maintenant que j'appartiens à la sainte Eglise, je sais que ces choses sont mauvaises et défendues. Sans cela, j'aurais bien dit un mot d'horoscope à ces deux cavaliers, et cela nous aurait peut-être valu de boire ce soir un bon thé au beurre. »

Ces chevaux volés ne justifiaient que trop le mauvais renom du pays où nous avions campé. Nous crûmes donc devoir prendre plus de précautions que les jours précédents. Avant que la nuit se fît, nous ramenâmes le cheval et le mulet, et nous les attachâmes à deux clous fixés à l'entrée de la tente. Nous fîmes accroupir nos chameaux à l'entour, de manière à intercepter tout passage. D'après ces dispositions, personne ne pouvait venir jusqu'à nous sans que nous fussions avertis par les chameaux qui, au moindre bruit, poussent des cris capables d'éveiller l'homme le plus profondément endormi. Enfin, après avoir suspendu à une des colonnes de la tente notre lanterne de voyage, que nous laissâmes allumée durant la nuit entière, nous essayâmes de prendre un peu de repos. Cette nuit fut pour nous une longue insomnie; quant au *Dchiahour*, que rien ne troublait jamais, nous l'entendîmes ronfler de toute la force de ses poumons jusqu'à l'aube du jour.

Nous fîmes de grand matin nos préparatifs de départ; car nous avions hâte de quitter cet endroit mal famé, et d'arriver à *Tolon-Noor*, dont nous n'étions plus éloignés que de quelques lieues.

Sur la route, un cavalier, qui venait avec impétuosité, s'arrêta brusquement devant nous. Après nous avoir regardés un instant : « Vous êtes les chefs des chrétiens des *Gorges-Contiguës?* » nous dit-il. Sur notre réponse affirmative, il continua sa route au galop, en tournant quelquefois la tête pour nous considérer encore. C'était un Mongol, qui avait l'intendance des troupeaux des *Gorges-Contiguës*. Il nous avait souvent vus dans cette chrétienté; mais l'étrangeté de notre nouveau costume l'avait empêché de nous reconnaître. Nous fîmes encore la rencontre des Tartares qui, la veille, étaient venus nous prier de leur tirer l'horoscope. Ils s'étaient rendus avant le jour sur la foire aux chevaux de *Tolon-Noor*, dans l'espérance d'y découvrir leurs animaux volés. Leurs recherches avaient été infructueuses.

Les nombreux voyageurs tartares et chinois que nous rencontrions sur notre route, étaient un indice que nous étions peu éloignés de la grande ville de *Tolon-Noor*. Déjà nous apercevions, loin devant nous, reluire aux rayons du soleil la toiture dorée de deux magnifiques lamaseries, qui sont bâties au nord de la ville. Nous cheminâmes longtemps à travers des tombeaux; car partout les hommes se trouvent environnés des débris des générations éteintes. En voyant cette population nombreuse comme enveloppée dans une vaste enceinte d'ossements et de pierres tumulaires, on eût dit la mort travaillant sans cesse au blocus des vivants. Dans cet immense cimetière, qui semble étreindre la ville, nous remarquâmes çà et là quelques petits jardins, où, à force de soins et de peines, on parvient à cultiver quelques méchants légumes : des poireaux, des épinards, des laitues dures et amères, et des choux pommés, qui, depuis quelques années venus de Russie, se sont merveilleusement acclimatés dans le nord de la Chine.

Si l'on excepte ces quelques plantes potagères, les environs de *Tolon-Noor* ne produisent absolument rien. Le sol est aride et sablonneux. Les eaux y sont extrêmement rares. Sur certains points seulement, on aperçoit quelques sources peu abondantes, et qui se dessèchent à la saison des chaleurs.

II

Notre entrée dans la ville de *Tolon-Noor* fut fatigante et pleine de perplexité ; car nous ne savions nullement où aller mettre le pied à terre. Nous errâmes longtemps comme dans un labyrinthe, en suivant des rues étroites, tortueuses, et où nos chameaux avaient peine à se faire jour au milieu d'un perpétuel encombrement d'hommes et de choses. Enfin nous entrâmes dans une auberge. Décharger nos chameaux, entasser notre bagage dans la petite chambre qu'on nous avait donnée, aller au marché acheter de l'herbe, la distribuer aux animaux, tout cela se fit sans perdre haleine. Le chef d'hôtellerie vint, selon l'usage, nous remettre un cadenas; après avoir cadenassé la porte de notre chambre, nous allâmes, sans perdre de temps, dîner en ville ; car nous étions affamés. Nous ne fûmes pas longtemps à découvrir un drapeau triangulaire, flottant devant une maison : c'était un restaurant. Nous y entrâmes, et un long corridor nous conduisit dans une salle spacieuse, où étaient distribuées avec ordre et symétrie de nombreuses petites tables. Nous nous assîmes et aussitôt on vint placer une théière devant chacun de nous; c'est le prélude obligé de tous les repas. Il faut boire beaucoup, et boire toujours bouillant, avant de prendre la moindre chose. Pendant qu'on est ainsi occupé à se gonfler de thé, on reçoit la visite de l'*intendant de la table*. C'est ordinairement un personnage aux manières élégantes, et doué d'une prodigieuse volubilité de langue; il connaît du reste tous les pays et les affaires de tout le monde. Il finit cependant par vous demander l'ordre du service; à mesure qu'on énonce les plats qu'on désire, il en répète les noms en chantant, afin de l'annoncer au *gouverneur de la marmite*. On est servi avec une admirable promptitude; mais avant de commencer le repas, l'étiquette exige qu'on se lève et qu'on aille inviter à la ronde tous les convives qui se trouvent dans la salle. « Venez, venez tous ensemble, leur crie-t-on en les conviant du geste, venez boire un petit verre de vin et manger un peu de riz. — Merci, merci, répond l'assemblée, venez plutôt vous asseoir à notre table, c'est nous qui vous invitons. » Après cette formule cérémonieuse, on a manifesté son honneur, comme on dit dans le pays, et on peut prendre son repas en homme de qualité.

Aussitôt qu'on se lève pour partir, l'*intendant de la table* paraît; pendant qu'on traverse la salle, il chante de nouveau la nomenclature des mets qu'on a demandés, et termine en proclamant la dépense totale, d'une voix haute et intelligible. On passe ensuite au bureau, et on verse à la caisse la somme désignée. En général, les restaurateurs chinois sont aussi habiles que ceux d'Europe pour exciter la vanité des convives, et pousser à la consommation des vivres.

Deux motifs nous avaient engagés à diriger d'abord notre marche vers *Tolon-Noor*. En premier lieu, nous avions à y faire quelques achats pour compléter nos ustensiles de voyage. De plus, il nous paraissait nécessaire de nous mettre en rapport avec les Lamas du pays, et de prendre des renseignements sur les points les plus importants de la Tartarie.

Les petites provisions que nous avions à faire nous fournirent l'occasion de parcourir les divers quartiers de la ville. *Tolon-Noor* (Sept-Lacs) est appelé par les Chinois *Lama-Miao*, c'est-à-dire Couvent-de-Lamas. Les Mandchoux la nomment *Nadam-Omo*, et les Thibétains, *Tsot-Dun*. Ces noms ne sont que la traduction de *Tolon-Noor*, et veulent dire également Sept-Lacs. Sur la carte publiée par M. Andriveau-Gonjon, cette ville est appelée *Djo-Naiman Saume* en mongol, *cent-huit Couvents*. Nous avons inutilement cherché d'où pouvait lui venir ce nom, que personne ne lui donne dans le pays.

Tolon-Noor n'est pas une ville murée, c'est une vaste agglomération de maisons laides et mal distribuées. Au milieu de ses rues étroites et tortueuses, on ne voit que bourbiers et cloaques. Pendant que les piétons marchent des deux côtés, à la file les uns des autres, sur un périlleux trottoir, les charrettes, les caravanes de chameaux et de mulets se traînent péniblement dans une boue noire, puante et profonde. Il arrive assez souvent que les voitures versent : et alors il serait difficile d'exprimer le désordre et l'encombrement de ces misérables rues. Les animaux meurent étouffés dans la boue; les marchandises périssent, ou tombent entre les mains des filous qui accourent en foule pour augmenter la confusion.

Malgré le peu d'agrément que présente *Tolon-Noor*, malgré la stérilité de ses environs, l'extrême froidure de l'hiver et les chaleurs étouffantes de l'été, la population de cette ville est immense, et le commerce y est prodigieux. Les marchandises russes y descendent par la route de *Kiakta*; les Tartares y conduisent incessamment de nombreux troupeaux de bœufs, de chameaux et de chevaux; à leur retour, ils emportent du tabac, des toiles et du thé en briques. Ce perpétuel va-et-vient d'étrangers donne à la population de *Tolon-Noor* un aspect vivant et animé. Les colporteurs courent dans les rues offrir aux passants les objets de leur petit commerce; les marchands, du fond de leurs boutiques, appellent et agacent les acheteurs par des paroles flatteuses et courtoises; les Lamas, aux habits éclatants de rouge et de jaune, cherchent à se faire admirer par leur adresse à conduire au galop, dans des passages difficiles, des chevaux fougueux et indomptés.

Les commerçants de la province du *Chan-Si* sont ceux qui sont en plus grand nombre dans la ville de *Tolon-Noor*; mais il en est peu qui s'y établissent d'une manière définitive. Après quelques années, quand leur coffre-fort est suffisamment rempli, ils s'en retournent dans leur pays. Sur cette vaste place de commerce, les Chinois finissent toujours par faire fortune, et les Tartares par se ruiner. *Tolon-Noor* est comme une monstrueuse pompe pneumatique, qui réussit merveilleusement à faire le vide dans les bourses mongoles.

Les magnifiques statues en fer et en airain qui sortent des grandes fonderies de *Tolon-Noor* sont renommées, non seulement dans toute la Tartarie, mais encore dans les contrées les plus reculées du Thibet. Ses immenses ateliers envoient dans tous les pays soumis au culte de Bouddha des idoles, des cloches, et divers vases usités dans les cérémonies idolâtriques. Les petites statues sont d'une seule pièce, mais les grandes sont coulées par parties, qui sont ensuite soudées ensemble. Pendant que nous étions à *Tolon-Noor*, nous vîmes partir pour le Thibet un convoi vraiment monstrueux : c'était une seule statue de Bouddha, chargée par pièces sur quatre-vingt-quatre chameaux. Un prince du royaume de *Oudchou-Mourdchin*, allant en pèlerinage à Lha-Ssa, devait en faire hommage au Talè-Lama.

Nous profitâmes de notre passage à *Tolon Noor* pour faire exécuter un Christ sur un magnique modèle en bronze, venu de France. On l'avait si bien réussi, qu'il était assez difficile de pouvoir distinguer la copie du modèle. Ces ouvriers chinois travaillent promptement, à bon marché, mais surtout avec une étonnante complaisance; ils sont bien loin d'avoir l'amour-propre et l'entêtement de certains artistes d'Europe. Toujours ils se conforment au goût de leurs pratiques, et font aisément le sacrifice de leurs propres idées. Ils font d'abord leur ouvrage en pâte; si on ne le trouve pas à sa fantaisie, ils recommencent jusqu'à ce qu'on leur permette de travailler au moule.

Durant notre séjour à *Tolon-Noor*, nous eûmes souvent occasion de visiter les lamaseries, et de nous mettre en rapport avec les prêtres idolâtres du bouddhisme. Les Lamas nous parurent peu instruits. En général, leur symbolisme n'est guère plus épuré que les croyances du vulgaire. Leur doctrine est toujours indécise et flottante au milieu d'un vaste panthéisme dont ils ne peuvent se rendre compte. Quand nous leur demandions quelque chose de net et de positif, ils étaient toujours dans un embarras extrême, et se rejetaient les uns sur les autres. Les disciples nous disaient que leurs maîtres savaient tout; les maîtres invoquaient la toute-science des grands Lamas; les grands Lamas eux-mêmes se regardaient comme des ignorants à côté des *saints* de certaines fameuses lamaseries. Toutefois, disciples et maîtres, grands et petits Lamas, tous s'accordaient à dire que la doctrine venait de l'Occident; ils étaient unanimes sur ce point. Plus vous avancerez vers l'Occident, nous disaient-ils, plus la doctrine se manifestera pure et lumineuse. Quand nous leur avions fait l'exposé des vérités chrétiennes, ils ne discutaient jamais; ils se contentaient de dire avec calme : Nous autres, nous n'avons pas là toutes les prières. Les Lamas de l'Occident vous expliqueront tout, vous rendront compte de tout; nous avons foi aux traditions venues de l'Occident.

Au reste, ces paroles ne sont que la confirmation d'un fait qu'il est aisé de remarquer sur tous les points de la Tartarie. Il n'est pas une seule lamaserie de quelque importance, dont le grand Lama ou supérieur ne soit un homme venu du Thibet. Un Lama quelconque, qui a fait un voyage à Lha-Ssa, est assuré d'obtenir à son retour la confiance de tous les Tartares. Il est regardé comme un homme supérieur, comme un voyant aux yeux duquel ont été dévoilés tous les mystères des vies passées et futures, au sein même de l'*éternel sanctuaire*, et dans la *terre des esprits*.

Après avoir mûrement réfléchi sur tous les renseignements que nous avions obtenus des Lamas, il fut décidé que nous dirigerions notre marche vers l'Occident. Le 1ᵉʳ octobre, nous partîmes de *Tolon-Noor;* et ce ne fut pas sans peine que nous parvînmes à traverser cette misérable ville. Nos chameaux ne pouvaient avancer à travers ces bourbiers, que par trébuchements et soubresauts. Les charges chancelaient, balançaient sans cesse; à chaque pas, nous tremblions de voir nos pauvres bêtes de somme perdre l'équilibre, et aller rouler dans la boue. Nous étions heureux, quand nous pouvions rencontrer quelque part une place un peu sèche pour faire accroupir les chameaux, et sangler de nouveau notre bagage. Samdadchiemba enrageait; il allait et venait sans proférer une seule parole, il se contentait de manifester son dépit en mordant ses lèvres.

Quand nous fûmes arrivés à l'extrémité de la ville, vers la partie occidentale, nous n'avions plus de cloaques à traverser; mais nous tombions dans un autre embarras. Devant nous, point de route tracée, pas le moindre sentier, c'était une longue et interminable chaîne de petites collines, d'un sable fin et mouvant, sur lequel nous ne pouvions avancer qu'avec beaucoup de peine et de fatigue. Au milieu de ces sablières, nous étions écrasés par une chaleur étouffante. Nos bêtes de charge étaient fumantes de sueur, et nous-mêmes nous étions dévorés par une soif ardente; mais c'était en vain que nous cherchions autour de nous quelques gouttes d'eau pour nous rafraîchir.

Il était déjà tard, et nous commencions à craindre de ne pouvoir rencontrer un endroit propice pour dresser notre tente. Le terrain se raffermit pourtant peu à peu, et nous pûmes découvrir enfin quelques traces de végétation. Bientôt les sables diminuèrent, et le sol devint de plus en plus beau et verdoyant. Nous aperçûmes sur notre gauche, et non loin de nous, l'ouverture d'une gorge. M. Gabet pressa sa chamelle, et courut au galop examiner ce poste. Il reparut bientôt sur le sommet d'une colline, il poussa un grand cri, et nous fit signe de la main. Nous nous dirigeâmes vers lui; car la Providence lui avait fait rencontrer un assez bon gîte. Un petit étang dont les eaux étaient à moitié cachées par des joncs épais et des plantes marécageuses, quelques broussailles disséminées çà et là sur les coteaux, c'était tout ce qu'il nous fallait. Altérés, affamés, fatigués comme nous l'étions, nous ne pouvions ambitionner rien de mieux.

A peine les chameaux furent-ils accroupis, que chacun de nous, spontanément et sans délibérer, n'eut rien de plus pressé que de prendre sa petite écuelle de bois et d'aller puiser quelques gorgées d'eau entre les joncs du marais; l'eau était assez fraîche, mais elle saisissait violemment le nez par une forte odeur hydrosulfurique. Je me ressouvins d'en avoir bu de semblable aux Pyrénées, dans la bonne ville d'Ax, et d'en avoir vu vendre dans les pharmacies de France : cette eau se vendait au moins quinze sous la bouteille, tant elle était puante et nauséabonde.

Après nous être suffisamment désaltérés, les forces revinrent petit à petit. Nous pûmes alors dresser la tente, et nous mettre avec énergie chacun à notre ouvrage. M. Gabet alla faire quelques petits fagots parmi les charmilles; Samdadchiemba ramassait des argols dans le pan de sa robe, et M. Huc, assis à l'entrée de la tente, essayait de s'initier à l'art culinaire, en vidant une poule dont Arsalan convoitait les entrailles d'un œil avide et attentif. Nous voulions au moins une fois, à travers les déserts, nous donner le luxe d'un petit festin; nous voulions, par patriotisme, régaler notre *Dchiahour* d'un mets conditionné d'après les règles du *Cuisinier français*. La volaille fut donc artistement dépecée et plongée au fond de notre grande chaudière. Quelques racines de sinapis confites, dans de l'eau salée, des oignons, une gousse d'ail et un piment rouge complétèrent l'assaisonnement. Bientôt le tout fut mis sans peine en ébullition; car ce jour-là nous étions riches en combustible. Samdadchiemba, après avoir plongé sa main dans la marmite, en retira un fragment de volaille dont il fit l'inspection : il annonça aux convives que l'heure était venue : alors la marmite fut aussitôt retirée de dessus le trépied, et placée sur le gazon. Nous nous assîmes tout auprès, de manière à pouvoir la toucher de nos genoux, et chacun des convives, armé de deux bâtonnets, s'efforça de saisir les morceaux qui flottaient à la surface d'un abondant liquide.

Quand le repas fut achevé, et après avoir remercié le bon Dieu du festin qu'il nous avait servi dans le désert, Samdadchiemba alla rincer le chaudron sur les bords de l'étang. Bientôt, pour compléter la fête, nous fîmes bouillir le thé mongol. Le thé dont use les Tartares mongols n'est pas préparé de la même manière que celui qui est consommé par les Chinois. Ces derniers, comme on sait, se servent, en général, des feuilles les plus petites et les plus tendres, qu'ils font simplement infuser dans l'eau bouillante, de manière à lui donner une teinte dorée. Les feuilles grossières, auxquelles se trouvent mêlées les branches les plus déliées, sont pressées et coagulées ensemble dans un moule, où elles prennent la forme et l'épaisseur des briques qui sont en usage dans la maçonnerie. Ainsi préparé, on le livre au commerce sous le nom de thé tartare, parce qu'il est presque exclusivement employé par ce peuple, si l'on en excepte toutefois les Russes, qui en font une grande consommation. Quand les Tartares veulent faire le thé, ils cassent un morceau de leur brique, le pulvérisent, et le font bouillir dans leur marmite, jusqu'à ce que l'eau devienne rougeâtre. Ils y jettent alors une poignée de sel, et l'ébullition recommence. Dès que le liquide est presque noir, on ajoute plein une écuelle de lait, puis on décante dans une grande urne cette boisson qui fait les délices des Tartares. Samdadchiemba en était enthousiaste ; pour nous, nous en buvions par nécessité, et faute de mieux.

Le lendemain, après avoir roulé notre tente, nous nous éloignâmes de cet asile où nous avions demeuré quelques heures. Nous le quittâmes sans regret, parce que nous l'avions choisi et occupé sans affection. Cependant, avant d'abandonner cette terre hospitalière, sur laquelle nous avions dormi une nuit de notre vie, nous voulûmes y laisser un souvenir, un ex-voto de reconnaissance ; nous plantâmes une petite croix de bois à l'endroit où avait été notre foyer de la veille, et cette règle fut dans la suite suivie dans tous nos autres campements. Des Missionnaires pouvaient-ils laisser une autre trace de leur rapide passage à travers le désert ?

Nous avions fait tout au plus une heure de chemin ; lorsque nous entendîmes derrière nous comme le piétinement de nombreux chevaux, et le bruit confus et indéterminé de plusieurs voix. Nous tournâmes la tête, et nous aperçûmes dans le lointain une nombreuse caravane, qui s'avançait vers nous, à pas rapides. Bientôt nous fûmes atteints par trois cavaliers, et l'un deux, qu'à son costume nous reconnûmes pour un mandarin tartare, s'écria d'une voix étourdissante : « Seigneurs Lamas, votre patrie où est-elle ? — Nous sommes du ciel d'occident. — Sur quelle contrée avez-vous fait passer votre ombre bienfaitrice ? — Nous venons de la ville de *Tolon-Noor*. — La paix a-t-elle accompagné votre route ? — Jusqu'ici nous avons chevauché avec bonheur.... Et vous autres, êtes-vous en paix ; quelle est votre patrie ? — Nous sommes *Khalkhas*, du royaume de *Mourguevan* — Les pluies ont-elles été abondantes ; vos troupeaux sont ils en prospérité ? — Tout est en paix dans nos pâturages. — Où se dirige votre caravane ? — Nous allons courber nos fronts devant les *Cinq-Tours*.. . « Pendant cette conversation brusque et rapide, le reste de la troupe arriva. Nous étions tout près d'un ruisseau dont le rivage était bordé de broussailles. Le chef de la caravane donna ordre de faire halte ; et aussitôt les chameaux, arrivant à la file, décrivirent une grande circonférence, au centre de laquelle vint se placer un char à quatre roues. *Sok, sok,* s'écrièrent les chameliers ; et les chameaux, obéissant à cet ordre, s'accroupirent spontanément, comme frappés d'un même coup. Pendant que des tentes nombreuses s'élevaient comme par enchantement sur les bords du ruisseau, deux mandarins décorés du globule bleu s'approchèrent de la voiture, en ouvrirent la portière, et aussitôt nous vîmes descendre une femme tartare, revêtue d'une longue robe de soie verte. C'était une reine du pays des Khalkhas, qui se rendait en pèlerinage à la fameuse lamaserie des Cinq-Tours, dans la province du *Chan-Si*. Aussitôt qu'elle nous aperçut, elle nous salua, en élevant ses deux mains. « Seigneurs Lamas, nous dit-elle, nous allons camper ici, cet endroit est-il heureux ? — Royale pèlerine de Mourguevan, lui répondîmes-nous, tu peux allumer en paix ton foyer en ce lieu. Pour nous, nous allons continuer notre route ; car le soleil était déjà haut quand nous avons plié la tente. » A ces mots, nous prîmes congé de la nombreuse caravane de Tartares de Mourguevan.

Cependant mille pensées préoccupaient notre esprit, en voyant cette reine et sa nombreuse suite, poursuivant ainsi dans le désert leur lointain pèlerinage. Les dépenses ne les arrêtaient pas plus que les dangers, les fatigues et les privations du voyage. C'est que ces bons Mongols ont l'âme essentiellement religieuse; la vie future les occupe sans cesse. les choses d'ici-bas ne sont rien à leurs yeux; aussi vivent-ils dans ce monde comme n'y vivant pas. Ils ne cultivent pas la terre, ils ne bâtissent pas de maisons; ils se regardent partout comme des étrangers qui ne font que passer; et ce vif sentiment, dont ils sont profondément pénétrés, se traduit toujours par de longs voyages.

Nous avions laissé, loin derrière nous, les pèlerins de *Mourguevan*; et déjà nous commencions à regretter de n'avoir pas campé avec eux, sur les bords du joli ruisseau et parmi les gras pâturages où ils avaient dressé leur tente. Des sentiments de crainte s'élevaient insensiblement dans nos cœurs, à mesure que nous apercevions de gros nuages noirs monter de l'horizon, s'étendre et obscurcir le ciel. Nous cherchions avec anxiété, de tous côtés, un endroit où nous pussions faire halte; mais nulle part nous ne rencontrions de l'eau. Pendant que nous étions dans cette perplexité, quelques grosses gouttes vinrent nous prévenir que nous n'avions pas de temps à perdre. « Campons vite, campons vite, s'écria Samdadchiemba avec impétuosité... A quoi bon nous amuser à chercher de l'eau? campons avant que le ciel tombe. — Tu parles à merveille; mais où abreuver les animaux? A toi seul tu bois chaque soir un chaudron de thé; où iras-tu prendre de l'eau? — De l'eau? Mes pères, tout à l'heure il va en tomber plus qu'il ne nous en faut. Campons vite, n'ayez pas peur. — Certainement aujourd'hui personne ne mourra de soif; nous ferons promptement des creux, et nous boirons l'eau de pluie. — Non, non, reprit Samdadchiemba, pas besoin de faire des creux. Voyez-vous là-bas ce berger? voyez-vous ce troupeau? à coup sûr il y a de l'eau là-bas. « Nous aperçûmes, en effet, dans un vallon, un homme qui poussait devant lui un grand troupeau de moutons. Nous quittâmes aussitôt notre route, et nous nous diri-geâmes de ce côté à pas précipités. La pluie qui commença à tomber par torrents, vint encore redoubler la célérité de notre marche. Pour surcroît d'infortune, la charge d'un de nos chameaux chavira, et passa d'entre ses bosses au-dessous du ventre; nous fûmes obligés de faire accroupir le chameau, et de rajuster les bagages sur son dos. Nos habits étaient ruisselants, lorsque nous arrivâmes à un petit lac dont l'eau était troublée et grossie par la pluie. Il n'y eut pas besoin de délibérer ce soir-là sur l'endroit où nous devions dresser la tente, car nous n'avions pas à choisir : la terre était partout imbibée à une grande profondeur.

La violence de la pluie avait beaucoup diminué; mais la force du vent était devenue plus intense. Nous eûmes une peine horrible pour dérouler notre misé-rable tente, devenue semblable à un paquet de linge qu'on retirerait d'un cuvier de lessive. Les difficultés augmentèrent encore, quand nous voulûmes essayer de la tendre; et sans le secours de la force extraordinaire dont était doué Samdad-chiemba, nous n'y serions jamais parvenus. Enfin nous eûmes un abri contre le vent et une petite pluie glaciale qui ne cessait de tomber. Aussitôt que le logement fut disposé, Samdadchiemba nous adressa ces consolantes paroles : « Mes pères spirituels, je vous ai prédit qu'aujourd'hui nous ne mourrions pas de soif...; mais mourir de faim, je n'en réponds pas. - C'est qu'en effet nous étions dans l'impossibilité de pouvoir faire du feu. Dans cet endroit on n'apercevait pas une branche, pas une racine. Aller à la recherche des argols, c'était peine perdue ; la pluie avait réduit en bouillie cet unique chauffage du désert.

Nous avions pris notre parti, et nous étions sur le point de faire notre souper avec un peu de farine délayée dans de l'eau froide, lorsque nous vîmes venir vers nous deux Tartares, qui conduisaient un petit chameau. Après les saluts d'usage, l'un d'eux nous dit : - Seigneurs Lamas, aujourd'hui le ciel est tombé ; vous ne pouvez pas sans doute dresser notre foyer puisque nous n'avons pas d'argents ! — Les hommes sont tous frères et s'appartiennent entre eux. Mais les hommes noirs doivent honorer et servir les saints ; voilà pourquoi nous sommes venus pour allumer votre feu .. - Ces bons Tartares nous avaient aperçus pendant que nous cherchions un campement ; et présumant notre embarras, ils s'étaient hâtés de venir nous offrir deux hottes d'argols. Nous remerciâmes la Providence de ce secours inespéré, et le Dchiahour se mit aussitôt à préparer la farine pour le souper. La dose fut un peu augmentée, en faveur des deux convives qui nous étaient survenus.

Pendant notre modeste repas, nous remarquâmes que l'un de ces Tartares était l'objet de beaucoup de prévenances de la part de son compagnon. Nous lui demandâmes quel grade militaire il occupait dans la bannière bleue. « Quand les bannières du *Tchakar* ont marché, il y a deux ans, contre les rebelles du midi (1), j'avais le grade de *Tchouanda*. — Comment, tu étais de cette fameuse guerre du midi ! Mais comment vous autres bergers, pouvez-vous avoir le courage des soldats ? Accoutumés à une vie paisible, vous devriez être étrangers à ce terrible métier, qui consiste à tuer les autres, ou à se faire tuer. — Oui, oui, nous sommes bergers, c'est vrai ; mais nous n'oublions pas non plus que nous sommes soldats, et que les huit bannières composent l'armée de réserve du Grand-Maître (l'empereur). Vous savez la règle de l'empire : quand l'ennemi paraît, on envoie d'abord les milices des *Kitat*. En second lieu les bannières du pays des *Solon* se mettent en mouvement. Si la guerre ne finit pas, alors on n'a qu'à donner un signal aux bannières du *Tchakar*, le bruit de leur marche suffit toujours pour faire rentrer les rebelles dans l'ordre. — Est-ce que, pour cette guerre du midi, toutes les bannières du *Tchakar* ont été convoquées ? — Oui, toutes. Au commencement on pensait que c'était peu de chose ; chacun disait qu'on ne toucherait pas au *Tchakar*. Les milices des *Kitat* sont parties les premières, mais elles n'ont rien fait ; les bannières des *Solon* ont aussi marché, mais elles n'ont pu résister aux chaleurs du midi : alors l'empereur nous envoya sa sainte ordonnance. Chacun courut aussitôt dans les troupeaux saisir son meilleur cheval ; on secoua la poussière dont les arcs et les carquois étaient recouverts ; on gratta la rouille des lances. Dans chaque tente on tua promptement des moutons, pour faire le repas des adieux. Nos femmes et nos enfants pleuraient : mais nous autres, nous leur adressions des

(1) Les Anglais, qui à cette époque faisaient la guerre à la Chine, étaient généralement appelés par les Tartares : « Rebelles du midi. »

paroles de raison. Voilà six générations, leur disions-nous, que nous recevons les bienfaits du *Saint Maître*, sans qu'il nous ait jamais rien demandé. Aujourd'hui qu'il a besoin de nous, comment pourrions-nous reculer? Il nous a donné le beau pays du *Tchakar* pour faire paître nos troupeaux, et lui servir en même temps de barrière contre le *Khalkhas*. Maintenant, puisque c'est du midi que viennent les rebelles, nous devons marcher au midi. N'est-ce pas, seigneurs Lamas, que la raison se trouve dans ces paroles? Oui, nous devions marcher... La sainte ordonnance parut au soleil levant, et déjà à midi les *Bochehons*, à la tête de leurs hommes, se groupèrent autour des *Tchouanda*; les *Tchouanda* se réunirent au *Nourou-Tchayn;* là nous attendait le *Ougourda* et le même jour nous marchâmes sur *Pekin :* de Pékin on nous conduisit à *Tien Tsin-Vei* où nous sommes restés trois mois. — Vous êtes-vous battus? avez-vous vu l'ennemi? demanda Samdad-chiemba. — Non, il n'a pas osé paraître, les *Kitat* nous répétaient partout, que nous marchions à une mort certaine et inutile. Que ferez-vous, nous disaient-ils, contre des monstres marins? Ils vivent dans l'eau comme des poissons; quand on s'y attend le moins, ils paraissent à la surface, et lancent des *Si-Koua* [1] enflammés. Aussitôt qu'on bande l'arc pour leur envoyer des flèches, ils se replongent dans l'eau comme des grenouilles. Ils cherchaient ainsi à nous effrayer; mais nous autres soldats des huit bannières, nous n'avons pas peur. Avant notre départ, les grands Lamas avaient ouvert le livre des secrets célestes, et nous avaient assuré que l'affaire aurait une heureuse issue. L'empereur avait donné à chaque *Tchouanda* un Lama instruit dans la médecine et initié à tous les prestiges sacrés; ils devaient nous guérir des maladies du climat, et nous protéger contre la magie des monstres marins. Qu'avions-nous donc à craindre! Les rebelles, ayant appris que les invincibles milices du *Tchakar* approchaient, ont été effrayés et ont demandé la paix. Le *Saint-Maître*, dans son immense miséricorde, la leur a accordée, et alors nous sommes revenus dans nos prairies veiller à la garde de nos troupeaux. »

Le récit de cette *illustre épée* était pour nous palpitant d'intérêt. Nous oubliâmes pendant quelque temps la misère de notre position au milieu du désert. Nous eussions vivement désiré recueillir encore quelques détails sur l'expédition des Anglais contre la Chine; mais la nuit commençant à tomber, les deux Tartares reprirent la route de leurs iourtes.

Quand nous fûmes seuls, nos pensées devinrent tristes et sombres. Ce n'était qu'en frémissant que nous songions à cette longue nuit qui commençait à peine. Comment prendre un peu de repos? L'intérieur de la tente était comme un bourbier. Le grand feu que nous avions fait pendant longtemps, n'avait pu sécher les habits que nous portions. Il avait seulement suffi pour vaporiser une partie de l'eau dont ils étaient imbibés. La fourrure que nous déroulions la nuit à terre, afin de nous préserver de l'humidité pendant le sommeil, était dans un état affreux; elle ressemblait à la peau d'un animal noyé. Dans cette triste situation,

---

(1) Si-Koua, veut dire citrouille d'Occident; c'est le nom qu'on donne au melon d'eau. Les Chinois ont nommé Si koua-pao, les bombes européennes.

A mesure qu'ils entrent, ils adorent le Fo vivant (P. 65.)

une pensée pleine d'une douce mélancolie venait pourtant nous consoler. Nous nous disions au fond du cœur, que nous étions les disciples de celui qui a dit : *Les renards ont des tanières, les oiseaux du ciel ont des nids, mais le Fils de l'homme n'a pas où reposer sa tête...*

Nous étions tellement fatigués, qu'après avoir veillé pendant la plus grande partie de la nuit, nos forces nous abandonnèrent. Vaincus enfin par le sommeil, nous nous assoupîmes quelques instants, accroupis sur les cendres, les bras serrés contre la poitrine et la tête appuyée sur les genoux.

Ce fut avec un inexprimable plaisir que nous vîmes arriver la fin de cette longue et triste nuit. A l'aube du jour, le ciel tout bleu et sans nuages nous présageait une heureuse compensation des misères de la veille. Bientôt un soleil pur et brillant vint nous donner l'espérance que nos habits encore mouillés se sécheraient facilement en route. Nous fîmes avec diligence les préparatifs du départ, et la caravane se mit en mouvement. Le temps était magnifique. Petit à petit les grandes herbes des prairies relevaient leur tête courbée par les eaux de la pluie; le chemin commençait à se raffermir, et nous sentions déjà avec délices la douce chaleur des rayons du soleil. Enfin, pour achever d'épanouir nos cœurs, nous entrions dans les belles plaines de la bannière rouge, la plus pittoresque du *Tchakar*.

Tchakar signifie en mongol *pays limitrophe*. Cette contrée est bornée, à l'est, par le royaume de *Gechekten*; à l'ouest, par le *Toumet occidental*; au nord, par le *Souniout*, et au midi par la grande muraille. Son étendue est de cent cinquante lieues en longueur, sur cent en largeur. Les habitants du *Tchakar* sont tous soldats de l'empereur, et reçoivent annuellement une somme réglée d'après leurs titres. Les soldats à pied touchent douze onces d'argent par an, et les soldats à cheval vingt-quatre.

Le *Tchakar* est divisé en huit bannières — en chinois *pa-ki* — qu'on distingue par le nom de huit couleurs, savoir : bannière blanche, bleue, rouge, jaune, blanchâtre, bleuâtre, rougeâtre, jaunâtre. Chaque bannière a son territoire séparé, et possède une espèce de tribunal nommé *Nourou-Tchayn*, préposé à la connaissance des affaires qui peuvent survenir dans la bannière. Outre ce tribunal, dans chacune des huit bannières, il y a un chef nommé *Ou-Gourdha*. Enfin, parmi ces huit *Ou-Gourdha*, on en choisit un, qui est en même temps gouverneur général des huit bannières. Tous ces dignitaires sont établis et logés par l'empereur de Chine. Au fond, le *Tchakar* n'est qu'un vaste camp, où stationne une armée de réserve. Afin sans doute que cette armée soit toujours prête à marcher au premier signal, il est sévèrement défendu à ces Tartares de cultiver la terre. Ils doivent vivre de leur solde et du revenu de leurs troupeaux. Tout le terrain des huit bannières est inaliénable. Quelquefois il arrive qu'on en vend aux Chinois; mais toujours la vente est déclarée nulle et invalide par les tribunaux.

C'est dans les pâturages du *Tchakar*, que se trouvent les nombreux et magnifiques troupeaux de l'empereur. Ces troupeaux se composent de chameaux, de chevaux, de bœufs et de moutons. Il y a trois cent soixante troupeaux, qui contiennent chacun douze cents chevaux. D'après ce nombre, il est facile d'évaluer l'innombrable multitude d'animaux que possède l'empereur. Un Tartare, décoré du globule blanc, est préposé à la garde de chaque troupeau. A de certaines époques, les inspecteurs généraux viennent en faire la visite ; et s'ils trouvent un déficit dans le nombre, le berger en chef est tenu de compléter le troupeau à ses frais. Malgré cette mesure, les Tartares ne se font pas faute d'exploiter, à leur profit, les richesses du *Saint-Maître*; ils ont recours à un échange frauduleux. Quand les Chinois ont un mauvais cheval ou un bœuf décrépit, ils le conduisent aux bergers de l'empereur qui, pour une somme très modique, leur permettent de choisir à volonté dans les troupeaux. Par ce moyen, ayant toujours le même nombre d'animaux, ils peuvent jouir de leur fraude avec paix et assurance.

Jamais par un plus beau temps nous n'avions parcouru de plus belles contrées. Le désert est quelquefois hideux et horrible ; quelquefois aussi il a ses charmes, charmes d'autant mieux sentis qu'ils sont plus rares, et qu'on les chercherait vainement dans les contrées habitées. La Tartarie a un aspect tout particulier ; rien au monde ne ressemble à un pays tartare. Chez les nations civilisées, on rencontre partout sur ses pas des villes populeuses, une culture riche et variée, les mille produits des arts et de l'industrie, et les agitations incessantes du commerce. On s'y sent toujours entraîné et emporté comme dans un immense tourbillon. Dans les pays au contraire où la civilisation n'a pu encore se faire jour, ce ne sont que des forêts séculaires, avec toute la pompe de leur exubérante et gigantesque végétation; l'âme est comme écrasée par cette puissante et majestueuse nature. La Tartarie ne ressemble en rien à tout cela. Point de villes, point d'édifices, point d'arts, point d'industrie, point de culture, point de forêts; toujours et partout c'est une prairie, quelquefois entrecoupée de lacs immenses, de fleuves majestueux, de hardies et imposantes montagnes; quelquefois se déroulant en vastes et incommensurables plaines. Alors, quand on se trouve dans ces vertes solitudes, dont les bords vont se perdre bien loin dans l'horizon, on croirait être, par un temps calme, au milieu de l'Océan. L'aspect des prairies de la Mongolie n'excite ni la joie ni la tristesse, mais plutôt un mélange de l'une et de l'autre, un sentiment mélancolique et religieux qui peu à peu élève l'âme, sans lui faire perdre entièrement de vue les choses d'ici-bas : sentiment qui tient plus du ciel que de la terre, et qui paraît bien conforme à la nature d'une intelligence servie par des organes.

On rencontre quelquefois dans la Tartarie des plaines plus vivantes et plus animées qu'à l'ordinaire; c'est lorsque la beauté des eaux et des pâturages y attire de nombreuses familles. On voit alors s'élever, de toute part, des tentes de diverses grosseurs, semblables à des ballons gonflés par le gaz et déjà prêts à s'élancer dans les airs. Les enfants, le dos surmonté d'une hotte, courent çà et là dans les environs à la recherche des argols qu'ils vont amonceler tout à l'entour de la tente. Les matrones donnent la chasse aux jeunes veaux, font bouillir le thé au grand air, ou préparent le laitage; tandis que les hommes montés sur des chevaux fougueux, et armés d'une longue perche, galopent dans tous les sens, pour diriger dans les bons pâturages les grands troupeaux qu'on voit se mouvoir et ondoyer dans le lointain, comme les flots de la mer.

Toutefois, ces tableaux si animés disparaissent souvent tout à coup, et on ne rencontre plus rien de ce qui naguère était si plein de vie. Hommes, tentes, troupeaux, tout semble s'être brusquement évanoui. On aperçoit seulement dans le désert des cendres amoncelées, des foyers mal éteints, quelques ossements que se disputent les oiseaux de proie, seuls vestiges qui annoncent que le nomade Mongol a la veille passé par là. Et si l'on demande la raison de ces migrations subites, il n'y en a pas d'autres que celle-ci : les animaux avaient dévoré l'herbe qui recouvrait le sol; le chef a donc donné le signal du départ, et tous ces pasteurs ont plié leur tente; ils ont poussé devant eux leurs troupeaux, et sont allés chercher ailleurs, n'importe où, de nouveaux et plus frais pâturages.

Après avoir cheminé pendant la journée entière, à travers les délicieuses prairies de la bannière rouge, nous allâmes camper dans un vallon qui paraissait assez habité. A peine eûmes-nous mis pied à terre, que de nombreux Tartares s'empressèrent de venir à nous, et de nous offrir leurs services. Après nous avoir aidé à décharger nos chameaux et à construire notre maison de toile bleue, ils nous prièrent d'aller prendre le thé sous leurs tentes. Comme il était déjà tard, nous demeurâmes chez nous. Les visites furent remises au lendemain; car les hospitalières invitations de nos voisins nous déterminèrent à stationner un jour parmi eux. Nous étions d'ailleurs bien aises de profiter de la beauté du temps et du site, pour réparer complètement les avaries que nous avions essuyées la veille.

Le lendemain, le temps qui ne fut pas employé à notre petit ménage et à la récitation du bréviaire, nous le consacrâmes à visiter les tentes mongoles. Pendant que Samdadchiemba gardait le logis, nous nous mîmes en tournée. Nous dûmes d'abord veiller avec le plus grand soin à la sûreté de nos jambes, contre lesquelles s'élançaient avec rage des troupes de chiens énormes. Un petit bâton suffisait pour notre défense; mais, aussitôt que nous étions arrivés à l'entrée d'une tente, nous devions déposer nos armes en dehors du seuil de la porte; ainsi l'exige le cérémonial tartare. Entrer dans l'intérieur de la tente la main armée d'un fouet ou d'un bâton, c'est l'injure la plus sanglante qu'on puisse faire à la famille; c'est leur dire, en style figuré : Vous êtes tous des chiens.

La manière de se présenter chez les Tartares est franche, simple, et débarrassée des innombrables formalités de l'urbanité chinoise. En entrant, on souhaite la paix à tout le monde en général, en disant : *Amor* ou *Mendou*; puis on va s'asseoir rondement à droite du chef de famille, qui est accroupi à l'opposite de la porte. Chacun alors prend, dans une bourse suspendue à la ceinture, la petite fiole de tabac à priser; on se la présente mutuellement, en accompagnant l'offre de quelques paroles de politesse : « Les pâturages sont-ils gras et abondants? vos troupeaux sont-ils en bon état? les cavales sont-elles fécondes? — Avez-vous chevauché en paix? la tranquillité règne-t-elle en route? etc. » Après ces paroles d'usage, prononcées de part et d'autre avec une excessive gravité, la ménagère tend la main aux étrangers, sans rien dire. Ceux-ci retirent promptement de leur sein leur écuelle de bois, indispensable *vade-mecum* des Tartares, la présentent à la ménagère, qui la leur rend bientôt après remplie de thé au lait. Dans les familles un peu aisées, on sert ordinairement devant les visiteurs une tablette chargée d'une modeste collation : du beurre, de la farine d'avoine, du petit millet grillé et des tranches de fromage; le tout distribué séparément dans quatre petits coffres en bois vernissé. On choisit à volonté quelques-unes de ces friandises tartares, qu'on mélange avec le thé. Ceux qui veulent traiter leurs hôtes magnifiquement, et de la manière la plus splendide, enfoncent à côté du foyer, dans les cendres chaudes, une petite bouteille en terre cuite, remplie de vin mongol. Ce vin n'est autre chose que du petit lait, qui, après avoir été soumis pendant quelque temps à une fermentation vineuse, est enfin grossièrement traité par la distillation, dans un appareil qui fait office d'alambic. Il faut vraiment être né Tartare pour s'accoutumer à une pareille boisson; la saveur en est fade, et l'odeur empyreumatique.

La tente mongole affecte la forme cylindrique depuis le sol jusqu'à demi-hauteur d'homme. Sur ce cylindre de huit à dix pieds de diamètre est ajusté un cône tronqué, qui représente assez bien le chapeau d'un quinquet. La charpente de la tente se compose, pour la partie inférieure, d'un treillis fait avec des barreaux croisés les uns sur les autres, de manière à pouvoir se resserrer et s'étendre comme un filet. Des barres de bois partent de la circonférence conique, et vont se réunir au sommet, à peu près comme les baguettes d'un parapluie. Cette charpente est ensuite enveloppée d'un ou de plusieurs épais tapis de laine grossièrement foulée. La porte est basse, étroite, mais pourtant elle a deux battants; une traverse de bois assez élevée en forme le seuil, de sorte que, pour entrer dans la tente, il faut en même temps lever le pied et baisser la tête. Outre la porte, il y a une autre ouverture pratiquée au-dessus du cône. C'est par là que s'échappe la fumée du foyer. Un morceau de feutre peut la fermer à volonté, par le moyen d'une corde, dont l'extrémité est attachée sur le devant de la porte.

L'intérieur de la tente est comme divisé en deux parties : le côté gauche, en entrant, est réservé aux hommes; c'est là que doivent se rendre les étrangers. Un homme qui passerait par le côté droit commettrait plus qu'une grossière inconvenance. La droite est occupée par les femmes; et c'est là que se trouvent réunis tous les ustensiles du ménage : une grande urne en terre cuite pour conserver la provision d'eau; des troncs d'arbre de diverses grosseurs creusés en forme de seau, et destinés à renfermer le laitage, suivant les diverses transformations qu'on lui fait subir. Au centre de la tente est un large trépied planté dans la terre, et toujours prêt à recevoir une grande marmite mobile, que l'on peut placer et retirer à volonté. Cette marmite est en fer, et de la forme d'une cloche. Derrière le foyer, et faisant face à la porte, est une espèce de canapé, meuble le plus bizarre que nous ayons rencontré chez les Tartares. Aux deux extrémités sont deux oreillers terminés à leur bout par des plaques de cuivre doré et habilement ciselé. Il n'existe peut-être pas une seule tente où l'on ne trouve ce petit lit, qui paraît être un meuble de nécessité absolue; mais, chose étrange et inexplicable! durant notre long voyage, nous n'en avons jamais vu un seul qui parût fabriqué de fraîche date. Nous avons eu occasion de visiter des familles mongoles où tout portait l'empreinte de l'aisance, de l'opulence même; mais toujours ce singulier canapé nous a paru une chose guenilleuse et d'une vétusté inexprimable. Quoique ce meuble s'en aille toujours en lambeaux, il dure pourtant toujours, et ne cesse de se transmettre de générations en générations. Dans les villes où se fait le commerce tartare, on a beau parcourir les magasins, les friperies et les dépôts de monts-de-piété, on ne rencontre jamais de ces meubles ni vieux ni neufs.

A côté du canapé, vers le quartier des hommes, on place ordinairement une petite armoire carrée, où sont renfermées les mille et une bagatelles qui servent à enjoliver le costume de ce peuple simple et enfant. Cette armoire tient aussi lieu d'autel à une petite idole de Bouddha : cette divinité, en bois ou en cuivre doré, est ordinairement accroupie, les jambes croisées, et emmaillotée jusqu'au cou d'une écharpe de vieux taffetas jaune. Neuf vases en cuivre, de la grosseur et de la forme de nos petits verres à liqueur, sont symétriquement alignés devant Bouddha : c'est dans ces petits calices que les Tartares font journellement à leur idole des offrandes d'eau, de lait, de beurre et de farine : enfin quelques livres thibétains enveloppés de soie jaune complètent l'ornement de la petite pagode. Ceux dont la tête est rasée, et qui gardent le célibat, ont seuls le privilège de toucher ces prières; un homme noir commettrait un sacrilège s'il s'avisait d'y porter ses mains impures et profanes.

De nombreuses cornes de bouc, fixées à la charpente de la tente, complètent l'ameublement des habitations mongoles : c'est là que sont suspendus des quar-tiers de viande de bœuf ou de mouton, des vessies remplies de beurre, des flèches, des arcs et un fusil à mêche; car il n'est presque pas de famille tartare qui ne possède au moins une arme à feu. Aussi nous avons été bien surpris, que M. Timkouski ait pu écrire, dans la relation de son voyage à Péking, ces mots étranges : *Le bruit de nos armes à feu attira les Mongols; ils ne connaissent que leurs arcs et leurs flèches...* L'écrivain russe aurait pu savoir que les armes à feu ne sont pas aussi étrangères aux Tartares qu'il se l'imagine; puisqu'il est actuelle-ment prouvé que, déjà vers le commencement du treizième siècle, *Tcheng-Kis-Khan* avait de l'artillerie dans ses armées.

L'odeur qu'on respire dans l'intérieur des tentes mongoles est rebutante et presque insupportable, quand on n'y est pas accoutumé. Cette odeur forte, et capable quelquefois de faire bondir le cœur, provient de la graisse et du beurre dont sont imprégnés les habits et les objets qui sont à l'usage des Tartares. A cause de cette saleté habituelle, ils ont été nommés *Tsao-Ta-Dʒe* (Tartares puants) par les Chinois, qui, eux-mêmes, ne sont pas inodores, ni très scrupuleux en fait de propreté.

Parmi les Tartares, les soins de la famille et du ménage reposent entièrement sur la femme; c'est elle qui doit traire les vaches et préparer le laitage, aller puiser l'eau quelquefois à une distance éloignée, ramasser les argols, les faire sécher, et puis les entasser autour de la tente. La confection des habits, le tannage des pelleteries, le foulage des laines, tout lui est abandonné; elle est seulement aidée, dans ces travaux divers, par ses enfants, quand ils sont encore jeunes.

Les occupations des hommes sont très bornées ; elles consistent uniquement à diriger les troupeaux dans les bons pâturages, et ce soin est plutôt un plaisir qu'une peine pour des hommes accoutumés dès leur enfance à monter à cheval. Ils ne se donnent de la fatigue que lorsqu'ils sont obligés de poursuivre des animaux échappés. Alors ils se mettent au grand galop sur la piste ; ils volent plutôt qu'ils ne courent, tantôt sur le sommet des montagnes, tantôt dans de profonds ravins, jusqu'à ce qu'ils aient ramené au troupeau la bête qui s'était enfuie. Les Tartares vont quelquefois à la chasse ; mais dans cet exercice ils ont toujours plutôt en vue l'intérêt que le plaisir ; ils ne s'arment du fusil ou de l'arc que pour tuer des chevreuils, des cerfs et des faisans, dont ils font ordinairement cadeau à leurs rois. Pour les renards, ils les prennent toujours à la course ; ils craindraient autrement de gâter la peau, qui est très estimée parmi eux. Les Tartares se moquent beaucoup des Chinois, quand ils les voient prendre des renards par ruse, et en faisant des chausse-trapes, où ces animaux vont se précipiter pendant la nuit. Pour nous, disait en notre présence un chasseur renommé de la bannière rouge, nous y allons franchement : quand nous apercevons le renard, nous sautons à cheval, et nous lui courons sus, jusqu'à ce que nous l'ayons atteint.

A part les courses à cheval, les Tartares mongols vivent habituellement dans une profonde oisiveté, ils passent une grande partie de la journée accroupis dans leur tente, dormant, buvant du thé au lait, ou fumant la pipe. Pourtant le Tartare, lui aussi, est parfois flâneur, et peut-être autant qu'un Parisien ; mais il flâne d'une autre manière ; il n'a besoin ni de canne, ni de lorgnon. Quand il lui vient en tête d'aller voir un peu ce qui se passe par le monde, il décroche son fouet suspendu au-dessus de la porte ; il monte sur un cheval toujours sellé à cet effet, et attaché à un poteau planté à l'entrée de la tente. Alors il s'élance dans le désert, n'importe de quel côté ! s'il aperçoit un cavalier dans le lointain il se dirige vers lui ; s'il voit s'élever la fumée de quelque tente, il y court, et toujours sans autre but que de pouvoir causer un instant avec quelque étranger.

Les deux jours que nous passâmes dans ces belles plaines du *Tchakar*, ne furent pas pour nous sans utilité. Nous pûmes à loisir sécher et remettre en bon état nos habits et notre bagage ; mais surtout nous eûmes occasion d'étudier de près les Tartares, et de nous initier aux habitudes des peuples nomades. Quand nous fîmes les préparatifs du départ, nos voisins tartares vinrent nous aider à plier la tente et à charger nos chameaux. « Seigneurs Lamas, nous dirent-ils, vous camperez aujourd'hui aux *Trois-Lacs;* les pâturages y sont bons et abondants. Si vous marchez bien, vous y arriverez avant que le soleil disparaisse. En deçà et au delà des *Trois-Lacs*, on ne trouve de l'eau que fort loin. Seigneurs Lamas, bonne route. — Vous autres, soyez assis en paix », leur répondîmes-nous.... Et Samdadchiemba ouvrit de nouveau la marche, monté sur son petit mulet noir. Nous nous éloignâmes de ce campement sans regret, et comme nous avions quitté tous les autres ; à la seule différence que nous laissâmes sur l'endroit où nous avions dressé la tente, une plus grande quantité de cendres, et que les herbes d'alentour étaient plus foulées aux pieds que de coutume.

Pendant la matinée le temps fut magnifique, quoique un peu frais. Mais après midi le vent du nord se leva, et se mit à souffler avec violence. Bientôt il devint si piquant, que nous avions à regretter de n'être pas munis de nos grands bonnets à poil, pour nous mettre un peu la figure à couvert. Nous pressâmes la marche, afin d'arriver tôt aux *Trois-Lacs*, et de nous faire un abri de notre chère tente. Dans l'espérance d'apercevoir ces lacs qu'on nous avait indiqués, nous tournions sans cesse nos regards à droite et à gauche; mais c'était toujours en vain. Il était déjà tard, lorsqu'enfin nous pûmes remarquer les indices de la présence des lacs. Les herbes étaient plus rares et moins vertes; elles craquaient comme des branches sèches sous les pas des animaux; les blanches efflorescences du salpêtre devenaient de plus en plus épaisses. Enfin nous nous trouvâmes auprès d'un lac, et à quelque distance nous en aperçûmes deux autres. Nous mîmes promptement pied à terre, et nous essayâmes de dresser notre tente. Comme le vent était d'une violence extrême, ce ne fut qu'à force de peine et de patience que nous vînmes à bout de la consolider.

Pendant que Samdadchiemba nous faisait bouillir le thé, nous nous délassions des fatigues de la journée en examinant nos chameaux lécher voluptueusement le salpêtre dont le terrain était comme saupoudré. Nous aimions surtout à les regarder se pencher sur les bords du lac, et boire à longs traits et insatiablement cette eau saumâtre, qui montait dans leur long cou comme dans un corps de pompe. Il y avait déjà assez longtemps que nous nous donnions ce pittoresque délassement, lorsque tout à coup nous entendîmes derrière nous un bruit confus, tumultueux, et semblable au retentissement désordonné des voiles d'un navire qui sont agitées par des vents contraires et violents. Bientôt nous pûmes distinguer, au milieu de cette tempête, les grands cris que poussait Samdadchiemba. Nous courûmes en toute hâte, et nous arrivâmes fort heureusement avant que le typhon eût décloué et emporté notre *Louvre*. Depuis notre arrivée, le vent, en augmentant de force, avait aussi changé de direction. Il s'était mis à souffler précisément du côté où nous avions tourné l'ouverture de la tente. Un incendie était surtout à craindre, à cause des argols enflammés que le vent poussait de toute part. Il fallut donc aussitôt faire la manœuvre, et chercher à virer de bord. Enfin nous parvînmes à mettre notre tente en sûreté, et nous n'eûmes que la peur et un peu de fatigue pour tout mal. Ce contre-temps avait pourtant rembruni le caractère de notre Samdadchiemba. Il fut d'une humeur détestable pendant toute la soirée; car le vent avait éteint le feu, et retardé par conséquent la préparation de son thé.

Le vent se calma à mesure que la nuit se faisait, et le temps finit par devenir magnifique. Le ciel était pur, la lune belle, et les étoiles scintillantes. Seuls dans cette vaste solitude, nous n'apercevions dans le lointain que les formes bizarres et indéterminées des montagnes qui se dessinaient à l'horizon comme de gigantesques fantômes. Nous n'entendions que les mille voix des oiseaux aquatiques, qui se disputaient, sur la surface des lacs, l'extrémité des joncs et les larges feuilles de nénuphar. Samdadchiemba n'était pas homme à goûter les charmes de cette paix du désert. Il était parvenu à rallumer son feu, et la préparation du thé l'absorbait entièrement. Nous le laissâmes donc accroupi auprès de la marmite; et nous allâmes réciter le chapelet, en nous promenant autour du grand lac qui avait à peu près une demi-lieue de circuit.

Lorsque le thé fut prêt nous revînmes à la tente et nous excitâmes notre Dchiahour a nous raconter sa vie passée, ce qui nous conduisit bien avant dans la nuit. Déjà les chameaux s'étaient relevés pour aller brouter leur déjeuner sur les bords du lac. Il nous restait peu de temps à donner au repos. « Je ne me couche pas, dit Samdadchiemba; je veillerai sur les chameaux. Le jour d'ailleurs paraîtra bientôt. En attendant, je vais faire bon feu et préparer le *pan-tan* ».

Samdadchiemba ne tarda pas à crier que le ciel blanchissait, et que le *pan tan* était préparé. Nous nous levâmes promptement ; et après avoir mangé une écuellée de *pan-tan*, ou, en d'autres termes, de farine d'avoine délayée dans de l'eau bouillante, nous plantâmes notre petite croix sur un tertre, et nous continuâmes notre pèlerinage.

Il était déjà plus de midi, lorsque nous fîmes la rencontre de trois puits qui avaient été creusés à peu de distance l'un de l'autre. Quoiqu'il fût encore de bonne heure, nous songeâmes néanmoins à camper. Une vaste plaine, où l'on n'apercevait aucune habitation, s'étendait devant nous jusqu'à l'horizon ; et on pouvait conjecturer qu'elle était dépourvue d'eau, puisque les Tartares y avaient creusé des puits. Nous dressâmes donc notre tente. Mais nous vîmes bientôt que nous avions choisi un campement détestable. A la *mauvaiseté* d'une eau salée et fétide, vint se joindre la rareté du chauffage. Nous cherchâmes longtemps des argols, mais inutilement. Enfin Samdadchiemba, qui avait l'œil bon, crut découvrir au loin comme un vaste enclos, où, disait-il, avaient dû parquer des troupeaux de bœufs. Il y conduisit un chameau dans l'espoir de faire une bonne provision de chauffage. Quand il fut de retour, il avait en effet ses sacs remplis de magnifiques argols. Par malheur, ils n'étaient pas assez secs; il était impossible de les faire brûler. Notre Dchiahour essaya d'un expédient. Il s'empara de la pelle en fer, et creusa une espèce de fourneau, surmonté d'une cheminée bâtie avec du gazon. Cette petite cuisine était en vérité fort champêtre, fort jolie à voir ; mais elle avait l'énorme inconvénient d'être d'une complète inutilité. Samdadchiemba avait beau arranger, et arranger encore son combustible, il avait beau l'exciter sans relâche, de toute la puissance de son souffle, c'était peine et temps perdus. Nous avions de la fumée, une fumée abondante, dont nous étions enveloppés, mais point de feu. L'eau de la marmite conservait toujours son immobilité désespérante. Nous dûmes renoncer à faire bouillir le thé et à préparer notre farine. Pourtant nous désirions dégourdir au moins notre eau, ne fût-ce que pour masquer un peu, par la chaleur, son goût saumâtre et son odeur insupportable. Or voici le moyen que nous mîmes en usage.

On rencontre dans les plaines de la Mongolie une espèce d'écureuil à poil gris, et vivant dans des trous, à la façon des rats. Ces animaux pratiquent au-dessus de l'ouverture de leur petite tanière, comme un dôme en miniature, composé d'herbes entrelacées avec art. Ils se mettent ainsi à l'abri de la pluie et du mauvais temps. Ces petites élévations d'herbes sèches et brûlées par le soleil ont la forme et la grosseur des monticules de terre mobile soulevés par les taupes. L'endroit où nous avions dressé la tente était fréquenté par un grand nombre d'écureuils gris. La soif nous rendit cruels, et nous nous mîmes à dégrader la demeure de ces pauvres petites bêtes, qui couraient se sauver dans leur trou à mesure que nous approchions pour nous emparer de leur toit. A force de vandalisme, nous fîmes un fagot assez gros pour pouvoir chauffer l'eau du puits, qui fut notre seul aliment pendant cette journée.

Quoique l'impossibilité de faire du feu nous forçât parfois à des économies, nos provisions diminuaient pourtant. Il nous restait fort peu de farine et de petit millet grillé. Un cavalier tartare, dont nous fîmes la rencontre, nous avertit que nous étions à peu de distance d'une station de commerce, nommée *Chaborté* (Bourbier). Cet endroit nous détournait de la route que nous suivions; mais nous ne pouvions nous approvisionner ailleurs, avant d'arriver à la *Ville-Bleue*, dont nous étions encore éloignés d'une centaine de lieues. Nous marchâmes donc un peu obliquement sur la gauche, et nous arrivâmes à *Chaborté*.

III

Nous arrivâmes à *Chaborlé* le quinzième jour de la huitième lune, époque de grandes réjouissances pour les Chinois. Cette fête, connue sous le nom de *Yué-Ping* (Pains-de-la-Lune), remonte à la plus haute antiquité. Elle a été établie pour honorer la lune d'un culte superstitieux. En ce jour de solennité, les travaux sont suspendus ; les ouvriers reçoivent de leurs maîtres une gratification pécuniaire ; chacun se revêt de ses beaux habits, et bientôt la joie éclate dans toutes les familles, au milieu des jeux et des festins. Les parents et les amis s'envoient mutuellement des gâteaux de diverses grosseurs, où est gravée l'image de la lune, c'est-à-dire un petit bosquet au milieu duquel est un lièvre accroupi.

Depuis le quatorzième siècle, cette fête a pris un caractère politique peu connu des Mongols, mais que la tradition a fidèlement conservé parmi les Chinois. Vers l'an 1368, les Chinois songèrent à secouer le joug de la dynastie tartare fondée par *Tching-Kis Khan,* et qui gouvernait l'empire depuis près de cent ans. Une vaste conjuration fut ourdie dans toutes les provinces ; elle devait éclater sur tous les points, le quinzième jour de la huitième lune, par le massacre des soldats mongols établis dans chaque famille chinoise pour maintenir la conquête. Le signal fut donné de toutes parts, par un billet caché dans les gâteaux de la lune, qu'on avait coutume de s'envoyer mutuellement à pareille époque. Aussitôt les massacres commencèrent, et l'armée tartare, qui était disséminée dans toutes les maisons de l'empire, fut complétement anéantie. Cette catastrophe mit fin à la domination mongole; et maintenant les Chinois, en célébrant la fête du *Yué-Ping*, se préoccupent moins des superstitions de la lune, que de l'événement tragique auquel ils durent le recouvrement de leur indépendance nationale.

Les Mongols semblent avoir entièrement perdu le souvenir de cette sanglante révolution; car tous les ans ils font, comme les Chinois, la fête des Pains de la lune, et célèbrent ainsi, sans le savoir, le triomphe que leurs ennemis remportèrent autrefois sur leurs ancêtres.

A une portée de fusil de l'endroit où nous avions campé, on voyait s'élever plusieurs tentes mongoles, dont la grandeur et la propreté témoignaient de l'aisance de leurs habitants. Cette opinion était d'ailleurs confirmée par des troupeaux immenses de bœufs, de moutons et de chevaux, qui paissaient aux environs. Pendant que nous récitions le Bréviaire dans l'intérieur de notre tente, Samdadchiemba alla rendre visite à ces Mongols. Bientôt après, nous vîmes venir vers nous un vieillard à grande barbe blanche et dont les traits de la figure annonçaient un personnage distingué Il était accompagné d'un jeune Lama et d'un enfant qu'il tenait par la main. « Seigneurs Lamas, nous dit le vieillard, tous les hommes sont frères; mais ceux qui habitent sous la tente sont unis entre eux comme la chair et les os. Seigneurs Lamas, venez vous asseoir dans ma pauvre demeure. Le quinze de la lune est une époque solennelle; vous êtes voyageurs et étrangers, vous ne pourrez pas ce soir occuper votre place au foyer de votre noble famille. Venez vous reposer quelques jours parmi nous; votre présence nous amènera la paix et le bonheur. » Nous dîmes à ce bon vieillard que nous ne pouvions accepter entièremennt son offre, mais que dans la soirée, après avoir récité nos prières, nous irions prendre le thé chez lui, et causer un instant de la nation mongole. Ce vénérable Tartare s'en retourna; mais bientôt après le jeune Lama qui l'avait accompagné reparut, en nons disant que nous étions attendus. Nous pensâmes que nous ne pouvions pas nous dispenser de répondre à une invitation si pleine de cordialité et de franchise. Après avoir donc recommandé au Dchiahour de veiller avec soin sur notre demeure, nous suivîmes le jeune Lama qui était venu nous chercher.

En entrant dans la tente mongole, nous fûmes étonnés d'y trouver une propreté à laquelle on est peu accoutumé en Tartarie. Au centre il n'y avait pas de foyer; l'œil n'apercevait nulle part ces grossiers instruments de cuisine, qui encombrent ordinairement les habitations tartares. Il était aisé de voir que tout avait été arrangé et disposé pour une fête. Nous nous assîmes sur un grand tapis rouge, et bientôt on apporta, de la tente voisine qui servait de cuisine, du thé au lait, avec des petits pains frits dans du beurre, des fromages, des raisins secs et des jujubes.

Après avoir fait connaissance avec la nombreuse société mongole, au milieu de laquelle nous nous trouvions, la conversation s'engagea insensiblement sur la fête des Pains de la lune. - Dans notre pays d'Occident, leur dîmes-nous, on ne connaît pas cette fête des Pains de la lune; on n'adore que Jéhovah, créateur du ciel, de la terre, du soleil, de la lune et de tout ce qui existe. — O la sainte doctrine! s'écria le vieillard, en portant au front ses deux mains jointes. Les

Tartares, non plus, n'adorent pas la lune; ils ont vu les Chinois célébrer cette fête, et ils en suivent l'usage sans trop savoir pourquoi. — Oui, répondîmes-nous, vous suivez cet usage, et vous ne savez pas pourquoi! Cette parole est pleine de sens. Voici ce que nous avons entendu dire dans le pays des *Kitat*. » Et alors nous racontâmes, dans cette tente mongole, ce que nous savions de l'épouvantable journée des *Yuě-Ping*. A notre récit, ces figures tartares étaient remplies d'étonnement et de stupéfaction. Les jeunes gens parlaient entre eux à voix basse, mais le vieillard gardait un morne silence; il avait baissé la tête, pour cacher de grosses larmes qui coulaient de ses yeux. « Frère enrichi d'années, lui dîmes-nous, ce récit ne paraît pas te surprendre; mais il a rempli ton cœur d'émotion. — Saints personnages, dit le vieillard après avoir relevé sa tête et essuyé ses yeux du revers de sa main, cet événement terrible, qui cause un si grand étonnement à cette jeunesse, ne m'est pas inconnu; mais je voudrais ne l'avoir jamais appris, et je repousse toujours son souvenir; car il fait monter la rougeur au front de tout Tartare dont le cœur n'a pas encore été vendu à la nation des *Kitat*. Un jour, que nos grands Lamas connaissent, doit venir, et le sang de nos pères si indignement assassinés sera enfin vengé. Quand l'homme saint qui doit nous commander sera apparu, chacun de nous se lèvera, et nous marcherons tous à sa suite. Alors nous irons à la face du soleil, demander aux *Kitat* compte du sang tartare qu'ils ont répandu dans les ténèbres de leurs maisons. Les Mongols célèbrent chaque année cette fête; le plus grand nombre n'y voient qu'une cérémonie indifférente; mais les Pains de la lune réveillent toujours dans le cœur de quelques-uns le souvenir de la perfidie dont nous avons été victimes et l'espérance d'une juste vengeance. »

Après un instant de silence le vieillard ajouta : « Saints personnages, quoi qu'il en soit, ce jour est véritablement un jour de fête, puisque vous avez daigné descendre dans notre pauvre habitation. Il n'est pas bien d'occuper nos cœurs de tristes pensées... Enfant, dit-il à un jeune homme qui était assis sur le seuil de la porte, si le mouton a suffisamment bouilli, emporte les laitages. » Pendant que celui-ci déblayait l'intérieur de la tente, le fils aîné de la famille entra, portant de ses deux mains une petite table oblongue sur laquelle s'élevait un mouton coupé en quatre quartiers, entassés les uns sur les autres. Aussitôt que la table fut placée au milieu des convives, le chef de famille, s'armant du couteau qui était suspendu à sa ceinture, coupa la queue du mouton, la partagea en deux, et nous en offrit à chacun une moitié.

Parmi les Tartares, la queue est regardée comme la partie la plus exquise du mouton, et par conséquent la plus honorable. Les queues des moutons tartares sont d'une forme et d'une grosseur remarquables; elles sont larges, ovales et épaisses; le poids de la graisse qui les entoure, varie de six à huit livres, suivant la grosseur du mouton.

Après que le chef de famille nous eut donc fait hommage de cette grasse et succulente queue de mouton, voilà que tous les convives, armés de leur couteau, se mettent à dépecer, à l'envi, ces formidables quartiers de bouilli; bien entendu que dans ce festin tartare on ne trouvait ni assiettes ni fourchettes; chacun était obligé de placer sur ses genoux sa tranche de mouton et de la déchirer sans façon de ses deux mains, sauf à essuyer de temps en temps, sur le devant du gilet, la graisse qui ruisselait de toute part. Pour nous, bien grand fut d'abord notre embarras. En nous offrant cette blanche queue de mouton, on avait été animé, sans contredit, des meilleures intentions du monde; mais nous n'étions pas encore assez sevrés de nos préjugés européens, pour oser attaquer, sans pain et sans sel, ces morceaux de graisse qui tremblaient et pantelaient en quelque sorte entre nos doigts. Nous délibérâmes donc entre nous deux, et dans notre langue maternelle, sur le parti que nous avions à prendre en cette fâcheuse circonstance. Remettre furtivement nos larges tranches de lard sur la table nous paraissait une grave imprudence; parler franchement à notre amphitryon et lui faire part de notre répugnance pour leur mets favori, était chose impossible et contraire à l'étiquette tartare. Nous nous arrêtâmes donc au parti suivant. Nous coupâmes cette malencontreuse queue de mouton par petites tranches que nous offrîmes à chacun des convives, en les priant de vouloir bien partager, en ce jour de fête, notre rare et précieux régal. D'abord nous eûmes à lutter contre des refus pleins de dévoûment; mais enfin on nous débarrassa à la ronde de ce mets immangeable, et il nous fut permis d'attaquer un gigot, dont la saveur était plus conforme aux souvenirs de notre première éducation.

Après que ce repas homérique fut achevé, et qu'il ne restait plus au milieu de la tente qu'un monstrueux entassement d'os de mouton bien blancs et bien polis, un enfant alla détacher un violon à trois cordes, suspendu à une corne de bouc, et le présenta au chef de famille. Celui-ci le fit passer à un jeune homme qui baissait modestement la tête, mais dont les yeux s'animèrent tout à coup aussitôt qu'il eut entre les mains le violon mongol. « Nobles et saints voyageurs, nous dit le chef de famille, j'ai invité un *Toolholos* pour embellir cette soirée de quelques récits. » Pendant que le vieillard nous adressait ces mots, le chanteur préludait déjà en promenant ses doigts sur les cordes de son instrument. Bientôt il se mit à chanter d'une voix forte et accentuée; quelquefois il s'arrêtait, et entremêlait son chant de récits animés et pleins de feu. On voyait toutes ces figures tartares se pencher vers le chanteur, et accompagner des mouvements de leur physionomie le sens des paroles. Le *Toolholos* chantait des sujets nationaux et dramatiques, qui excitaient vivement l'intérêt de ceux qui l'écoutaient. Pour nous, peu initiés que nous étions à l'histoire de la Tartarie, nous prenions un assez mince intérêt à tous ces personnages inconnus que le rapsode mongol faisait passer tour à tour sur la scène.

Il avait déjà chanté quelque temps, lorsque le vieillard lui présenta une grande tasse de vin de lait. Le chanteur posa aussitôt le violon sur ses genoux, et se hâta d'humecter avec cette liqueur mongole son gosier desséché par tant de merveilles qu'il venait de raconter. Quand il eut achevé de boire, et pendant qu'il nettoyait de sa langue les bords encore humides de sa coupe : « *Toolholos* lui dîmes-nous, dans les chants que tu viens de faire entendre tout était beau et admirable. Cependant tu n'as encore rien dit de l'immortel Tamerlan : l'invocation à Timour est un chant fameux, et chéri des Mongols. — Oui, oui, s'écrièrent plusieurs voix à la fois, chante-nous l'invocation à Timour. » Il se fit un instant de silence, et le *Toolholos*, ayant recueilli ses souvenirs, chanta sur un ton vigoureux et guerrier les strophes suivantes :

- Quand le divin Timour habitait sous nos tentes, la nation mongole était redoutable et guerrière ; ses mouvements faisaient pencher la terre ; d'un regard elle glaçait d'effroi les dix mille peuples que le soleil éclaire.

O divin Timour, ta grande âme renaîtra-t-elle bientôt ? Reviens, reviens, nous t'attendons, ô Timour !

« Nous vivons dans nos vastes prairies, tranquilles et doux comme des agneaux ; cependant notre cœur bouillonne, il est encore plein de feu. Le souvenir des glorieux temps de Timour nous poursuit sans cesse. Où est le chef qui doit se mettre à notre tête, et nous rendre guerriers ?

O divin Timour, ta grande âme renaîtra-t-elle bientôt ? Reviens, reviens, nous t'attendons, ô Timour !

« Le jeune Mongol a le bras assez vigoureux pour dompter l'étalon sauvage ; il sait découvrir au loin, sur les herbes, les vestiges du chameau errant... Hélas ! il n'a plus de force pour bander l'arc des ancêtres ; ses yeux ne peuvent apercevoir les ruses de l'ennemi.

O divin Timour, ta grande âme renaîtra-t-elle bientôt ? Reviens, reviens, nous t'attendons, ô Timour !

« Nous avons aperçu, sur la colline sainte, flotter la rouge écharpe du Lama, et l'espérance a fleuri dans nos tentes... Dis-le nous, ô Lama ! Quand la prière est sur tes lèvres, *Hormoustha* te dévoile-t-il quelque chose des vies futures ?

O divin Timour, ta grande âme renaîtra-t-elle bientôt ? Reviens, reviens, nous t'attendons, ô Timour !

« Nous avons brûlé le bois odorant aux pieds du divin Timour ; le front courbé vers la terre, nous lui avons offert la verte feuille du thé et les laitages de nos troupeaux... Nous sommes prêts ; les Mongols sont debout, ô Timour !.... Et toi, Lama, fais descendre le bonheur sur nos flèches et sur nos lances.

O divin Timour, ta grande âme renaîtra-t-elle bientôt ? Reviens, reviens, nous t'attendons, ô Timour ! »

Quand le troubadour tartare eut achevé ce chant national, il se leva, nous fit une profonde inclination, et, après avoir suspendu son instrument de musique à une cheville de bois fixée aux parois de la tente, il sortit. « Les familles voisines, nous dit le vieillard, sont aussi en fête : elles attendent le chanteur. » Mais nous nous levâmes bientôt, nous offrîmes au chef de famille notre petite fiole de tabac à priser, et après avoir salué la compagnie nous allâmes retrouver notre tente.

On rencontre souvent dans la Tartarie de ces *Toolholos* ou chanteurs ambulants, qui s'en vont de tente en tente, célébrant partout les personnages et les événements de leur patrie. Ils sont ordinairement pauvres, un violon et une flûte
suspendus à leur ceinture sont tout leur avoir, mais ils sont toujours reçus dans les
familles mongoles avec affabilité et distinction, souvent ils y demeurent plusieurs
jours, et à leur départ on ne manque jamais de leur donner leur provision de
voyage, des fromages, des vessies pleines de vin et des feuilles de thé. Ces poètes
chanteurs, qui rappellent nos ménestrels et les rapsodes de la Grèce, sont aussi
très nombreux en Chine; mais nulle part, peut-être, ils ne sont aussi populaires
que dans le Thibet.

Le lendemain de la fête, le soleil venait à peine de se lever, qu'un jeune enfant
parut à l'entrée de notre tente; il portait à la main un petit vase en bois rempli
de lait, et à son bras était suspendu un petit panier de joncs grossièrement tressés;
dans ce panier il y avait quelques fromages frais et une tranche de beurre. Bientôt
après parut aussi un vieux Lama, suivi d'un Tartare qui avait un sac d'argols
chargé sur ses épaules. Nous les invitâmes tous à s'asseoir un instant dans notre
tente. « Frères de l'Occident, nous dit le Lama, veuillez accepter ces modiques
offrandes que vous envoie notre maître. » Nous lui fîmes une inclination, en signe
de remercîment, et Samdadchiemba se hâta de faire bouillir le thé. Comme nous
pressions le Lama d'attendre qu'il fût prêt : « Je reviendrai ce soir, nous dit-il;
pour le moment je ne puis accepter votre offre; car je n'ai pas encore marqué à
mon disciple la prière qu'il doit étudier pendant la journée. » Et en disant cela, il
nous montrait le jeune enfant qui nous avait apporté le laitage. Il prit alors son
disciple par la main, et ils s'en retournèrent vers leur habitation.

Ce vieux Lama était le précepteur de la famille, et sa fonction consistait
à diriger ce jeune enfant dans l'étude des prières thibétaines. L'éducation des
Tartares est très bornée. Ceux qui se rasent la tête sont en général les seuls qui
apprennent à lire et à prier. On ne rencontre dans le pays aucune école publique.
A l'exception de quelques riches Mongols, qui font quelquefois étudier leurs
enfants dans leurs familles, tous les jeunes Lamas sont obligés de se rendre dans
les lamaseries. C'est là, en effet, que se trouvent concentrés les arts, les sciences et
l'industrie; ailleurs on n'en rencontre pas les moindres vestiges. Le Lama est non
seulement prêtre; mais il est de plus peintre, sculpteur, architecte et médecin; il
est le cœur et la tête, l'oracle des hommes du monde.

L'éducation des jeunes Mongols qui n'entrent pas dans les lamaseries, consiste
à s'exercer dès l'enfance au maniement de l'arc et du fusil à mèche; l'équitation
surtout les absorbe presque entièrement. Aussitôt qu'un enfant est sevré, et que
ses forces se sont suffisamment développées, on l'exerce à aller à cheval : on le
fait monter en croupe, puis on commence une course au galop, pendant laquelle
le jeune cavalier se cramponne de ses deux mains à la robe de son maître.
Les Tartares s'accoutument ainsi de bonne heure au mouvement du cheval; et
bientôt, à force d'habitude, ils finissent par s'identifier, en quelque sorte, avec
leur monture.

Il n'est peut-être pas de spectacle plus attrayant que de voir les cavaliers mongols courir après un cheval indompté. Ils sont armés d'une longue et lourde perche, au bout de laquelle est une corde disposée en nœud coulant; ils se précipitent, ils volent sur les traces du cheval qu'ils poursuivent, tantôt dans des ravins scabreux et pleins d'anfractuosités, tantôt sur le penchant des montagnes; ils le suivent dans les détours les plus capricieux jusqu'à ce qu'ils soient parvenus à le talonner. Alors ils prennent la bride avec leurs dents, saisissent à deux mains leur lourde perche, et se penchent en avant pour faire passer le nœud coulant autour du cou du cheval. Dans cet exercice, ils doivent joindre une grande vigueur à beaucoup d'adresse, pour arrêter tout net le cheval le plus fougueux. Il arrive quelquefois que la perche, les cordes, tout est brisé; mais que le cavalier soit désarçonné, c'est ce que nous n'avons jamais vu.

Le Mongol est tellement accoutumé à aller à cheval, qu'il se trouve tout à fait désorienté et comme jeté hors de sa sphère, aussitôt qu'il a mis pied à terre. Sa démarche est pesante et lourde; la forme arquée de ses jambes, son buste toujours penché en avant, ses regards qu'il promène incessamment autour de lui, tout annonce un cavalier, un homme qui passe la plus grande partie de ses jours sur un cheval ou sur un chameau.

Quand les Tartares se trouvent en route pendant la nuit, il arrive souvent qu'ils ne se donnent pas même la peine de descendre de leurs animaux pour prendre leur sommeil. Si l'on demande aux voyageurs qu'on rencontre où ils ont passé la nuit... *Temen doro* (sur le chameau), répondent-ils d'une voix mélancolique. C'est un singulier spectacle, que de voir les caravanes faire halte en plein midi, lorsqu'elles ont trouvé un gras pâturage. Les chameaux se dispersent de côté et d'autre, broutant les grandes herbes de la prairie, tandis que les Tartares, à califourchon entre les deux bosses de l'animal, dorment d'un sommeil aussi profond que s'ils étaient étendus dans un bon lit.

Cette activité incessante, ces voyages continuels contribuent beaucoup à rendre les Tartares très vigoureux et capables de supporter les froids les plus terribles, sans qu'ils en paraissent le moins du monde incommodés. Dans les déserts de la Tartarie, et surtout dans le pays des *Khalkhas*, la froidure est si affreuse, que, pendant la plus grande partie de l'hiver, le thermomètre ne peut plus marquer, à cause de la congélation du mercure. Souvent toute la terre est couverte de neige; et si le vent du nord-ouest vient à souffler, la plaine ressemble aussitôt à une mer bouleversée jusque dans ses fondements. Le vent soulève la neige par vagues immenses, et pousse devant lui ces gigantesques avalanches. Alors les Tartares volent courageusement au secours de leurs troupeaux. On les voit bondir de côté et d'autre, exciter les animaux par leurs cris, et les conduire au loin à l'abri de quelque montagne. Quelquefois ces intrépides pasteurs s'arrêtent immobiles au milieu de la tempête, comme pour défier la fureur des éléments et braver la froidure.

L'éducation des femmes tartares n'est pas plus raffinée que celle des hommes; elles ne s'exercent pas au maniement de l'arc et du fusil, mais l'équitation ne leur est pas étrangère, et elles y montrent autant d'habileté et de courage que les hommes. Cependant ce n'est que dans des cas exceptionnels qu'elles montent à cheval; en voyage, par exemple, et lorsqu'il n'y a personne pour aller à la recherche des animaux qui se sont égarés. Ordinairement la garde des troupeaux ne les regarde pas; elles doivent s'occuper, dans l'intérieur de leur tente, des détails du ménage et de la couture. Les femmes tartares sont renommées pour leur adresse à manier l'aiguille. Ce sont elles qui font les bottes, les chapeaux, et les divers habits qui constituent le costume mongol. Les bottes en cuir qu'elles confectionnent sont, il est vrai, peu élégantes de forme, mais, en revanche, elles sont d'une solidité étonnante. On ne comprend pas comment, avec les outils si grossiers et si imparfaits qui sont à leur usage, elles peuvent parvenir à faire des ouvrages presque indestructibles. Il faut dire qu'elles prennent bien leur temps, et qu'elles n'avancent que lentement dans leur travail. Les femmes tartares excellent dans les broderies, qui sont ordinairement d'un goût, d'une finesse et d'une variété capables d'exciter l'admiration. Nous croyons pouvoir avancer qu'on ne trouverait peut-être nulle part en France des broderies aussi belles et aussi parfaites que celles que nous avons eu occasion de voir chez les Tartares.

Le dix-sept de la lune, nous nous rendîmes de grand matin à la station chinoise de *Chaborté*, pour y faire nos provisions de farine. *Chaborté*, comme l'annonce son nom mongol, est un pays humide et marécageux. Les maisons sont toutes bâties en terre et enfermées dans une enceinte de murs très élevés. Les rues sont irrégulières, tortueuses et étroites. Cette petite ville présente un aspect sombre et sinistre, et les Chinois qui l'habitent ont l'air plus fripon que partout ailleurs. On y trouve à acheter toutes les choses dont les Mongols font ordinairement usage : de la farine d'avoine et du petit millet grillé, des toiles de coton et du thé en brique. Les Tartares y portent les produits du désert, c'est-à-dire du sel, des champignons et des pelleteries.

Dès que nous fûmes de retour, nous nous hâtames de faire nos préparatifs de départ. Pendant que nous mettions en ordre, dans l'intérieur de la tente, nos ustensiles et nos bagages, Samdadchiemba alla chercher les animaux qui paissaient aux environs. Un instant après, il revint traînant après lui les trois chameaux. « Voilà les chameaux, nous cria-t-il d'une voix sombre; mais le cheval et le mulet... où sont-ils? Tout à l'heure ils étaient encore en vue, car je leur avais lié les pieds pour les empêcher de s'égarer... Il faut conclure qu'ils ont été volés... Il n'est jamais bon de camper trop près des Chinois; est-ce qu'on ne sait pas que les Chinois qui habitent la Tartarie sont des voleurs de chevaux? » Ces paroles furent pour nous comme un coup de foudre. Cependant ce n'était pas le moment de nous abandonner à de stériles lamentations; il importait de courir promptement sur les traces des voleurs. Nous nous élançâmes donc chacun sur un chameau, et nous nous précipitâmes, dans des directions opposées, à la recherche de nos animaux, laissant notre tente sous la protection d'Arsalan. Nos investigations ayant été infructueuses, nous prîmes le parti de nous rendre aux tentes des Mongols, et de leur déclarer que nos chevaux avaient été perdus tout près de leur habitation.

D'après les lois tartares, lorsque les animaux d'une caravane se sont égarés, ceux dans le voisinage desquels on a campé sont tenus d'aller à leur recherche, et même d'en donner d'autres à la place dans le cas où ils ne pourraient les retrouver.

Cette loi paraîtra bien étrange et peu conforme au droit qui régit les peuples européens. On vient camper dans le voisinage d'un Mongol, sans son aveu, sans l'avoir prévenu, sans le connaître, sans en être connu; les animaux, le bagage, les hommes, tout est sous sa responsabilité; si quelque chose disparaît, la loi suppose qu'il en est le voleur, ou du moins le complice. Cet usage a peut-être beaucoup contribué à rendre les Mongols si habiles dans l'art de suivre les animaux à la piste. A la seule inspection des traces légères et informes que l'animal a laissées sur l'herbe, ils peuvent dire depuis combien de temps il est passé, et s'il était monté ou non par un homme. Une fois qu'ils se sont mis sur les traces, ils les suivent dans leurs mille détours, sans que rien soit capable de les leur faire perdre.

Aussitôt que nous eûmes fait notre déclaration à nos voisins mongols, le chef prit la parole et nous dit : « Seigneurs Lamas, ne permettez pas au chagrin d'entrer dans votre cœur. Vos animaux ne peuvent être perdus; dans ces parages il n'y a ni voleurs ni associés de voleurs. Je vais envoyer à la recherche; si vos chevaux ne se trouvent pas, vous choisirez à volonté dans nos troupeaux ceux qui vous conviendront le plus. Nous voulons que vous partiez d'ici aussi en paix que vous y êtes arrivés. » Pendant qu'il parlait ainsi, huit Tartares montèrent à cheval, et, traînant après eux leur longue perche à enlacer les chevaux, ils commencèrent leurs recherches. D'abord ils se dispersèrent et exécutèrent de nombreuses évolutions, courant dans tous les sens, et revenant quelquefois sur leurs pas. Enfin, ils se réunirent en escadron, et se précipitèrent au grand galop vers le chemin par lequel nous étions venus. « Voilà qu'ils sont sur les traces, nous dit le chef mongol qui considérait avec nous tous leurs mouvements; seigneurs Lamas, venez vous asseoir dans notre tente, nous boirons une tasse de thé en attendant le retour de vos chevaux. »

Après peut-être deux heures d'attente, un enfant se présenta à la porte, et nous avertit que les cavaliers revenaient. Nous sortîmes à la hâte, et jetant nos regards vers la route que nous avions suivie, nous aperçûmes au milieu d'un nuage de poussière, comme une grande troupe qui s'avançait avec la rapidité du vent. Nous pûmes bientôt distinguer les huit cavaliers et nos deux animaux, qu'on traînait par le licou; tout venait ventre à terre. Aussitôt que les Tartares furent arrivés près de nous, ils nous dirent, avec cet air de satisfaction qui succède à une grande inquiétude, que dans leur pays on ne perdait jamais rien. Nous remerciâmes ces généreux Mongols du service signalé qu'ils venaient de nous rendre; nous vantâmes leur habileté, et après avoir pris congé d'eux, nous allâmes seller nos fuyards et nous partîmes. Nous nous dirigeâmes vers la route de la *Ville-Bleue* que nous avions laissée un peu de côté pour aller nous approvisionner à *Chaborté*.

Nous avions fait à peu près trois jours de marche, lorsque nous rencontrâmes dans le désert une imposante et majestueuse antiquité. C'était une grande ville déserte et abandonnée. Les remparts crénelés, les tours d'observations, les quatre grandes portes situées aux quatre points cardinaux, tout était parfaitement conservé; mais tout était comme aux trois quarts enfoui dans la terre, et recouvert d'un épais gazon. Depuis que cette ville avait été abandonnée, le sol, s'étant insensiblement élevé, avait presque fini par atteindre la hauteur des créneaux. Quand nous fûmes arrivés vis-à-vis de la porte méridionale, nous dîmes à Samdadchiemba de continuer la route, pendant que nous irions visiter la *Vieille-Ville*, comme la nomment les Tartares. Nous entrâmes dans cette vaste enceinte avec un profond saisissement de frayeur et de tristesse. On ne voit là ni décombres ni ruines, mais seulement la forme d'une belle et grande ville qui s'est enterrée à moitié, et que les herbes enveloppent comme d'un linceul funèbre. L'inégalité du terrain semble dessiner encore la disposition des rues et des monuments principaux. Nous rencontrâmes un jeune berger mongol qui fumait silencieusement sa pipe, assis sur un monticule, pendant que son grand troupeau de chèvres broutait l'herbe sur les remparts et dans les rues désertes. Ce fut en vain que nous lui adressâmes quelques questions. Cette ville, à quelle époque avait-elle été bâtie? quel peuple l'avait habitée? quel événement, quelle révolution l'en avait chassé? C'est ce que nous ne pûmes savoir. Les Tartares appellent cet endroit *Vieille-Ville,* mais leur science ne va pas plus loin.

On rencontre souvent dans les déserts de Mongolie de pareilles traces de grandes villes; quoiqu'on ne puisse rien assurer au sujet de ces cités, on peut pourtant présumer que leur existence ne remonte pas au delà du treizième siècle. On sait qu'à cette époque les Mongols se rendirent maîtres de l'empire chinois, et que leur domination dura près d'un siècle. Ce fut alors, qu'au rapport des historiens chinois, on vit s'élever dans la Tartarie du Nord des villes nombreuses et florissantes. Vers le milieu du quatorzième siècle, la dynastie mongole fut chassée de la Chine. L'empereur *Young-Lo,* qui voulait achever d'anéantir les Tartares, ravagea leur pays et incendia leurs villes. Il alla même les chercher jusqu'à trois fois au delà du désert, à deux cents lieues au nord de la grande muraille.

Après avoir laissé derrière nous la *Vieille-Ville,* nous rencontrâmes une large route allant du midi au nord, et croisant sur celle que nous suivions d'orient en occident. C'est la route que suivent ordinairement les ambassades russes qui se rendent à Pékin. Les Tartares lui donnent le nom de *Koutcheou-Dcham,* c'est-à-dire chemin de la fille de l'empereur, parce que cette voie fut tracée par le voyage d'une princesse que l'empereur de Chine donnait en mariage à un roi de Khalkhas. Cette route, après avoir traversé le *Tchakar* et le *Souniot occidental,* entre dans le pays des *Kha'khas,* par le royaume de *Mourguevan.* De là elle s'étend dans le grand désert de *Gobi,* du midi au nord, traverse le fleuve *Toula* tout près du *Grand-Kouren,* et va enfin aboutir aux factoreries russes de *Kiaktha.*

En 1688, un traité de paix fut conclu entre l'empereur *Khang-Hi* et le *Khang-Blanc,* roi des *Oros,* c'est-à-dire le tzar de Russie. Les frontières des deux empires furent fixées; et on désigna *Kiaktha* pour le lieu du commerce entre les deux peuples. Cette ville est en quelque sorte divisée en deux parties. Au nord sont les factoreries russes, et au midi la station tartaro-chinoise. Le poste intermédiaire n'appartient, proprement dit, à aucune des deux puissances; il est réservé pour les affaires commerciales. Il n'est pas permis aux Russes de passer sur le territoire tartare, et réciproquement les sujets de l'empereur chinois n'ont pas le droit de traverser la frontière russe. Le commerce de *Kiaktha* est assez considérable, et paraît assez avantageux pour les deux peuples. Les Russes exportent des draps, des velours, des savons, et divers articles de quincaillerie. Ils reçoivent en échange du thé en brique, dont ils font une grande consommation. Comme les produits russes sont ordinairement payés avec du thé en brique, il en résulte que les draps se vendent en Chine à un prix bien au-dessous de ce qu'ils coûtent sur les marchés d'Europe. C'est faute d'être bien au courant du commerce de la Russie avec la Chine, que certains spéculateurs n'ont pu trouver à Canton un débouché convenable pour les marchandises.

Cette route de *Kiaktha*, que nous rencontrâmes dans les déserts de la Tartarie, nous causa une émotion profonde. Voilà, nous disions-nous, un chemin qui va en Europe! et les souvenirs de la patrie vinrent bientôt nous assaillir. Nous nous rapprochâmes insensiblement; car nous éprouvions le besoin de parler de la France. Cette conversation avait pour nous tant de charmes, elle remplissait si bien notre cœur, que nous faisions route sans nous en apercevoir. La vue de quelques tentes mongoles, qui s'élevaient sur une colline, vint brusquement rappeler nos pensées à la vie nomade. Un grand cri s'était fait entendre, et nous remarquâmes au loin un Tartare qui gesticulait avec beaucoup de vivacité. Comme nous ne pouvions discerner clairement à qui s'adressaient ces signes, nous continuâmes notre route. Nous vîmes alors le Tartare sauter sur un cheval sellé, qui se trouvait à l'entrée de sa tente, et courir vers nous avec rapidité. Aussitôt qu'il nous eut atteints, il descendit promptement, et s'étant mis à genoux : « Seigneurs Lamas, s'écria-t-il, en levant les mains au ciel, ayez pitié de moi; ne continuez pas votre route ; venez guérir ma mère qui se meurt. Je sais que votre puissance est infinie; venez sauver ma mère par vos prières. » La parabole du Samaritain se présenta à notre mémoire, et nous pensâmes que la charité nous défendait de passer outre. Nous rebroussâmes donc chemin, pour aller camper à côté de l'habitation de ce Tartare.

Pendant que Samdadchiemba disposait notre tente, nous allâmes, sans perdre de temps, visiter la malade. Elle était en effet dans un état presque désespéré. « Habitants du désert, dîmes-nous aux personnes qui nous entouraient, nous ne sommes pas instruits dans la connaissance des simples ; nous ne savons pas compter sur les artères les mouvements de la vie; mais nous allons prier Jéhovah pour cette infirme. Vous n'avez pas encore entendu parler de ce Dieu tout-puissant; vos Lamas ne le connaissent pas ; mais ayez confiance, Jéhovah est le maître de la vie et de la mort. » La circonstance ne nous permettait pas de tenir un plus long discours à ces pauvres gens; plongés dans la douleur et préoccupés de leur malade, ils ne pouvaient prêter à nos paroles qu'une faible attention. Nous retournâmes donc dans notre tente pour prier; le chef de la famille nous y accompagna. Dès qu'il eut aperçu notre bréviaire : « Sont-ce là, nous dit-il, ces toutes puissantes prières de Jéhovah dont vous avez parlé? — Oui, lui répondîmes-nous ; ce sont les seules véritables prières, les seules qui puissent sauver. » Il nous fit alors à chacun une prostration, en frappant la terre du front; puis il prit notre bréviaire, et le fit toucher à sa tête, en signe de respect. Pendant tout le temps que dura la récitation des prières, le Tartare demeura accroupi à l'entrée de notre tente, gardant un profond et religieux silence. Quand nous eûmes terminé, il nous fit de nouveau une prostration. « Saints personnages, nous dit-il, comment reconnaître le bienfait

immense que vous venez de m'accorder? Je suis pauvre, je ne puis vous offrir ni
cheval ni mouton. — Frère mongol, lui dîmes-nous, conserve ton cœur en paix;
les prêtres de Jéhovah ne doivent pas réciter leurs prières pour obtenir des
richesses; puisque tu n'es pas riche, reçois de nous cette légère offrande »; et nous
lui donnâmes un fragment de thé en brique. Le Tartare fut profondément ému
de ce procédé. Il ne put proférer une parole; quelques larmes de reconnaissance
furent sa seule réponse.

Le lendemain matin nous apprîmes avec plaisir que l'état de la malade
s'était amélioré. Nous aurions bien voulu pouvoir demeurer encore quelques
jours dans cet endroit, afin de cultiver le germe de foi qui avait été déposé au
sein de cette famille; mais nous dûmes continuer notre route. Quelques Tartares
voulurent nous accompagner un instant pour nous témoigner leur reconnaissance.

On a déjà dit que la médecine est exclusivement exercée en Tartarie par les
Lamas. Aussitôt qu'une maladie se déclare dans une famille, on court à la lamaserie voisine inviter un médecin. Celui-ci se rend auprès du malade, et commence
par lui tâter le pouls; il prend simultanément dans chacune de ses mains les
poignets du malade, et promène ses doigts sur les artères, à peu près comme les
doigts du musicien courent sur les cordes d'un violon. La manière chinoise diffère
de celle-ci, en ce que les docteurs chinois tâtent le pouls successivement sur les
deux bras, et non pas en même temps. Quand le Lama a suffisamment étudié la
nature de la maladie, il prononce sa sentence. Comme d'après l'opinion religieuse
des Tartares, c'est toujours un *Tchutgour*, ou diable, qui tourmente par sa présence la partie malade, il faut avant tout préparer par un traitement médical
l'expulsion de ce diable. Le Lama médecin est en même temps apothicaire; la
chimie minérale n'entre pour rien dans la préparation des spécifiques employés
par les Lamas : les remèdes sont toujours composés de végétaux pulvérisés, qu'on
fait infuser ou coaguler, et qu'on arrondit en forme de pilule. Quand le petit
magasin de pilules végétales se trouve vide, le docteur Lama ne se déconcerte pas
pour cela; il inscrit sur quelques petits morceaux de papier, avec des caractères
thibétains, le nom des remèdes, puis il roule ce papier entre ses doigts, après
l'avoir un peu humecté de sa salive : le malade prend ces boulettes avec autant de
confiance que si c'étaient de véritables pilules. Avaler le nom du remède ou le
remède lui-même, disent les Tartares, cela revient absolument au même.

Après le traitement médical employé pour faciliter l'expulsion du diable, le
Lama ordonne des prières, conformes à la qualité de ce diable qu'il faut déloger.
Si le malade est pauvre, évidemment le *Tchutgour* est petit; et alors les prières
sont courtes, peu solennelles; quelquefois on se borne à une simple formule
d'exorcisme; souvent même le Lama se contente de dire qu'il n'est besoin ni de
pilules ni de prière, qu'il faut attendre avec patience que le malade guérisse ou
succombe, suivant l'arrêt prononcé par *Hormoustha*. Mais si le malade est riche,
s'il est possesseur de nombreux troupeaux, les choses vont tout différemment.
D'abord il faut se bien persuader que le diable dont la présence a fait naître la
maladie est un diable puissant et terrible; incontestablement c'est un des chefs de
mauvais esprits; et comme il n'est pas décent qu'un grand *Tchutgour* voyage

comme un diablotin, on doit lui préparer de beaux habits, un beau chapeau, une belle paire de bottes, et surtout un jeune et vigoureux cheval : s'il n'y a pas tout cela, il est certain que le diable ne s'en ira pas : ce serait en vain qu'on administrerait des remèdes et qu'on réciterait des prières. Il peut même arriver qu'un cheval ne suffise pas; car parfois le diable est tellement élevé en dignité, qu'il traine à sa suite un grand nombre de serviteurs et de courtisans; alors le nombre des chevaux que le Lama exige est illimité; cela dépend toujours de la richesse plus ou moins grande du malade.

Tout étant disposé conformément au programme dressé par le médecin, la cérémonie commence. On invite plusieurs Lamas des lamaseries voisines, et les prières se continuent pendant huit ou quinze jours, jusqu'à ce que les Lamas s'aperçoivent que le diable n'y est plus, c'est-à-dire autant de temps qu'ils ont envie de vivre aux dépens de la famille dont ils exploitent le thé et les moutons. Si au bout du compte le malade vient à mourir, c'est alors la preuve la plus certaine que les prières ont été bien récitées, et que le diable a été mis en fuite; il est vrai que le malade est mort; mais il n'y perdra certainement pas : les Lamas assurent qu'il transmigrera dans un état plus fortuné que celui qu'il vient de quitter.

Les prières que récitent les Lamas pour la guérison des malades sont quelquefois accompagnées de rites lugubres et effrayants. M. Huc étant chargé de la petite chrétienté de la *Vallée des Eaux noires,* eut occasion de faire connaissance avec une famille mongole, qu'il visitait de temps en temps, afin de s'initier aux usages et à la langue des Mongols. Un jour, la vieille tante du noble *Tokoura,* chef de cette famille, fut prise par les fièvres intermittentes. « J'inviterais bien le docteur Lama, disait Tokoura; mais il déclare qu'il y a un *Tchutgour,* que deviendrai-je? Les dépenses vont me ruiner. » Après quelques jours d'attente, il se décida enfin à inviter le médecin; ses prévisions ne furent pas trompées. Le Lama annonça que le diable y était, et qu'il fallait le chasser au plus vite; les préparatifs se firent donc avec la plus grande activité : sur le soir huit Lamas arrivèrent, et se mirent à façonner, avec des herbes sèches, un grand mannequin qu'ils nommèrent le diable des fièvres intermittentes; par le moyen d'un pieu qu'ils avaient enfoncé entre ses jambes, ils le firent tenir debout dans la tente où se trouvait la malade.

La cérémonie commença à onze heures de la nuit; les Lamas vinrent se ranger en rond au fond de la tente, armés de cymbales, de conques marines, de cloches, de tambourins et de divers instruments de leur bruyante musique. Le cercle était terminé sur l'avant par les Tartares de la famille, au nombre de neuf: ils étaient tous accroupis et pressés les uns contre les autres; la vieille à genoux, ou plutôt assise sur ses talons, était en face du mannequin qui représentait le diable des fièvres. Le Lama docteur avait devant lui un grand bassin en cuivre, rempli de petit millet et de quelques statuettes fabriquées avec de la pâte de farine. Quelques argots enflammés jetaient, avec beaucoup de fumée, une lueur fantastique et vacillante sur cette étrange scène.

Au signal donné, l'orchestre exécuta une ouverture musicale capable d'effrayer le diable le plus intrépide. Les hommes noirs ou séculiers battaient des mains en cadence, pour accompagner le son charivarique des instruments et les hurlements des prières. Quand cette musique infernale fut terminée, le grand Lama ouvrit le livre des exorcismes, qu'il posa sur ses genoux. A mesure qu'il psalmodiait, il puisait dans le bassin de cuivre quelques grains de petit millet, et les projetait çà et là autour de lui, selon qu'il était marqué par la rubrique. Le grand Lama priait ordinairement seul, tantôt sur un ton lugubre et étouffé, tantôt par de longs et grands éclats de voix. Quelquefois il abandonnait la manière cadencée et rhythmique de la prière; on eût dit alors qu'il entrait tout à coup dans un violent accès de colère; c'étaient des interpellations vives et animées, qu'il adressait, en gesticulant, au mannequin de paille. Après ce terrible exorcisme, il donnait un signal, en étendant ses deux bras à droite et à gauche; tous les Lamas entonnaient aussitôt un bruyant refrain, sur un ton précipité et rapide; tous les instruments de musique étaient en jeu; les gens de la famile sortaient brusquement, à la file les uns des autres, faisaient en courant le tour de la tente, qu'ils frappaient violemment avec des pieux, pendant qu'ils poussaient des cris à faire dresser les cheveux sur la tête. Après avoir exécuté trois fois cette ronde infernale, la file rentra avec précipitation, et chacun se remit à sa place. Alors, pendant que tous les assistants se cachaient la figure des deux mains, le grand Lama se leva pour aller mettre le feu au mannequin. Dès que la flamme commença à s'élever, il poussa un grand cri, qui fut à l'instant répété par toutes les voix. Les hommes noirs s'emparèrent du diable enflammé, et coururent le porter dans la prairie, loin de la tente, pendant que le *Tchougour* des fièvres intermittentes se consumait au milieu des cris et des imprécations, les Lamas demeurés accroupis dans l'intérieur de la tente, chantaient leurs prières sur un ton paisible, grave et solennel.

Les gens de la famille étant de retour de leur courageuse expédition, les chants cessèrent, pour faire place à de joyeuses exclamations, entrecoupées par de grands éclats de rire. Bientôt tout le monde sortit tumultueusement hors de la tente, et chacun tenait dans sa main une torche allumée, on se mit en marche : les hommes noirs allaient les premiers, puis venaient la vieille fiévreuse, soutenue à droite et à gauche, sous les bras, par deux membres de la famille; derrière la malade marchaient les huit Lamas, qui faisaient retentir les airs de leur épouvantable musique. On conduisit ainsi la vieille dans une tente voisine : car le Lama médecin avait décidé que, durant une lune entière, elle ne pourrait retourner dans son ancienne habitation.

Après ce bizarre traitement, la malade fut entièrement guérie; les accès de fièvre ne revinrent plus. Comme l'accès devait précisément avoir lieu à l'heure même où commença la scène infernale, il est probable que la fièvre fut naturellement coupée par une violente surexcitation, occasionnee par le spectacle le plus effrayant et le plus fantastique qu'on puisse imaginer.

Quoique la plupart des Lamas cherchent à entretenir l'ignorante crédulité des Tartares, pour l'exploiter ensuite à leur profit, nous en avons pourtant rencontré quelquefois qui nous avouaient avec franchise que la duplicité et l'imposture jouaient un grand rôle dans toutes leurs cérémonies. Un supérieur de lamaserie nous disait un jour : « Quand un homme est malade, réciter des prières, c'est convenable; car Bouddha est le maître de la vie et de la mort; c'est lui qui règle la transmigration des êtres : prendre des remèdes, c'est bien aussi; car le grand bienfait des herbes médicales nous vient de Bouddha. Que le Tchutgour puisse se loger chez un malade, cela est croyable; mais que pour le chasser et le décider à partir, il faille lui donner des habits et un cheval, voilà qui a été inventé par les Lamas ignorants et trompeurs, qui veulent amasser des richesses aux dépens de leurs frères. »

La manière d'enterrer les morts parmi les Tartares n'est pas uniforme, et les Lamas ne sont convoqués que pour les funérailles les plus solennelles. Aux environs de la grande muraille, partout où les Mongols se trouvent mêlés aux Chinois. les usages de ces derniers ont insensiblement prévalu. Ainsi, dans ces endroits, la manière chinoise est généralement en vigueur : le corps mort est enfermé dans un cercueil, qu'on dépose ensuite dans un tombeau. Dans le désert, parmi les peuples véritablement nomades, toute la cérémonie des funérailles consiste à transporter les cadavres sur le sommet des montagnes, ou dans le fond des ravins. On les abandonne ainsi à la voracité des animaux sauvages et des oiseaux de proie. Il n'est rien d'horrible à voir comme ces restes humains, qu'on rencontre parfois dans les déserts de la Tartarie, et que se disputent avec acharnement les aigles et les loups.

Les Tartares les plus riches font quelquefois brûler leurs morts avec assez de solennité. On bâtit avec de la terre une espèce de grand fourneau de forme pyramidale; avant qu'il soit terminé, on y place le cadavre debout, entouré de combustible : puis on continue la maçonnerie, de manière à ce que tout soit entièrement recouvert; on laisse seulement une petite porte dans le bas, et une ouverture au sommet, pour laisser passage à la fumée et entretenir un courant d'air. Pendant la combustion, des Lamas entourent le monument et récitent des prières. Le cadavre étant suffisamment brûlé, on démolit le fourneau, et on retire les ossements qu'on porte au grand Lama : celui-ci les réduit en poudre très déliée, et après y avoir ajouté une quantité égale de farine de froment, il pétrit le tout avec soin, et façonne de ses propres mains des gâteaux de diverses grosseurs, qu'il place ensuite les uns sur les autres, de manière à figurer une petite pyramide. Quand les ossements ont été préparés de la sorte par le grand Lama, on les transporte en grande pompe dans une tourelle bâtie, par avance, dans un lieu désigné par le devin.

On donne presque toujours aux cendres des Lamas une sépulture de ce genre. On rencontre en grand nombre de ces petites tours funéraires sur le sommet des montagnes et aux environs des lamaseries; on peut encore en voir dans les contrées d'où les Mongols ont été chassés par les Chinois. Ces pays ne portent presque plus l'empreinte du séjour des Tartares. Les lamaseries, les pâturages, les bergers avec leurs tentes et leurs troupeaux, tout a disparu, pour faire place à de nouveaux peuples, à de nouveaux monuments et à des mœurs nouvelles. Seulement quelques tourelles élevées sur les sépultures restent encore debout comme pour attester le droit des anciens possesseurs de ces contrées, et protester contre l'envahissement des *Kitat*.

Le lieu le plus renommé des sépultures mongoles est dans la province du *Chan-Si*, à la fameuse lamaserie des Cinq-Tours (*Ou-Tay*). Au dire des Tartares, la lamaserie des Cinq-Tours est le meilleur pays qu'on puisse trouver pour une bonne sépulture; la terre en est si sainte, que ceux qui ont le bonheur d'y être enterrés sont certains d'y effectuer une excellente transmigration. La merveilleuse sainteté de ce pays est attribuée à la présence de Bouddha, qui depuis quelques siècles s'y est logé dans l'intérieur d'une montagne.

On rencontre fréquemment, dans les déserts de Tartarie, des Mongols portant sur leurs épaules les ossements de leurs parents, et se rendant en caravane aux Cinq-Tours, pour acheter presque au poids de l'or quelques pieds de terre où ils puissent élever un petit mausolée. Il n'est pas jusqu'aux Mongols du *Torgot*, qui n'entreprennent des voyages d'une année entière, et d'une difficulté inouïe, pour se rendre dans la province du *Chan-Si*.

Pour dire toute la vérité sur le compte des Tartares, nous devons ajouter que leurs rois usent parfois d'un système de sépulture qui est le comble de l'extravagance et de la barbarie : on transporte le royal cadavre dans un vaste édifice construit en briques, et orné de nombreuses statues en pierre, représentant des hommes, des lions, des éléphants, des tigres, et divers sujets de la mythologie bouddhique. Avec l'illustre défunt, on enterre dans un large caveau, placé au centre du bâtiment, de grosses sommes d'or et d'argent, des habits royaux, des pierres précieuses, enfin tout ce dont il pourra avoir besoin dans une autre vie. Ces enterrements monstrueux coûtent quelquefois la vie à un grand nombre d'esclaves : on prend des enfants de l'un et de l'autre sexe, remarquables par leur beauté, et on leur fait avaler du mercure jusqu'à ce qu'ils soient suffoqués; de cette manière, ils conservent, dit-on, la fraîcheur et le coloris de leur visage, au point de paraître encore vivants. Ces malheureuses victimes sont placées debout, autour du cadavre de leur maître, continuant en quelque sorte de le servir comme pendant sa vie. Elles tiennent dans leurs mains la pipe, l'éventail, la petite fiole de tabac à priser, et tous les autres colifichets des majestés tartares.

Pour garder ces trésors enfouis, on place dans le caveau une espèce d'arc pouvant décocher une multitude de flèches à la file les unes des autres. Cet arc, ou plutôt ces arcs nombreux unis ensemble, sont tous bandés, et les flèches prêtes à partir. On place cette espèce de machine infernale de manière à ce qu'en ouvrant la porte du caveau, le mouvement fasse décocher la première flèche sur l'homme qui entre. Le décochement de la première flèche fait aussitôt partir la seconde, et ainsi de suite jusqu'à la dernière; de sorte que le malheureux, que la cupidité ou la curiosité porterait à ouvrir cette porte tomberait percé de mille traits dans le tombeau même qu'il voudrait profaner. On vend de ces machines meurtrières toutes préparées chez les fabricants d'arcs. Les Chinois en achètent quelquefois pour garder leur maison pendant leur absence.

Après deux jours de marche, nous entrâmes dans le pays appelé royaume de Éfe; c'est une portion du territoire des huit bannières, que l'empereur *Kien-Long* a démembré en faveur d'un prince des Khalkas. *Sun-Tché*, fondateur de la dynastie mandchoue, avait dit : « Dans le midi ne jamais établir de roi; dans le nord ne jamais interrompre les alliances. » Cette politique a été depuis exactement suivie par la cour de Pékin. L'empereur *Kien-Long*, pour s'attacher le prince dont il est question, lui avait donné sa fille en mariage ; il espérait par ce moyen le fixer à Pékin, et diminuer ainsi la puissance toujours redoutée des souverains khalkhas. Il lui fit bâtir, dans l'enceinte même de la ville jaune, un palais aussi grand que magnifique ; mais le prince mongol ne put se faire aux habitudes gênantes et tyranniques d'une cour. Au milieu de la pompe et du luxe accumulés autour de lui, il était sans cesse poursuivi par le souvenir de sa tente et de ses troupeaux ; il regrettait même les neiges et les frimas de son pays natal. Les caresses de la cour ne pouvant dissiper ses intolérables ennuis, il parla de s'en retourner dans ses prairies du Khalkhas. D'un autre côté, sa jeune épouse, habituée à la mollesse de la cour de Pékin, ne pouvait soutenir l'idée d'aller passer ses jours dans les déserts, en la compagnie des laitières et des gardiens de troupeaux. L'empereur usa d'un tempérament, qui paraissait condescendre aux désirs de son gendre, sans trop contrarier la répugnance de sa fille. Il démembra une portion du *Tchakar* et en dota le prince mongol ; il lui fit bâtir au milieu de ces solitudes une petite ville magnifique, et lui donna cent familles d'esclaves habiles dans l'industrie et les arts de la Chine. De cette manière, en même temps que la jeune Mandchoue conservait l'avantage d'habiter une ville et d'avoir une cour, le prince mongol pouvait aussi, de son côté, jouir de la paix au milieu de la Terre-des-Herbes, et y trouver tous les délices de la vie nomade, dans laquelle il avait passé ses premiers jours.

Le roi de Éfe a amené avec lui, dans son petit royaume un grand nombre de Mongols-Khalkhas, qui habitent, sous des tentes, le pays donné à leur prince. Ces Tartares ont conservé la réputation de force et de vigueur qu'on attribue généralement aux gens de leur nation. Ils sont tenus pour les plus terribles lutteurs de la Mongolie méridionale. Dès leur bas âge, ils s'adonnent aux exercices gymnastiques ; et chaque année, lorsqu'il doit y avoir à Pékin quelque lutte publique, ils ne manquent pas de s'y rendre en grand nombre, pour obtenir les prix proposés aux vainqueurs, et soutenir la réputation de leur pays.

Nous rencontrâmes une troupe d'enfants, qui s'exerçaient à la gymnastique sur les bords du sentier que nous suivions ; nous pûmes les examiner à loisir de dessus nos montures, et leur ardeur redoubla bientôt, quand ils s'aperçurent que nous les regardions. Le plus grand de la troupe, qui ne paraissait pas avoir plus de huit à neuf ans, prit entre ses bras un de ses camarades, presque de même taille que lui, et tout rond d'embonpoint ; puis il s'amusa à le jeter autour de sa tête et à le recevoir entre ses mains, à peu près comme on ferait d'une balle. Il répéta sept ou huit fois le même jeu ; et pendant qu'à chaque coup nous frémissions de crainte pour la vie d'un enfant, la bande joyeuse ne faisait que gambader, et qu'applaudir par ses cris au succès des acteurs.

Le vingt-deuxième jour de la huitième lune, aussitôt que nous fûmes sortis du petit royaume de Éfe, nous gravîmes une montagne aux flancs de laquelle croissaient quelques bouquets de sapins et de bouleaux. Leur vue nous causa un plaisir extrême ; les déserts de la Tartarie sont généralement si déboisés et d'une nudité si monotone, qu'on ne peut s'empêcher d'éprouver un certain bien-aise, quand on rencontre, de temps à autre, quelques arbres sur son passage. Mais ces premiers mouvements de joie furent bientôt comprimés par un sentiment d'une nature bien différente; nous fûmes comme glacés d'effroi en apercevant, à un détour de la montagne, trois loups énormes, qui semblaient nous attendre avec une calme intrépidité. A la vue de ces vilaines bêtes, nous nous arrêtâmes brusquement et comme par instinct. Après ce premier instant de stupeur générale, Samdad-chiemba descendit de son petit mulet, et courut tirailler avec violence le nez de nos chameaux. Ce moyen réussit à merveille; nos pauvres animaux poussèrent des cris si perçants et si épouvantables, que les loups effrayés s'en allèrent à toutes jambes. Arsalan qui les voyait fuir, croyant sans doute que c'était de lui qu'ils avaient peur, se mit à les poursuivre de toute la force de ses jarrets; bientôt les loups firent volte-face, et le portier de notre tente eût été infailliblement dévoré, si M. Gabet n'eût volé à son secours en poussant de grands cris, et en tiraillant le nez de sa chamelle. Les loups, ayant pris la fuite une seconde fois, disparurent sans que personne ne songeât plus à les poursuivre de nouveau.

Quoique le défaut de population paraisse abandonner les immenses déserts de la Tartarie aux bêtes sauvages, les loups pourtant s'y rencontrent assez rarement. Cela vient sans doute de la guerre incessante et acharnée que leur font les Mongols; ils les poursuivent partout à outrance; ils les regardent comme leur ennemi capital, à cause des grands dommages qu'ils peuvent causer à leurs troupeaux. La nouvelle qu'un loup a apparu dans le voisinage, est, pour tout le monde, le signal de monter à cheval; comme il y a toujours, près de chaque tente, des chevaux sellés par avance, en un instant la plaine est couverte de nombreux cavaliers, tous armés de leur longue perche. Le loup a beau courir dans toutes les directions, il rencontre partout des cavaliers qui se précipitent sur lui. Il n'est pas de montagne si raboteuse et si ardue, où les chevaux des Tartares, agiles comme des chevreuils, ne puissent l'aller poursuivre. Le cavalier qui est enfin parvenu à lui passer le nœud coulant autour du cou, se sauve au galop, en le traînant après lui, jusqu'à la tente la plus voisine; là, on lui lie fortement le museau, afin de pouvoir le torturer en toute sécurité; pour le dénoûment de la pièce, on écorche l'animal tout vif, puis on le met en liberté. Pendant l'été, il vit encore ainsi plusieurs jours; mais en hiver, exposé sans fourrure aux rigueurs de la saison, il meurt incontinent gelé de froid.

En cheminant dans le fond d'une vallée, nous remarquâmes sur la crête d'une montagne peu élevée, qui était devant nous, comme une longue file d'objets immobiles et de forme indéterminée. Bientôt la chose nous parut ressembler à de formidables batteries de canons, dressés sur une même ligne. Plus nous avancions, plus les objets se dessinant avec netteté venaient nous confirmer dans cette pensée. Il nous semblait voir distinctement les roues des fourgons, les affûts, les écouvillons, et surtout les bouches de ces nombreux canons braqués sur la plaine. Mais comment faire entrer dans notre esprit, qu'une armée, avec tout son train d'artillerie, pouvait se trouver là dans le désert, au milieu de cette profonde solitude? Tout en nous abandonnant à mille conjectures extravagantes, nous pressions notre marche; car nous étions impatients d'examiner de près cette étrange apparition. Notre illusion ne fut complétement dissipée, que lorsque nous arrivâmes tout à fait au-dessus de la montagne. Ce que nous avions pris pour des batteries de canons, était une longue caravane de petites charrettes mongoles. Nous rîmes beaucoup de notre méprise, mais nous ne fûmes nullement surpris d'être demeurés si longtemps dans l'illusion. Ces petites charrettes à deux roues étaient toutes au repos, et appuyées sur leur brancard; chacune d'elles était chargée d'un sac de sel, enveloppé dans une natte dont les rebords dépassaient l'extrémité du sac, de manière à figurer assez exactement la bouche d'un canon. Les Mongols conducteurs de cette caravane faisaient bouillir leur thé en plein air, pendant que leurs bœufs étaient occupés à brouter de l'autre côté de la montagne.

Le transport des marchandises, à travers les déserts de la Tartarie, se fait ordinairement, à défaut de chameaux, par le moyen de ces petites charrettes à deux roues. Quelques barres de bois brut entrent seules dans leur fabrication; aussi elles sont d'une légèreté si grande, qu'un enfant peut les soulever avec aisance. Les bœufs qui les traînent ont tous un petit cercle en fer passé dans les narines; à ce cercle est une corde qui attache le bœuf à la voiture qui précède : ainsi toutes ces charrettes, depuis la première jusqu'à la dernière, se tiennent ensemble et forment une longue file non interrompue. Les Mongols qui conduisent ces caravanes sont ordinairement à califourchon sur les bœufs; rarement on les voit assis sur la voiture, et presque jamais à pied. La route qui va de Pékin à Kiaktha, tous les chemins qui aboutissent à *Tolon-Noor*, à *Kou-Kou-Hote*, ou au grand *Kouren*, sont incessamment couverts de ces longues files de voitures. Longtemps avant de les apercevoir, on entend le son lugubre et monotone des grosses cloches en fer que les bœufs portent suspendues à leur cou.

Après avoir pris une écuellée de thé au lait avec les Mongols que nous avions rencontrés sur la montagne, nous continuâmes quelque temps encore notre route. Le soleil était sur le point de se coucher, lorsque nous dressâmes notre tente sur le bord d'un ruisseau, à une centaine de pas environ de la lamaserie de *Tchortchi*.

Quoique nous n'eussions encore jamais visité la lamaserie de Tchortchi, nous la connaissions pourtant beaucoup, par les renseignements qu'on nous en avait donnés. C'est là qu'avait été élevé le jeune Lama, qui vint enseigner la langue mongole à M. Gabet, et dont la conversion au christianisme donna de si grandes espérances pour la propagation de l'Évangile parmi les peuples tartares. Il était âgé de vingt-cinq ans quand il sortit de sa lamaserie en 1837. Il y avait passé quatorze ans, dans l'étude des livres lamaïques, et s'était rendu très habile dans les littératures mongole et mantchoue. Il n'avait encore de la langue thibétaine qu'une connaissance très superficielle ; son maître, vieux Lama très instruit et très vénéré, non seulement dans la lamaserie, mais encore dans toute l'étendue de la bannière jaunâtre, avait fondé sur son disciple de grandes espérances. Aussi ce ne fut qu'à son cœur défendant qu'il consentit à se séparer de lui pour quelque temps ; il ne lui permit qu'un mois d'absence. Au moment de partir, le disciple se prosterna, suivant l'usage, aux pieds de son maître, et le pria de consulter pour lui le livre des oracles. Après avoir lu quelques feuillets d'un livre thibétain, le vieux Lama lui adressa ces paroles : « Pendant quatorze ans, tu es toujours resté à côté de ton maître comme un fidèle *Chabi* (disciple), aujourd'hui pour la première fois tu vas t'éloigner de moi. L'avenir me cause une grande tristesse ; souviens-toi donc de revenir à l'époque fixée. Si ton absence se prolonge au delà d'une lune, ta destinée te condamne à ne jamais remettre le pied dans notre sainte lamaserie. » Le jeune disciple partit, bien résolu de suivre de point en point les instructions de son maître.

Dès qu'il fut arrivé dans notre Mission de *Si-Wan*, M. Gabet prit, pour sujet de ses études mongoles, un résumé historique de la religion chrétienne. Les conférences orales et écrites durèrent presque un mois. Le jeune Lama, subjugué par la force de la vérité, abjura publiquement le bouddhisme, reçut le nom de Paul, et fut enfin baptisé après un fervent catéchuménat. La prédiction du vieux Lama a eu son entier accomplissement. Paul, depuis sa conversion, n'a jamais remis le pied dans la lamaserie d'où il était sorti.

Environ deux mille Lamas habitent la lamaserie de *Tchortchi*, qui est, dit-on, la lamaserie favorite de l'empereur; il l'a comblée de présents et de privilèges. Les Lamas en charge reçoivent tous une pension de la cour de Pékin. Ceux qui s'absentent de la lamaserie avec permission, et pou des raisons approuvées des supérieurs, continuent d'avoir part aux distributions d'argent et de vivres qui se font pendant leur absence. A leur retour ils reçoivent fidèlement tout ce qu'il leur revient. On doit sans doute attribuer aux faveurs impériales cet air d'aisance qu'on rencontre partout dans la lamaserie de Tchortchi. Les habitations y sont propres, quelquefois même élégantes; et jamais on n'y voit, comme ailleurs, des Lamas couverts de haillons. L'étude de la langue mandchoue y est très en honneur; preuve incontestable du grand dévouement de la lamaserie pour la dynastie régnante.

A part quelques rares exceptions, les largesses impériales entrent pour bien peu de chose dans la construction des lamaseries. Ces monuments grandioses et somptueux, qu'on rencontre si souvent dans le désert, sont dus au zèle libre et spontané des Mongols. Si simples et si économes dans leur habillement et dans leur vivre, ces peuples sont d'une générosité, on peut même dire d'une prodigalité étonnante, dès qu'il s'agit de culte et de dépenses religieuses. Quand on a résolu de construire quelque part un temple bouddhique entouré de sa lamaserie, les Lamas quêteurs se mettent aussitôt en route, munis de passe-ports qui attestent la légitimité de leur mission. Ils se distribuent les royaumes de la Tartarie, et vont de tente en tente demander des aumônes au nom du *vieux Bouddha*. Aussitôt qu'ils sont arrivés dans une famille, et qu'ils ont annoncé le but de leur voyage, en montrant le bassin bénit où on dépose les offrandes, ils sont accueillis avec joie et enthousiasme. Dans ces circonstances, il n'est personne qui se dispense de donner : les riches déposent dans le *badir*[1] des lingots d'or ou d'argent; ceux qui ne possèdent pas des métaux précieux, comme ils disent, offrent des bœufs, des chevaux ou des chameaux; les pauvres mêmes contribuent selon la modicité de leurs ressources; ils donnent des pains de beurre, des pelleteries, des cordages tressés avec du poil de chameau ou du crin de cheval. Au bout de quelque temps on a recueilli ainsi des sommes immenses; alors, dans ces déserts en apparence si pauvres, on voit s'élever, comme par enchantement, des édifices dont la grandeur et les richesses défieraient les ressources des potentats les plus opulents. C'est sans doute de cette manière, et par le concours empressé de tous les fidèles, qu'on vit autrefois surgir en Europe ces magnifiques cathédrales, dont les travaux gigantesques ne cessent d'accuser l'égoïsme et l'indifférence des temps modernes.

(1) C'est le nom du bassin dont se servent les Lamas pour demander l'aumône.

Les lamaseries qu'on voit en Tartarie sont toutes construites en briques ou en pierres. Les Lamas les plus pauvres seulement s'y bâtissent des habitations en terre ; mais elles sont toujours si bien blanchies avec de la chaux, qu'elles ne contrastent nullement avec les autres demeures. Les temples sont en général édifiés avec assez d'élégance, et avec beaucoup de solidité : mais ces monuments paraissent toujours écrasés; ils sont trop bas, eu égard à leur dimension. Aux environs de la lamaserie on voit s'élever, avec profusion et sans ordre, des tours ou des pyramides grêles et élancées, reposant le plus souvent sur des bases larges, et peu en rapport avec la maigreur des constructions qu'elles supportent. Il serait difficile de dire à quel ordre d'architecture connu peuvent se rattacher les temples bouddhiques de la Tartarie. C'est toujours un bizarre système de baldaquins monstrueux, de péristyles à colonnes torses et d'interminables gradins. A l'opposé de la grande porte d'entrée est une espèce d'autel en bois ou en pierre, affectant ordinairement la forme d'un cône renversé; c'est là-dessus que trônent les idoles. Rarement elles sont debout; on les voit presque toujours assises les jambes croisées. Ces idoles sont de stature colossale, mais leurs figures sont belles et régulières; à part la longueur démesurée des oreilles, elles appartiennent au type caucasien; elles n'ont rien de ces physionomies monstrueuses et diaboliques des *Pou-Ssa* chinois.

Sur le devant de la grande idole, et de niveau avec l'autel qu'elle occupe, est un siège doré où se place le Fô vivant, grand Lama de la lamaserie. Toute l'enceinte du temple est occupée par de longues tables presque au niveau du sol, espèces de divans placés à droite et à gauche du siège du grand Lama et s'étendant d'un bout de la salle à l'autre. Ces divans sont recouverts de tapis, et entre chaque rang il y a un espace vide, pour que les Lamas puissent librement circuler.

Quand l'heure des prières est arrivée, un Lama, qui a pour office d'appeler au chœur les hôtes du couvent, va se placer devant la grande porte du temple, et souffle de toute la force de ses poumons dans une conque marine, en regardant tour à tour les quatre points cardinaux. Le bruit sonore de cet instrument, qui peut aisément se faire entendre à une lieue de distançe, va avertir au loin les Lamas, que la règle les appelle à la prière. Chacun alors prend le manteau et le chapeau de cérémonie, et l'on va se réunir dans la grande cour intérieure. Quand le moment est arrivé, la conque marine résonne pour la troisième fois, la grande porte s'ouvre et le Fô vivant fait son entrée dans le temple. Après qu'il s'est assis sur l'autel, tous les Lamas déposent au vestibule leurs bottes rouges, et avancent pieds nus et en silence. A mesure qu'ils entrent, ils adorent le Fô vivant par trois prostrations; puis ils vont se placer sur le divan chacun au rang de sa dignité. Ils sont assis les jambes croisées, toujours tournés en chœur, c'est-à-dire face à face.

Aussitôt que le maître des cérémonies a donné le signal en agitant une clochette, chacun murmure à voix basse comme des actes préparatoires, tout en déroulant sur les genoux le formulaire des prières marquées par la rubrique. Après cette courte récitation, vient un instant de profond silence. La cloche s'agite de nouveau, et alors commence une psalmodie à deux chœurs, sur un ton grave et mélodieux. Les prières thibétaines, ordinairement coupées par versets, et écrites en style métrique et cadencé, se prêtent merveilleusement à l'harmonie. Quelquefois, à de certains repos fixés par la rubrique, les Lamas musiciens exécutent une musique qui est peu en rapport avec la mélodieuse gravité de la psalmodie. C'est un bruit confus et étourdissant de cloches, de cymbales, de tambourins, de conques marines, de trompettes, de sifflets, etc. Chaque musicien joue de son instrument avec une espèce de furie. C'est à qui produira le plus de bruit et le plus de désordre.

L'intérieur du temple est ordinairement encombré d'ornements, de statuettes et de tableaux ayant rapport à la vie de Bouddha et aux diverses transmigrations des Lamas les plus fameux. Des vases en cuivre, brillants comme de l'or, de la grosseur et de la forme de tasses à thé, sont placés en grand nombre sur plusieurs degrés, en amphithéâtre, devant les idoles. C'est dans ces vases qu'on fait de perpétuelles offrandes de lait, de beurre, de vin mongol et de petit millet. Les extrémités de chaque gradin sont terminées par des cassolettes, où brûlent incessamment les plantes aromatiques recueillies sur les montagnes saintes du Thibet. De riches étoffes en soie, chargées de clinquant et de broderies d'or, forment, sur la tête des idoles, comme de grands pavillons, d'où pendent des banderoles, et des lanternes en papier peint ou en corne fondue.

Les Lamas sont les seuls artistes mis à contribution pour les ornements et le décor des temples. Les peintures sont répandues partout, mais elles sont presque toujours en dehors du goût et des principes généralement admis en Europe. Le bizarre et le grotesque y dominent; et les personnages, à l'exception des Bouddha, ont le plus souvent un aspect monstrueux et satanique. Les habits ne semblent jamais avoir été faits pour les individus qui en sont affublés. On dirait que les membres cachés sous ces draperies sont cassés et disloqués.

Au milieu de toutes ces peintures lamaïques, on rencontre pourtant quelquefois des morceaux qui ne sont pas dépourvus de beauté. Un jour que nous visitions, dans le royaume de *Gechekten*, la grande lamaserie appelée *Temple d'or* (Altan-Somé), nous remarquâmes un tableau qui nous frappa d'étonnement. C'était une grande toile, au centre de laquelle on avait représenté Bouddha assis sur un riche tapis. Autour de cette image, de grandeur naturelle, était comme une auréole de portraits en miniature, exprimant allégoriquement les mille vertus de Bouddha. Nous ne pouvions nous lasser d'admirer ce tableau, remarquable non seulement par la pureté et la grâce du dessin, mais encore par l'expression des figures et la richesse du coloris. On eût dit que tous ces personnages étaient pleins de vie. Nous demandâmes à un vieux Lama, qui nous accompagnait, des renseignements sur cette admirable pièce de peinture. « Ce tableau, nous répondit-il, en portant ses deux mains jointes au front, ce tableau est un trésor de la plus haute antiquité; il renferme toute la doctrine de Bouddha. Ce n'est pas une peinture mongole; elle vient du Thibet; elle a été composée par un saint de l'*Éternel sanctuaire*. »

Les paysages sont, en général, mieux rendus que les sujets dramatiques. Les fleurs, les oiseaux, les arbres, les animaux mythologiques, tout cela est exprimé avec vérité et de manière à plaire aux yeux. Les couleurs sont surtout d'une vivacité et d'une fraîcheur étonnantes. Il est seulement dommage que les peintres paysagistes n'aient qu'une faible connaissance de la perspective et du clair-obscur.

Les Lamas sont de beaucoup meilleurs sculpteurs que peintres. Aussi ne ménagent-ils pas les sculptures dans leurs temples bouddhiques. Elles y sont répandues quelquefois avec une profusion qui peut, il est vrai, attester la fécondité de leur ciseau, mais qui ne fait pas l'éloge de leur bon goût. D'abord tout autour du temple, ce sont des tigres, des lions et des éléphants accroupis sur des blocs de granit. Les grandes rampes en pierre bordant les degrés qui conduisent à la grande porte d'entrée, sont presque toujours taillées, ciselées et ornées de mille figurines bizarres, représentant des oiseaux, des reptiles, ou d'autres animaux imaginaires. Dans l'intérieur du temple, on ne voit de tous côtés que reliefs, tantôt en bois, tantôt en pierre, mais toujours exécutés avec une hardiesse et une vérité admirables.

Quoique les lamaseries mongoles ne puissent être comparées, pour la grandeur et les richesses, à celles du Thibet, il en est quelques-unes qui sont très célèbres et très renommées parmi les adorateurs de Bouddha. La plus fameuse de toutes est celle du *Grand-Kouren*, dans le pays des Khalkhas. Comme nous avons eu occasion de la visiter durant le cours d'un de nos voyages dans le nord de la Tartarie, nous entrerons ici dans quelques détails.

La lamaserie du Grand-Kouren est bâtie sur les bords de la rivière Toula, sur les vastes flancs d'une montagne. Les divers temples où demeurent le Guison-Tamba et plusieurs autres grands Lamas, se font remarquer par leur élévation et par les tuiles dorées dont ils sont recouverts. Trente mille Lamas vivent habituellement dans cette grande lamaserie, ou dans celles des environs, qui en sont comme les succursales. Au bas de la montagne, la plaine est incessamment couverte de pavillons de grandeur différente, où séjournent les pèlerins jusqu'à ce que leur dévotion soit satisfaite. C'est là que se rendent pêle-mêle tous les adorateurs de Bouddha, venus des contrées les plus éloignées. Les *U-Pi-Ta-Dze* ou Tartares aux peaux de poisson y plantent leurs tentes à côté des *Torgot*, descendus du sommet des saintes montagnes (Bokte-Oula). Les Thibétains et les *Péboum* des Himalaya, cheminant lentement avec leurs longues processions de *sarligues*, ou bœufs à long poil, vont se confondre avec les Mandchous des bords du Songari et de l'Amour, qui arrivent portés sur des traîneaux. C'est un mouvement continuel de pavillons qui se tendent ou se ploient; ce sont des multitudes de pèlerins qui arrivent ou qui partent, sur des chameaux, des bœufs, des sarligues, des voitures, des traîneaux, à pied, à cheval, en mille bizarres équipages.

Vues de loin, les blanches cellules des Lamas, bâties en lignes horizontales, au-dessus les unes des autres sur le penchant de la montagne, ressemblent aux degrés d'un autel grandiose, dont le tabernacle serait le temple du Guison-Tamba. Du fond de ce sanctuaire, dont les dorures et les vives couleurs resplendissent de toutes parts, le Lama-Roi reçoit les hommages perpétuels de cette foule d'adorateurs incessamment prosternés devant lui. Dans le pays il est appelé le Saint par excellence, et il n'est pas un seul Tartare Khalkha qui ne se fasse honneur de se dire son disciple. Quand on rencontre un habitant du Grand-Kouren, si on lui demande d'où il est : « *Koure Bokte-Ain Chabi*, répond-il avec fierté. *Je suis disciple du saint Kouren.* »

A une demi-lieue de la lamaserie, et non loin des bords du fleuve Toula, se trouve une grande station de commerçants chinois. Leurs maisons de bois ou de terre sont toujours entourées de palissades en pieux, pour se garantir des voleurs ; car les pèlerins, malgré toute leur dévotion, ne se font pas faute de piller sans scru·pule le bien d'autrui. Une montre et quelques lingots d'argent volés pendant la nuit dans la tente de M. Gabet, ne nous ont pas permis de croire, sans restriction, à la probité des *disciples du Saint*.

Le commerce du Grand-Kouren est très florissant ; les marchandises russes et chinoises y abondent ; dans les opérations com nerciales, les payements s'effectuent toujours avec des thés en brique. Qu'on vende un cheval, un chameau, une maison, ou des marchandises de quelque nature que ce soit, la convention du prix se fait en thé. Cinq thés représentent une valeur d'une once d'argent ; ainsi le système monétaire, qui répugnait si fort aux idées de Franklin, n'est nullement en usagé parmi les Tartares du Nord.

La cour de Pékin entretient au Grand-Kouren quelques mandarins, sous prétexte de maintenir le bon ordre parmi les Chinois qui résident dans ce pays ; mais en réalité, c'est pour surveiller le *Guison-Tamba*, dont la puissance ne cesse de donner de l'ombrage à l'empereur de la Chine. Le gouvernement de Pékin n'a pas oublié que le fameux *Tching-Kis-Khan* est sorti de la tribu des Khalkhas, et que le souvenir de ses conquêtes ne s'est pas encore effacé de la mémoire de ces peuples belliqueux. Aussi le moindre mouvement qui s'opère au Grand-Kouren, ne manque pas d'aller donner l'alarme à l'empereur de la Chine.

Dans l'année 1839, le Guison-Tamba descendit à Pékin pour rendre visite à l'empereur *Kao-Kouan*. Aussitôt qu'en Chine on eut bruit de son dessein, la terreur s'empara de la cour, et le nom du grand Lama des Khalkhas fit pâlir l'empereur dans le fond de son palais. Des négociateurs furent envoyés pour tâcher de détourner le Guison-Tamba de ce voyage, ou du moins pour arranger les choses de manière à ne pas compromettre la sûreté de l'empire. On ne vint pas à bout de changer la résolution du Lama-Roi, mais on régla qu'il n'aurait qu'une suite de trois mille Lamas, et qu'il viendrait sans être accompagné des trois autres souverains Khalkhas, qui s'étaient proposé de le suivre jusqu'à Pékin.

Aussitôt que le Guison-Tamba se mit en marche, toutes les tribus de la Tartarie s'ébranlèrent, et on vit accourir de toute part sur son passage des foules innombrables. Chaque tribu arrivait avec ses offrandes : des troupeaux de chevaux, de bœufs et de moutons, des lingots d'or et d'argent, et des pierres précieuses. On avait creusé des puits de distance en distance, dans toute la traversée du grand désert de Gobi ; et les rois des divers pays par où le cortège devait passer, avaient disposé longtemps d'avance des provisions, dans tous les endroits fixés pour les campements. Le Lama-Roi était dans un palanquin jaune, porté par quatre chevaux que conduisaient quatre grands dignitaires de la lamaserie.

Les trois mille Lamas du cortège précédaient ou suivaient le palanquin, montés sur des chevaux ou sur des chameaux, courant sans ordre dans tous les sens, et s'abandonnant à leur enthousiasme. Les deux côtés du passage étaient bordés de spectateurs, ou plutôt d'adorateurs, qui attendaient avec impatience l'arrivée du Saint. Quand le palanquin paraissait, tous tombaient à genoux, puis s'étendaient tout de leur long, le front touchant la terre, et les mains jointes par dessus la tête. On eût dit le passage d'une divinité qui daigne traverser la terre pour verser ses bénédictions sur les peuples. Le Guison-Tamba continua ainsi sa marche pompeuse et triomphale jusqu'à la grande muraille : là, il cessa d'être Dieu, pour n'être plus que le prince de quelques tribus nomades, méprisées des Chinois, objet de leurs sarcasmes et de leurs moqueries, mais redoutées par la cour de Pékin, à cause de la terrible influence qu'elles pourraient exercer sur les destinées de l'empire. Il ne fut permis qu'à une moitié de la suite de passer la frontière; tout le reste fut forcé de camper au nord de la grande muraille, dans les plaines du *Tchakar*.

Le Guison-Tamba séjourna à Pékin pendant trois mois, voyant l'empereur de temps en temps, et recevant les adorations un peu suspectes des princes mantchous et des grands dignitaires de l'empire. Enfin il délivra le gouvernement chinois de sa présence importune; et après avoir visité les lamaseries des Cinq-Tours et de la Ville-Bleue, il reprit la route de ses Etats; mais il ne lui fut pas donné d'y arriver : il mourut en chemin, victime, disent les Mongols, de la barbarie de l'empereur, qui lui fit administrer à Pékin un poison lent. Cette mort a ulcéré les Tartares Khalkas, sans trop les consterner; car ils sont persuadés que leur Guison-Tamba ne meurt jamais réellement. Il ne fait que transmigrer dans un autre pays, pour revenir ensuite plus jeune, plus frais et plus dispos. En 1844, ils ont appris en effet que le Bouddha vivant s'était incarné dans le Thibet; et ils ont été chercher solennellement cet enfant de cinq ans pour le replacer sur son trône impérissable. Pendant que nous étions campés dans le Kou-Rou-Noor, sur les bords de la mer Bleue, nous vîmes passer la grande caravane des Khalkas qui allait inviter à Lha-Ssa le Lama-Roi du Grand-Kouren.

On peut encore mettre au nombre des lamaseries célèbres, celle de la Ville-Bleue, de Toulon-Noor, de Gé-Ho-Eul; et en dedans de la grande muraille, celle de Pékin et celle des Cinq-Tours dans le Chan-Si.

Après avoir quitté la lamaserie de Tchortchi, comme nous entrions dans la bannière rouge, nous rencontrâmes un chasseur mongol, qui portait sur son cheval un magnifique chevreuil fraîchement tué. Nous en étions réduits depuis si longtemps à notre insipide farine d'avoine, assaisonnée de quelques morceaux de suif, que la vue de cette venaison nous donna quelque envie de varier un peu notre nourriture; nous sentions d'ailleurs que notre estomac, affaibli par des privations journalières, réclamait impérieusement une alimentation plus substantielle. Après avoir donc salué le chasseur, nous lui demandâmes s'il serait disposé à nous vendre son chevreuil. « Seigneurs Lamas, nous répondit-il, quand j'ai été me mettre en embuscade pour attendre les chevreuils, je n'avais dans mon cœur aucune pensée de commerce. Les voituriers chinois qui stationnent là-haut, au-dessus de Tchortchi, ont voulu acheter ma chasse pour quatre cents sapèques; je leur ai dit : Non, Seigneurs Lamas, je ne puis pas vous parler comme à des Kitat; voilà mon chevreuil, prenez-le à discrétion. » Nous dîmes à Samdadchiemba de compter cinq cents sapèques au chasseur, et après avoir suspendu la bête au cou d'un chameau, nous continuâmes notre route.

Cinq cents sapèques équivalent à peu près à cinquante sous de France : c'est le prix ordinaire d'un chevreuil : un mouton coûte trois fois plus cher. La venaison est peu estimée des Tartares, et encore moins des Chinois. La viande noire, disent-ils, ne vaut jamais la blanche. Pourtant dans les grandes villes de Chine, et surtout à Pékin, la viande noire paraît avec honneur sur la table des riches et des mandarins; mais c'est à cause de sa rareté, et pour rompre la monotonie des mets ordinaires. Cette observation ne regarde pas les Mandchous : grands amateurs de la chasse, ils sont en général très friands de toute espèce de venaison, et surtout de la viande d'ours, de cerf et de faisan.

Il n'était guère plus de midi, lorsque nous rencontrâmes un site d'une merveilleuse beauté. Après être passés par une étroite ouverture, pratiquée entre deux rochers dont le sommet se perdait dans les nues, nous nous trouvâmes dans une vaste enceinte, tout entourée de hautes montagnes, où croissaient çà et là quelques vieux pins. Une fontaine abondante donnait naissance à un petit ruisseau bordé d'angélique et de menthe sauvage. Ces eaux faisaient le tour de cette enceinte, parmi de grandes herbes, et s'échappaient à travers une ouverture semblable à celle par où nous étions entrés. Aussitôt que nous eûmes parcouru d'un regard les attrayantes beautés de ce site, Samdadchiemba nous présenta une motion pour y dresser immédiatement la tente. « N'allons pas plus loin, nous dit-il; campons ici, s'il vous plaît. Nous avons peu marché, il est vrai; le soleil est encore très haut; mais aujourd'hui il faut camper de bonne heure, nous avons à travailler ce chevreuil. » Personne n'ayant eu rien à opposer au discours du préopinant, sa proposition fut adoptée à l'unanimité, et nous allâmes dresser notre tente sur les bords de la fontaine.

Samdadchiemba nous avait souvent parlé de sa dextérité de boucher; aussi était-il ivre de joie : il brûlait de nous montrer son savoir-faire. Après avoir suspendu le chevreuil à une grosse branche de pin, aiguisé son couteau sur un clou de la tente, et retroussé ses manches jusqu'au coude, il nous demanda si nous voulions dépecer le chevreuil à la turque, à la chinoise ou à la tartare. N'ayant aucune raison suffisante pour préférer une manière plutôt qu'une autre, nous laissâmes à Samdadchiemba la liberté de suivre l'impulsion de son génie. Dans un instant il eut échorché et vidé l'animal; puis il détacha les chairs tout d'une pièce, sans séparer les membres, ne laissant suspendu à l'arbre qu'un squelette avec ses os parfaitement nettoyés. C'était la méthode turque : on en use souvent dans les longs voyages, afin de ne pas se charger du transport inutile des ossements.

Aussitôt que l'opération fut terminée, Samdadchiemba détacha quelques tranches de notre grande pièce de venaison, et les mit frire dans de la vieille graisse de mouton. Cette manière de préparer du chevreuil n'était peut-être pas très conforme aux règles de l'art culinaire; mais la difficulté des circonstances ne nous permettait pas de mieux faire. Notre gala fut bientôt prêt; mais, contre notre attente, nous ne pûmes avoir la satisfaction d'être les premiers à en goûter. Déjà nous étions assis en triangle sur le gazon, ayant au milieu de nous le couvercle de la marmite qui nous servait de plat, lorsque tout à coup, voilà que nous entendons comme un ouragan fondre du haut des airs sur nos têtes. Un grand aigle tombe comme un trait sur notre souper, et se relève avec la même rapidité, emportant dans ses serres quelques tranches de chevreuil. Quand nous fûmes revenus de notre épouvante, nous n'eûmes rien de mieux à faire que de rire de l'aventure. Pourtant Samdadchiemba ne riait pas, lui; il avait la rage dans le cœur, non pas à cause du chevreuil escamoté, mais parce que l'aigle en partant l'avait insolemment souffleté du bout de son aile.

Cet événement servit à nous rendre plus précautionneux les jours suivants. Durant notre voyage, nous avions plus d'une fois remarqué des aigles planer sur nos têtes, et nous espionner à l'heure des repas. Cependant aucun accident n'avait encore eu lieu. Jamais notre farine d'avoine n'avait tenté la gloutonnerie de l'oiseau royal.

On rencontre l'aigle presque partout dans les déserts de la Tartarie. On le voit tantôt se balançant et faisant la ronde dans les airs, tantôt posé sur quelque tertre au milieu de la plaine, y rester longtemps immobile comme une sentinelle. Personne ne lui fait la chasse; il peut faire son nid, élever ses aiglons, croître et vieillir sans être jamais tourmenté par les hommes. Souvent on en rencontre qui, posés à terre, paraissent plus gros qu'un mouton ordinaire; quand on approche d'eux, avant de pouvoir se lancer dans les airs, ils sont obligés de faire d'abord une longue course en battant des ailes; après quoi, parvenant à abandonner un peu le sol, ils s'élèvent à volonté dans l'espace.

Après quelques jours de marche, nous quittâmes le pays des huit bannières, pour entrer dans le *Toumet* occidental. Lors de la conquête de la Chine par les Mandchous, le roi de Toumet s'étant distingué dans l'expédition comme auxiliaire, le vainqueur, pour lui témoigner sa reconnaissance des services qu'il en avait reçus, lui donna les belles contrées situées au nord de Pékin, en dehors de la grande muraille. Depuis cette époque, elles portent le nom de *Toumet* oriental, et l'ancien Toumet a pris celui de Toumet occidental; ils sont séparés l'un de l'autre par le *Tchakar*.

Les Tartares mongols du Toumet occidental ne mènent pas la vie pastorale et nomade; ils cultivent leurs terres et s'adonnent à tous les arts des peuples civilisés. Il y avait déjà près d'un mois que nous marchions à travers le désert, dressant au premier endroit venu notre tente d'un jour, accoutumés à ne voir au-dessus de nos têtes que le ciel, et sous nos pieds et autour de nous que d'interminables prairies. Il y avait déjà longtemps que nous avions comme rompu avec le monde; car de loin en loin seulement nous apercevions quelques cavaliers tartares qui traversaient rapidement la Terre-des-Herbes, semblables à des oiseaux de passage. Sans nous en douter, nos goûts s'étaient insensiblement modifiés, et le désert de la Mongolie nous avait fait un tempérament ami de la paix et de la solitude. Aussi, dès que nous fûmes dans les terres cultivées, au milieu des agitations, des embarras et du tumulte, nous nous sentîmes comme opprimés et suffoqués par la civilisation; l'air nous manquait, et il nous semblait à chaque instant que nous allions mourir asphyxiés. Cette impression pourtant ne fut que passagère; au bout du compte, nous trouvâmes bien plus commode et bien plus agréable, après une journée de marche, d'aller loger dans une auberge bien chaude et bien approvisionnée, que d'être obligés de dresser une tente, d'aller ramasser des bouses, et de préparer nous-mêmes notre pauvre nourriture avant de pouvoir prendre un peu de repos.

Les habitants du Toumet occidental, comme bien on peut se l'imaginer, ont complétement perdu l'originalité du caractère mongol. Ils se sont tous plus ou moins *chinoisés*, et on en rencontre beaucoup parmi eux qui n'entendent pas un mot de la langue mongole.

Nous avions fait trois journées de marche dans les terres cultivées du *Toumet*, lorsque nous entrâmes dans *Kou-Kou-Hote* (Ville-Bleue), appelée en chinois *Koui-Hoa-Tchen*. Il y a deux villes du même nom, à cinq *lis* de distance l'une de l'autre. On les distingue en les nommant l'une *Ville vieille*, et l'autre *Ville neuve*, ou bien encore *Ville commerciale* et *Ville militaire*. Nous entrâmes d'abord dans cette dernière, qui fut bâtie par l'empereur Khang-Hi, pour protéger l'empire contre les ennemis du Nord. La ville a un aspect beau, grandiose, et qui serait même admiré en Europe. Nous entendons seulement parler de son enceinte de murailles crénelées, construites en briques; car, au dedans, les maisons basses et en style chinois ne sont nullement en rapport avec les hauts et larges remparts qui les entourent; l'intérieur de la ville n'a de remarquable que sa régularité et une grande et belle rue qui la perce d'orient en occident. Un *Kian-Kgiun* ou commandant de division militaire, y fait sa résidence avec dix mille soldats, qui tous les jours sont obligés de faire l'exercice. Ainsi cette ville peut être considérée comme une grande caserne.

Les soldats de la ville neuve de *Kou-Kou-Hote* sont Tartares-Mandchous; mais si par avance on ne le savait pas, on ne le soupçonnerait guère en les entendant parler. Parmi eux, il n'en existe peut-être pas un seul qui soit capable de comprendre la langue de son pays. Déjà deux siècles se sont écoulés, depuis que les Mandchous se sont rendus maîtres du vaste empire chinois; et on dirait que, pendant ces deux siècles, ils ont incessamment travaillé à se détruire eux-mêmes. Leurs mœurs, leur langue, leur pays même, tout est devenu chinois; aujourd'hui on peut assurer que la nationalité mandchoue est anéantie sans ressource. Pour se rendre compte de cette étrange contre-révolution, et comprendre comment les Chinois ont pu s'assimiler leurs vainqueurs et s'emparer de la Mandchourie, il faut reprendre les choses de plus haut, et entrer dans quelques détails.

Du temps de la dynastie des *Ming*[1], les Mandchous ou Tartares orientaux, après s'être fait longtemps la guerre entre eux, se choisirent un chef qui réunit toutes les tribus pour en faire un royaume. Dès lors ces peuples farouches et

______

(1) Cette dynastie chinoise a gouverné l'empire de 1368 à 1644.

Nous voguâmes enfin sur les eaux du fleuve jaune. (P. 113.)

barbares acquirent insensiblement une importance capable de donner de l'ombrage à la cour de Pékin. En 1618, leur puissance était si bien établie, que leur chef ne craignit pas de signaler à l'empereur chinois sept griefs dont il avait, disait-il, à se venger. Ce hardi manifeste finissait ainsi : *Pour venger ces sept injures, je vais réduire et subjuguer la dynastie des Ming.* — Bientôt l'empire fut bouleversé par de nombreuses révoltes; le chef des rebelles assiège Pékin, et s'en empare. Alors l'empereur, désespérant de sa fortune, va se pendre à un arbre du jardin impérial [1], après avoir écrit ces mots avec son propre sang : — Puisque l'impire succombe, il faut que le prince meure aussi. — *Ou-San-Kouéï*, général des troupes chinoises, appelle les Mandchous à son secours, pour l'aider à réduire les rebelles. Ceux-ci sont mis en fuite; et pendant que le général chinois les poursuit dans le midi, le chef tartare revient à Pékin. Ayant trouvé le trône vacant, il s'y assit.

Avant cet événement, la grande muraille, soigneusement gardée par la dynastie des *Ming*, défendait aux Mandchous d'entrer en Chine; réciproquement, l'entrée de la Mandchourie était interdite aux Chinois. Mais après la conquête de l'empire, il n'y eut plus de fontière qui séparât les deux peuples. La grande muraille fut franchie, et, la circulation d'un pays à l'autre une fois laissée libre, les populations chinoises du *Pé-Tchi-Li* et du *Chan-Toung*, resserrées dans leurs étroites provinces, se répandirent comme un torrent dans la Mandchourie. Le chef tartare était considéré comme seul maître, seul possesseur des terres de son royaume ; mais devenu empereur de Chine, il a distribué aux Mandchous ses vastes possessions, sous condition qu'on lui payerait annuellement de fortes redevances. A force d'usures, d'astuce et de persévérance, les chinois ont fini par se rendre les maîtres de toutes les terres de leurs vainqueurs, et ne leur ont laissé que leurs titres, leurs corvées et leurs redevances. La qualité de Mandchous est ainsi devenue insensiblement un poids onéreux que beaucoup ont cherché à secouer. D'après une loi, on doit faire tous les trois ans un recensement dans chaque bannière; ceux qui ne se présentent pas pour faire inscrire leurs noms sur les rôles sont sensés ne plus appartenir à la nation Mandchoue; or tous ceux que l'indigence fait soupirer après l'exemption des corvées et du service militaire, ne se présentant pas au recensement, entrent par ce seul fait dans les rangs du peuple chinois. Ainsi, à mesure que les migrations ont fait passer par delà la grande muraille un grand nombre de chinois, beaucoup de Mandchous ont abdiqué volontairement leur nationalité.

La déchéance ou plutôt l'extinction de la nation Mandchoue marche aujourd'hui plus rapidement que jamais. Jusqu'au règne de *Tao-Kouan*, les contrées baignées par le *Songari* avaient été exclusivement habitées par les Mandchous; l'entrée de ces vastes pays avait été interdite aux Chinois, et défense faite à qui que

[1] Cet arbre existe encore. Nous l'avons vu à Pékin en 1850. Il est entièrement desséché et porte d'énormes chaînes de fer dont le fit charger le fondateur de la dynastie mandchoue, pour le punir d'avoir prêté une de ses branches à l'empereur chinois, quand il voulut se pendre — Il est probable qu'une mesure si ridicule aura été imaginée pour sauvegarder, aux yeux du peuple, le prestige de l'inviolabilité impériale. (1852)

ce fût d'y cultiver des terres. Dès les premières années du règne actuel, on mit ces contrées en vente, pour suppléer à l'indigence du trésor public. Les chinois s'y sont précipités comme des oiseaux de proie, et quelques années ont suffi pour en faire disparaître tout ce qui pouvait rappeler le souvenir de leurs anciens possesseurs. Maintenant on chercherait vainement dans la Mandchourie une seule ville ou un seul village qui ne soit exclusivement composé de chinois.

Cependant, au milieu de cette transformation générale, il est encore quelques tribus, le *Si-Po* et les *Solons*, qui ont conservé fidèlement leur type mandchou. Jusqu'à ce jour, leur territoire n'a été ni envahi par les Chinois, ni livré à la culture; elles continuent d'habiter sous des tentes, et de fournir des soldats aux armées impériales. On a remarqué pourtant que leurs fréquentes apparitions à Pékin, et quelquefois leur long séjour dans les garnisons des provinces, commençaient à donner de terribles atteintes à leurs goûts et à leurs usages.

Quand les Mandchous ont eu conquis la Chine, ils ont en quelque sorte imposé aux vaincus une partie de leur costume et quelques usages[1]. Mais les Chinois ont fait plus que cela; ils ont su forcer leurs conquérants à adopter leurs mœurs et leur langage. Maintenant on a beau parcourir la Mandchourie jusqu'au fleuve *Amour*, c'est tout comme si on voyageait dans quelque province de Chine. La couleur locale s'est complètement effacée; à part quelques peuplades nomades, personne ne parle le mandchou; et il ne resterait peut-être plus aucune trace de cette belle langue, si les empereurs *Khang-Hi* et *Kien-Loung* ne lui avaient élevé des monuments impérissables, et qui fixeront toujours l'attention des orientalistes d'Europe.

Autrefois les Mandchous n'avaient pas d'écriture particulière; ce fut seulement en 1684 que *Tai-Tsou-Kao-Hoang-Ti*, chef des Tartares orientaux, chargea plusieurs savants de sa nation de dessiner des lettres d'après celles des Mongols. Plus tard, en 1641, un lettré plein de génie, nommé *Tahai*, perfectionna ce premier travail, et donna à l'écriture mandchoue tout le degré de finesse, d'élégance et de clarté qu'on lui voit aujourd'hui.

Chun-Tche s'occupa de faire traduire les chefs-d'œuvre de la littérature chinoise. *Khang-Hi* établit une académie de savants, également versés dans le chinois et dans le tartare. On s'y occupait avec ardeur et persévérance de la traduction des livres classiques et historiques, et de la rédaction de plusieurs dictionnaires. Pour exprimer des objets nouveaux et une foule de conceptions, qui jusqu'alors avaient été inconnus des Mandchous, il fallut inventer des expressions empruntées pour la plupart des Chinois, mais que l'on cherchait à accommoder par de légères altérations au génie de l'idiome tartare. Ce procédé tendant à faire disparaître insensiblement l'originalité de la langue mandchoue, l'empereur *Kien-Loung* y remédia; il fit rédiger un dictionnaire dont tous les mots chinois furent bannis. On interrogea les vieillards et les savants les plus versés dans leur langue maternelle; et des récompenses furent proposées à quiconque décou-

---

(1) On sait que l'usage de fumer le tabac et de tresser les cheveux vient des Tartares-Mandchous.

vrirait une ancienne expression hors d'usage, et digne d'être consignée dans cet important ouvrage.

Grâce à la sollicitude et au zèle éclairé des premiers souverains de la dynastie actuelle, il n'est maintenant aucun bon livre chinois qui n'ait été traduit en mandchou. Toutes ces traductions jouissent de la plus grande authenticité possible, puisqu'elles ont été faites par de savantes académies, par ordre et sous les auspices de plusieurs empereurs, et que de plus elles ont été ensuite revues et corrigées par d'autres académies non moins instruites, dont les membres savaient parfaitement la langue chinoise et l'idiome mandchou.

La langue mandchoue a reçu, par ces travaux consciencieux, un fondement solide ; on pourra bien ne plus la parler ; mais elle demeurera toujours comme langue savante, et sera d'un puissant secours pour les philologues qui voudront faire des progrès dans les études asiatiques. Outre les nombreuses et fidèles traductions des meilleurs livres chinois, on a encore en mandchou les principaux ouvrages de la littérature lamaïque, thibétaine et mongole. Ainsi quelques années de travail suffiraient à un homme appliqué, pour le mettre en état d'étudier avec fruit les monuments littéraires les plus précieux qu'on puisse rencontrer.

La langue mandchoue est belle, harmonieuse, mais surtout d'une admirab'e clarté. L'étude en sera agréable et facile, surtout depuis la publication des *Éléments de la grammaire mandchoue, par H. Conon de la Gabelentz*. Ce savant orientaliste a exposé avec une heureuse lucidité le mécanisme et les règles de la langue. Son excellent ouvrage ne peut manquer d'être d'un grand secours, pour tous ceux qui voudront se livrer à l'étude d'une langue qui menace de s'éteindre, dans le pays même où elle a pris naissance, mais que la France conservera au monde savant. M. Conon de la Gabelentz dit, dans la préface de sa grammaire : « J'ai « choisi la langue française pour la rédaction de mon livre, parce que la France « a été jusqu'à présent le seul pays où l'on ait cultivé le mandchou ; de sorte qu'il « me paraît indispensable pour tous ceux qui veulent se livrer à l'étude de cet « idiome, de comprendre aussi la langue française, comme celle dans laquelle sont « écrits tous les livres qui se rapportent à cette littérature. »

Pendant que les Missionnaires français enrichissaient leur patrie des trésors littéraires qu'ils avaient rencontrés dans ces pays lointains, ils ne cessaient de répandre en même temps les lumières du christianisme parmi ces peuples idolâtres, dont la religion n'est qu'un monstrueux assemblage de doctrines et de pratiques empruntées tout à la fois à *Lao-Tseu*, à *Confucius* et à *Bouddha*.

On sait que, dans les premiers temps de la dynastie actuelle, les Missionnaires s'étaient acquis par leurs talents un grand crédit à la cour ; ils accompagnaient toujours les empereurs dans les longs et fréquents voyages qu'ils faisaient à cette époque dans les terres, de leur ancien empire. Ces zélés prédicateurs de l'Évangile ne manquaient jamais de profiter de la protection et de l'influence dont ils jouissaient pour répandre partout sur leur route la semence de la vraie doctrine. Telle fut la première origine de l'introduction du christianisme en Mandchourie. On ne compta d'abord que peu de néophytes ; mais leur nombre augmenta sensiblement dans la suite, par les migrations des Chinois, où se trouvaient toujours quelques familles chrétiennes : ces Missions ont fait partie du diocèse de Pékin jusqu'à ces dernières années. Mgr l'évêque de Nankin, administrateur du diocèse de Pékin, se voyant au terme de sa carrière, craignit que les commotions politiques, dont le Portugal, sa patrie, était alors le théâtre ne permissent pas à l'église portugaise d'envoyer un assez grand nombre d'ouvriers pour cultiver le vaste champ qui lui était confié; en conséquence, il exposa ses alarmes à la Sacrée Congrégation *De propaganda fide*, et la supplia avec instance de prendre sous sa sollicitude des moissons déjà mûres, mais qui risquaient de périr, faute d'ouvriers qui vinssent les recueillir. La Sacrée Congrégation, touchée des inquiétudes de ce vénérable et zélé vieillard, parmi les mesures qu'elle prit pour subvenir aux besoins de ces importantes Missions, démembra la Mandchourie du diocèse de Pékin, et l'érigea en vicariat apostolique, qui fut confié à la société des Missions étrangères. Mgr Vérolles, évêque de Colombie, fut mis à la tête de ce nouveau vicariat. Il ne fallait rien moins que la patience, le dévouement et toutes les vertus d'un apôtre, pour administrer cette chrétienté. Les préjugés des néophytes, peu initiés aux règles de la discipline ecclésiastique, étaient pour Mgr Vérolles des obstacles plus difficiles à vaincre que l'endurcissement même des païens; mais son expérience et sa sagesse eurent bientôt triomphé de toutes les difficultés. La Mission a repris une nouvelle force, et le nombre des chrétiens s'accroît chaque année. Tout fait espérer que le vicariat apostolique de Mandchourie ne manquera pas de devenir l'une des plus florissantes Missions de l'Asie.

La Mandchourie est bornée au nord par la Sibérie, au midi par le golfe *Phou-Hai* et la Corée, à l'orient par la mer du Japon, et à l'occident par la Daurie russe et la Mongolie.

Moukden, en chinois *Chen-Yan*, est la ville la plus importante de la Mandchourie, et doit être considérée comme la seconde capitale de l'empire chinois. L'empereur y a un palais et des tribunaux sur le modèle de ceux qui sont à Pékin. Moukden est une grande et belle ville, entourée de remparts épais et élevés. Les rues sont larges, régulières, moins sales et moins tumultueuses que celles de Pékin. Un grand quartier est uniquement habité par les princes de la ceinture jaune, c'est-à-dire par les membres de la famille impériale. Ils sont sous la surveillance d'un grand mandarin, qui est chargé d'examiner leur conduite, et de corriger les abus qui s'élèvent parmi eux. Ceux qui s'emportent trop loin au delà des règles qui leur sont prescrites, sont traduits devant le tribunal de ce magistrat suprême, qui a droit de prononcer contre eux un jugement sans appel.

Après Moukden, les villes les plus renommées sont *Ghirin*, entourée de hautes palissades en pieux, et *Ningouta*, berceau de la famille impériale régnante. *Lao-Yan*, *Kai-Tcheou* et *Kin-Tcheou* sont remarquables par le grand commerce que la proximité de la mer y entretient.

La Mandchourie, arrosée d'un grand nombre de fleuves et de rivières, est un pays naturellement fertile. Depuis que la culture est entre les mains des Chinois, le sol s'est enrichi d'un grand nombre de produits venus de l'intérieur. Dans la partie méridionale, on cultive avec succès le riz sec, ou qui n'a pas besoin d'inondations, et le riz impérial découvert par l'empereur *Khang-Hi*. Ces deux espèces de riz prospéreraient certainement en France. On y fait aussi d'abondantes récoltes de petit millet, de *Kao-Léang* ou millet des Indes (*Holcus Sorghum*) dont on distille une excellente eau-de-vie ; de sésame, de lin, de chanvre et de tabac, le meilleur de tout l'empire chinois.

On cultive surtout, dans cette partie de la Mandchourie, le cotonnier à tige herbacée ; il fournit du coton avec une abondance extraordinaire. Un *meou*, ou quinze pieds carrés environ, en donne ordinairement jusqu'à deux mille livres. Les fruits du cotonnier croissent en forme de gousse ou de coque, et atteignent la grosseur d'une noix. Cette coque s'ouvre à mesure qu'elle mûrit, se divise en trois parties, et met à nu trois ou quatre petites houppes de coton, qui contiennent les graines. Pour séparer la graine, on se sert d'une espèce d'arc bien tendu dont on fait vibrer la corde sur les petites pelotes de coton ; après avoir réservé les semences pour l'année suivante, le restant des graines est employé à faire une huile que l'on pourrait comparer pour sa qualité à celle du lin. La partie haute de la Mandchourie est trop froide pour permettre la culture du cotonnier ; mais elle en est dédommagée par ses abondantes récoltes de blé.

Outre ces productions, qui sont communes à la Chine, la Mandchourie en possède trois qui lui sont particulières. — L'orient de la barrière de pieux, dit un proverbe, produit trois trésors (*San pao*, en chinois), ce sont le *jin-seng*, la peau de zibeline et l'herbe de *Oula*.

La première de ces productions est connue depuis longtemps en Europe ; aussi n'avons-nous pu nous expliquer, qu'une académie savante ait osé, il y a quelques années, élever des doutes sur l'existence de cette plante, et demander sérieusement aux Missionnaires, si l'on ne devait pas la mettre au nombre des *êtres fabuleux*. Le jin-seng est peut-être la branche de commerce la plus considérable de la Mandchourie ; et il n'est pas de petite pharmacie, en Chine, où on n'en trouve au moins quelques racines.

La racine du *jin-seng* est pivotante, fusiforme et très raboteuse ; rarement elle atteint la grosseur du petit doigt ; et sa longueur varie de deux à trois pouces. Quand elle a subi la préparation convenable, elle est d'un blanc transparent, quelquefois légèrement coloré de rouge ou de ja..ne. Rien ne nous a paru mieux ressembler à cette racine, que les petits rameaux de stalactites.

Les Chinois disent des merveilles du *jin seng* ; quoiqu'il y ait beaucoup a rabattre sur les étonnantes propriétés qu'on lui attribue, on ne peut s'empêcher d'avouer que c'est un tonique qui agit avec succès sur l'organisation des Chinois. Les vieillards et les personnes faibles s'en servent, pour combattre leur état d'atonie et de prostration. Les médecins chinois disent assez communément, que l'usage du *jin-seng*, à cause de la grande chaleur qu'il excite dans le sang, serait plus nuisible qu'utile aux Européens, qui jouissent d'eux-mêmes d'un tempérament très chaud. Quoi qu'il en soit de ce spécifique si prôné par les Chinois, et quelquefois si ridiculisé par les Européens, il est d'une cherté étonnante : une once se vend jusqu'à dix ou quinze taels d'argent. Ceux qui ont eu occasion d'étudier le caractère des Chinois, ne feront pas difficulté de penser que cette cherté même ne contribue pas peu à donner tant de célébrité au *jin-seng*. Les riches et les mandarins ne l'estiment tant, peut-être, que parce qu'il n'est pas à la portée du pauvre. Il en est beaucoup certainement qui n'en font usage que par ostentation, et pour acquérir le frivole renom de faire de grosses dépenses.

La Corée produit du jin-seng, on le nomme *Kao-li-seng;* mais il est d'une qualité bien inférieure à celui qu'on recueille en Mandchourie.

Le second trésor de la Tartarie orientale est la peau de zibeline; elle coûte aux chsseurs des dangers et des fatigues incroyables : aussi est-elle d'un prix excessif, et destinée au seul usage des princes et des grands dignitaires de l'empire. Il n'en est pas ainsi de l'herbe de *Oula;* ce troisième trésor de la Mandchourie est au contraire à la portée des plus pauvres. Le *oula* est une espèce de chaussure faite avec du cuir de bœuf; quand on la garnit d'une certaine qualité d'herbe qui croît seulement en Mandchourie, et qu'on nomme herbe de oula (*oula-tsao*), on éprouve aux pieds une chaleur douce et bienfaisante, même pendant le temps des plus grandes froidures. Cette herbe de *oula* se vend à vil prix; et c'est sans contredit, par cet endroit qu'elle mérite véritablement le nom qu'on lui a donné. Pendant que les deux autres trésors vont entretenir l'orgueil et le luxe des grands, celui-ci réchauffe les pieds du pauvre et du voyageur auxquels l'indigence interdit les bottes fourrées et les chaussures élégantes.

Comme nous l'avons dit plus haut, les Tartares Mandchous ont presque totalement abdiqué leurs mœurs pour adopter celles des Chinois; cependant, au milieu de cette transformation de leur caractère primitif, ils ont toujours conservé une grande prédilection pour la chasse, les courses à cheval et le tir à l'arc. Dans tous les temps, ils ont attaché une importance étonnante à ces divers exercices; et pour s'en convaincre, il n'est besoin que de parcourir un dictionnaire de la langue mandchoue. Tout ce qui a rapport à ces exercices est exprimé par des mots propres, et sans qu'on ait jamais besoin d'avoir recours à des circonlocutions. Il y a des noms particuliers, non seulement pour les différentes couleurs du cheval, pour son âge et ses qualités, mais encore pour tous ses mouvements. Il en est de même pour tout ce qui regarde la chasse et le tir de l'arc.

Les Mandchous d'aujourd'hui sont encore d'excellents archers. On parle surtout beaucoup de l'habileté de ceux qui appartiennent à la tribu des Solons. Dans toutes les stations militaires, l'exercice de l'arc se fait à des jours réglés en présence des mandarins et du peuple. Trois mannequins en paille, de la hauteur d'un homme, sont disposés en ligne droite à vingt ou trente pas l'un de l'autre; le cavalier se place sur une ligne parallèle, distante de la première d'environ une quinzaine de pas; son arc est bandé et la flèche prête à partir. Dès que le signal est donné, il pousse son cheval au grand galop, et décoche une flèche sur le premier but; sans s'arrêter, il retire une seconde flèche du carquois, bande l'arc de nouveau, et lance la flèche contre le second mannequin; puis il fait ainsi de la même manière une troisième fois, sur le troisième mannequin. Pendant ce temps le cheval va toujours ventre à terre, suivant la ligne tracée, de sorte qu'il faut se tenir toujours ferme sur les étriers, et manœuvrer avec assez de promptitude pour ne pas se trouver trop éloigné du but qu'on veut frapper. Du premier mannequin au second, l'archer a beau se hâter pour prendre sa flèche du carquois et bander l'arc, il dépasse ordinairement le but, et est obligé de tirer un peu en arrière ; au troisième coup, le but étant très loin, il doit décocher la flèche tout à fait derrière lui, à la manière des Parthes. Pour être réputé bon archer, il faut ficher une flèche dans chaque mannequin.

Le lendemain de notre arrivée à la ville militaire de *Kou-Kou-Hote*, nous en partîmes pour nous rendre à la ville marchande. Nous avions le cœur péniblement affecté de nous être trouvés au sein d'une ville mandchoue, et de n'avoir entendu parler constamment que la langue chinoise. Nous ne pouvions nous faire une idée d'un peuple apostat de sa nationalité, d'un peuple conquérant que rien ne distingue maintenant du peuple conquis, si ce n'est peut-être un peu moins d'industrie, et un peu plus de vanité. Quand ce Lama thibétain promit au chef tartare la conquête de la Chine, et lui prédit qu'il serait bientôt assis sur le trône de Pékin, il lui eût parlé plus vrai, s'il lui eût dit que son peuple tout entier, avec ses mœurs, son langage et son pays, allait s'engouffrer pour jamais dans l'empire chinois. Qu'une révolution jette à bas la dynastie actuelle, et les Mandchous seront obligés de se fondre dans l'empire. L'entrée de leur propre pays, entièrement occupé par les Chinois, leur sera même interdite. A propos d'une carte géographique de la Mandchourie, dressée par les PP. Jésuites, d'après l'ordre de l'empereur *Khang-Hi*, le père Duhalde dit qu'on s'est abstenu d'écrire des noms chinois sur cette carte ; et il en donne la raison suivante : « De quelle utilité serait- » il à un voyageur qui parcourrait la Mandchourie, de savoir, par exemple, que » le fleuve *Sakhalien-Oula* est appelé par les Chinois *Hé-Loung-Kiang*, puisque » ce n'est pas avec eux qu'il a à traiter, et que les Tartares, dont il a besoin, n'ont » peut-être jamais entendu ce nom chinois ? » Cette observation pouvait être juste du temps de *Khang-Hi* ; mais aujourd'hui il faudrait évidemment prendre le contre-pied de ce qu'elle dit. Car en parcourant la Mandchourie, c'est toujours avec les Chinois qu'on a à traiter, et c'est toujours du *Hé-Loung-Kiang* qu'on entend parler, et presque jamais du *Sakhalien Oula*.

V

De la ville mandchoue à la vieille Ville-Bleue, nous eûmes tout au plus pour
une demi-heure de marche. Nous y arrivâmes par un large chemin, pratiqué entre
de vastes jardins potagers qui environnent la ville. A l'exception des lamaseries,
qui s'élèvent au-dessus des autres bâtiments, on ne voit qu'un immense ramassis
de maisons et de boutiques pressées sans ordre les unes contre les autres. Les
remparts de la vieille ville existent encore dans toute leur intégrité, mais
le trop plein de la population a été obligé de les franchir. Insensiblement
de nombreuses maisons ont été bâties au dehors, de grands quartiers se
sont formés, et maintenant l'*extra-muros* a acquis plus d'importance que la
ville même.

Nous entrâmes d'abord par une assez large rue, qui ne nous présenta de
remarquable qu'une grande lamaserie appelée la lamaserie des Cinq-Tours.[1] Elle
porte ce nom à cause d'une belle tour carrée qui s'élève à la partie septentrionale
de l'édifice. Le sommet de cette haute tour sert de base à cinq autres tourelles terminées en flèches; celle du milieu est très élevée, et va, pour ainsi parler, se perdre dans les nues. Les quatre autres, égales entre elles, mais moins hautes que la
première, sont assises sur les quatre coins, et servent comme d'accompagnement à
la grande flèche du centre.

(1) Ce n'est pas la fameuse lamaserie des Cinq-Tours dont nous avons déjà parlé, et qui se trouve
dans la province du Chan-Si.

Immédiatement après la lamaserie, la rue que nous suivions finit tout à coup, et nous n'eûmes plus, à droite et à gauche, que deux ruelles de misérable apparence. Nous choisîmes celles qui nous parut la moins sale, et nous avançâmes d'abord assez facilement ; mais plus nous allions en avant, plus elle devenait boueuse ; bientôt ce ne fut plus qu'une longue fondrière remplie d'une fange noire et suffocante de puanteur. Nous étions dans la rue des Tanneurs ; nous avancions à petits pas et frissonnant sans cesse ; car le bourbeux liquide, tantôt cachait une grosse pierre sur laquelle il fallait monter avec effort, tantôt recouvrait un creux dans lequel nous nous enfoncions subitement. Nous n'eûmes pas fait cinquante pas, que nos animaux furent couverts de boue et tout ruisselants de sueur. Pour comble d'infortune, nons entendîmes au loin devant nous pousser de grandes clameurs ; c'étaient des cavaliers et des voituriers qui s'approchaient par des tortuosités de la même ruelle, et avertissaient, par leurs cris, d'attendre qu'ils fussent passés, avant de s'engager dans le même chemin. Reculer ou se ranger à l'écart, était pour nous une chose impossible ; nous nous mîmes donc aussi de notre côté à pousser de grands cris, et nous continuâmes à marcher toujours en avant, attendant avec anxiété la fin de la pièce. A un détour de la ruelle le dénoûment eut lieu ; à la vue de nos chameaux, les chevaux s'épouvantèrent, firent volte-face, se jetèrent les uns sur les autres, et se précipitèrent par tous les passages qui leur présentaient une issue. De cette manière, grâce à nos bêtes de somme, nous continuâmes notre route sans être obligés de céder le pas à personne, et nous arrivâmes enfin, sans aucun fâcheux accident, dans une rue assez spacieuse, et bordée de belles boutiques.

Nous regardions incessamment de côté et d'autre, dans l'espoir de découvrir une auberge ; mais c'était toujours en vain ; il est d'usage dans les grandes villes du nord de la Chine et de la Tartarie, que chaque hôtellerie ne loge exclusivement qu'une sorte de voyageurs. Les unes sont pour les marchands de grains, les autres pour les marchands de chevaux, etc. Toutes ont leurs pratiques, suivant la nature de leur commerce, et ferment leur porte à tout ce qui n'est pas du même ressort. Il n'y a qu'une espèce d'auberge qui loge les simples voyageurs ; on la nomme auberge des hôtes passagers. C'était celle qui nous convenait ; mais nous avions beau marcher nous n'en trouvions nulle part. Nous nous arrêtâmes un instant, pour demander aux passants de vouloir bien nous indiquer une auberge des hôtes passagers ; aussitôt nous vîmes venir à nous avec empressement un jeune homme qui s'était élancé du fond d'une boutique. « Vous cherchez une auberge, nous dit-il, oh ! souffrez que je vous conduise moi-même ; et à l'instant il se mit à marcher avec nous. — Vous trouveriez difficilement l'auberge qui vous convient dans cette Ville-Bleue. Les hommes sont innombrables ici ; il y en a de bons, il y en a de mauvais ; n'est-ce pas, seigneurs Lamas, que les choses sont comme je dis ? Les hommes ne sont pas tous de la même manière ; et qui ne sait que les méchants sont toujours plus nombreux que les bons ? Tenez, que je vous dise une parole qui sorte du fond du cœur. Dans la Ville-Bleue on trouverait difficilement un homme qui se laisse conduire par la conscience ; et pourtant cette conscience, c'est un trésor… Vous autres, Tartares, vous savez ce que c'est que la conscience. Moi, je les connais depuis longtemps, les Tartares ; ils sont bons ; ils ont le cœur droit. Mais nous autres Chinois, ce n'est pas comme cela ; nous sommes méchants, nous sommes fourbes : à peine sur dix mille Chinois pourrait-on en trouver un seul qui suive la conscience. Dans cette Ville-Bleue presque tout le monde fait métier de tromper les Tartares, et de s'emparer de leur argent. »

Pendant que ce jeune Chinois aux manières dégagées et élégantes nous débitait avec volubilité toutes ces belles paroles, il allait de l'un à l'autre, tantôt nous offrant du tabac à priser, tantôt nous frappant doucement sur l'épaule en signe de camaraderie ; quelquefois il prenait nos chevaux par la bride, et voulait lui-même les traîner. Mais toutes ces prévenances ne lui faisaient pas perdre de vue nos deux grosses caisses que portait un chameau. Les vives œillades qu'il y lançait de temps en temps, nous disaient assez qu'il se préoccupait beaucoup de ce qu'elles pouvaient contenir ; il se figurait qu'elles étaient remplies de précieuses marchandises, dont il ferait aisément le monopole. Il y avait déjà près d'une heure que nous allions dans tous les sens, et nous n'arrivions jamais à cette auberge qu'on nous promettait avec tant d'emphase. « Nous sommes fâchés, dîmes-nous à notre conducteur, de te voir prendre tant de peine, si encore nous savions clairement où tu nous mènes. — Laissez-moi faire, laissez-moi faire, Messeigneurs, je vous conduis dans une bonne, dans une excellente auberge ; ne dites pas que je me donne beaucoup de peine, ne prononcez pas de ces paroles. Tenez, ces paroles me font rougir ; comment, est-ce que nous ne sommes pas tous frères? Que signifie cette différence de Tartares et de Chinois? La langue n'est pas la même, les habits ne se ressemblent pas ; mais nous savons que les hommes n'ont qu'un seul cœur, une seule conscience, une règle invariable de justice... Tenez, attendez-moi un instant, dans un instant je suis auprès de vous, Messeigneurs. » Et il disparut comme un trait dans une boutique voisine. Il revint bientôt, en nous faisant mille excuses de nous avoir fait attendre. « Vous êtes bien fatigués, n'est-ce pas? oh! cela se conçoit ; quand on est en route, c'est toujours comme cela. Ce n'est jamais comme quand on se trouve dans sa propre famille. » Tandis qu'il parlait ainsi, nous fûmes accostés par un autre Chinois ; il n'avait pas la figure joyeuse et épanouie du premier ; il était maigre et décharné ; ses lèvres minces et pincées, ses petits yeux noirs enfoncés dans leurs orbites donnaient à sa physionomie une expression remarquable de rouerie. « Seigneurs Lamas, nous dit-il, vous êtes donc arrivés aujourd'hui? C'est bien, c'est bien. Vous avez fait route en paix?... ah! c'est bien. Vos chameaux sont magnifiques ; vous avez dû voyager promptement et heureusement. Enfin vous êtes arrivés, c'est bien... *Se-Eul*, dit-il à l'estafier qui s'était le premier emparé de nous, tu conduis ces nobles Tartares dans une auberge, c'est bien. Prends bien garde que l'auberge soit bonne ; il faut les conduire à l'*Auberge de l'équité éternelle*. — C'est précisément là que nous allons. — A merveille ; l'aubergiste est un de mes grands amis. Il ne sera pas inutile que j'y aille ; je recommanderai bien ces nobles Tartares. Tiens, si je n'y allais pas, j'aurai quelque chose qui me pèserait sur le cœur. Quand on a le bonheur de rencontrer des frères, il faut bien leur être utile ; n'est-ce pas, Messeigneurs, que nous sommes tous frères? Voyez-vous, nous deux, — et il montrait son jeune partner, — nous deux nous sommes commis dans la même boutique; nous sommes accoutumés à traiter les affaires des Tartares. Oh! c'est bien avantageux dans cette misérable Ville-Bleue, d'avoir des gens de confiance! »

A voir ces deux personnages avec toutes leurs manifestations d'un inépuisable dévouement, on les eût pris pour des amis de vieille date. Mais malheureusement pour eux, nous étions un peu au fait de la tactique chinoise, et nous n'avions pas dans le tempérament toute la bonhomie et toute la crédulité des Tartares. Nous demeurâmes donc convaincus que nous avions affaire à deux industriels, qui se préparaient à exploiter l'argent dont ils nous croyaient chargés.

A force de regarder de tous côtés. nous aperçumes une enseigne où était écrit en gros caractères chinois : « Hôtel des trois Perfections, loge les hôtes passagers à cheval ou à chameau, se charge de toutes sortes d'affaires, sans jamais en compromettre le succès. » Nous nous dirigeâmes immédiatement vers le grand portail; nos deux estafiers avaient beau nous protester que ce n'était pas là, nous entrâmes; et après avoir fait passer la caravane par une longue avenue, nous nous trouvâmes dans la grande cour carrée de l'auberge. A la vue de la petite calotte bleue dont étaient coiffés les gens qui circulaient dans la cour nous connûmes que nous étions dans une hôtellerie turque.

Cela ne faisait pas le compte des deux Chinois; cependant ils nous avaient suivis, et sans trop se déconcerter, ils continuèrent à jouer leur rôle. « Où sont les gens de l'auberge, criaient-ils avec affectation; voyons, qu'on ouvre une chambre grande, une chambre belle, une chambre propre. Leurs Excellences sont arrivées; il leur faut un appartement convenable. » Un chef de l'hôtellerie se présente, tenant à ses dents une clef, d'une main un balai, et de l'autre un plat pour arroser. Nos deux protecteurs s'emparent à l'instant de tout cela. « Laissez-nous faire, disent-ils; c'est nous qui voulons servir nos illustres amis; vous autres gens de l'auberge, vous ne faites les choses qu'à moitié, vous ne travaillez que pour l'argent. » Et les voilà aussitôt arrosant, balayant, frottant dans la chambre qu'ils viennent d'ouvrir. Quand tout fut prêt, nous allâmes nous asseoir sur le *Kung*; pour eux ils voulurent, par respect, rester accroupis par terre. Au moment où on servait le thé, un jeune homme proprement habillé et d'une tournure élégante entra dans notre chambre; il tenait à la main les quatre coins d'un mouchoir de soie dont nous ne pûmes apercevoir le contenu. « Seigneurs Lamas, nous dit le vieux roué, ce jeune homme est le fils du chef de notre maison de commerce; notre maître vous a vus arriver, et il s'est empressé d'envoyer son fils vous demander si vous aviez fait en paix votre route. » Le jeune homme posa alors sur une petite table qui était devant nous son mouchoir de soie : « Voici quelques gâteaux pour boire le thé, nous dit-il; à la maison mon père a donné ordre de vous préparer le riz. Quand vous aurez bu le thé, vous voudrez bien venir prendre un modique et mauvais repas dans notre vieille et pauvre habitation. — A quoi bon dépenser ainsi votre cœur à cause de nous? — Oh! voyez nos figures, s'écrièrent-ils tous à la fois, les paroles que vous prononcez les couvrent de rougeur. » L'aubergiste coupa court, en portant le thé, à toutes ces fastidieuses formules de la politesse chinoise.

« Pauvres Tartares, nous disions-nous comme ils doivent être victorieusement exploités, quand ils ont le malheur de tomber en de pareilles mains! » Ces paroles, que nous prononçâmes en français, excitèrent grandement la surprise de nos trois industriels. « Quel est l'illustre royaume de la Tartarie que Vos Excellences habitent? nous demanda l'un d'eux. — Notre pauvre famille n'est pas dans la Tartarie; nous ne sommes pas Tartares. — Ah! vous n'êtes pas Tartares... Nous le savions bien; les Tartares n'ont pas un air si majestueux; leur personne ne respire pas cette grandeur. Pourrait-on vous interroger sur votre noble patrie? — Nous sommes de l'Occident; notre pays est très loin d'ici. — Ah! c'est bien cela, fit le vieux, vous êtes de l'Occident; je le savais bien, moi... Ces jeunes gens comprennent très peu de chose; ils ne savent pas regarder les physionomies... Ah! vous êtes de l'Occident! mais je connais beaucoup votre pays; j'y ai fait plus d'un voyage. — Nous sommes charmés que tu connaisses notre pays. Sans doute tu dois comprendre notre langue? — Votre langue? je ne puis dire que je la sais complètement, mais sur dix mots j'en comprends bien toujours trois ou quatre. Pour parler, cela souffre quelque difficulté; mais peu importe, vous autres vous savez le chinois et le tartare, c'est bien. Oh! les gens de votre pays sont des personnages de grande capacité .. J'ai toujours été très lié avec vos compatriotes; je suis accoutumé à traiter leurs affaires. Quand ils viennent à la Ville Bleue, c'est toujours moi qui suis chargé de faire leurs achats. »

Les intentions de ces amis de nos compatriotes n'étaient pas douteuses, leur grande envie de traiter nos affaires était pour nous une forte raison de nous débarrasser de leurs offres. Quand nous eûmes fini le thé, ils nous firent une grand révérence, et nous invitèrent à aller dîner chez eux. « Messeigneurs, le riz est préparé, le chef de notre maison de commerce vous attend. — Écoutez, répondîmes-nous gravement, disons quelques paroles pleines de raison. Vous vous êtes donné la peine de nous conduire dans une auberge, c'est bien, c'est votre bon cœur qui a fait cela; ici vous nous avez rendu beaucoup de services, vous avez arrangé et disposé ceci et cela; votre maître nous a envoyé des pâtisseries; évidemment vous êtes tous doués d'un cœur dont la bonté est inépuisable. S'il n'en était pas ainsi, pourquoi auriez-vous tant fait pour nous, qui sommes des étrangers? Maintenant vous nous invitez à allez dîner chez vous; cela est bien de votre part, mais il est bien aussi de la nôtre de ne pas accepter. Aller ainsi dîner chez le monde, sans être lié par de longs rapports. cela n'est pas conforme aux rites de la nation chinoise cela est également opposé aux mœurs de l'Occident. » Ces paroles, prononcées avec gravité, désillusionnèrent complètement nos industriels. « Si pour le moment nous n'allons pas dans votre boutique, ajoutâ nes-nous, veuillez nous excuser auprès de votre maître; remerciez-le des attentions qu'il a eues pour nous. Avant de partir, peut-être nous aurons quelques achats à faire, et alors ce sera pour nous une occasion d'aller vous rendre visite. Maintenant nous allons prendre notre repas au restaurant turc qui est ici tout près. — C'est bien, dirent-ils d'un accent un peu dépité, c'est bien; ce restaurant est excellent. » A ces mots, nous nous levâmes et nous sortîmes tous ensemble; nous, pour aller dîner en ville, eux pour aller rendre compte au chef de leur boutique de la pitoyable issue de leur intrigue; nous, riant beaucoup de leur désapointement, eux fort contristés d'avoir si mal réussi dans leur manège.

Il n'est rien d'inique et de révoltant comme le trafic qui se fait entre les Chinois et les Tartares. Quand les Mongols, hommes simples et ingénus, s'il en fut jamais, arrivent dans une ville de commerce, ils sont aussitôt entourés par des Chinois qui les entraînent comme de force chez eux. On leur prépare aussitôt du thé, on détèle leurs animaux, on leur rend mille petits services, on les caresse, on les flatte, on les magnétise en quelque sorte. Les Mongols, qui n'ont pas de duplicité dans le caractère, et qui n'en soupçonnent pas dans les autres, finissent bientôt par être émus et attendris de tous ces bons procédés. Ils prennent au sérieux toutes les paroles de dévouement et de fraternité qu'on leur débite, et se persuadent enfin qu'ils ont eu le bonheur de rencontrer des gens de confiance. Convaincus d'ailleurs de leur peu d'habileté pour les affaires commerciales, ils sont enchantés de trouver des frères, des *Ahatou*, comme ils disent, qui veulent bien se charger de vendre et d'acheter à leur place; un bon dîner gratis, qu'on leur sert dans l'arrière-boutique, finit toujours par les persuader du dévouement de la clique chinoise. « Si ces gens là étaient intéressés, se dit le Tartare avec ingénuité, s'ils voulaient me voler, ils ne me donneraient pas un si bon dîner gratis, ils ne feraient pas de si grandes dépenses pour moi. »

C'est ordinairement pendant ce premier dîner, que les Chinois mettent en jeu tout ce que leur caractère renferme de méchanceté et de fourberie. Une fois qu'il se sont emparés de ce pauvre Tartare, ils ne le lâchent plus; ils lui servent de l'eau-de-vie avec profusion, ils lui en font boire jusqu'à l'ivresse. Ils le gardent ainsi trois ou quatre jours dans leur maison, ne le perdent jamais de vue, le faisant fumer, boire et manger, pendant que les commis de la boutique vendent, comme ils l'entendent, ses animaux, et lui achètent les objets dont il peut avoir besoin; ordinairement, ils lui font payer les marchandises au prix double, et quelquefois triple de la valeur courante. Malgré cela ils ont toujours le talent infernal de persuader à ce malheureux, qu'on lui fait un marché très avantageux. Aussi, quand il s'en retourne dans sa Terre-des-Herbes, il est plein d'enthousiasme pour l'incroyable générosité des *Kitat* qui ont bien voulu traiter ses affaires, et il se promet bien de revenir encore à la même boutique, lorsque, à l'avenir, il aura quelque chose à vendre ou à acheter.

Les commerçants chinois de la Ville-Bleue ne nous avaient invités à dîner chez eux que dans l'espoir de nous traiter à la tartare. Ils avaient compté s'emparer des cordons de notre bourse; mais en définitive ils ne gagnèrent que des railleries de ceux qui eurent connaissance de toutes leurs tentatives, et du peu de succès qu'elles avaient eu.

Le lendemain de notre arrivée à *Kou-Kou Khoton*, nous nous mîmes en mouvement pour acheter quelques habits d'hiver. Le froid commençant à se faire vivement sentir, il n'eût pas été prudent de s'aventurer dans le désert, sans habillement fourré. Afin de pouvoir faire nos petits achats avec plus de facilité, nous allâmes d'abord vendre quelques onces d'argent. On sait que le système monétaire des Chinois se compose uniquement de petites pièces en cuivre, rondes, de la grosseur d'un demi-sou, et percées au centre d'un petit trou carré qui sert à les enfiler à une corde, et à faciliter ainsi leur transport. Cette monnaie est la seule qui ait cours dans l'empire; les Chinois l'appellent *tsien*, les Tartares *dehos*, et les Européens lui ont donné le nom de *sapèque*. L'or et l'argent ne sont pas monnayés; on les coule en lingots plus ou moins gros, puis on les livre à la circulation. L'or en sable et en feuilles a également cours dans le commerce; les maisons de banque qui achètent l'or et l'argent, en payent le prix en sapèques ou en billets de banque, qui représentent une valeur d'une somme de sapèques. Une once d'argent se vend ordinairement de dix-sept à dix-huit cents sapèques; cela varie d'après la rareté ou l'abondance de l'argent qui est en circulation dans le pays.

Les changeurs ont une double manière de gagner dans leur commerce : s'ils donnent de l'argent un prix convenable, ils trompent sur le poids; si leur balance et leur façon de peser sont conformes à la justice, ils diminuent pour lors le prix de l'argent. Mais, quand ils ont affaire avec les Tartares, ils n'usent ordinairement ni de l'une ni de l'autre de ces deux manières de frauder; au contraire, ils pèsent l'argent avec scrupule, et tâchent même de trouver un peu plus que le poids réel, puis ils le payent au-dessus du prix courant; ils usent de ces moyens pour tromper plus efficacement les Tartares. Ils ont l'air de perdre au change, et ils y perdraient réellement, à ne considérer que le poids et la valeur de l'argent; mais c'est sur le calcul qu'ils prennent leur revanche. En réduisant l'argent en sapèques, ils commettent des erreurs volontaires; les Tartares qui ne savent calculer que sur les grains de leur chapelet, étant incapables de découvrir la fourberie, sont obligés de prendre les comptes tels qu'on les leur fait. Ils sont toujours très satisfaits de la vente de leur argent, parce qu'on le leur a bien pesé, et qu'ils en ont obtenu un prix avantageux.

Dans la maison de change de la Ville-Bleue où nous allâmes vendre notre argent, les changeurs chinois voulurent, selon leur habitude, user de cette dernière méthode, mais ils en furent dupes. Le poids qu'assignait leur balance était très exact, et le prix qu'ils nous offraient était un peu au-dessus du cours ordinaire : le marché fut donc conclu. Le chef de la banque prit le *souan-pan*, tablette à calcul dont se servent les Chinois, et après avoir compté avec une attention affectée, il nous annonça le résultat de son opération. « Ceci est une maison de change, dîmes-nous; vous autres vous êtes les acheteurs, nous autres les vendeurs; vous avez fait votre calcul, nous allons donc faire le nôtre; donnez-nous un pinceau et un morceau de papier. — Rien de plus juste; vos paroles viennent de prononcer la foi fondamentale du commerce. » Et ils nous présentèrent leur écritoire avec empressement. Nous saisîmes un pinceau, et après une courte opération nous trouvâmes une différence de mille sapèques. « Intendant de la banque, ton *souan-pan* s'est trompé de mille sapèques. — Impossible! est-ce que tout d'un coup j'aurais oublié mon *souan-pan?* voyons que je recommence. » Il se mit à faire jouer de nouveau les boulettes de sa mécanique à calcul, pendant que les personnes qui étaient dans la boutique se regardaient avec étonnement. Quand il eut fini : « C'est bien cela, dit-il, je ne m'étais pas trompé; » et il fit passer la mécanique à un compère qui était à côté de lui ; celui-ci vérifia le calcul, et leurs opérations furent identiques. « Vous voyez bien, dit le chef de la maison de change, il n'y a pas d'erreur. Comment donc se peut-il faire que cela ne s'accorde pas avec ce que vous avez écrit? — Peu importe de savoir pourquoi ton calcul ne s'accorde pas avec le nôtre; ce qu'il y a de certain, c'est que ton calcul dit faux, et que le nôtre dit vrai. Tiens, tu vois ces petits caractères que nous avons tracés sur le papier, c'est bien autre chose que ton *souan-pan*; ceci ne peut pas se tromper. Quand tous les calculateurs du monde feraient cette opération, quand on y travaillerait la vie entière, on ne trouverait jamais autre chose que ceci; on trouverait toujours qu'il nous manque encore mille sapèques. »

Les gens de la boutique étaient très embarrassés; ils commençaient déjà à rougir, lorsqu'un étranger, qui comprit que l'affaire prenait une fâcheuse tournure, se posa comme arbitre. « Je vais vous compter cela, » dit-il. Il prit le *souan-pan*, et son calcul s'accorda avec le nôtre. L'intendant de la banque nous fit alors une révérence profonde. « Seigneurs Lamas, nous dit-il, vos mathématiques valent mieux que les miennes. — Non, ce n'est pas cela; ton *souan-pan* est excellent; mais où a-t-on jamais vu un calculateur qui ne commette jamais d'erreur? Toi tu peux te tromper une fois; mais nous autres gens malhabiles nous nous trompons dix mille fois. Aujourd'hui, si nous avons rencontré juste, c'est un bonheur. » Ces paroles, en pareille circonstance, étaient rigoureusement exigées par la politesse chinoise. Quand quelqu'un s'est compromis, on doit éviter de le faire rougir, ou, en style chinois, de lui enlever la face.

Après que nos paroles eurent mis à couvert toutes les figures, chacun se jeta avec empressement sur le morceau de papier où nous avions dessiné quelques chiffres arabes. « Voilà qui est un fameux *souan-pan*, se disaient-ils les uns aux autres; c'est simple, sûr et expéditif. — Seigneurs Lamas, que signifient ces caractères? Qu'est-ce que c'est que ce *souan-pan?* — Ce *souan-pan* est infaillible, ces caractères sont ceux dont se servent les mandarins de la littérature céleste pour calculer les éclipses et le cours des saisons[1]. » Après une courte dissertation sur le mérite des chiffres arabes, on nous compta très exactement nos sapèques, et nous nous quittâmes bons amis.

Les Chinois sont quelquefois victimes de leur propre fourberie, et on a vu même des Tartares les faire tomber dans leurs pièges. Un jour, un Mongol se présenta dans une maison de change, avec un *youen-pao* empaqueté et ficelé avec soin : on appelle *youen-pao* un lingot d'argent du poids de trois livres; — on sait qu'en Chine la livre est de seize onces; — les trois livres ne sont jamais rigoureusement exactes; il y a toujours quatre ou cinq onces en sus, et les lingots atteignent ordinairement le poids de cinquante-deux onces. A peine le Tartare eut-il fait voir son *youen-pao*, la première pensée du commis de la boutique fut de le frauder de quelques onces. Après avoir pesé le lingot, il le trouva juste du poids de cinquante onces. « Mon lingot a cinquante-deux onces, dit le Tartare, je l'ai pesé chez moi. — Vos balances tartares sont bonnes tout au plus pour peser des

---

[1] Les PP. Jésuites introduisirent à l'observatoire de Pékin l'usage des chiffres arabes.

quartiers de mouton, mais elles ne valent rien pour peser de l'argent. » Après quelques difficultés de part et d'autre, le marché fut enfin conclu, et le *youen-pao*, livré pour le poids de cinquante onces. Le Tartare reçut, de l'agent de change, un certificat attestant le poids et la valeur de l'argent; puis il s'en retourna dans sa tente avec une bonne provision de sapèques et de billets de banque.

Le soir, l'intendant de caisse de la maison de change demanda compte aux commis des affaires qu'ils avaient traitées pendant la journée. « Moi, dit l'un, j'ai acheté un *youen-pao;* j'ai gagné deux onces dessus; » et il courut à la caisse chercher le *youen-pao* dont il avait fait emplette. Le chef de la maison, après avoir tourné et retourné ce lingot, fit la grimace. « Quel *youen-pao* as-tu acheté? Cette matière sera tout ce que tu voudras, mais assurément ce n'est pas de l'argent. » Bientôt le *youen-pao* passe entre les mains de tous les commis, et chacun déclare qu'il est faux. « Je connais le Tartare qui m'a vendu ce *youen-pao*, dit l'acheteur; il n'y a qu'à le dénoncer au tribunal. »

L'accusation fut portée, et les satellites se mirent aussitôt en route pour se saisir du faux monnayeur. L'affaire était capitale, et il ne s'agissait de rien moins que de la peine de mort; le corps du délit était constant; le *youen-pao* avait été examiné avec soin, il était réellement faux; chacun savait aussi que le Tartare l'avait vendu; mais celui-ci soutenait toujours effrontément qu'il n'était pas coupable de ce crime. « Le tout petit, fit le Tartare, demande humblement qu'il lui soit permis de prononcer une parole pour sa défense. — Parle, dit le mandarin, mais sois bien attentif à ne dire que des paroles conformes à la vérité. — Il est vrai, ces jours-ci, j'ai vendu un *youen-pao* à la maison de change; mais il était de pur argent... Je ne suis qu'un Tartare, un homme simple, et c'est pour cela qu'on a substitué dans la boutique, après mon départ, un lingot faux au véritable que j'ai donné.. . Je ne sais pas dire beaucoup de paroles, mais je prie celui qui est mon père et mère de vouloir bien ordonner qu'on pèse ce faux *youen-pao*. » L'ordre fut aussitôt donné, et le *youen pao* fut trouvé avoir le poids de cinquante-deux onces .. Le Tartare, passant alors sa main dans une de ses bottes, en retira un petit paquet; et après avoir déroulé plusieurs enveloppes de chiffons, il montra un papier au mandarin. « Voici, dit-il, un billet que j'ai reçu à la boutique, et qui atteste la valeur et le poids de mon *youen-pao*. — Qu'on m'apporte ce billet. » s'écria le mandarin... Quand il l'eut parcouru des yeux, il ajouta avec un sourire plein de malice : « D'après le témoignage même du commis qui a écrit ce billet, cet homme mongol a vendu un *youen-pao* pesant cinquante onces . Ce lingot de faux argent est du poids de cinquante-deux onces... Où est la vérité? où sont les faux monnayeurs?... » La réponse à ces questions n'était une difficulté pour personne : chacun savait, le mandarin savait très bien lui-même, que le Tartare avait en effet vendu un *youen-pao* faux, et que la différence du poids ne provenait que de la fraude du commis. N'importe, en cette circonstance, le magistrat chinois voulut rester dans la légalité; et, contrairement à la justice, rendit son jugement en faveur du Tartare mongol. Les gens de la maison de change furent roués de coups; et ils eussent été mis à mort comme faux monnayeurs, si, à force d'argent, ils n'eussent apaisé la colère du mandarin et arrêté la rigueur des lois.

Ce n'est que dans quelques circonstances rares et extraordinaires, que les Mongols parviennent à avoir le dessus sur les Chinois. Dans le cours habituel des choses, ils sont partout et toujours dupes de leurs voisins qui, à force d'intrigues et d'astuce, finissent par les réduire à la misère.

Aussitôt que nous eûmes des sapèques, nous songeâmes à faire l'acquisition de quelques habits d'hiver. Après avoir consulté la maigreur de notre bourse, nous nous arrêtâmes à la résolution d'aller nous habiller dans une friperie, et de nous accommoder de vieux habits. En Chine et en Tartarie, on n'éprouve pas la moindre répugnance à se servir des vêtements d'autrui. Ceux qui ont à faire une visite d'étiquette, ou à se rendre à quelque fête, vont sans façon chez le voisin, lui emprunter tantôt un chapeau, tantôt une culotte, tantôt des souliers ou des bottes ; personne n'est étonné de ces emprunts ; ils sont consacrés par l'usage. En se prêtant mutuellement les habits, on n'éprouve qu'une seule crainte, c'est que l'emprunteur ne les vende pour payer ses dettes, ou n'aille, après s'en être servi, les déposer au mont-de-piété. De plus, ceux qui ont besoin d'habits en achètent de vieux ou de neufs indifféremment. Dans ces circonstances, la question du bon marché est la seule qui soit prise en considération ; on ne fait pas plus de difficulté de se loger dans la culotte d'autrui, qu'on n'en fait pour habiter une maison qui a déjà servi.

Cette coutume, de se revêtir des habits du prochain, était peu conforme à nos goûts ; elle nous répugnait d'autant plus que, même depuis notre arrivée dans la Mission de *Si-Wang*, nous n'avions jamais été obligés de changer en cela nos vieilles habitudes. Cependant la modicité de notre viatique nous fit une obligation de passer par-dessus cette répugnance. Nous allâmes donc tâcher de nous habiller dans une friperie. Il n'est pas de petite ville où l'on ne rencontre de nombreux magasins de vieux habits, provenant ordinairement des monts-de-piété (*Tang-Pou*). De tous ceux qui empruntent sur gages, il en est fort peu qui puissent retirer les objets qu'ils ont déposés ; ils les laissent ordinairement mourir, selon l'expression tartare et chinoise ; c'est-à-dire que, laissant passer le terme fixé, ils perdent le droit de les retirer. Les friperies de la Ville-Bleue étaient encombrées de dépouilles tartares ; c'était bien ce qu'il fallait pour nous assortir conformément au nouveau costume que nous avions adopté.

D'abord nous visitâmes une première boutique. On nous présenta de misérables robes doublées en peau de mouton. Quoique ces guenilles fussent d'une extrême vétusté, et tellement vernissées de suif, qu'il eût été difficile d'assigner clairement quelle avait été leur couleur primitive, le marchand nous en demanda un prix exorbitant. Après avoir longtemps discuté de part et d'autre, il nous fut impossible de conclure l'affaire. Nous renonçâmes donc à cette première tentative ; et, pour tout dire, nous devons ajouter que nous y renonçâmes avec une certaine satisfaction, car nous sentions notre amour-propre blessé d'être réduits à nous affubler de ces sales vêtements. Nous allâmes donc visiter un nouveau magasin de vieux habits, puis un autre, puis un grand nombre. Nous rencontrâmes des habits magnifiques, de passables et qui eussent bien fait notre affaire ; mais la considération de la dépense était toujours là. Le voyage que nous avions entrepris, pouvant durer plusieurs années, une économie excessive était pour nous un besoin, surtout dans le début. Après avoir couru toute la journée, après avoir fait connaissance avec tous les chiffonniers de la Ville-Bleue, et avoir bouleversé tous leurs vieux habits et tous leurs vieux galons, nous retournâmes chez le premier fripier nous accommoder des vêtements que nous avions déjà marchandés. Nous fîmes donc emplette de deux antiques et vénérables robes de peaux de mouton recouvertes d'une étoffe que nous soupçonnâmes avoir été jadis de couleur jaune. Nous en fîmes immédiatement l'essai; mais nous nous aperçûmes bientôt que le tailleur de ces habits n'avait pas pris mesure sur nous. La robe de M. Gabet était trop courte; celle de M. Huc était trop longue. Faire un troc à l'amiable était chose impossible; la taille des deux Missionnaires était trop disproportionnée. Nous eûmes d'abord la pensée de retrancher ce qu'il y avait de trop à l'une, pour l'ajouter à l'autre; cela paraissait très convenable. Mais il eût fallu avoir recours à un tailleur, et attaquer encore notre bourse... Cette considération fit évanouir notre première idée, et nous nous décidâmes à porter nos habits tels qu'ils étaient. M. Huc prendrait le parti de relever aux reins, par le moyen d'une ceinture, le superflu de sa robe, et M. Gabet se résignerait à exposer aux regards du public une partie de ses jambes : le tout n'ayant d'autre inconvénient que de faire savoir au prochain, qu'on n'a pas toujours la faculté de s'habiller d'une manière exactement proportionnée à sa taille.

Munis de nos habits de peaux de mouton, nous demandâmes au fripier de nous étaler sa collection de vieux chapeaux d'hiver. Nous en examinâmes plusieurs, et nous nous arrêtâmes enfin à deux bonnets en peau de renard, dont la forme élégante noux rappelait les hauts shakos des sapeurs. Quand nos achats furent terminés, chacun mit sous le bras son paquet de vieux habits, et nous rentrâmes à l'hôtel des Trois-Perfections.

Nous séjournâmes encore deux jours à *Kou-Kou-Hote,* outre que nous avions besoin d'un peu de repos, nous étions bien aises de visiter cette grande ville, et de faire connaissance avec les nombreuses et célèbres lamaseries qui y sont établies.

La Ville-B'eue est surtout renommée pour son grand commerce de chameaux. Une vaste place, où aboutissent les rues principales de la ville, est le lieu où se réunissent tous les chameaux qui sont en vente. Des élévations en dos d'âne qui se prolongent d'un bout de la place à l'autre donnent à ce marché la ressemblance d'un champ où on aurait tracé d'énormes sillons. Tous les chameaux sont alignés et placés les uns à côté des autres, de manière à ce que leurs pieds de devant reposent sur la crête de ces grandes élévations. Une position semblable fait ressortir et grandit en quelque sorte la stature de ces animaux dont la taille est déjà si gigantesque. Il serait difficile d'exprimer tout le brouhaha et toute la confusion de ces marchés. Aux cris des vendeurs et des acheteurs qui se querellent, ou qui causent comme au plus fort d'une émeute, se joignent incessamment les longs gémissements des chameaux, qu'on tiraille par le nez afin d'essayer leur adresse à se mettre à genoux et à se relever.

Pour juger de la force du chameau et du poids qu'il est capable de porter, on le charge par degrés; tant qu'il peut se relever avec un fardeau quelconq₁e, c'est une preuve qu'il pourra en supporter facilement le poids pendant la route. On use encore quelquefois de l'expérience suivante : pendant que le chameau est accroupi, un homme lui monte sur l'extrémité des talons, et se tient accroché de ses deux mains aux longs poils de la bosse postérieure; si le chameau peut se relever, il est réputé de première force.

Le commerce des chameaux ne se fait jamais que par entremetteurs; le vendeur et l'acheteur ne traitent jamais l'affaire ensemble et tête à tête. On choisit des gens étrangers à la vente qui proposent, discutent et fixent le prix, l'un prenant les intérêts du vendeur, et l'autre ceux de l'acheteur. Ces *parleurs de vente* n'ont pas d'autre métier; ils courent de marché en marché, pour pousser les affaires, comme ils disent. En général, ils se connaissent en bestiaux; ils ont le verbe très délié, et sont surtout doués d'une fourberie à toute épreuve; ils discutent avec une éloquence, tour à tour violente et cauteleuse, les défauts et les qualités de l'animal; mais aussitôt qu'il est question du prix, la langue cesse de fonctionner, et ils ne se parlent plus que par signes : ils se saisissent mutuellement la main, et c'est dans la longue et large manche de leur habit qu'ils expriment avec leurs doigts la hausse ou la baisse de leur commerce. Quand le marché est conclu, ils sont d'abord du dîner que doit payer l'acheteur; puis ils reçoivent un certain nombre de sapèques, conformément aux usages des diverses localités.

Dans la Ville-Bleue, il existe cinq grandes lamaseries, habitées chacune par plus de deux mille Lamas; en outre en on compte une quinzaine de moins considérables, et qui sont comme les succursales des premières. Sans crainte d'exagération, on peut porter au moins à vingt mille le nombre de ces Lamas résidants. Quant à ceux qui habitent les divers quartiers de la ville, pour s'occuper de commerce et de maquignonnage, ils sont innombrables. La lamaserie des Cinq-Tours est la plus belle et la plus célèbre; c'est là que réside un *Holbigan*, c'est-à-dire un grand Lama, qui, après s'être identifié avec la substance de Bouddha, a déjà subi plusieurs fois les lois de la transmigration.

Les Lamas qui affluent de tous les pays tartares dans les lamaseries de la Ville-Bleue, s'y fixent rarement d'une manière définitive. Après avoir pris leurs degrés dans ces espèces de grandes universités, ils s'en retournent chez eux; car ils aiment mieux en général les petits établissements qui se trouvent disséminés en grand nombre dans la Terre-des-Herbes. Ils y mènent une vie plus libre et plus conforme à l'indépendance de leur caractère. Quelquefois ils résident dans leurs propres familles, occupés comme les autres Tartares à la garde des troupeaux; ils aiment mieux vivre tranquillement dans leur tente, que de s'assujettir dans le couvent aux règles et à la récitation journalière des prières. Ces Lamas n'ont guère de religieux que leurs habits jaunes ou rouges; on les nomme Lamas à domicile.

La seconde classe se compose de ceux qui ne sont fixés ni dans leurs familles, ni dans les lamaseries; ce sont les Lamas vagabonds. Ils vivent à peu près comme les oiseaux voyageurs, sans se jamais fixer nulle part; ils sont sans cesse poussés par je ne sais quelle inquiétude secrète, quelle vague antipathie du repos qui les tient toujours en activité. Ils se mettent à voyager uniquement pour voyager, pour parcourir du chemin, pour changer de lieu; ils vont de lamaserie en lamaserie, et s'arrêtent, chemin faisant, dans toutes les tentes qu'ils rencontrent, toujours assurés que l'hospitalité des Tartares ne leur fera jamais défaut. Ils entrent sans façon et vont s'asseoir à côté du foyer ; on leur fait chauffer le thé, et tout en buvant, ils énumèrent avec orgueil les pays qu'ils ont déjà parcourus, si l'envie leur prend de passer la nuit dans la tente, ils s'étendent dans un coin et dorment profondément jusqu'au lendemain. Le matin, avant de reprendre leur course vagabonde, ils s'arrêtent un instant sur le devant de la tente, regardant vaguement les nuages et la cime des montagnes, tournant la tête de côté et d'autre, comme pour interroger les vents. Enfin ils se mettent en marche, toujours sans but, uniquement dirigés par les sentiers qu'ils rencontrent par hasard devant eux. Ils s'en vont la tête penchée en avant, les yeux baissés, tenant à la main un long bâton, et portant sur leur dos un havre-sac en peau de bouc. Quand ils sont fatigués, ils vont se reposer au pied d'un rocher, sur le pic d'une montagne, au fond d'un ravin, là où les pousse l'inconstance de leur fantaisie. Souvent dans leur route ils ne rencontrent que le désert, et alors, où la nuit les surprend, ils dorment sous le ciel qui est, disent-ils, comme le couvercle de cette immense tente qu'on appelle le monde.

Ces Lamas vagabonds visitent tous les pays qui leur sont accessibles : la Chine, la Mandchourie, les Khalkhas, les divers royaumes de la Mongolie méridionale, les Ouriang-hai, le Koukou-Noor, le nord et le midi des montagnes Célestes, le Thibet, l'Inde et quelquefois même le Turkestan. Il n'y a pas de fleuve qu'ils n'aient traversé, de montagnes qu'ils n'aient gravies, de grand Lama devant qui ils ne se soient prosternés, de peuple chez lequel ils n'aient vécu, et dont ils ne connaissent les mœurs, les usages et la langue. Au milieu de leurs courses vagabondes, le péril de perdre le chemin et de s'égarer dans les déserts n'existe jamais pour eux. Voyageant sans but, les endroits où ils arrivent sont toujours ceux où ils voulaient aller. La légende du Juif errant, qui marche et marche toujours, est exactement réalisée dans la personne de ces Lamas. On dirait qu'ils sont sous l'influence d'une puissance secrète, qui les fait incessamment aller de place en place. Dieu semble avoir mêlé au sang qui coule dans leurs veines, quelque chose de cette force motrice qui pousse les mondes chacun dans sa route, sans jamais leur permettre de s'arrêter.

Les Lamas vivant en communauté sont ceux qui composent la troisième classe. On appelle lamaserie une réunion de petites maisons bâties tout à l'entour d'un ou de plusieurs temples bouddhiques; ces habitations sont plus ou moins grandes, plus ou moins belles, suivant les facultés de ceux qui en sont les propriétaires. Les Lamas qui vivent ainsi en communauté, sont ordinairement plus réguliers que les autres; ils sont plus assidus à la prière et à l'étude. Il leur est permis de nourrir chez eux quelques bestiaux; des vaches pour leur donner le lait et le beurre, base de leur nourriture journalière; un cheval pour aller faire quelques courses dans le désert, et des moutons pour se régaler aux jours de fête.

En général, toutes les lamaseries ont des fondations, soit royales, soit impériales; à certaines époques de l'année les revenus sont distribués aux Lamas, suivant le degré qu'ils ont atteint dans la hiérarchie. Ceux qui ont la réputation d'être savants médecins, ou habiles tireurs de bonne aventure, ont souvent occasion de recueillir en outre d'excellentes aubaines; cependant on les voit rarement devenir riches. Les Lamas, avec leur caractère enfantin et imprévoyant, ne savent pas user modérément des biens qui leur sont venus tout d'un coup; ils dépensent l'argent avec autant de facilité qu'ils le gagnent. Tel Lama, qui, la veille, portait des habits sales et déchirés, rivalisera le lendemain par la richesse de ses vêtements, avec le luxe des plus hauts dignitaires de la lamaserie. Aussitôt qu'il a à sa disposition de l'argent ou des animaux, il court à la ville de commerce la plus rapprochée, s'habiller pompeusement de haut en bas; mais il est toujours probable qu'il n'usera pas lui-même ces magnifiques habits. Après quelques mois, il s'acheminera de nouveau vers la station chinoise, non plus pour faire l'élégant dans les beaux magasins de soieries, mais pour déposer les robes jaunes au mont-de-piété; et puis les Lamas ont beau avoir la volonté et l'espérance de retirer ce qu'ils portent au *Tang-Pou*, ils n'y réussissent presque jamais. Pour s'en convaincre, il n'est besoin que de parcourir les magasins de friperie dans les villes tartaro-chinoises; ils sont toujours encombrés d'objets lamaïques.

Les Lamas sont en très grand nombre dans la Tartarie; d'après ce que nous avons pu remarquer, nous croyons pouvoir avancer, sans crainte d'erreur, qu'ils composent au moins un tiers de la population. Dans presque toutes les familles, à l'exception de l'aîné qui reste homme noir, tous les autres enfants mâles sont Lamas. Les Tartares embrassent cet état forcément, et non par inclination; ils sont Lamas ou hommes noirs, dès leur naissance, suivant la volonté de leurs parents, qui leur rasent la tête ou laissent croître leurs cheveux. Ainsi, à mesure qu'ils croissent en âge, ils s'habituent à leur état, et dans la suite une certaine exaltation religieuse finit par les y attacher fortement.

On prétend que la politique de la dynastie mandchoue tendrait à multiplier en Tartarie le nombre des Lamas; des mandarins chinois nous l'ont assuré, et la chose paraît assez probable Ce qu'il y a de certain, c'est que le gouvernement de Pékin, pendant qu'il laisse dans la misère et l'abjection les bonzes chinois, honore et favorise le lamaïsme d'une manière toute particulière. L'intention secrète du gouvernement, serait, dit-on, de faire augmenter le nombre des Lamas, et d'arrêter par ce moyen les progrès de la population en Tartarie. Les souvenirs de l'ancienne puissance des Mongols le préoccupent sans cesse; il sait qu'autrefois ils ont été maîtres de l'empire, et dans la crainte d'une nouvelle invasion, il s'applique à les affaiblir par tous les moyens possibles.

Durant notre court séjour dans la Ville Bleue, nous ne cessâmes d'avoir des relations avec les Lamas des plus fameuses lamaseries, cherchant toujours à prendre de nouveaux renseignements sur l'état du Bouddhisme en Tartarie et dans le Thibet. Tout ce qu'on nous dit ne servit qu'à nous confirmer de plus en plus dans ce que nous avions appris par avance à ce sujet. Dans la Ville-Bleue, comme à *Tolon-Noor*, tout le monde nous répétait que la doctrine nous apparaîtrait plus sublime et plus lumineuse à mesure que nous avancerions vers l'occident. D'après ce que racontaient les Lamas qui avaient visité le Thibet, Lha-Ssa, était comme un grand foyer de lumière, dont les rayons allaient toujours s'affaiblissant, en s'éloignant de leur centre.

Un jour nous eûmes occasion d'entretenir pendant quelque temps un Lama thibétain; les choses qu'il nous dit, en matière de religion, nous jetèrent dans le plus grand étonnement. Un exposé de la doctrine chrétienne que nous lui fîmes succinctement, parut peu le surprendre; il nous soutenait même que notre langage ne s'éloignait pas des croyances des grands Lamas du Thibet. « Il ne faut pas confondre, disait-il, les vérités religieuses, avec les nombreuses superstitions qui exercent la crédulité des ignorants. Les Tartares sont simples, ils se prosternent devant tout ce qu'ils rencontrent; tout est *Borhan* à leurs yeux. Les Lamas, les livres de prières, les temples, les maisons des lamaseries, les pierres même, et les ossements qu'ils amoncellent sur les montagnes, tout est mis par eux sur le même rang; à chaque pas ils se prosternent à terre, et portent leurs mains jointes au front en criant : *Borhan, Borhan.* — Mais les Lamas n'admettent-ils pas aussi des *Borhans* innombrables? — Ceci demande une explication, dit-il en souriant; il n'y a qu'un seul et unique souverain qui a créé toutes choses, il est sans commencement et sans fin. Dans le *Dchagar* (l'Inde), il porte le nom de Bouddha, et dans le Thibet celui de *Schamtchè-Mitchébat* (Eternel tout-puissant); les *Dcha-Mi* (Chinois) l'appellent Fo, et les *Sok-po-Mi* (Tartares) le nomment Borhan. — Tu dis que Bouddha est unique : dans ce cas-là, que seront le Talé-Lama de Lha-Ssa, le Bandchan du Djachi-Loumbo, le Tsong-Kaba des Sifan, le Kaldan de Tolon-Noor, le Guison-Tamba du Grand-Kouren, le Hobilgan de la Ville-Bleue, les Hotoktou de Pékin, et puis tous ces nombreux Chaberons [1] qui résident dans les lamaseries de la Tartarie et du Thibet? — Tous sont également Bouddha. — Bouddha est-il visible? — Non, il est sans corps; il est une substance spirituelle. — Ainsi Bouddha est unique; et pourtant il existe des Bouddha innombrables, tels que les Chaberons et les autres .. Bouddha est incorporel, on ne peut le voir; et pourtant le Talé-Lama, le Guison-Tamba et tous les autres Chaberons sont visibles, et ont reçu un corps semblable au nôtre... Comment expliques-tu cela? — Cette doctrine, dit-il, en étendant le bras et en prenant un accent remarquable d'autorité, cette doctrine est véritable; c'est la doctrine de l'occident, mais elle est d'une profondeur insondable; on ne peut l'expliquer jusqu'au bout. »

Les paroles de ce Lama thibétain nous étonnaient étrangement; l'unité de Dieu, le mystère de l'Incarnation, le dogme de la présence réelle nous paraissaient comme enveloppés dans ces croyances; cependant, avec des idées si saines en apparence, il admettait la métempsycose et une espèce de panthéisme dont il ne pouvait se rendre compte.

Ces nouveaux renseignements sur la religion de Bouddha nous firent augurer que nous trouverions en effet, parmi les Lamas du Thibet, un symbolisme plus épuré et au-dessus des croyances du vulgaire. Nous persistâmes donc dans la résolution que nous avions déjà adoptée, de pousser toujours en avant vers l'occident.

Au moment de nous **mettre en route**, nous fîmes, selon l'usage, appeler le chef

---

(1) En style lamanesque, on nomme Chaberons tous ceux qui, après leur mort, subissent des incarnations sucessives; ils sont regardés comme des Bouddha vivants.

de l'hôtellerie, afin de régler les comptes. Nous avions calculé qu'un loyer de quatre jours pour trois hommes et six animaux, nous coûterait au moins deux onces d'argent ; aussi fûmes-nous agréablement surpris d'entendre l'aubergiste nous dire : « Seigneurs Lamas, ne comptons pas ; versez trois cents sapèques à la caisse ; et que cela suffise. . Ma maison, ajouta-t-il, est nouvellement établie, et je prétends lui faire une bonne réputation. Puisque vous êtes d'un pays éloigné, je veux que vous puissiez dire à vos illustres compatriotes, que mon hôtellerie est digne de leur confiance. » Nous lui répondîmes que nous parlerions partout de son désintéressement, et que nos compatriotes, lorsqu'ils auraient occasion de visiter la Ville-Bleue, ne manqueraient certainement pas de descendre à l'hôtel des Trois-Perfections.

VI

Nous quittâmes la Ville-Bleue le quatrième jour de la neuvième lune; il y avait déjà plus d'un mois que nous étions en voyage. Ce ne fut qu'avec de grandes difficultés que la petite caravane put arriver hors de la ville. Les rues étaient encombrées d'hommes, de charrettes, d'animaux et de bancs où les commerçants étalaient leurs diverses marchandises; nous ne pouvions avancer qu'à petits pas, et souvent même nous étions forcés de faire de longues haltes, avant de pouvoir gagner du terrain. Il était près de midi quand nous parvînmes enfin aux dernières maisons de la ville, du côté de la porte occidentale. Là seulement, sur une route large et unie, nos chameaux purent cheminer à leur aise de toute la longueur de leurs pas. Une chaîne de rochers escarpés qui s'élevaient à notre droite, nous mettait si bien à l'abri du vent du nord, que la rigueur de la saison ne se faisait nullement sentir. Le pays que nous parcourions était toujours dépendant du Toumet occidental. Nous retrouvâmes partout les mêmes marques d'aisance et de prospérité, que nous avions remarquées à l'orient de la ville. De tous côtés c'étaient de nombreux villages, avec tout leur accompagnement de la vie agricole et commerciale. Quoiqu'il ne nous fût pas possible de dresser la tente au milieu des champs cultivés, nous voulûmes pourtant, autant que les circonstances le permettaient, nous retremper dans nos habitudes tartares. Au lieu d'entrer dans une hôtellerie pour prendre le repas du matin, nous allions nous asseoir sous un arbre ou au pied d'un rocher, et là nous déjeunions avec quelques petits pains frits à l'huile, dont nous avions fait provision à la Ville-Bleue. Les allants et les venants riaient volontiers, en voyant cette manière de vivre un peu sauvage ; mais au fond ils n'étaient nullement surpris. Les Tartares, peu accoutumés aux mœurs des peuples civilisés, ont le droit de faire leur cuisine au milieu des chemins, même dans les pays où les auberges sont le plus multipliées.

Pendant la journée, cette façon de voyager n'avait aucun inconvénient ; mais comme il n'eût pas été prudent de passer la nuit dans la campagne, au soleil couché nous nous retirions dans une hôtellerie. Le soin de nos animaux, d'ailleurs, l'exigeait impérieusement. Ne trouvant rien à brouter dans la route, nous ne pouvions nous dispenser de leur acheter du fourrage, sous peine de les voir bientôt tomber d'inanition.

, Le second jour après notre départ de la Ville-Bleue, nous rencontrâmes, dans l'auberge où nous passâmes la nuit, un singulier personnage. Nous venions de décharger nos chameaux et de les attacher à une crèche sous un hangar, lorsque nous vîmes entrer dans la grande cour, un voyageur qui tirait après lui par le licou, un cheval maigre et efflanqué ; ce personnage n'était pas de riche taille, mais en retour il avait un embonpoint prodigieux. Il était coiffé d'un large chapeau de paille, dont les rebords flexibles descendaient jusque sur ses épaules ; un long sabre qui pendait à sa ceinture, contrastait avec l'air réjoui de sa figure. « Intendant de la marmite, s'écria-t-il en entrant, y a-t-il place pour moi dans ton auberge ? — Je n'ai qu'une chambre à donner aux voyageurs ; trois hommes mongols, qui viennent d'arriver tout à l'heure, l'occupent actuellement. Va voir s'ils peuvent te recevoir. » Le nouveau venu se dirigea pesamment vers l'endroit où nous étions déjà installés. « Paix et bonheur, seigneurs Lamas ; occupez-vous toute la place de cette chambre ? N'y en aurait-il pas encore un peu pour moi ? — Pourquoi n'y en aurait-il pas pour toi, puisqu'il y en a pour nous ? Est-ce que nous ne sommes pas les uns et les autres des voyageurs ? — Excellente parole, excellente parole ! Vous êtes Tartares, moi je suis Chinois ; mais vous comprenez merveilleusement les rites, vous savez que tous les hommes sont frères. » Après avoir dit ces mots, il alla attacher son cheval à la crèche, à côté de nos animaux ; puis il déposa son petit bagage sur le *Tang* et s'étendit tout de son long comme un homme harassé. « Ah-ya, ah-ya ! faisait-il, me voici donc à l'auberge ;... ah-ya, comme il fait bien meilleur ici qu'en route !... ah-ya, voyons, que je me repose un peu ! — Où vas-tu, lui dîmes-nous, pourquoi portes-tu un sabre quand tu voyages ? — Ah-ya, j'ai déjà fait beaucoup de chemin, et j'en ai encore bien davantage à faire. . Je parcours les pays tartares ; dans ces déserts il est bon d'avoir un sabre au côté, car on n'est pas toujours sûr de rencontrer des braves gens. — Est-ce que tu serais de quelque société chinoise, pour l'exploitation du sel ou des champignons blancs ? — Non, je suis d'une grande maison de commerce de Pékin ; je suis chargé d'aller réclamer les dettes chez les Tartares... Ah ! je vous en réponds, s'écria-t-il avec l'accent d'un homme profondément convaincu ; nous autres, marchands, nous sommes de véritables mangeurs de Tartares ; nous les rongeons, nous les dévorons à belles dents. — Nous serions curieux de savoir comment tu t'y prends pour faire de si bons repas en Tartarie. — En vérité, est-ce que vous ne connaissez pas les Tartares ? N'avez-vous pas remarqué qu'ils sont tous comme des enfants ? Quand ils arrivent dans les endroits de commerce, ils ont envie de tout ce qu'ils voient. Ordinairement ils n'ont pas d'argent, mais nous venons à leur secours ; on leur donne les marchandises à crédit, et à ce titre ils doivent, comme de juste, les payer plus cher. Quand on emporte des marchandises sans laisser d'argent, il faut bien qu'il y ait un petit intérêt de trente ou quarante pour cent. N'est-ce pas que cela est très juste? Petit à petit les intérêts s'accumulent, et puis on compte les intérêts des intérêts. Cela ne se fait qu'avec les Tartares ; en Chine les lois de l'empereur s'y opposent. Mais nous, qui sommes obligés de courir sans cesse dans la Terre-des-Herbes, nous pouvons bien exiger l'intérêt de l'intérêt... N'est-ce pas que cela est très juste! Une dette tartare ne s'éteint jamais; elle se transmet de génération en génération. Tous les ans on va chercher les intérêts, qui se paient en moutons, bœufs, chameaux, chevaux, etc. Cela vaut infiniment mieux que de l'argent. Nous prenons les animaux des Tartares à bas prix, et puis nous les vendons très cher sur le marché. Oh! la bonne chose qu'une dette tartare! C'est une véritable mine d'or. »

Ces *Yao-Tchang-Ti* (exigeur de dettes), tout en nous exposant son système d'exploitation, ne cessait d'accompagner ses paroles de grands éclats de rire. Il parlait très bien la langue mongole ; son caractère était en même temps plein de souplesse et d'énergie. Il était facile de concevoir que des débiteurs tartares devaient se trouver peu à leur aise entre ses mains. Comme il le disait lui-même dans son langage pittoresque, c'était un véritable mangeur de Tartares.

Le jour n'avait pas encore paru, que le *Yao-Tchang-Ti* était sur pied. « Seigneurs Lamas, nous dit-il, je vais seller mon cheval et partir tout de suite, aujourd'hui je veux faire route avec vous. — Singulier moyen de faire route avec le monde, que de partir quand on n'est pas encore levé. — Ah-ya, ah-ya! avec vos chameaux, vous autres, vous allez vite; vous m'aurez bientôt attrapé. Nous arriverons ensemble à l'*Enceinte Blanche, Tchagan-Kourem*. Il partit, et nous continuâmes à reposer jusqu'au lever du soleil.

Cette journée nous fut funeste; nous eûmes à déplorer une perte; après quelques heures de marche, nous nous aperçûmes qu'Arsalan ne suivait plus la caravane. Nous fîmes une halte, et Samdadchiemba monté sur son petit mulet noir rebroussa chemin pour aller à la découverte. Il parcourut tous les villages que nous avions rencontrés sur notre route; mais ses recherches furent inutiles, il revint sans avoir trouvé Arsalan. « Ce chien était chinois, dit Samdadchiemba, il n'était pas accoutumé à la vie nomade; il se sera fatigué de courir le désert, et aura pris du service dans les terres cultivées. — Que faut-il faire? faut-il attendre encore? — Non, partons; il est déjà tard, et il y a encore loin d'ici à l'*Enceinte-Blanche*. — S'il n'y a pas de chien, eh bien, soit; qu'il n'y ait pas de chien; est-ce que nous ne pourrons pas faire route sans lui! » Après ces paroles sentimentales de Samdadchiemba, nous nous remîmes en route.

Tout d'abord la perte d'Arsalan nous contrista un peu; nous étions accoutumés à le voir aller et venir dans les prairies, se jouer à travers les grandes herbes, courir après les écureuils gris, et donner l'épouvante aux aigles qui se posaient dans la plaine. Ses évolutions continuelles servaient à rompre la monotonie des pays que nous parcourions et abrégeaient en quelque sorte la longueur de la route. Sa fonction de portier était surtout un titre à nos regrets. Cependant, après que nos premiers mouvements de sensibilité furent passés, une mûre réflexion vint nous faire comprendre que cette perte n'était pas tout à fait aussi grande que nous l'avions d'abord imaginé. A mesure que nous avions fait des progrès dans la vie nomade, notre appréhension des voleurs s'était diminuée. Une considération d'économie finit enfin par calmer entièrement notre chagrin; il fallait tous les jours à Arsalan une ration de farine pour le moins aussi grosse que celle de chacun de nous. Or, nous n'étions pas assez riches pour avoir continuellement assis à notre table un hôte de trop bon appétit, et dont les services étaient incapables de compenser les dépenses qu'il nous occasionnait.

D'après les renseignements qu'on nous avait donnés, nous devions arriver ce jour-là même à l'*Enceinte Blanche*. Le soleil s'était déjà couché, et nous avions beau regarder au loin devant nous, on n'apercevait rien poindre à l'horizon qui annonçât la présence d'une ville. Enfin, nous découvrîmes dans le lointain comme des nuages épais de poussière qui semblaient s'avancer vers nous. Peu à peu nous vîmes clairement se dessiner les grandes formes de nombreux chameaux conduits par des commerçants turcs; ils transportaient à Pékin des marchandises venues des provinces de l'ouest. L'aspect de notre petite caravane était bien misérable à côté de cette interminable file de chameaux, tous chargés de caisses enveloppées de peaux de buffles. Nous demandâmes au conducteur qui ouvrait la marche, si nous étions encore loin de *Tchagan Kouren* « Vous voyez ici, dit-il en riant malicieusement, un bout de notre caravane; l'autre extrémité n'est pas encore sortie de la ville. — Merci, lui répondîmes-nous, dans ce cas nous serons bientôt arrivés. — Oui, bientôt, vous avez tout au plus une quinzaine de lis. — Comment cela quinze lis? pourquoi dis-tu que tous tes chameaux ne sont pas encore sortis de *Tchagan Kouren?* — Ce que je dis est vrai, mais vous ne savez pas que nous conduisons au moins dix mille chameaux. — S'il en est ainsi, nous n'avons pas de temps à perdre; bonne route, allez en paix; » et nous pressâmes aussitôt notre marche.

Ces chameliers avaient sur leur figure, noircie par le soleil, quelque chose de sauvage et de misanthrope. Enveloppés des pieds à la tête avec des peaux de bouc, ils étaient placés entre les bosses de leurs chameaux, à peu près comme des ballots de marchandises; à peine s'ils daignaient tourner la tête pour nous regarder. Cinq mois de marche à travers le désert les avaient presque entièrement abrutis. Tous les chameaux de cette fameuse caravane portaient suspendues à leur cou des cloches thibétaines, dont le son argentin et varié produisait une musique harmonieuse, et qui contrastait avec la physionomie morne et taciturne des chameliers. Notre marche pourtant les forçait bien quelquefois à rompre le silence; le malin Dchiahour avait trouvé moyen de les contraindre à faire attention à nous. Quelques chameaux, plus timides que les autres, s'effarouchaient à la vue de notre petit mulet, qu'ils prenaient sans doute pour une bête fauve. Cherchant alors à s'échapper du côté opposé, ils entraînaient dans leur fuite les chameaux qui les suivaient; de sorte que la caravane prenait par cette manœuvre la forme d'un arc immense. Ces brusques évolutions réveillaient les chameliers de leur morne assoupissement; ils faisaient entendre un sourd grommellement, et nous lançaient un regard sinistre pendant qu'ils ramenaient la file au milieu de la route. Samdadchiemba, au contraire, riait aux éclats, nous avions beau lui crier de se tenir un peu à l'écart, pour ne pas effaroucher les chameaux; il faisait la sourde oreille. Le débandement de la caravane était pour lui un ravissant spectacle, et c'était à dessein qu'il faisait incessamment caracoler son petit mulet noir.

Le premier chamelier ne nous avait pas trompés. Sa file de chameaux était interminable. Nous marchâmes jusqu'à la nuit, resserrés à notre droite par la chaîne des rochers, et à notre gauche par la caravane qui s'avançait sous la forme d'une barrière ambulante, et quelquefois, comme une grande spirale.

Il était nuit close, et nous étions encore en chemin, sans trop savoir où nous nous dirigions. Nous rencontrâmes un chinois monté sur un âne, et qui s'en allait précipitamment. - Frère aîné, lui dîmes-nous, est-ce que l'*Enceinte-Blanche* est encore loin? — Non, frères, vous en êtes tout près. Voyez-vous, là-bas, scintiller ces lumières? ce sont celles de la ville, vous n'avez que cinq *lis* de route. C'était beaucoup que cinq *lis*, pendant la nuit, et dans un pays inconnu; mais il fallut se résigner. Le ciel devenait de plus en plus bas et noir. Point de lune, point même d'étoiles pour éclairer un peu notre marche. Il nous semblait que nous marchions dans un ténébreux chaos et parmi des abîmes. Nous prîmes le parti d'aller à pied, dans l'espoir de voir un peu plus clair. Mais ce fut le contraire : nous faisions quelques pas lentement et comme à tâtons, puis, tout à coup, nous nous rejetions en arrière, de peur de heurter des montagnes ou de hautes murailles, qui paraissaient sortir subitement d'un abîme et se dresser devant nos yeux. Bientôt nous fûmes ruisselants de sueur, et contraints de remonter sur nos animaux, dont la vue était plus sûre que la nôtre. Par bonheur que les charges de nos chameaux étaient solidement attachées. Quelle misère, si, au milieu de ces ténèbres, les bagages eussent chaviré, comme il arrivait souvent pendant les premiers jours de notre voyage !

Nous arrivâmes à *Tchagan-Kouren*, sans pour cela voir diminuer encore notre embarras. Nous étions dans une grande ville; les auberges devaient y être nombreuses; mais où aller les chercher? Toutes les portes étaient fermées et personne dans les rues. Les chiens nombreux qui aboyaient et couraient après nous étaient les seuls indices que nous étions dans une ville habitée, et non pas dans une nécropole. Enfin, après avoir parcouru au hasard plusieurs rues désertes et silencieuses, nous entendîmes de grands coups de marteau résonner en cadence sur une enclume. Nous nous dirigeâmes de ce côté, et bientôt une grande lueur, une fumée épaisse et des projectiles embrasés qui jaillissaient dans la rue, nous annoncèrent que nous avions fait la découverte d'une boutique de forgerons. Nous nous présentâmes à la porte, et nous priâmes très humblement tous nos frères les forgerons de vouloir bien nous indiquer une auberge. D'abord on se permit quelques railleries sur les Tartares et sur les chameaux; puis un garçon de la forge alluma une torche et sortit pour nous trouver un gîte.

Après avoir longtemps frappé et appelé à une première auberge, un homme se décida enfin à paraître. Il entr'ouvrit sa porte et se mit à parlementer avec notre guide. Malheureusement, pendant ce temps-là, un de nos chameaux, vexé par un chien qui lui mordait les jambes, s'avisa de pousser un grand cri.

L'aubergiste leva la tête, jeta un coup d'œil sur la pauvre caravane et referma soudain sa porte. Dans toutes les auberges où nous nous adressâmes, nous fûmes accueillis à peu près de la même manière. Aussitôt qu'on s'apercevait qu'il était question de loger des chameaux, on nous répondait, sans tergiverser, qu'il n'y avait pas de place. C'est que ces animaux sont, en effet, d'un grand embarras dans les auberges, et souvent la cause de grands désordres. Leur forme colossale et bizarre épouvante tellement les chevaux, que souvent les voyageurs chinois, en entrant dans une hôtellerie, posent la condition qu'on n'y recevra pas de caravane tartare. Notre guide, ennuyé de voir tous ses efforts inutiles, nous souhaita une bonne nuit et s'en retourna dans sa forge.

Nous étions brisés de faim, de soif et de fatigue; car il y avait longtemps que nous allions et venions au milieu d'une obscurité profonde, parcourant toutes les rues, sans trouver un endroit où nous pussions prendre un peu de repos. Dans cette triste et fâcheuse position, nous ne vîmes d'autre parti à prendre que d'aller nous blottir, nous et nos animaux, dans quelque recoin et d'attendre là, avec patience et pour l'amour de Dieu, que la nuit fut passée. Nous en étions à cette magnifique *impression de voyage*, lorsque nous entendîmes partir d'un enclos voisin des bêlements de moutons. Nous nous décidâmes à une dernière tentative. Nous allâmes heurter à la porte qui s'ouvrit aussitôt. « Frère ceci est-ce une auberge? — Non, c'est une bergerie…. — Vous autres, qui êtes-vous? — Nous sommes des voyageurs. La nuit nous a surpris en chemin; lorsque nous sommes entrés dans la ville, toutes les auberges étaient fermées; personne ne veut nous recevoir. » Pendant que nous parlions ainsi un vieillard s'avança, tenant à la main, pour s'éclairer, une grosse branche enflammée. Aussitôt qu'il eut aperçu nos chameaux et notre costume : « *Mendou! Mendou!* s'écria-t-il, seigneurs Lamas, entrez ici. Dans la cour il y a de la place pour vos animaux; maison est assez grande; vous vous reposerez ici pendant quelques jours. » Nous avions rencontré une famille tartare, nous étions sauvés! Mettre bas nos bagages et attacher nos animaux à des poteaux fut fait en un instant. Nous allâmes enfin nous asseoir autour du foyer mongol, où le thé au lait nous attendait. « Frère, dîmes-nous au vieillard, il serait superflu de te demander si c'est à des Mongols que nous devons aujourd'hui l'hospitalité. — Oui, seigneurs Lamas, toute la maison est mongole. Depuis longtemps nous n'habitons plus sous la tente. Nous sommes venus bâtir ici une demeure pour faire le commerce des moutons. Hélas! insensiblement nous sommes devenus Chinois. — Votre manière de vivre a subi, il est vrai, quelque changement, mais votre cœur est toujours demeuré tartare…. Dans tout *Tchagan-Kouren*, nous n'avons pas rencontré une seule auberge chinoise qui ait voulu nous recevoir. » Ici le Tartare poussa un profond soupir, et secoua tristement la tête.

La conversation ne fut pas longue. Le chef de famille, qui avait remarqué l'excessive fatigue dont nous étions accablés, avait déroulé un large tapis de feutre dans un coin de la salle; nous nous y étendîmes, en nous faisant un oreiller de notre bras, et dans un instant nous fûmes endormis d'un sommeil profond. Problablement nous serions demeurés dans la même position jusqu'au lendemain matin, si Samdadchiemba n'était venu nous secouer pour nous avertir que le souper était prêt. Nous allâmes nous placer du côté de l'âtre, où nous trouvâmes deux grandes tasses de lait, des pains cuits sous la cendre, et quelques côtelettes de mouton bouilli, le tout disposé sur un escabeau qui servait de table. C'était magnifique ! Après avoir soupé lestement et d'excellent appétit, nous échangeâmes une prise de tabac avec la famille, et nous retournâmes prendre notre sommeil où nous l'avions quitté.

Le lendemain il était grand jour quand nous nous levâmes. La veille nous n'avions eu ni le temps ni la force de parler de notre voyage; aussi nous nous hâtâmes de communiquer notre itinéraire au Tartare, et de lui demander ses conseils. Quand nous eûmes dit que notre projet était de traverser le fleuve Jaune, et de continuer notre route à travers le pays des *Ortous*, des exclamations s'élevèrent de toutes parts. « Ce voyage est impossible, dit le vieux Tartare; le fleuve Jaune a débordé, depuis huit jours, d'une manière affreuse : les eaux ne sont pas encore retirées, elles inondent toute la plaine.... » Cette nouvelle nous fit frissonner; car nous n'étions nullement préparés à trouver à *Tchagan Kouren* un si sérieux obstacle. Nous savions bien que nous aurions à passer le fleuve Jaune, peut-être sur une mauvaise barque, et que cela serait d'un grand embarras à cause de nos chameaux; mais nous n'avions jamais pensé nous trouver en présence du *Hoang-Ho*, à l'époque d'un de ses plus fameux débordements. Outre que la saison des grandes pluies était passée depuis longtemps, cette année, la sécheresse avait été à peu près générale. Ainsi il avait été impossible de s'attendre à une pareille crue d'eau. Cet événement surprenait aussi beaucoup les gens du pays; car annuellement les débordements avaient lieu vers la sixième ou la septième lune.

Dès que nous eûmes appris cette fâcheuse nouvelle, nous nous dirigeâmes promptement hors de la ville, afin d'examiner par nous-mêmes si les récits que nous avions entendus n'étaient pas exagérés. Bientôt nous pûmes nous convaincre qu'on nous avait dit la vérité. Le fleuve Jaune était devenu comme une vaste mer, dont il était impossible d'apercevoir les limites. On voyait seulement, de loin en loin, des îlots de verdure, des maisons et quelques petits villages qui semblaient flotter sur les eaux. Nous consultâmes plusieurs personnes sur le parti que nous avions à prendre en cette déplorable circonstance. Mais les opinions n'étaient guère unanimes. Les uns disaient qu'il était inutile de penser à poursuivre notre route : que, dans les endroits d'où les eaux s'étaient retirées, la vase était si glissante et si profonde, que les chameaux ne pourraient pas avancer; que nous avions surtout à redouter les plaines, encore inondées, où l'on rencontrait, presque à chaque pas, des précipices. D'autres avaient des paroles moins sinistres à nous dire; ils nous assuraient que nous trouverions des barques disposées d'étape en étape. pendant trois jours; qu'il en coûterait peu de chose pour faire transporter les hommes et les bagages; quant aux animaux, ils pourraient facilement suivre dans l'eau jusqu'à la grande barque, qui nous ferait passer le lit du fleuve.

L'état de la question ainsi posé, il fallait prendre un parti. Rebrousser

L'orage creva tout-à-coup. (P. 142.)

chemin nous paraissait chose moralement impossible. Nous nous étions dit que, Dieu aidant, nous irions jusqu'à *Lha-Ssa*, en passant par dessus tous les obstacles. Tourner le fleuve en remontant vers le nord, cela augmentait de beaucoup la longueur de notre route, et nous contraignait de plus à traverser le grand désert de Gobi. Demeurer à *Tchagan-Kouren*, et attendre patiemment pendant un mois que les eaux se fussent entièrement retirées, et que le terrain fût devenu assez sec pour présenter aux pieds de nos chameaux un chemin sûr et facile, ce parti pouvait paraître assez prudent d'une part, mais de l'autre il nous exposait à de graves inconvénients. Nous ne pouvions vivre longtemps dans une auberge avec cinq animaux, sans voir diminuer et maigrir à vue d'œil notre petite bourse. Restait un quatrième parti, celui de nous mettre exclusivement sous la protection de la Providence, et d'aller en avant, en dépit des bourbiers et des marécages. Il fut adopté, et nous retournâmes au logis faire nos préparatifs de départ.

Tchagan-Kouren est une grande et belle ville tout nouvellement bâtie. Elle ne se trouve pas marquée sur la carte de Chine éditée par M. Andriveau-Goujon. Cela vient sans doute de ce qu'elle n'existait pas encore au temps où les anciens PP. Jésuites, résidant à Pékin, furent chargés par l'empereur *Khang-Hi* de tracer les cartes de l'empire. Nulle part, en parcourant la Chine, la Mandchourie et la Mongolie, nous n'avons rencontré de ville semblable à celle de l'*Enceinte-Blanche*. Les rues sont larges, propres et peu tumultueuses; les maisons, régulières et d'une tournure assez élégante, témoignent de l'aisance des habitants. On rencontre quelques grandes places ornées d'arbres magnifiques. Cela nous a d'autant plus frappés, qu'on ne voit jamais rien de semblable dans les villes de Chine. Les boutiques, tenues avec propreté, sont assez bien fournies des produits de la Chine, et quelquefois même de marchandises européennes venues par la Russie. Cependant la proximité de la Ville-Bleue nuit beaucoup au commerce de *Tchagan-Kouren*. Les Tartares se rendent toujours plus volontiers à *Koukou-Hote*, dont l'importance commerciale est depuis longtemps connue dans toutes les contrées mongoles.

La visite de *Tchagan-Kouren* nous avait pris beaucoup plus de temps que nous n'avions d'abord résolu d'y en consacrer. Il était près de midi, quand nous rentrâmes à la maison tartare qui nous donnait l'hospitalité. Nous trouvâmes Samdadchiemba impatienté et de mauvaise humeur. Il nous demanda l'ordre du jour avec un laconisme affecté. « Aujourd'hui, lui répondîmes-nous, il est trop tard pour nous mettre en route; demain nous partirons, et ce sera par les *Ortous* : on dit qu'à cause de l'inondation il n'y a plus de route, eh bien! nous en ferons une. » Ces paroles déridèrent subitement le front de notre Dchiahour. « Voilà qui est bien, dit-il; voilà qui est bien! Quand on entreprend un voyage comme le nôtre, on ne doit pas avoir peur des cinq éléments. Ceux qui ont peur de mourir en route, ne doivent pas franchir le seuil de la porte; voilà la règle. » Le Tartare de la bergerie voulut se hasarder à faire quelques objections contre notre projet; mais Samdadchiemba ne nous laissa pas la peine d'y répondre; il s'empara de la parole, et le réfuta victorieusement : il alla même jusqu'à se permettre quelques propos durs et railleurs envers ce bon vieillard. « On voit bien, lui dit-il, que tu n'es plus qu'un *Kitat*. Tu crois maintenant que, pour pouvoir se mettre en route, il est nécessaire que la terre soit sèche et que le ciel soit bleu. Tiens, tu viens de dire des paroles qui prouvent que tu n'es plus un homme mongol. Bientôt on te verra aller garder tes moutons avec un parapluie sous le bras et un éventail à la main. » Personne n'osa plus argumenter avec le *Dchiahour* ; et il fut arrêté que le lendemain nous mettrions à exécution notre plan, aussitôt que l'aube commencerait à blanchir.

Le reste de la journée fut employé à faire quelques provisions de bouche. Dans la crainte de rester plusieurs jours au milieu des plaines inondées, et d'y manquer de chauffage, nous préparâmes une grande quantité de petits pains frits dans la graisse de mouton ; nos animaux ne furent pas oubliés, ils eurent part aussi à notre sollicitude. La route allant devenir fatigante et difficile, nous leur servîmes à discrétion, pendant la soirée et pendant la nuit du meilleur fourrage que nous pûmes trouver à acheter. De plus, aussitôt que le jour parut, on distribua généreusement à chacun d'eux un solide picotin d'avoine.

Nous nous mîmes en marche le cœur plein de confiance en Dieu. Le vieux Tartare, qui nous avait si cordialement logés chez lui, voulut nous faire la conduite jusqu'au dehors de la ville. Là, il nous fit remarquer dans le lointain une longue traînée de vapeurs épaisses qui semblaient fuir d'occident en orient : elles marquaient le cours du fleuve Jaune. « A l'endroit où vous apercevez ces vapeurs, nous dit le Tartare, il y a une grande digue qui sert à contenir le fleuve dans son lit, lorsque la crue des eaux n'est pas extraordinaire. Maintenant cette digue est à sec. Lorsque vous y serez parvenus, vous la remonterez jusqu'à cette petite pagode que vous voyez là-bas sur votre droite ; c'est là que vous trouverez une barque qui vous portera de l'autre côté du fleuve Jaune. Ne perdez pas de vue cette petite pagode et vous ne vous égarerez pas. » Après avoir remercié ce bon vieillard de toutes les attentions qu'il avait eues pour nous, nous continuâmes notre route.

Bientôt nous nous trouvâmes engagés dans des champs remplis d'une eau jaunâtre et croupissante. Devant nous, l'œil n'apercevait que des marais immenses, seulement entrecoupés de distance en distance par quelques petites digues que les eaux avaient depuis peu abandonnées. Les laboureurs de ces contrées avaient été forcés de se faire bateliers, et on les voyait se transporter d'un endroit à un autre, montés sur des nacelles qu'ils conduisaient à travers leurs champs. Nous avancions pourtant au milieu de ces terres inondées, mais c'était toujours avec une lenteur et une peine inexprimables. Nos pauvres chameaux étaient hors d'eux-mêmes ; la molle terre glaise qu'ils rencontraient partout sous leurs pas, ne leur permettait d'aller que par glissades. A voir leurs têtes se tourner incessamment de côté et d'autre avec anxiété, à voir leurs jambes frissonner et la sueur ruisseler par tout leur corps, on eût dit à chaque instant qu'ils allaient défaillir.

Il était près de midi quand nous arrivâmes à un petit village ; nous n'avions fait encore qu'une demi-lieue de chemin, mais nous avions parcouru tant de circuits, nous avions décrit tant de zigzags dans notre pénible marche, que nous étions épuisés de fatigue. A peine fûmes-nous parvenus à ce village, qu'un groupe de misérables à peine recouverts de quelques haillons nous environna, et nous escorta jusqu'à une grande pièce d'eau devant laquelle nous fûmes contraints de nous arrêter ; il n'y avait plus moyen d'avancer ; ce n'était de toute part qu'un lac immense qui s'étendait jusqu'à la digue qu'on voyait s'élever sur les bords du fleuve Jaune. Quelques bateliers se présentèrent et nous demandèrent si nous désirions passer l'eau. Ils s'engageaient à nous conduire jusqu'à la digue : de là, disaient-ils, nous pourrions aller facilement jusqu'à la petite pagode, où nous trouverions un bac... Nous demandâmes au patron de la barque combien il prendrait de sapèques pour cette traversée. « Peu de chose, dit-il, presque rien. Nous pourrons prendre sur nos barques les hommes, les bagages, le cheval et le mulet ; un homme conduira les chameaux à travers le lac ; nos barques sont trop petites pour les recevoir. Vraiment c'est bien peu de sapèques pour tant de travail, c'est endurer beaucoup de misère pour rien. — Tu as raison, c'est beaucoup de travail, on ne te dit pas le contraire ; mais enfin prononce quelques paroles qui soient un peu claires. Combien exiges-tu de sapèques? — Oh! presque rien ; nous sommes tous des frères ; vous êtes des voyageurs, nous comprenons tout cela, nous autres. Tenez, nous devrions vous prendre gratis sur notre barque, ce serait notre devoir... ; mais voyez nos habits, nous autres nous sommes pauvres ; notre barque est tout notre avoir ; il faut bien qu'elle nous fasse vivre : cinq lis de navigation, trois hommes, un cheval, un mulet, des bagages.. ; tenez parce que vous êtes des gens de religion, nous ne prendrons que deux mille sapèques » Le prix était exorbitant ; nous ne répondîmes pas un seul mot. Nous tirâmes nos animaux par la bride, et nous rebroussâmes chemin, feignant de nous en retourner. A peine eûmes-nous fait une vingtaine de pas que le patron courut après nous. « Seigneurs Lamas, est-ce que vous ne voulez pas passer l'eau sur ma barque? — Si, lui répondîmes-nous sèchement ; mais tu es trop riche sans doute pour endurer un peu de misère. Si tu voulais louer ta barque, est-ce que tu demanderais deux mille sapèques? — Deux mille sapèques, c'est le prix que je fais moi ; vous autres, dites au moins combien. — Si tu veux cinq cents sapèques, partons vite ; il est déjà tard. — Revenez, Seigneurs Lamas, venez à l'embarcadère ; » et il se saisit, en disant ces mots, du licou de nos animaux. Nous pensions que le prix était définitivement conclu ; mais à peine fûmes-nous arrivés sur les bords du lac, que le patron cria à un de ses compagnons : « Voyons, arrive ici ; aujourd'hui notre destinée est mauvaise ; il faut que nous endurions beaucoup de misère pour bien peu de chose. Nous allons ramer pendant cinq lis, et au bout du compte nous aurons mille et cinq cents sapèques à partager entre huit. — Mille et cinq cents sapèques? dîmes-nous ; ceci est une moquerie ; nous partons ; » et nous rebroussâmes chemin pour la seconde fois. Des entremetteurs, personnages inévitables dans toutes les affaires chinoises, se présentèrent et se chargèrent de régler le prix. Il fut enfin décidé que nous dépenserions huit cents sapèques : la somme était énorme ; mais nous n'avions pas d'autre moyen de poursuivre notre route. Ces bateliers le comprenaient ; aussi tirèrent-ils le meilleur parti possible de notre position.

L'embarquement se fit avec une remarquable activité, et bientôt nous quittâmes le rivage. Pendant que nous avancions à force de rames sur la surface du lac, un homme, monté sur un chameau et tirant les deux autres après lui, suivait le chemin tracé par une petite embarcation que gouvernait un marinier. Celui-ci était obligé de sonder continuellement la profondeur de l'eau, et le chamelier devait être très attentif à diriger sa marche dans l'étroit sillage de la nacelle conductrice, de peur d'aller s'engloutir dans les gouffres cachés sous l'eau. On voyait les chameaux avancer à petits pas, dresser leur long cou, et quelquefois ne laisser apercevoir au-dessus du lac que leurs têtes et les extrémités de leurs bosses. Nous étions dans une continuelle anxiété ; car ces animaux ne sachant pas nager, il eut suffi d'un mauvais pas pour les faire disparaître au fond de l'eau.

Grâce à la protection de Dieu, tout arriva heureusement à la digue qu'on nous avait indiquée. Les bateliers, après nous avoir aidés à replacer à la hâte nos bagages sur les chameaux, nous indiquèrent le point vers lequel nous devions nous rendre. « Voyez-vous à droite ce petit *miao* (pagode)? A quelques pas du *miao*, voyez-vous ces cabanes en branches et ces filets noirs suspendus à de longues perches? .. C'est là que vous trouverez le bac pour passer le fleuve. Marchez en suivant le bas de cette digue, et allez en paix. »

Après avoir cheminé péniblement pendant une demi-heure le long de cette digue, nous arrivâmes au bac. Les bateliers vinrent aussitôt à nous. « Seigneurs Lamas, nous dirent-ils, vous avez sans doute dessein de passer le *Hoang-Ho* .. Mais voyez, ce soir la chose est impossible, le soleil est sur le point de se coucher. — Vos paroles sont sensées, nous traverserons demain à l'aube du jour. Cependant, ce soir, parlons du prix ; demain nous ne perdrons pas de temps à délibérer. » Ces bateliers chinois eussent préféré attendre au lendemain pour discuter ce point important. Ils espéraient que nous offririons une plus grosse somme quand nous serions sur le moment de nous embarquer. Dès l'abord, leurs exigences furent folles. Par bonheur, il y avait deux barques qui se faisaient concurrence, sans cela nous étions ruinés. Le prix fut enfin fixé à mille sapèques. Le trajet n'était pas long, il est vrai ; car le fleuve était presque rentré dans son lit : mais les eaux étaient très rapides, et de plus, les chameaux devaient monter sur le bateau. La somme, assez forte en elle-même, nous parut pourtant convenable, vu la difficulté et la peine de la traversée.

Quand les affaires furent terminées, nous songeâmes au moyen de passer la nuit. Il ne fallait pas penser à aller chercher un asile dans ces cabanes de pêcheurs ; lors même que le local eut été assez vaste, nous aurions eu une répugnance insurmontable à placer nos effets, pour ainsi dire, entre les mains de ces gens. Nous connaissions assez les Chinois, pour ne pas trop nous fier à leur probité. Nous cherchâmes donc à dresser quelque part notre tente. Mais nous eûmes beau tourner et retourner, partout, aux environs, il nous fut impossible de découvrir un emplacement suffisamment sec. La vase ou les eaux stagnantes recouvraient le sol presque sur tous les points. A une centaine de pas loin du rivage était un petit *miao* ou temple d'idoles. On s'y rendait par un chemin étroit mais très élevé. Nous y allâmes pour voir si nous ne pourrions pas y trouver un lieu de refuge. Tout était à souhait. Un portique, soutenu par trois colonnes en pierre, précédait la porte d'entrée, fermée avec un gros cadenas. Ce portique, construit en granit, s'élevait à quelques pieds au-dessus du sol, et on y montait à gauche, à droite et sur le devant, par cinq degrés. Nous décidâmes que nous y passerions la nuit.

Après avoir bien arrangé notre bagage sur cet étrange campement, nous allâmes réciter notre rosaire sur les bords du *Hoang-Ho*. La lune était brillante, et éclairait cet immense fleuve. qui roulait, sur un sol plat et uni, ses eaux jaunâtres et tumultueuses. Le *Hoang-Ho* est, sans contredit, un des plus beaux fleuves qu'il y ait au monde. Il prend sa source dans les montagnes du Thibet, et traverse le *Koukou-Nor*, pour entrer dans la Chine, par la province du *Kan-Sou*. Il en sort en suivant les pieds sablonneux des monts *Alécha*, entoure le pays des *Ortous*, et après avoir arrosé la Chine d'abord du nord au midi, puis d'occident en orient, il va se jeter dans la mer Jaune. Les eaux du *Hoang-Ho*, pures et belles à leur source, ne prennent une teinte jaunâtre qu'après avoir traversé les sablières des *Alécha* et des *Ortous*. Elles sont presque toujours de niveau avec le sol qu'elles parcourent; et c'est à ce défaut général d'encaissement, qu'on doit attribuer les inondations si désastreuses de ce fleuve. Cependant ces terribles crues d'eau, qui sont si funestes en Chine, ne nuisent que faiblement aux Tartares nomades. Quand les eaux grandissent, ils n'ont qu'à plier leur tente et à conduire ailleurs leurs troupeaux.

Quoique ce fleuve Jaune, aux allures si sauvages, nous eût déjà beaucoup contrarié, nous aimions à nous promener pendant la nuit sur ces bords solitaires, et à prêter l'oreille au murmure solennel de ses ondes majestueuses. Nous en étions à ces contemplations des grands tableaux de la nature, lorsque Samdad-chiemba vint nous rappeler au positif de la vie, en nous annonçant prosaïquement que notre farine d'avoine était cuite. Nous le suivîmes pour aller prendre notre repas, qui fut aussi court que peu somptueux. Ensuite nous étendîmes nos peaux de bouc sous le portique, de manière à décrire un triangle, au centre duquel nous empilâmes tout notre bagage. Car nous ne pensions nullement que la sainteté du lieu fut capable d'arrêter les filous, s'il s'en fût trouvé aux environs.

Nous nous étendîmes enfin sur nos peaux de bouc, et nous essayâmes de prendre un peu de repos. Le sommeil ne vint que lentement, et par intervalles. Placés entre de vastes mares d'eau et le lit du grand fleuve, nous ressentîmes, pendant la nuit entière, un froid vif et glaçant, qui nous pénétrait les membres jusqu'à la moelle des os. Le ciel fut pur et serein, et le matin en nous levant nous aperçûmes les marécages d'alentour recouverts d'une assez forte couche de glace.

Nous chargeâmes notre bagage sur les chameaux, et nous nous rendîmes en caravane au bord du fleuve. Nous eussions déjà voulu être à la fin de cette journée, que nous prévoyions devoir être remplie de misères et de difficultés de tout genre. Les chameaux craignant beaucoup l'eau, il est quelquefois absolument impossible de les faire monter sur une barque : on leur déchire le nez, on les meurtrit de coups, sans pouvoir les faire avancer d'un pas; on les tuerait plutôt. La barque que nous avions devant nous semblait surtout nous présenter des obstacles presque insurmontables; elle n'était pas plate et large, comme celles qui, d'ordinaire, servent au passage des fleuves. Ses bords étaient très élevés, de sorte que les animaux étaient obligés de sauter par-dessus, au risque et péril de se casser les jambes. Quand il s'agissait de faire passer une charrette, c'était bien autre chose : il fallait d'abord commencer par la démonter complètement, et puis embarquer les pièces à force de bras.

Les bateliers s'emparaient déjà de nos effets, pour les transporter sur leur abominable locomotive; mais nous les arrêtâmes. « Attendez un instant, leur dîmes-nous; il faut avant tout essayer de faire passer les chameaux; car s'ils ne veulent pas entrer, il est inutile de transporter le bagage. — D'où viennent donc vos chameaux, pour qu'ils ne sachent pas monter sur des barques? — Peu importe de savoir d'où ils viennent...; ce que nous te disons, c'est que cette grande chamelle blanche n'a jamais voulu passer aucun fleuve, même sur une barque plate. — Barque plate ou non plate, grande ou petite chamelle, il faudra bien que tout passe; » et en disant ces mots il courut dans son bateau s'emparer d'une énorme barre. « Empoigne la ficelle, dit-il à son compagnon, et pince un peu le nez de cette grande bête; on verra si on ne parviendra pas à la faire asseoir dans notre maison. » Pendant qu'un homme placé dans la barque tirait de toutes ses forces la corde qui était attachée au nez du chameau, un autre lui donnait de grands coups de barre sur les jambes de derrière, afin de le faire avancer. Tout était inutile : le pauvre animal poussait des cris perçants et douloureux, et tendait son long cou; le sang ruisselait de ses narines, ses jambes s'agitaient avec frémissement, mais c'était tout; il n'avançait pas d'un pouce. Au reste, il avait bien peu de chemin à faire pour entrer dans la barque : ses pieds de devant en touchaient les rebords, et il ne lui restait plus qu'un pas à faire; ce pas était impossible.

Cependant notre embarras était extrême. Nous délibérâmes un instant pour savoir quel parti nous devions prendre dans cette misérable circonstance. Retourner à *Tchagan-Kouren,* y vendre nos chameaux et acheter quelques mulets, tel fut notre premier plan. Les bateliers nous en suggérèrent un second : ils nous dirent qu'à deux journées de *Tchagan-Kouren,* il y avait un autre endroit de passage nommé *Pao-Teou*; que les barques qu'on y trouvait pour traverser le fleuve étaient plates et tout à fait disposées pour les chameaux... Ce parti nous paraissant valoir mieux que le premier, nous l'adoptâmes. Déjà nous étions occupés à replacer le bagage entre les bosses de nos chameaux, lorsque le patron se leva brusquement. « Il faut faire encore une tentative, s'écria-t-il avec l'accent d'un homme qui vient de trouver une bonne idée; si le moyen que j'imagine ne réussit pas, je ne m'en occupe plus. » Après avoir dit ces mots, il éclata en rires inextinguibles. « Voyons, lui dîmes-nous, si tu as trouvé un moyen, mets-le vite à exécution : le temps presse, et nous n'avons guère envie de rire, nous autres. — Prends la corde, dit-il, à son compagnon, et attire tout doucement le chameau aussi près que tu pourras. » Quand le chameau fut avancé de manière à toucher de ses genoux les bords de la barque, voilà que le batelier prend course de quelques pas et vient se ruer de tout le poids de son corps sur le derrière de la bête. Ce choc brusque, violent et inattendu fit plier les jambes du chameau. Une seconde décharge ayant suivi la première presque sans interruption, le chameau, pour éviter une chute, n'eut d'autre moyen que de lever ses jambes de devant et de les porter dans le navire. Ce premier succès obtenu, le reste fut facile. Quelques légers tiraillements de nez et quelques petits coups suffirent pour achever l'opération. Aussitôt que la grande chamelle fut à bord, l'hilarité fut générale. On usa de la même méthode pour les deux autres chameaux qui étaient encore à terre, et bientôt tout fut embarqué de la manière la plus triomphante.

Avant de détacher la corde qui tenait la barque amarrée au rivage, le patron voulut faire accroupir les chameaux, de crainte que le mouvement de ces grandes masses ne vînt à causer un naufrage. Cette opération fut une véritable comédie. Ce batelier, homme d'un caractère burlesque et impétueux, allait d'un chameau à l'autre, tiraillant tantôt celui-ci et tantôt celui-là. Aussitôt qu'il approchait, le chameau, tenant en réserve dans sa bouche de l'herbe à moitié ruminée, la lui lançait au visage. Le batelier ripostait en crachant au nez du chameau. Pourtant la besogne n'avançait pas; car l'animal qu'on était parvenu à faire accroupir se relevait aussitôt qu'il voyait qu'on le quittait pour aller à un autre : c'était un va-et-vient continuel, et toujours accompagné de crachements réciproques. Dans cette lutte acharnée, le batelier eut le dessous, il fut bientôt habillé des pieds à la tête d'une substance verdâtre et nauséabonde, sans qu'il eût réussi pour cela à arranger ses chameaux à sa fantaisie. Samdadchiemba, qui riait jusqu'aux larmes en voyant cette singulière manœuvre, eut enfin pitié du batelier. « Va-t'en, lui dit-il, occupe-toi de ta navigation et laisse-moi manier ces bêtes; chacun son métier. » Le patron avait à peine démarré sa barque que tous les chameaux étaient accroupis et serrés les uns contre les autres.

Nous voguâmes enfin sur les eaux du fleuve Jaune; quatre rameurs gouvernaient la barque et ne pouvaient qu'à grand' peine résister à la violence du courant. Nous avions fait à peu près la moitié de notre navigation, lorsqu'un chameau se leva tout à coup, et secoua si rudement la barque qu'elle fut sur le point de chavirer. Le batelier, après avoir vociféré une épouvantable malédiction, nous dit de prendre garde à nos chameaux et de les empêcher de se lever, si nous ne voulions pas être tous engloutis dans les eaux. Le danger était en effet des plus sérieux; le chameau mal assuré sur ses jambes, et s'abandonnant aux brusques mouvements de la barque, paraissait nous menacer d'une catastrophe. Samdadchiemba par bonheur s'en approcha avec adresse et le fit tout doucement accroupir; enfin, ayant eu la peur pour tout mal, nous arrivâmes de l'autre côté du fleuve.

Au moment du débarquement, le cheval, impatient de se retrouver à terre, s'élança d'un bond hors de la barque; mais, s'étant heurté à un aviron, il alla tomber sur ses flancs au milieu de la vase. Le terrain n'était pas encore sec; nous fûmes obligés de nous déchausser et de transporter le bagage sur nos épaules jusqu'à un monticule voisin; là nous demandâmes aux bateliers si nous en avions encore pour longtemps avant d'avoir traversé les marécages et les bourbiers que nous apercevions devant nous. Le patron leva la tête, et, après avoir considéré un instant le soleil, il nous dit : « Il sera tantôt midi; ce soir vous arriverez au bord de la petite rivière, demain vous trouverez la terre sèche. » Ce fut sur ces tristes données que nous nous mîmes en route dans le pays le plus détestable qu'un voyageur puisse peut-être rencontrer en ce monde.

On nous avait indiqué la direction que nous avions à suivre ; mais l'inondation ayant détruit tout chemin et tout sentier, nous ne pouvions régler notre marche que sur le cours du soleil, autant que les marécages et les fondrières nous le permettaient.

Bientôt nos animaux effrayés, et accablés de fatigue, n'eurent plus ni la force ni le courage d'avancer ; alors il fallut user de violence, les frapper à coups redoublés, et pousser de grands cris pour les ranimer. Quand leurs jambes venaient à s'entrelacer parmi les plantes marécageuses, ils n'allaient plus que par bonds et par soubresauts, au risque de précipiter bagages et cavaliers dans des eaux bourbeuses et profondes. La Providence, qui veillait sur ses Missionnaires, nous préserva toujours de ce malheur : trois fois seulement le plus jeune de nos chameaux perdit l'équilibre et se renversa sur les flancs ; mais ces accidents ne servirent qu'à nous faire admirer davantage la protection dont Dieu nous entourait. La chute eut toujours lieu dans les rares endroits où le sol était un peu sec ; si le chameau se fût abattu par malheur au milieu des marais, il eût été absolument impossible de le relever, et il serait mort suffoqué dans la fange.

Le soleil était sur le point de se coucher, lorsque nous aperçûmes une habitation mongole ; nous nous y acheminâmes en droite ligne, sans plus nous préoccuper des difficultés de la route. Les précautions, du reste, étaient inutiles, et nous savions par expérience qu'il n'y avait pas à choisir au milieu de ces contrées ravagées par l'inondation. Les détours et les circuits ne servaient qu'à prolonger notre misère, et voilà tout. Les Tartares furent effrayés en nous voyant arriver chargés de boue, et inondés de sueur ; ils nous servirent sur-le-champ du thé au lait, et nous offrirent généreusement l'hospitalité. Leur petite maison en terre, quoique bâtie sur un monticule assez élevé, avait été emportée à moitié par les eaux. Il nous eût été difficile de comprendre comment ils s'étaient fixés dans ce misérable pays, s'ils ne nous avaient eux-mêmes appris qu'ils étaient chargés de faire paître les troupeaux des habitants chinois de *Tchagan-Kouren*. Après nous être reposés un instant, nous leur demandâmes des nouvelles de la route ; ils nous dirent que la rivière était à cinq lis de distance, que les bords en étaient secs, et que nous y trouverions des barques pour nous transporter au delà. « Quand vous aurez traversé le petit fleuve, ajoutèrent-ils, vous pourrez voyager en paix, vous ne rencontrerez plus d'eau. » Nous remerciâmes ces bons Tartares des bonnes nouvelles qu'ils venaient de nous donner, et nous nous remîmes en route.

Après une demi-heure de marche, nous découvrîmes, en effet, une vaste étendue d'eau sillonnée par de nombreuses barques de pêcheurs.

Nous allâmes dresser notre tente sur la rive qui, à cause de sa grande élévation, était parfaitement sèche. La beauté remarquable du pâturage nous engagea à nous y arrêter quelques jours pour faire reposer nos animaux, qui, depuis le départ de *Tchagan Kouren*, avaient enduré des fatigues incroyables ; nous-mêmes nous sentions le besoin de nous délasser un peu des souffrances morales et physiques dont nous avions été accablés au milieu des marécages.

Préparation mercurielle pour la destruction des poux. — Malpropreté des Mongols — Idées lamaïques sur la métempsycose. — Lessive et lavage du linge. — Règlement pour la vie nomade — Oiseaux aquatiques et voyageurs — Le « Yuen-Yang » — Le « pied-de-dragon » — Pêcheurs du « Paga-Gol » — Partie de pêche — Pêcheur mordu par un chien — « Kou-Kouo » ou fève de saint Ignace — Préparatifs de départ — Passage du « Paga-Gol » — Dangers de la route — Dévouement de Samdadchiemba. — Rencontre du premier ministre du roi des Ortous — Campement

Aussitôt après avoir pris possession de ce poste, nous creusâmes un fossé autour de la tente, afin de faciliter, en cas de pluie, l'écoulement de l'eau jusqu'à un étang voisin. La terre servit à calfeutrer les rebords de notre habitation nouvelle : des grabats mous et épais furent dressés, à l'aide des coussins et des tapis qui composent les bâts des chameaux ; en un mot, nous cherchâmes à nous entourer de tout le confortable imaginable, à nous procurer toutes les commodités que le désert peut offrir au pauvre voyageur nomade. Quand tous ces divers arrangements furent terminés, nous songeâmes à mettre nos personnes un peu en harmonie avec la propreté et la bonne tenue de notre tente.

Il y avait déjà près d'un mois et demi que nous étions en route, et nous portions encore les mêmes habits de dessous dont nous nous étions revêtus le jour de notre départ. Les picotements importuns dont nous étions continuellement harcelés, nous annonçaient assez que nos vêtements étaient peuplés de cette vermine immonde, à laquelle les Chinois et les Tartares s'accoutument volontiers, mais qui est toujours pour les Européens un objet d'horreur et de dégoût. Les poux ont été la plus grande misère que nous ayons eu à endurer pendant notre long voyage ; nous avons eu à lutter et à nous raidir contre la faim et la soif, contre des froids horribles et des vents impétueux ; pendant deux années entières, les bêtes féroces, les brigands, les avalanches de neige, les gouffres des montagnes n'ont jamais cessé de faire planer, en quelque sorte, la mort sur nos têtes ; cependant tous ces dangers et toutes ces épreuves, nous les avons regardés comme peu de chose, en comparaison de cette affreuse vermine dont nous sommes souvent devenus la proie.

Avant de partir de *Tchagan Kouren*, nous avions acheté dans une boutique de droguiste pour quelques sapèques de mercure. Nous en composâmes un spécifique prompt et infaillible contre les poux. La recette nous avait été autrefois enseignée, pendant que nous résidions parmi les Chinois; et au cas qu'elle puisse avoir quelque utilité pour autrui, nous nous faisons un devoir de la signaler ici. On prend une demi-once de mercure, qu'on brasse avec de vieilles feuilles de thé, par avance réduites en pâte par le moyen de la mastication; afin de rendre cette matière plus molle, on ajoute ordinairement de la salive, l'eau n'aurait pas le même effet; il faut ensuite brasser et remuer, au point que le mercure se divise par petits globules aussi fins que de la poussière. On imbibe de cette composition mercurielle une petite corde lâchement tressée avec des fils de coton. Quand cette espèce de cordon sanitaire est desséché, on n'a qu'à le susprendre à son cou; les poux se gonflent, prennent une teinte rougeâtre, et meurent à l'instant. En Chine comme en Tartarie, il est nécessaire de renouveler ce cordon à peu près tous les mois; car dans ces sales pays, il serait autrement très difficile de se préserver de la vermine. On ne peut s'asseoir un instant dans une maison chinoise ou dans une tente mongole, sans emporter dans ses habits un grand nombre de ces dégoûtants insectes.

Les Tartares n'ignorent pas ce moyen efficace et peu coûteux de se préserver des poux, mais ils n'ont garde d'en user. Accoutumés dès leur enfance à vivre au milieu de la vermine, ils finissent par n'y presque plus faire aucune attention; seulement, quand ces hôtes importuns se sont multipliés au point d'attaquer leur peau d'une manière trop sensible, ils songent au moyen d'en diminuer un peu le nombre. Après s'être dépouillés de leurs habits, ils font en commun la chasse de ce menu gibier; cette occupation est pour eux un délassement et comme une honnête et aimable récréation. Les étrangers ou les amis qui se trouvent alors dans la tente, s'emparent sans répugnance d'un pan de l'habit, et aident de leur mieux à cette visite domiciliaire. Les Lamas qui se trouvent de la partie, se gardent bien d'imiter l'impitoyable barbarie des hommes noirs, et de tuer les poux à mesure qu'ils les saisissent; ils se contentent de les lancer au loin, sans leur faire le moindre mal; car, d'après la doctrine de la métempsycose, tuer un être vivant quelconque, c'est se rendre coupable d'homicide. Quoique l'opinion générale soit ainsi, nous avons rencontré quelques Lamas dont les croyances sur ce point étaient plus épurées; ils admettaient que les hommes qui appartiennent à la tribu sacerdotale, doivent s'abstenir de tuer les êtres vivants; non pas, disaient-ils, par crainte de commettre un meurtre, et de donner peut-être la mort à un homme transmigré dans l'animal, mais parce que cela répugne avec le caractère essentiellement doux d'un homme de prière et qui est en communication avec la Divinité.

Il est des Lamas qui poussent sur ce point leur délicatesse jusqu'à la puérilité. En voyage, ils sont toujours dans la plus grande sollicitude; s'ils viennent à apercevoir sur leur route quelque petit insecte, ils arrêtent brusquement leur cheval et lui font prendre une autre direction. Ils avouent pourtant que, par inadvertance, l'homme le plus saint occasionne tous les jours la mort d'un grand nombre d'êtres vivants. C'est pour expier ces meurtres involontaires qu'ils s'imposent des jeûnes et des pénitences, qu'ils récitent certaines formules de prières, et font un grand nombre de prostrations.

Pour nous qui n'avions pas de semblables scrupules, et dont la conscience était solidement formée à l'endroit de la transmigration des âmes, nous fabriquâmes du mieux possible notre cordon mercuriel; nous doublâmes la dose de vif-argent : tant nous étions désireux de détruire de fond en comble la vermine dont jour et nuit nous étions tourmentés.

C'eût été peu de chose que de donner la mort aux poux pour les empêcher de renaître trop tôt; nous dûmes lessiver tous nos habits de dessous, car depuis longtemps il ne nous était plus possible d'envoyer notre linge au blanchissage. Depuis près de deux mois que nous étions en route, nous ne recevions de soins que ceux que nous savions nous donner; nous ne devions jamais compter que sur nous-mêmes. Cette nécessité nous avait forcés de nous ingénier peu à peu, et d'apprendre quelque chose de tous les métiers; toutes les fois que nos habits ou nos bottes réclamaient une réparation urgente, nous étions obligés de nous faire tour à tour cordonniers ou tailleurs. Le métier de blanchisseur devait aussi nous être imposé par notre vie nomade. Après avoir fait bouillir des cendres, et mis tremper notre linge dans l'eau de lessive, nous allâmes le laver sur les bords d'un étang voisin de notre tente. Deux pierres, une pour recevoir le linge, et une autre pour le frapper, furent les seuls instruments dont nous pûmes faire usage. Nous eûmes peu de peine à nous donner, car l'eau croupissante et salpêtreuse de l'étang était très favorable au lavage. Enfin nous eûmes l'inexprimable joie de contempler nos habits en état de propreté; les sécher sur les longues herbes et les plier ensuite, fut pour nous une véritable jouissance.

La paix et la tranquillité que nous goûâmes dans ce campement, réparèrent merveilleusement les fatigues que nous avions endurées au milieu des marécages. Le temps fut magnifique, et pour ainsi dire à souhait. Une chaleur douce et tempérée pendant le jour, la nuit, un ciel pur et serein, du chauffage à discrétion, des pâturages sains et abondants, des efflorescences de nitre et de l'eau saumâtre, qui faisaient les délices de nos chameaux : tout cela contribuait à épanouir nos cœurs un peu froissés par les contradictions d'une route fatigante et périlleuse. Nous nous étions imposé un règlement de vie qui paraîtra bizarre, et peut-être peu en harmonie avec ceux qui sont en vigueur dans les maisons religieuses. Toutefois, il était assez bien adapté aux besoins de notre petite communauté.

Tous les matins, aussitôt que le ciel commençait à blanchir, et avant que les premiers rayons du soleil ne vinssent frapper la toile de notre tente, nous nous levions sans avoir besoin d'un excitateur ou d'un tintement de cloche. Notre courte toilette étant terminée, nous roulions dans un coin nos peaux de bouc; nous mettions en ordre, çà et là, nos quelques ustensiles de cuisine, et nous donnions enfin un coup de balai dans notre appartement; car nous voulions, autant qu'il était en nous, faire régner dans notre maison l'esprit d'ordre et de propreté. Tout est relatif dans ce monde; l'intérieur de notre tente, qui eût excité le rire d'un

Européen, faisait l'admiration des Tartares qui venaient parfois nous rendre visite. La bonne tenue de nos écuelles de bois, notre marmite toujours bien récurée, nos habits qui n'étaient pas encore tout à fait incrustés de graisse, tout contrastait avec le désordre, le pêle-mêle et la saleté des habitations tartares.

Quand on avait fait la chambre, nous récitions notre prière en commun, et puis nous nous dispersions, chacun de son côté, dans le désert, pour vaquer à la méditation de quelque sainte pensée. Oh! il n'était pas besoin, au milieu du silence profond de ces vastes solitudes, qu'un livre nous suggérât un sujet d'oraison. Le vide et l'inanité des choses d'ici-bas, la majesté de Dieu, les trésors inépuisables de sa providence, la brièveté de la vie, l'importance de travailler pour un monde à venir, et mille autres pensées salutaires, venaient d'elles-mêmes, et sans effort, occuper doucement notre esprit. C'est que dans le désert le cœur de l'homme est libre; il n'a à subir aucun genre de tyrannie. Elles étaient bien loin de nous, toutes ces idées systématiques et creuses, ces utopies d'un bonheur imaginaire, qu'on croit saisir sans cesse et qui sans cesse s'évanouit; ces inépuisables combinaisons de l'égoïsme et de l'intérêt; en un mot, toutes ces passions brûlantes, qui, en Europe, se froissent, s'entre-choquent, s'échauffent mutuellement, font fermenter toutes les têtes, et tiennent tous les cœurs haletants. Au milieu de nos prairies silencieuses, rien ne venait nous distraire et nous empêcher de réduire à leur juste valeur les bagatelles de ce monde, et d'apprécier à leur véritable prix les choses de Dieu et de l'éternité.

L'exercice qui suivait la méditation n'était pas, il faut en convenir, un exercice mystique; mais pourtant, il était très nécessaire, et ne laissait pas d'avoir aussi ses charmes. Chacun prenait un sac sur son dos, et nous allions de côté et d'autre à la recherche des argols. Ceux qui n'ont jamais mené la vie nomade, comprendront difficilement que ce genre d'occupation soit susceptible d'être accompagné de jouissances, Pourtant, quand on a la bonne fortune de rencontrer, caché parmi les herbes un argol recommandable par sa grosseur et sa siccité, on éprouve au cœur un petit frémissement de joie, une de ces émotions soudaines qui donnent un instant de bonheur. Le plaisir que procure la trouvaille d'un bel argol, est semblable à celui du chasseur qui découvre avec transport les traces du gibier qu'il poursuit, de l'enfant qui regarde, d'un œil pétillant de joie, le nid de fauvette qu'il a longtemps cherché, du pêcheur qui voit frétiller, suspendu à sa ligne, un joli poisson; et s'il était permis de rapprocher les petites choses des grandes, on pourrait encore comparer ce plaisir à l'enthousiasme d'un Le Verrier qui trouve une planète au bout de sa plume.

Quand notre sac était rempli d'argols, nous allions avec orgueil le vider à l'entrée de la tente; puis on battait le briquet, on construisait le foyer, et pendant que le thé bouillonnait dans la marmite, on pétrissait la farine et on mettait cuire sous la cendre quelques petits gâteaux. Comme on voit, le repas était sobre et modeste, mais il était toujours d'une saveur exquise; d'abord, parce que nous l'avions préparé nous-mêmes et ensuite parce que toujours un appétit peu ordinaire en faisait l'assaisonnement.

Après le déjeuner, pendant que Samdadchiemba ramenait vers la tente les animaux dispersés à la recherche des bons pâturages, nous récitions une partie de notre bréviaire. Vers midi, nous nous permettions un peu de repos, quelques instants d'un sommeil doux, profond, et jamais interrompu par le cauchemar ou par les rêves pénibles. Ce délassement nous était nécessaire, parce que tous les soirs la veillée se prolongeait bien avant dans la nuit. Nous ne pouvions que difficilement nous arracher aux charmes de nos promenades, au clair de la lune. sur le bord des étangs. Pendant la journée, tout était calme et silencieux autour de nous; mais aussitôt que les ombres de la nuit commençaient à se répandre dans le désert, la scène devenait aussitôt bruyante et animée; les oiseaux aquatiques arrivaient par troupes innombrables. se répandaient sur les étangs voisins, et bientôt des milliers de voix rauques et stridentes remplissaient les airs d'une sauvage harmonie. En entendant les cris de colère et les accents passionnés de tous ces oiseaux voyageurs. qui se disputaient avec acharnement les touffes d'herbes marécageuses où ils voulaient passer la nuit, on eût dit un peuple nombreux dans les transports d'une guerre civile, où chacun s'agite, chacun se remue dans la confusion et le désordre, espérant conquérir, à force de clameurs et de violence, un peu de bien-être, pour cette vie, hélas! si semblable à une nuit passagère.

La Tartarie est peuplée d'oiseaux nomades; on les voit sans cesse passer au haut des airs, par nombreux bataillons et former, dans leur vol régulièrement capricieux, mille dessins bizarres, qui renaissent aussitôt qu'ils se sont évanouis. Oh! comme ces oiseaux voyageurs sont bien à leur place dans les déserts de la Tartarie, où les hommes eux-mêmes, n'occupant jamais la même place, vivent au milieu des migrations continuelles! Nous aimions à écouter le bruit confus de ces êtres voyageurs et nomades comme nous. En pensant à leurs longues pérégrinations. et aux nombreux pays qu'ils avaient parcourus dans leurs rapides courses, le souvenir de la patrie venait nous saisir, et l'image de notre France se présentait soudainement à nous. « Qui sait? nous disions-nous, parmi ces myriades d'oiseaux de passage, peut-être y en a-t-il quelques uns qui ont traversé le beau climat de France? Peut-être ont-ils été quelquefois chercher leur pâture dans les plaines du Languedoc ou sur les montagnes du Jura? Après avoir visité notre patrie, ils ont, sans doute, pris leur route vers le nord de l'Europe, et sont venus jusqu'à nous, en traversant les glaces de la Sibérie et la haute Tartarie. Oh! nous disions-nous, si ces oiseaux pouvaient entendre nos paroles, s'il nous était donné de comprendre leur langage, combien nour aurions de questions à leur faire! » Hélas! nous ne savions pas alors, que pendant plus de deux ans encore nous serions privés de toute communication avec notre patrie!

Ces innombrables oiseaux de proie qui parcourent incessamment la Tartarie sont en général connus en Europe; ce sont des oies et des canards sauvages, des sarcelles, des cigognes, des outardes, et plusieurs autres de la famille des échassiers. Le *Youen Yang* est une espèce d'oiseau aquatique, qu'on rencontre partout où il y a des étangs ou des eaux marécageuses; il est de la grosseur et de la forme du canard, mais il a le bec rond et non aplati; il a la tête rousse et parsemée de petites taches blanches, la queue noire et le reste du plumage d'une belle couleur pourpre.

Son cri a quelque chose de triste et de mélancolique ; ce n'est pas un chant, mais plutôt un soupir clair et prolongé, qui imite la voix plaintive d'un homme en souffrance. Ces oiseaux vont toujours deux à deux ; ils affectionnent d'une manière particulière les endroits déserts et aqueux ; on les voit sans cesse folâtrer sur la surface des eaux, sans que le couple se sépare jamais ; si l'un s'envole, l'autre le suit aussitôt, et celui qui meurt le premier ne laisse pas longtemps son compagnon dans le veuvage, car il se consume bientôt de langueur et d'ennui ; *Youen* est le nom du mâle, et *Yang* celui de la femelle ; *Youen-Yang* est leur dénomination commune.

Nous avons remarqué en Tartarie une autre espèce d'oiseau voyageur, qui offre des particularités assez bizarres et peut-être inconnues des naturalistes. Il est à peu près de la grosseur d'une caille ; ses yeux, d'un noir brillant, sont entourés d'une magnifique auréole bleu de ciel ; tout son corps est de couleur cendrée et tacheté de noir ; ses jambes n'ont pas de plumes, elles sont garnies d'une espèce de poil long et rude, assez semblable à celui du daim musqué ; ses pattes n'ont nullement l'aspect de celles qu'on voit aux autres volatiles ; elles ressemblent absolument aux pattes des lézards verts, et sont recouvertes d'écailles d'une dureté à l'épreuve du couteau le plus tranchant. Ainsi, cet être bizarre tiendrait tout à la fois de l'oiseau, du quadrupède et du reptile ; les Chinois le nomment *Pied-de-dragon*, (*Loung-Kio*). Ces oiseaux arrivent ordinairement par grandes troupes du côté du nord, surtout lorsqu'il est tombé une grande quantité de neige ; ils volent avec une rapidité étonnante, et le mouvement de leurs ailes fait entendre un bruit sonore, entrecoupé, et semblable à celui de la grêle. Pendant que nous étions chargés, dans la Mongolie du Nord, de la petite chrétienté de la vallée des Eaux noires, un de nos chrétiens, habile chasseur, nous apporta un jour deux de ces oiseaux encore tout vivants ; ils avaient le caractère excessivement farouche ; aussitôt qu'on approchait la main pour les toucher, le poil de leurs jambes se hérissait, et si l'on avait la témérité de les caresser, on recevait à l'instant de rudes et violents coups de bec. Il nous fut impossible de conserver longtemps ces *Pieds-de-dragon*, tant ils avaient le caractère sauvage : ils ne touchaient à aucune des graines que nous leur présentions. Voyant qu'ils mourraient bientôt de faim, nous nous décidâmes à les manger ; leur chair a un goût faisandé et assez agréable, mais elle est d'une dureté extrême.

Il serait facile aux Tartares de faire la chasse à tous ces oiseaux de passage, surtout aux oies et aux canards sauvages, dont le nombre est prodigieux ; ils les prendraient avec facilité, sans même qu'il fût nécessaire de faire aucune dépense de poudre ; il suffirait de tendre des pièges sur les bords des lacs, ou d'aller les surprendre pendant la nuit parmi les plantes aquatiques. Mais, comme nous l'avons dit déjà, la viande des animaux sauvages est peu de leur goût. Il n'est rien pour eux, qui puisse être comparé à un quartier de mouton bien gras et à moitié bouilli.

Les Mongols s'adonnent également fort peu à la pêche ; les lacs et les étangs poissonneux, qu'on rencontre si fréquemment en Tartarie, sont devenus, en quelque sorte, la propriété des Chinois. Ces rusés spéculateurs ont commencé par acheter des rois tartares la permission de faire la pêche dans leurs Etats; et petit à petit ils se sont fait un droit rigoureux de cette espèce de tolérance. Le *Paga-Gol* (petite rivière), dont nous étions peu éloignés, avait sur ses rives quelques cases de pêcheurs chinois. Ce *Paga-Gol*, ou plutôt cette vaste étendue d'eau, est formé par la jonction de deux rivières, qui, prenant leur source des deux côtés d'une colline, coulent en sens opposé; l'une, allant vers le nord, se jette dans le fleuve Jaune; et l'autre, descendant vers le midi, va grossir une seconde rivière qui a également son embouchure dans le *Hoang-Ho*; mais dans le temps des grandes inondations, les deux rivières, ainsi que la colline qui sépare leur cours, tout disparaît. Le débordement du fleuve Jaune réunit les deux courants, et on n'aperçoit plus qu'un immense bassin, dont la largeur s'étend à plus d'une demi-lieue. Il paraît qu'à l'époque des débordements, les poissons qui abondent dans le fleuve Jaune se rendent en grande foule dans ce bassin, où les eaux séjournent à peu près jusqu'au commencement de l'hiver; pendant l'automne, cette petite mer est sillonnée en tous sens par les barques des pêcheurs chinois, qui ont dressé sur le rivage quelques pauvres cabanes où ils résident pendant le temps de la pêche.

La première nuit que nous passâmes dans ce campement, nous fûmes sans cesse préoccupés d'un fracas étrange qui d'un moment à l'autre se faisait entendre dans le lointain; c'étaient comme les roulements sourds et entrecoupés de plusieurs tambours. Quand le jour parut, ce bruit se continuait encore, mais à de plus longs intervalles et avec moins d'intensité; il nous parut venir du côté de l'eau. Nous nous dirigeâmes vers le rivage, et un pêcheur, qui faisait bouillir son thé dans une petite marmite dressée sur trois pierres, nous donna le mot de l'énigme : il nous apprit que, pendant la nuit, tous les pêcheurs, montés sur leurs petites nacelles, parcouraient le bassin dans tous les sens, en exécutant des roulements sur des caisses de bois, afin d'effrayer les poissons, et de les chasser vers les endroits où ils avaient tendu leurs filets. Le pêcheur que nous interrogions, avait passé la nuit tout entière à ce pénible travail. Ses yeux rouges et gonflés et sa figure abattue témoignaient assez que depuis longtemps il n'avait pas pris un sommeil suffisant. « Ces jours-ci, nous dit-il, nous nous donnons beaucoup de peine; car nous n'avons pas de temps à perdre, si nous voulons faire quelque profit. La saison de la pêche est très courte, elle dure tout au plus trois mois; encore quelques jours, et nous serons obligés de nous retirer dans les terres cultivées. Le *Paga-Gol* sera glacé, il n'y aura plus moyen de prendre aucun poisson. Vous voyez, seigneurs Lamas, que nous n'avons pas de temps à perdre. J'ai passé toute la nuit à donner la chasse aux poissons; quand j'aurai bu le thé et mangé quelques écuellées de farine d'avoine, je remonterai sur ma nacelle, et j'irai lever mes filets que j'ai jetés vers l'ouest; ensuite je mettrai les poissons pris dans ces réservoirs d'osier que vous voyez flotter là-bas, je ferai la visite des filets, je raccommoderai les mailles peu solides, et après avoir pris un peu de repos, au moment où le *vieux aïeul* (le soleil) se cachera, j'irai de nouveau jeter mes filets; puis je parcourrai le bassin, tantôt d'un côté, tantôt d'un autre, sans cesse occupé à frapper le tambour de bois avec mes deux baguettes. » Ces détails nous intéressèrent; et comme nos occupations du moment n'étaient pas très urgentes, nous demandâmes au pêcheur s'il ne nous serait permis de l'accompagner quand il irait lever ses filets. — « Puisque des personnages comme vous, nous répondit-il, ne dédaignent pas de monter sur ma vile nacelle et d'assister à ma pêche maladroite et désagréable à voir, j'accepte le bienfait que vous me proposez. »

Nous nous assîmes donc à côté de son rustique foyer, pour attendre qu'il eût pris son repas. Le festin du pêcheur fut aussi court que les préparatifs en avaient été brefs. Quand le thé eut suffisamment bouilli, il en puisa une écuellée, plongea dedans une poignée de farine d'avoine, qu'il pétrit à moitié, en la remuant avec son index; puis, après l'avoir pressée un peu et roulée dans sa main, il l'avala sans lui faire subir d'autre façon. Après avoir répété trois ou quatre fois la même opération, le dîner fut fini. Cette manière de vivre n'avait rien qui pût piquer notre curiosité. Depuis que nous avions adopté la vie nomade, une assez longue expérience nous l'avait rendue familière.

Nous montâmes donc sur une petite barque, et nous allâmes jouir du plaisir de la pêche. Après avoir savouré pendant quelques instants les délices d'une paisible navigation, sur une eau tranquille et unie comme une glace, à travers des troupes de cormorans et d'oies sauvages, qui se jouaient sur la surface du bassin et qui, moitié courant, moitié voletant, nous laissaient le passage libre à mesure que nous avancions, nous arrivâmes à l'endroit où étaient les filets. De distance en distance on voyait flotter au-dessus des eaux des morceaux de bois, auxquels étaient attachés les filets qui plongeaient au fond. A mesure qu'on les retirait, on voyait, de temps en temps, reluire les poissons qui se trouvaient engagés dans les mailles. Ces poissons étaient en général magnifiques; mais le pêcheur ne conservait que les plus gros; ceux qui étaient au-dessous d'une demi-livre, il les rejetait à l'eau.

Après avoir visité quelques filets, il s'arrêta un instant pour examiner si la pêche était bonne. Déjà les deux auges pratiquées aux deux extrémités de la barque étaient presque remplies. « Seigneurs Lamas, nous dit le pêcheur, mangez-vous de la viande de poisson? Je vous vendrai du poissou, si vous voulez en acheter. » A cette proposition, les deux pauvres missionnaires français se regardèrent sans rien dire. Dans leur regard on eût pu voir qu'ils n'auraient pas été éloignés d'essayer un peu de la saveur des poissons du fleuve Jaune, mais ils n'osaient; un motif assez grave les tenait en suspens. « Combien vends-tu ton poisson? — Pas cher, quatre-vingts sapèques la livre. — Quatre-vingts sapèques! mais c'est plus cher que la viande de mouton. — Parole pleine de vérité; mais qu'est-ce que le mouton comparé au poisson du *Hoang-Ho?* — N'importe, il est trop cher pour nous. Nous avons encore une longue route à faire, notre bourse n'est pas grosse, nous devons la ménager. » Le pêcheur n'insista pas; il prit son aviron, et poussa la barque vers les endroits où étaient les filets qui n'avaient pas encore été retirés de l'eau. « Pourquoi, lui demandâmes-nous, jettes-tu tant de poissons? Est-ce que la qualité est mauvaise? — Non, tous les poissons du fleuve Jaune sont excellents; ils sont trop petits, voilà tout. — Ah! c'est cela; l'an prochain ils seront plus gros. C'est un calcul, vous patientez pour avoir dans la suite un peu plus de profit. » Le pêcheur se mit à rire. « Ce n'est pas cela, nous dit-il, nous n'espérons pas rattraper ces poissons. Tous les ans le bassin se remplit de nouveaux poissons, qui sont entraînés par les eaux débordées du *Hoang-Ho;* il en vient de gros, et il en vient aussi de petits ; nous prenons les premiers, et les autres nous les rejetons, parce qu'il ne se vendent pas bien. Le poisson est ici très abondant ; nous pouvons choisir ce qu'il y a de mieux... Seigneurs Lamas, si ces petits poissons vous plaisent, je ne les lâcherai pas. » La proposition fut adoptée, et le menu fretin, à mesure qu'il se présenta, fut déposé dans une petite seille.

Quand la pêche fut terminée, nous nous trouvâmes possesseurs d'une petite provision de fort jolis poissons. Avant de descendre de la barque, nous lavâmes bien proprement un mouchoir, et après y avoir déposé notre pêche, nous nous dirigeâmes triomphalement vers la tente. « Où avez-vous donc été, mes pères spirituels? nous cria Samdadchiemba, d'aussi loin qu'il nous aperçut : le thé a déjà bouilli, puis il s'est refroidi ; je l'ai fait bouillir encore, il s'est refroidi de nouveau. — Vide ton thé quelque part, lui répondîmes-nous ; aujourd'hui nous ne mangerons pas que de la farine d'avoine ; nous avons du poisson frais. Fais cuire quelques pains sous la cendre. » Notre longue absence avait donné de la mauvaise humeur à Samdadchiemha. Son front était plus plissé que de coutume, et ses petits yeux noirs étaient tout pétillants de dépit. Mais quand il eut contemplé dans le mouchoir les poissons qui s'agitaient encore, son front se dérida, et sa figure s'épanouit insensiblement. Il ouvrit en souriant le sac de farine de froment, dont les cordons ne se déliaient que dans de rares circonstances. Les poissons furent frits dans de la graisse de mouton, et nous les trouvâmes d'un goût exquis.

En Tartarie, et dans le nord de la Chine, la pêche ne dure que jusqu'au commencement de l'hiver, époque où les étangs et les rivières se glacent. Alors on expose à l'air, pendant la nuit, les poissons qu'on conservait tout vivants dans les réservoirs. Ils gèlent aussitôt et peuvent être encaissés sans inconvénient. C'est ainsi qu'on les livre au commerce.

Le troisième jour de notre halte, nous vîmes se diriger vers notre tente un pêcheur, qui se traînait péniblement appuyé sur un long bâton. Sa figure pâle et d'une extrême maigreur annonçait un homme très souffrant. Aussitôt qu'il fut accroupi à côté de notre foyer : « Frère, lui dîmes-nous, il paraît que tu mènes des jours qui ne sont pas heureux. — Ah ! nous répondit-il, mon malheur est extrême ; mais que faire? il faut subir les lois irrévocables du ciel. Il y a quinze jours, comme j'allais visiter une tente mongole je fus mordu à la jambe par un chien furieux ; il s'est formé une plaie qui s'élargit et s'envenime continuellement. On m'a dit que vous étiez du ciel d'Occident, et je suis venu vers vous. Les hommes du ciel d'Occident, disent les Lamas tartares, ont un pouvoir illimité ; d'un seul mot ils peuvent guérir les maladies les plus graves. — On t'a trompé, quand on t'a dit que nous avions un pouvoir si grand. » Et de là nous prîmes occasion d'annoncer à cet homme les grandes vérités de la foi. Mais c'était un Chinois, et comme les gens de sa nation, peu soucieux des idées religieuses, nos paroles ne faisaient que glisser sur son cœur ; sa blessure absorbait toutes ses pensées. Nous songeâmes à le médicamenter avec du *Kou-Kouo* ou fève de Saint-Ignace. Ces fruits, de couleur brune ou cendrée, et d'une substance qui ressemble à la corne, sont d'une dureté extrême, et d'une amertume insupportable; ils sont originaires des îles Philippines. La manière de se servir du *Kou-Kouo* consiste à le broyer dans de l'eau froide, à laquelle il communique son amertume. Cette eau prise à l'intérieur tempère l'ardeur du sang et éteint les inflammations d'entrailles. Elle est un excellent vulnéraire pour les plaies et les contusions. Ce fruit joue un grand rôle dans la médecine chinoise ; on en trouve dans toutes les pharmacies. Les vétérinaires s'en servent aussi avec succès, pour traiter les maladies internes des bœufs et des chevaux. Dans le nord de la Chine nous avons été souvent témoins des salutaires effets du *Kou-Kouo*.

Nous délayâmes dans de l'eau froide un de ces fruits pulvérisé. Nous lavâmes la plaie de ce malheureux et nous lui donnâmes un peu de toile propre. pour remplacer les haillons sales et dégoûtants qui lui servaient de bandage. Quand nous eûmes fait pour cet homme souffrant ce qui dépendait de nous, nous remarquâmes qu'il était dans un embarras extrême. Sa figure rougissait, il tenait les yeux baissés, et commençait des phrases qu'il n'achevait pas. « Frère, lui dîmes-nous, tu as quelque chose dans le cœur. — Saints personnages, vous le voyez, je suis pauvre. Vous avez pansé ma plaie; vous m'avez préparé un grand vase d'eau vulnéraire... ; je ne sais combien je dois offrir pour tout cela. — Si tel est le sujet de ton trouble lui dîmes-nous avec empressement, tu peux laisser la paix rentrer à l'aise dans ton cœur. En soignant ta jambe, nous avons rempli un devoir que nous impose notre religion. Ces remèdes que nous t'avons préparés, nous te les donnons. » Nos paroles tirèrent d'un grand embarras ce pauvre pêcheur. Il se prosterna aussitôt, et frappa trois fois la terre du front, en signe de remerciment. Avant de se retirer, il nous demanda si nous avions dessein de camper encore pendant quelques jours. Nous lui répondîmes que nous partirions volontiers le lendemain, mais que nous n'étions pas encore d'accord sur le prix du passage avec les gens du bac. « J'ai une barque nous dit le pêcheur, et puisque vous avez pansé ma blessure, je tâcherai d'employer ma journée de demain à vous faire traverser le bassin. Si la barque m'appartenait en entier je pourrais, dès cette heure, vous donner ma parole; mais j'ai deux associés, il faut que je délibère avec eux. De plus nous aurons à prendre des informations détaillées sur la route. Nous autres pêcheurs nous ne savons pas la profondeur de l'eau sur tous les points. Il est dans le bassin des endroits dangereux; il faut les bien connaître par avance, pour ne pas s'exposer à un malheur. N'allez pas parler de nouveau de votre passage avec les gens du bac; je reviendrai ce soir, avant la nuit, et nous délibérerons ensemble sur tout cela. »

Ces paroles nous donnèrent l'espoir de pouvoir peut-être continuer notre route, sans être obligés de faire une trop forte dépense. Comme il l'avait promis, le pêcheur revint, vers la nuit, à notre tente. « Mes associés, nous dit-il, n'étaient pas d'avis d'entreprendre ce travail, parce que cela leur fera perdre une journée de pêche. Je leur ai promis que vous donneriez quatre cents sapèques, et l'affaire a été ainsi arrêtée. Demain nous irons prendre des informations sur la route que nous avons à suivre. Après-demain, avant le lever du soleil, pliez la tente, chargez les chameaux, et rendez-vous au rivage. Si vous rencontrez les gens du bac, ne dites pas que vous nous donnez quatre cents sapèques; comme ils ont seuls le droit de passage, ils peuvent faire procès à ceux qui transportent des voyageurs par contrebande -

Au jour fixé, nous nous rendîmes de grand matin à la petite cabane du pêcheur. Dans un instant tout le bagage fut déposé dans la barque, et les deux missionnaires y entrèrent avec le batelier dont ils avaient pansé la jambe.

Il fut convenu qu'un jeune homme, monté sur le cheval, trainerait après lui le petit mulet, et Samdadchiemba se chargerait des trois chameaux. Quand tout fut bien équipé, on se mit en route, les navigateurs d'un côté, et les cavaliers de l'autre; car nous ne pouvions pas suivre tous le même chemin, les animaux étaient obligés de faire un long circuit pour éviter les endroits profonds et périlleux.

La navigation fut d'abord très agréable; nous voguions paisiblement sur cette petite mer, portés sur une légère nacelle qu'un seul homme gouvernait à volonté, en agitant à droite et à gauche deux petites rames dont les deux poignées venaient se croiser devant sa poitrine. Cependant le plaisir de cette charmante promenade nautique au milieu des déserts de la Mongolie ne dura pas longtemps. La poésie fut bientôt épuisée, et nous entrâmes dans de sérieuses et longues misères. Pendant que nous avancions mollement sur la surface du bassin, prêtant vaguement l'oreille au bruit harmonieux des deux rames qui frappaient les eaux avec mesure, tout à coup, nous entendîmes derrière nous des clameurs tumultueuses, auxquelles se joignaient les longs gémissements de nos chameaux. Aussitôt nous nous arrêtâmes, et tournant la tête, nous aperçûmes la caravane qui se débattait au milieu des eaux, sans avancer. Dans la confusion générale, nous distinguâmes le Dchiahour qui agitait vivement ses bras, comme pour nous inviter à nous diriger vers eux. Le batelier n'était pas de cet avis; il lui en coûtait d'abandonner la bonne route dans laquelle il avait, disait-il, eu ie bonheur de s'engager. Nous insistâmes, et il rama, quoique à regret vers la caravane qui paraissait engagée dans un mauvais pas.

Samdadchiemba était violet de colère; aussitôt que nous fûmes arrivés, il commença par invectiver contre le batelier. « Est-ce que tu as eu dessein de nous faire tous noyer? lui cria-t-il; tu m'as donné un guide qui ne connaît pas la route. Vois nous sommes environnés de gouffres sans en connaître la profondeur. » Les animaux, en effet, ne voulaient ni avancer ni reculer; on avait beau les frapper, c'était peine perdue, ils demeuraient toujours immobiles. Le batelier décocha quelques malédictions horribles à son associé. « Puisque tu ne connais pas la route, tu aurais dû le dire par avance, Il n'y a pas d'autre moyen, il faut retourner à la cabane, tu diras à ton cousin de monter le cheval, il sera meilleur conducteur que toi.

Aller à terre chercher un bon guide était sans contredit le parti le plus sûr, mais il n'était pas facile; les animaux étaient tellement effrayés au milieu de cette immense mare d'eau, qu'il était impossible de les faire avancer. Le jeune guide ne savait plus où donner de la tête; il avait beau frapper le cheval, lui tourner et retourner le mors dans la bouche, le cheval se cabrait, faisait bondir l'eau autour de lui, mais c'était tout, il ne faisait pas un pas. Ce jeune homme qui n'était pas plus habile cavalier que bon guide, finit par perdre l'équilibre, et plongea du haut de son cheval dans le bassin ; il disparut un instant, et nous laissa dans une terrible consternation. Il remonta pourtant, mais il avait de l'eau jusqu'aux épaules. Samdadchiemba, en voyant tout ce désordre, écumait de colère ; enfin il n'y tint plus, il se dépouilla adroitement de tous ses habits, sans descendre du chameau, les jeta dans la barque, et se laissa glisser le long de sa monture. « Reprends cet homme dans ta barque, dit-il au pêcheur, je n'en veux plus ; je vais retourner à terre, et chercher quelqu'un qui sache la route... » En disant ces mots, il s'éloigna de nous, marchant dans les eaux qui parfois lui montaient jusqu'au cou, et traînant après lui les animaux, qui, voyant le Dchiahour ouvrir la marche, avançaient avec plus de confiance.

Notre cœur était plein d'émotion en voyant le dévouement et le courage de ce jeune néophyte, qui pour nos intérêts n'avait pas fait difficulté de se jeter à l'eau dans une saison où le froid était déjà assez rigoureux. Nous le suivîmes des yeux avec anxiété, jusqu'au moment où nous vîmes qu'il avait presque regagné la terre... « Maintenant, nous dit le batelier, vous pouvez être tranquilles ; il trouvera dans notre cabane un homme qui saura la conduire et lui faire éviter les endroits dangereux. »

Nous continuâmes notre route, mais la navigation cessa bientôt d'aller bien ; le batelier ne sut pas retrouver le bon chemin que nous avions suivi tout d'abord, et que nous avions quitté pour aller au secours de la caravane ; engagée parmi les herbes aquatiques, la barque ne put que difficilement avancer. Nous avions beau tourner à droite et à gauche, revenir quelquefois sur nos pas, le chemin était partout impraticable ; les eaux étaient si basses, que la barque n'avançait plus qu'en labourant péniblement la vase. Nous fûmes contraints d'aider à la manœuvre ; le batelier se mit à l'eau, et passa à ses reins une corde dont l'extrémité était attachée à l'avant de l'enbarcation. Pendant qu'il s'épuisait à tirer, armés chacun d'une perche nous poussions de toutes nos forces ; cependant, tous nos efforts réunis n'obtenant que de faibles résultats, le batelier remonta sur la barque, et se coucha de découragement. - Puisque nous ne pouvons avancer, dit-il, attendons ici que l'entreprise des transports vienne à passer, nous nous mettrons à la suite. » Nous attendîmes donc.

Le batelier était triste et abattu ; il se reprochait hautement de s'être chargé de cette pénible corvée. De notre côté, nous nous en voulions aussi un peu d'avoir cherché à économiser nos sapèques et de n'être pas partis sur la barque de passage. Nous eussions bien pris le parti de nous mettre à l'eau, et de continuer ainsi notre route ; mais, outre la difficulté de porter les bagages, la chose eût été dangereuse. Le sol étant d'une affreuse irrégularité, les eaux parfois d'une profondeur effrayante, devenaient tout à coup si basses, qu'elles ne pouvaient supporter la nacelle la plus légère.

Il était près de midi quand nous aperçûmes venir trois barques de passage ; elles appartenaient à la famille qui faisait le monopole du bac. Après avoir beaucoup sué pour désembourber, nous allâmes nous mettre à leur suite ; mais elles ralentirent à dessein leur marche. Nous remarquâmes bientôt le patron avec lequel nous nous étions d'abord abouchés pour traiter du passage ; lui-même nous avait reconnus, et les regards obliques et courroucés qu'il nous lançait, tout en agitant sa rame, témoignaient assez de son profond dépit. « Œuf de tortue. cria-t-il au pêcheur qui nous conduisait, combien te donnent ces hommes de l'Occident pour le passage? Il faut qu'ils t'aient promis une enfilade de sapèques. pour que tu oses ainsi empiéter sur mes droits; plus tard, nous dirons quelques mots ensemble. — Ne répondez pas, vous autres, nous dit tout bas le batelier; puis donnant du timbre à sa voix : Holà, conducteur, s'écrie-t-il, tes paroles sont décousues ; au lieu de parler raison, tu t'irrites à pure perte, *tu brouilles de la colle*. Ces Lamas ne me donnent pas une seule sapèque, ils ont guéri la plaie de ma jambe avec un remède du ciel d'Occident. Est-ce que, pour reconnaître un bienfait de cette nature, je ne dois pas les conduire de l'autre côté du *Paga-Gol*? Est-ce que je puis me dispenser de leur prêter ma barque pour traverser les eaux? Ainsi mon action est sainte, et en tout point conforme aux rites. » Le patron se contenta de grommeler quelques mots entre ses dents et feignit de croire aux raisons qu'on venait de lui donner.

Cette petite altercation fut suivie d'un profond silence de part et d'autre. Pendant que la flottille avançait paisiblement, et suivait le fil d'un petit courant, large tout au plus pour laisser passage à une nacelle, nous vîmes venir vers nous au grand galop un cavalier qui faisait bondir les eaux de toute part. Aussitôt qu'il fut assez près pour se faire entendre, il s'arrêta brusquement. « Vite, vite, s'écria-t-il ; ne perdez pas de temps, ramez de toutes vos forces ; le premier ministre du roi des *Ortous* est là-bas sur la prairie, avec les gens de sa suite; il attend vos barques, qu'on rame vite! » Celui qui parlait ainsi était un mandarin tartare, Un globule bleu, qui surmontait son chapeau à poil, était la marque de sa dignité. Après avoir donné les ordres, il appliqua quelques coups de fouet à son cheval, et s'en retourna au galop par le même chemin qu'il avait suivi en venant, Aussitôt qu'il eut disparu, les murmures que sa présence avait comprimés éclatèrent de toute part. « Voilà qu'aujourd'hui nous serons de corvée. — C'est quelque chose de bien généreux qu'un *Toudželaktsi* mongol (ministre du roi); il fraudra ramer tout le jour, et au bout du compte nous n'aurons pas une seule sapèque. — Passe encore de n'avoir pas de sapèques; nous serons bien heureux si ce puant de Tartare (Tcheoutadze) ne nous fait rouer de coups. — Allons, ramons, suons, tuons-nous ; aujourd'hui nous aurons l'honneur de porter sur notre barque un *Toudželaktsi*.. » Tous ces propos étaient entremêlés de grands éclats de rire et de violentes imprécations contre l'autorité mongole.

Notre batelier était plus modéré que les autres ; il nous exposa tranquillement son embarras. « C'est une journée, nous dit-il, bien malheureuse pour moi. Nous serons obligés de conduire le *Toudželaktsi*, peut-être jusqu'à *Tchagan-Kouren*. Je suis seul, je suis malade, et de plus, nous aurons besoin ce soir de notre barque pour aller jeter les filets. » Nous étions profondément contristés de ce fâcheux accident; car nous ne pouvions nous empêcher d'avouer que nous étions la cause involontaire de toutes les misères qu'allait endurer ce pauvre pêcheur. Nous savions que ce n'est pas une petite affaire que de rendre service à un magistrat chinois ou tartare; il faut que tout se fasse très bien, à la hâte et de bon cœur; peu importent les difficultés et les fatigues, il faut que le mandarin obtienne toujours ce qu'il désire. Persuadés des inconvénients de cette corvée imprévue, nous cherchâmes à en délivrer notre malade. «Frère, lui dîmes-nous, sois en paix, le mandarin qui attend ces barques est un Tartare; c'est le ministre du roi de ces pays-ci. Sois en paix, nous tâcherons d'arranger la chose. Allons très lentement, arrêtons-nous quelquefois...; tant que nous serons sur ta barque, les satellites, les mandarins subalternes, le *Toudzelaktsi* même, personne n'osera te rien dire. » Nous discontinuâmes en effet notre route; et pendant que nous prenions un peu de repos, les trois barques qui nous précédaient arrivèrent à l'endroit où attendait l'autorité mongole. Bientôt deux mandarins à globule bleu coururent vers nous de toute la vitesse de leurs chevaux. « Que fais-tu donc ici? crièrent-ils au batelier; d'où vient que tu n'avances pas? » Nous prîmes alors la parole : « Frères Mongols, dîmes-nous aux deux cavaliers, priez votre maître de s'arranger avec les trois barques qui sont déjà arrivées. Cet homme est malade, il y a longtemps qu'il rame; ce serait une cruauté de l'empêcher de prendre un peu de repos. — Qu'il soit fait selon que vous venez de prononcer, seigneurs Lamas » nous répondirent les cavaliers; et à ces mots, ils s'en retournèrent en toute hâte vers le *Toudzelaktsi.*

Nous reprîmes notre route, mais nous avançâmes le plus lentement possible, afin de donner le temps à tout le monde de s'embarquer avant notre arrivée. Bientôt uous vîmes revenir les trois barques chargées de mandarins et de satellites; leurs nombreux chevaux s'en allaient en troupe prendre une autre direction, sous la conduite d'un batelier. A mesure que le cortège avançait, la crainte dominait de plus en plus le pêcheur qui nous conduisait; il n'osait pas lever les yeux, et ne respirait qu'avec peine. Enfin, les barques se croisèrent. « Seigneurs Lamas, nous cria une voix, êtes-vous en paix? » Au globule rouge qui décorait le bonnet de celui qui nous adressait cette politesse, à la richesse de ses habits brodés, nous reconnûmes le premier ministre du roi. « *Toudzelaktsi* des Ortous, notre navigation est lente, mais elle est heureuse; que la paix accompagne aussi ta route! » Après quelques autres formules d'urbanité exigées par les mœurs tartares, nous continuâmes à suivre tranquillement le courant de l'eau. Quand nous fûmes séparés des mandarins par une grande distance, le cœur de notre batelier put enfin s'épanouir à l'aise; nous l'avions, en effet, tiré d'un grand embarras. Les barques de passage devaient être en corvée pendant deux ou trois jours au moins; le *Toudzelaktsi* ne voulant pas continuer sa route à travers les marécages, il fallait le conduire sur le fleuve Jaune jusqu'à la ville de *Tchagan-Kouren.*

Après une navigation longue, pénible et remplie de dangers, nous parvînmes de l'autre côté de ce grand bassin. Samdadchiemba y était depuis longtemps, et nous attendait au milieu de la vase qui encombrait la rive; il était encore sans habits, mais sa nudité était couverte par un justaucorps de boue, qui lui donnait un aspect horrible. A cause du peu d'eau, la barque, ne pouvant aller jusqu'à terre, s'arrêta à une trentaine de pas du rivage. Les bateliers qui nous avaient précédés avaient été obligés de transporter sur leurs épaules les mandarins et les satellites tartares ; pour nous, nous ne souffrîmes pas qu'on usât à notre égard du même procédé ; nous avions des animaux à notre service, et nous voulûmes en user pour effectuer notre débarquement. Samdadchiemba nous les conduisait tout près de la barque, alors M. Gabet sautant sur le cheval, et M. Huc sur le mulet, nous regagnâmes la terre sans être obligés de monter sur les épaules d'autrui.

Le soleil était sur le point de se coucher. Nous eussions bien désiré camper aussitôt, car nous étions exténués de faim et de fatigue, mais cela n'était pas encore possible : nous avions, nous disait-on, dix *lis* à faire avant de nous débarrasser tout à fait de la boue et des marais. Nous chargeâmes donc nos chameaux, et nous achevâmes dans la peine et la souffrance cette journée de misères. Il était nuit close quand nous pûmes dresser la tente ; les forces nous manquèrent pour préparer notre nourriture accoutumée ; de l'eau froide et quelques poignées de petit millet grillé furent tout notre souper. Après avoir fait une courte prière, nous n'eûmes qu'à nous laisser aller sur nos peaux de bouc, pour nous endormir profondément.

VIII

Le soleil était déjà haut quand nous nous levâmes, En sortant de la tente, nous jetâmes un coup d'œil autour de nous, pour faire connaissance avec ce nouveau pays que les ténèbres de la veille nous avaient empêchés d'examiner. Il nous parut triste et aride; mais enfin nous fûmes heureux de ne plus apercevoir ni bourbiers ni marécages. Nous avions laissé derrière nous le fleuve Jaune avec toutes ses eaux débordées, et nous entrions dans les steppes sablonneuses de l'*Ortous*.

Le pays d'*Ortous* se divise en sept bannières; il compte cent lieues d'étendue d'occident en orient, et soixante- dix du sud au nord. Le fleuve Jaune l'entoure à l'est, à l'ouest et au nord, et la grande muraille au midi. Ces contrées ont subi, à toutes les époques, l'influence des révolutions politiques qui ont agité l'empire chinois. Les conquérants chinois et tartares s'en sont tour à tour emparés, et en ont fait le théâtre de guerres sanglantes. Pendant les dixième, onzième, et douzième siècles, elles sont demeurées sous la domination des rois de Hia, qui se disaient Tartares d'origine *Thou-Pa* dans le pays de *Si-Fan*. La capitale de leur royaume, nommée *Hia-Tcheou*, était au pied des monts *Alecha*, entre le Hoang-Ho et la grande muraille. Maintenant cette ville s'appelle *Ning-Hia*, et appartient à la province de *Kan-Sou*. En 1227, le royaume de *Hia*, et par suite l'Ortous, furent enveloppés dans la ruine commune par les victoires de *Tchingghiskhan*, fondateur de la dynastie tartare des *Youen*.

Après l'expulsion des Tartares-Mongols par les *Ming*, les Ortous tombèrent au pouvoir du *Khan* du Tchakar. Ce dernier ayant fait sa soumission aux conquérants mantchous, en 1635, les Ortous suivirent son exemple, et furent réunis à l'empire, en qualité de peuples tributaires.

L'empereur Khang-Hi dans le cours de son expédition contre les Eleuts, en 1696, fit quelque séjour parmi les Ortous. Voici ce qu'il disait de ce peuple, dans une lettre écrite au prince son fils, resté à Pékin : «Jusqu'ici, dit-il, je n'avais point l'idée qu'on doit se former des Ortous; c'est une nation très policée, et qui n'a rien perdu des anciennes coutumes des vrais Mongols. Tous les princes vivent entre eux dans une union parfaite et ne connaissent point la différence *du tien* et *du mien*. Il est inouï de trouver un voleur parmi eux, quoiqu'ils ne prennent aucune précaution pour la garde de leurs chameaux et de leurs chevaux. Si par hasard un de ces animaux s'égare, celui qui le trouve en prend soin, jusqu'à ce qu'il en ait découvert le propriétaire, et il le lui rend alors sans le moindre intérêt... Les Ortous sont principalement intelligents dans la manière d'élever les bestiaux ; la plupart de leurs chevaux sont doux et traitables. Les Tchakar, au nord des Ortous, ont la réputation de les élever avec beaucoup de soin et de succès ; je crois cependant que les Ortous les surpassent encore en ce point. Malgré cet avantage, ils ne sont pas à beaucoup près aussi riches que les autres Mongols. »

Cette citation, que nous empruntons à l'abbé Grosier, est en tout point conforme avec ce que nous avons pu remarquer chez les Ortous. Il paraît que depuis le temps de l'empereur Khang-Hi, ces peuples n'ont nullement changé.

L'aspect du pays que nous parcourûmes pendant notre première journée de marche, nous parut beaucoup se ressentir du voisinage des pêcheurs chinois qui résident sur les bords du fleuve Jaune. Nous rencontrâmes çà et là quelques terres cultivées ; mais rien de plus triste et de plus mauvaise mine que cette culture, si ce n'est peut-être le cultivateur lui-même. Ces misérables agricoles sont des gens mixtes, moitié Chinois, moitié Tartares, n'ayant ni l'industrie des premiers, ni les mœurs franches et simples des seconds ; ils habitent dans des maisons, ou plutôt sous de sales hangards, construits avec des branches entrelacées et grossièrement enduites de boue et de fiente de bœuf. La soif nous ayant forcés d'entrer dans une de ces habitations, pour demander l'aumône d'une écuellée d'eau, nous pûmes nous convaincre que l'intérieur ne démentait en rien la misère qui apparaissait au dehors. Hommes et animaux, tout vivait pêle-mêle dans l'ordure ; ces demeures étaient bien loin de valoir les tentes mongoles, où du moins l'air n'est pas empesté par la présence des bœufs et des moutons.

La terre sablonneuse que cultivent ces pauvres gens, à part quelque peu de sarrasin et de petit millet, ne produit guère que du chanvre, mais il est d'une grosseur prodigieuse. Quand nous passâmes, quoique la récolte fût déjà faite, nous pûmes pourtant juger de la beauté de la tige, par ce qui en restait dans les champs. Les cultivateurs des Ortous n'arrachent pas le chanvre, quand il est mûr comme cela se pratique en Chine ; ils le coupent à ras de terre, de manière à laisser une souche grosse d'un pouce de diamètre. Pour traverser ces vastes champs de chanvre, nos chameaux eurent beaucoup à souffrir : ces souches nombreuses, qu'ils rencontraient continuellement sous leurs larges pieds, les forçaient à exécuter des danses bizarres et bien capables d'exciter notre hilarité, si nous n'eussions eu la crainte de les voir se blesser à chaque pas. Au reste, ce qui contrariait si fort la marche de nos chameaux devint pour nous d'un grand secours; quand nous eûmes dressé la tente, ces résidus de chanvre nous fournirent un facile et abondant chauffage.

Bientôt nous rentrâmes dans la Terre-des-Herbes, si toutefois on peut donner ce nom à un pays stérile, sec, et pelé comme celui des Ortous. De quelque côté que l'on porte ses pas, on ne rencontre jamais qu'un sol désolé et sans verdure, des ravins rocailleux, des collines marneuses et des plaines encombrées d'un sable fin et mobile, que l'impétuosité des vents balaye de toute part ; pour tout pâturage, on ne voit que des arbustes épineux, et des espèces de fougères maigres, poudreuses et d'une odeur fétide. De loin seulement, ce sol affreux produit quelques herbes clair-semées, cassantes, et tellement collées à terre que les animaux ne peuvent les brouter sans labourer les sables avec leurs museaux. Ces nombreux marécages, qui avaient fait notre désolation sur les bords du fleuve Jaune, nous finîmes bientôt par les regretter dans le pays des Ortous, tant les eaux y sont rares et la sécheresse affreuse : pas un ruisseau, pas une fontaine où le voyageur puisse se désaltérer; on ne rencontre que des lagunes et des citernes remplies d'une eau puante et bourbeuse.

Les Lamas avec lesquels nous avions été en rapport dans la Ville-Bleue, nous avaient prévenus des misères que nous aurions à endurer dans le pays des Ortous, surtout à cause de la rareté des eaux ; d'après leur conseil, nous avions acheté deux seaux en bois, qui nous furent effectivement de la plus grande utilité. Quand nous avions le bonheur de trouver sur notre chemin des flaques, ou des puits creusés par les Tartares, sans nous arrêter à la mauvais qualité de l'eau, nous en remplissions nos seilles, et nous en usions toujours avec la plus grande économie comme on ferait d'une rare et précieuse liqueur. Malgré nos précautions, pourtant, il nous arriva plus d'une fois de passer des journées entières sans pouvoir nous procurer une seule goutte d'eau pour humecter un peu nos lèvres. Cependant nos privations personnelles étaient encore peu de chose, en comparaison de la peine que nous éprouvions en voyant nos animaux manquer d'eau presque tous les jours, dans un pays ou ils n'avaient jamais à brouter que quelques plantes desséchées, et en quelque sorte calcinées par le nitre; aussi maigrissaient-ils à vue d'œil. Après quelques journées de marche, le cheval prit un aspect pitoyable; il s'en allait baissant la tête jusqu'à terre, et paraissant à chaque pas devoir succomber de défaillance; les chameaux se balançaient péniblement sur leurs longues jambes, et leurs bosses amaigries se penchaient sur leurs dos, semblables à des sacs vides.

Les steppes des Ortous, quoique si dépourvues d'eaux et de bons pâturages, n'ont pas été pourtant abandonnées par les animaux sauvages. On y rencontre fréquemment des écureuils gris, des chèvres jaunes à la jambe svelte et légère et des faisans au plumage élégant. Les lièvres y abondent, et ils sont si peu farouches, qu'ils ne se donnaient pas même la peine de fuir à notre approche; ils se soulevaient avec curiosité sur leurs pattes de derrière, dressaient leurs oreilles, et nous regardaient passer avec indifférence. Au reste, ces animaux vivent toujours sans inquiétude; car, à part quelques rares Mongols qui s'adonnent à la chasse, il n'y a jamais là personne pour les inquiéter.

Les troupeaux que nourrissent les Tartares des Ortous, sont peu nombreux, et bien différents de ceux qui paissent parmi les gras pâturages du Tchakarou de Gechekten. Les bœufs et les chevaux nous parurent surtout misérables; les chèvres, les moutons et les chameaux avaient assez bonne mine; cela vient sans doute de ce que ces derniers animaux aiment beaucoup à brouter les plantes imprégnées de salpêtre, au lieu que les bœufs et les chevaux affectionnent les frais pâturages et les eaux pures et abondantes.

Les Mongols des Ortous se ressentent beaucoup de la misère du pays qu'ils occupent. Pendant notre voyage, nous n'eûmes pas lieu de nous apercevoir que, depuis le temps de l'empereur Kang-Hi, ils se fussent beaucoup enrichis. La plupart demeurent sous des tentes composées de quelques lambeaux de feutre ou de peaux de chèvre ajustés sur un misérable échafaudage; le tout est tellement vieux et sale, tellement délabré par le temps et les orages, qu'on soupçonnerait difficilement qu'elles pussent servir de demeure à des hommes. S'il nous arrivait de camper auprès de ces pauvres habitations, aussitôt nous recevions la visite d'une foule de malheureux, qui se prosternaient à nos pieds, se roulaient à terre, et nous donnaient les titres les plus magnifiques pour obtenir quelque aumône. Nous n'étions pas riches; mais nous ne pouvions nous dispenser de les faire participer au petit trésor que nous tenions de la bonté de la Providence. Nous leur donnions quelques feuilles de thé, une poignée de farine d'avoine, du petit milet grillé, et quelquefois un peu de graisse de mouton. Hélas! nous eussions aimé à leur offrir davantage; mais nous étions forcés de donner peu, parce que nous avions peu nous-mêmes. Les Missionnaires sont, eux aussi, des pauvres, qui vivent des aumônes que leur distribuent tous les ans leurs frères d'Europe.

La Mongolie est divisée en plusieurs souverainetés dont les chefs sont soumis à l'empereur de la Chine, Tartare lui-même, mais de race mandchoue; ces chefs portent des titres correspondant à ceux de rois, de ducs, de comtes, de barons, etc. Ils gouvernent leurs Etats selon leur bon plaisir, et sans que personne ait le droit de s'immiscer dans leurs affaires; ils ne reconnaissent pour suzerain que l'empereur de la Chine. Quand il s'élève entre eux des différends, ils ont recours à Pékin, au lieu de se donner des coups de lance, comme cela se pratiquait autrefois, au moyen-âge de l'Europe, parmi ces petits souverains si guerroyeurs et si turbulents; ils se soumettent toujours avec respect aux décisions de la cour de Pékin, quelles qu'elles puissent être.

Les Tartares qui ne sont pas de famille princière sont esclaves; ils vivent sous la dépendance absolue de leurs maîtres. Outre les redevances qu'ils doivent payer, ils sont tenus de garder les troupeaux de leurs maîtres; il ne leur est pas défendu d'en nourrir aussi pour leur propre compte. On se tromperait beaucoup, si l'on s'imaginait qu'en Tartarie l'esclavage est dur et cruel, comme il l'a été chez certains peuples; les familles nobles ne diffèrent presque nullement des familles esclaves. En examinant les rapports qui existent entre elles, il serait difficile de distinguer le maître de l'esclave ; ils habitent les uns et les autres sous la tente, et passent également leur vie à faire paître des troupeaux. On ne voit jamais parmi eux le luxe et l'opulence se poser insolemment en face de la pauvreté. Quand l'esclave entre dans la tente du maître, celui-ci ne manque pas de lui offrir le thé au lait ; ils fument volontiers ensemble, et se font mutuellement l'échange de leurs pipes. Aux environs des tentes, les jeunes esclaves et les jeunes seigneurs folâtrent et se livrent aux exercices de la lutte, pêle-mêle et sans distinction ; le plus fort terrasse le plus faible, et voilà tout. Il n'est pas rare de voir des familles d'esclaves devenir propriétaires de nombreux troupeaux, et couler leurs jours dans l'abondance. Nous en avons rencontré beaucoup qui étaient plus riches que leurs maîtres, sans que cela donnât le moindre ombrage à ces derniers. Quelle différence entre cet esclavage et celui qui existait à Rome, par exemple, où le citoyen romain, en faisant l'inventaire de sa maison, classait les esclaves avec le mobilier !

La noblesse tartare a droit de vie et de mort sur ses esclaves ; elle peut se rendre justice elle-même vis-à-vis des siens, jusqu'au point de les faire mourir ; mais ce privilège ne s'exerce pas arbitrairement. Quand l'esclave a été mis à mort, un tribunal supérieur juge l'action du maître, et s'il est convaincu d'avoir abusé de son droit, le sang innocent est vengé. Les Lamas qui appartiennent aux familles esclaves, deviennent libres en quelque sorte, en entrant dans la tribu sacerdotale ; on ne peut exiger d'eux ni corvées, ni redevances ; ils peuvent s'expatrier et courir le monde à leur fantaisie, sans que personne ait le droit de les arrêter.

Quoique les rapports de maître à esclave soient en général pleins d'urbanité et de bienveillance, il est pourtant des souverains tartares qui abusent de leur prétendu droit, pour opprimer leurs peuples et en exiger des tributs exorbitants. Nous en connaissons un qui use d'un sytème d'oppression vraiment révoltant. Il choisit parmi ses troupeaux, les bœufs, les chameaux, les moutons, les chevaux les plus vieux et les plus malades, puis il en confie la garde aux riches esclaves qui sont dans ses Etats ; ceux-ci ne peuvent trouver mauvais de faire paître les bestiaux de leur souverain seigneur ; ce doit être même un grand honneur pour eux. Après quelques années, le roi, redemandant ses animaux, qui sont presque tous morts de maladie ou de vieillesse, va choisir, parmi les troupeaux de ses esclaves, les plus jeunes et les plus vigoureux ; souvent même, ne se contentant pas de cela, il en exige le double ou le triple. « Rien de plus juste, dit-il ; car pendant deux ou trois ans mes animaux ayant pu se multiplier, il doit me revenir un grand nombre d'agneaux, de poulains, de veaux et de chamelons. »

L'esclavage, quelque doux qu'on le suppose, ne peut jamais être en harmonie avec la dignité de l'homme ; il a été aboli en Europe, et un jour, nous l'espérons, il le sera aussi parmi les nations mongoles. Mais cette grande révolution s'opèrera comme partout, sous l'influence du christianisme. Ce ne seront pas les faiseurs de théories politiques, qui affranchiront ces peuples nomades ; cette œuvre sera encore celle des prêtres de Jésus-Christ, des prédicateurs du saint Evangile, charte divine où sont consignés les véritables droits de l'homme. Aussitôt que les Missionnaires auront appris aux Mongols à dire : Notre Père, qui êtes aux cieux ...l'esclavage tombera en Tartarie, et on y verra grandir l'arbre de la liberté à côté de la croix.

Après quelques journées de marche à travers les sables des Ortous, nous remarquâmes sur notre passage une petite lamaserie, richement bâtie dans un site pittoresque et sauvage. Nous passâmes outre, sans nous arrêter. Déjà nous en étions éloignés d'une portée de fusil, lorsque nous entendîmes derrière nous comme le galop d'un cheval. Nous tournâmes la tête, et nous aperçûmes un Lama qui venait à nous avec empressement. « Frères, nous dit-il, vous êtes passés devant notre *soumé* (lamaserie) sans vous arrêter ; est-ce que vous seriez si pressés que vous ne puissiez-vous reposer un jour, et faire vos adorations à notre saint ? — Oui, nous sommes assez pressés ; notre voyage n'est pas de quelques jours, nous allons dans l'Occident. — A votre physionomie, j'ai bien connu que vous n'étiez pas de race mongole ; je sais que vous êtes de l'Occident ; mais puisque vous devez faire une si longue route, vous feriez bien de vous prosterner devant notre saint, cela vous portera bonheur. — Nous ne nous prosternons pas devant les hommes ; les véritables croyances de l'Occident s'opposent à cette pratique. — Notre saint n'est pas simplement un homme, vous ne pensez peut-être pas que dans notre petite lamaserie nous avons le bonheur de posséder un *Chaberon*, un Bouddha vivant. Il y a deux ans qu'il a daigné descendre des saintes montagnes du Thibet ; actuellement, il est âgé de sept ans. Dans une de ses vies antérieures, il a été le grand Lama d'un magnifique *soumé*, situé dans ce vallon, et qui a été détruit, à ce que disent les livres de prières. du temps des guerres de *Tching-Kis*. Le saint ayant reparu depuis peu d'années, nous avons construit à la hâte un petit *soumé*. Venez, frères, notre saint élèvera sa main droite sur vos têtes, et le bonheur accompagnera vos pas. — Les hommes qui connaissent la sainte doctrine de l'Occident, ne croient pas à toutes ces transmigrations des *Chaberons*. Nous n'adorons que le Créateur du ciel et de la terre ; son nom est Jéhovah. Nous pensons que l'enfant que vous avez fait supérieur de votre *soumé*, est dépourvu de puissance ; les hommes n'ont rien à espérer ni rien à craindre de lui. » Le Lama, après avoir entendu ces paroles, auxquelles, certainement, il ne s'attendait pas, demeura stupéfait. Peu à peu sa figure s'anima, et finit par prendre l'expression de la colère et du dépit. Il nous regarda fixement à plusieurs reprises ; puis, tirant à lui la bride de son cheval, il nous tourna le dos, et s'éloigna rapidement, en marmottant entre ses dents quelques paroles dont nous ne pûmes saisir le sens, mais que nous nous gardâmes bien de prendre pour une formule de bénédiction.

Les Tartares croient d'une foi ferme et absolue à toutes ces diverses transmigrations ; ils ne se permettraient jamais d'élever le moindre doute sur l'authenticité de leurs *Chaberons* Ces Bouddhas vivants sont en grand nombre, et toujours placés à la tête des lamaseries les plus importantes. Quelquefois ils commencent leur carrière modestement dans un petit temple, et s'entourent seulement de quelques disciples. Peu à peu leur réputation s'accroît dans les environs, et la petite lamaserie devient bientôt un lieu de pèlerinage et de dévotion. Les Lamas voisins, spéculant sur la vogue, viennent y bâtir leur cellule; la lamaserie acquiert, d'année en année, du développement et devient enfin fameuse dans le pays.

L'élection et l'intronisation des Bouddhas vivants se font d'une manière si singulière qu'elle mérite d'être rapportée. Quand un grand Lama s'en est allé, c'est-à-dire quand il est mort, la chose ne devient pas pour la lamaserie un sujet de deuil. On ne s'abandonne ni aux larmes ni aux regrets; car tout le monde sait que le Chaberon, va bientôt reparaître. Cette mort apparente n'est que le commencement d'une existence nouvelle, et comme un anneau de plus ajouté à cette chaîne indéfinie et non interrompue de vies successives; c'est tout bonnement une palingénésie. Pendant que le saint reste engourdi dans sa chrysalide, ses disciples sont dans la plus grande anxiété; car leur grande affaire, c'est de découvrir l'endroit où leur maître ira se transformer et reprendre sa vie. Si l'arc-en-ciel vient à paraître dans les airs, ils le regardent comme un signe que leur envoie leur ancien grand Lama, afin de les aider dans leurs recherches : tout le monde se met alors en prières, et pendant que la lamaserie veuve de son Bouddha redouble ses jeûnes et ses oraisons, une troupe d'élite se met en route pour aller consulter le *Tchurtchun*, ou devin fameux dans la connaisance des choses cachées au commun des hommes. On lui raconte que tel jour de telle lune l'arc-en-ciel du Chaberon s'est manifesté dans les airs. Il a fait son apparition sur tel point; il était plus ou moins lumineux, et a été visible pendant tant de temps. Puis il a disparu, en s'effaçant avec telle et telle circonstance. Quand le *Tchurtchun* a obtenu tous les renseignements nécessaires, il récite quelques prières, ouvre ses livres de divination, et prononce enfin son oracle, pendant que les Tartares qui sont venus le consulter écoutent ses paroles à genoux, et dans le plus profond recueillement. « Votre grand Lama, leur dit-il, est revenu à la vie dans le Thibet, à tant de distance de votre lamaserie. Vous le trouverez dans telle famille. » Quand ces pauvres Mongols ont ouï cet oracle, ils s'en retournent pleins de joie annoncer à la lamaserie l'heureuse nouvelle.

Il arrive souvent que les disciples du défunt n'ont pas besoin de se tourmenter, pour découvrir le berceau de leur grand Lama. C'est lui-même qui veut bien se donner la peine de les initier au secret de sa transformation. Aussitôt qu'il a opéré sa métamorphose dans le Thibet, il se révèle lui-même en naissant, et à un âge où les enfants ordinaires ne savent encore articuler aucune parole : « C'est moi, dit-il avec l'accent de l'autorité, c'est moi qui suis le grand Lama, le Bouddha vivant de tel temple; qu'on me conduise dans mon ancienne lamaserie j'en suis le supérieur immortel. » Le prodigieux bambin ayant parlé de la sorte, on se hâte de faire savoir aux Lamas du *soumé* désigné, que leur Chaberon est né à tel endroit, et on les somme de sa part d'avoir à venir l'inviter.

De quelque manière que les Tartares découvrent la résidence de leur grand Lama, que ce soit par l'apparition de l'arc-en-ciel, ou par la révélation spontanée du Chaberon lui-même, ils sont toujours dans les transports de la joie la plus vive. Bientôt tout est en mouvement dans les tentes, et on fait avec enthousiasme

Veux-tu nous vendre un mouton ? (P. 163.)

les mille préparatifs d'un long voyage; car c'est presque toujours dans le Thibet qu'il faut se rendre, pour inviter ce Bouddha vivant, qui manque rarement de leur jouer le mauvais tour d'aller transmigrer dans des contrées lointaines et presque inaccessibles; tout le monde veut contribuer de son mieux à l'organisation du saint voyage; si le roi du pays ne se met pas lui-même en tête de la caravane, il envoie son propre fils, ou un des membres les plus illustres de la famille royale; les grands mandarins, ou ministres du roi, se font un devoir et un honneur de se mettre aussi en route. Quand tout enfin est préparé, on choisit un jour heureux, et la caravane s'ébranle.

Quelquefois ces pauvres Mongols, après des fatigues incroyables parmi d'affreux déserts, finissent par tomber entre les mains des brigands de la mer Bleue, qui les détroussent des pieds à la tête. S'ils ne meurent pas de faim et de froid, au milieu de ces épouvantables solitudes, s'ils peuvent retourner jusqu'à l'endroit d'où ils sont partis, ils recommencent les préparatifs d'un nouveau voyage; rien n'est jamais capable de les décourager. Enfin quand, à force d'énergie et de persévérance, ils ont pu parvenir au sanctuaire éternel, ils vont se prosterner devant l'enfant qui leur a été désigné. Le jeune Chaberon n'est pourtant pas salué et proclamé grand Lama, sans un examen préalable. On tient une séance solennelle, où le Bouddha vivant est examiné devant tout le monde, avec une attention scrupuleuse : on lui demande le nom de la lamaserie dont il prétend être le grand Lama, à quelle distance elle est, quel est le nombre des Lamas qui y résident. On l'interroge sur les usages et les habitudes du grand Lama défunt, et sur les principales circonstances qui ont accompagné sa mort. Après toutes ces questions, on place devant lui les divers livres de prières, des meubles de toute espèce, des théières, des tasses, etc. Au milieu de tous ces objets il doit démêler ceux qui lui ont appartenu dans sa vie antérieure.

Ordinairement cet enfant, âgé tout au plus de cinq ou six ans, sort victorieux de toutes ces épreuves. Il répond avec exactitude à toutes les questions qui lui ont été posées, et fait sans aucun embarras l'inventaire de son mobilier. « Voici, dit-il, les livres de prières dont j'avais coutume de me servir... Voici l'écuelle vernissée dont j'avais l'usage pour prendre le thé. » Et ainsi du reste.

Sans aucun doute, les Mongols sont, plus d'une fois, les dupes de la supercherie de ceux qui ont intérêt à faire un grand Lama de ce marmot. Nous croyons néanmoins que souvent tout cela se fait de part et d'autre avec simplicité et de bonne foi. D'après les renseignements que nous n'avons pas manqué de prendre auprès de personnes dignes de la plus grande confiance, il paraît certain que tout ce qu'on dit des Chaberons ne doit pas être rangé parmi les illusions et les prestiges. Une philosophie purement humaine rejettera sans doute des faits semblables, ou les mettra sans balancer sur le compte des fourberies lamaïques. Pour nous, Missionnaires catholiques, nous croyons que le grand menteur qui trompa autrefois nos premiers parents dans le paradis terrestre, poursuit toujours dans le monde son système de mensonge : celui qui avait la puissance de soutenir dans les airs Simon le Magicien, peut bien encore aujourd'hui parler aux hommes par la bouche d'un enfant, afin d'entretenir la foi de ses adorateurs.

Les titres du Bouddha vivant ayant été constatés, on le conduit en triomphe jusqu'au *soumé* dont il doit redevenir le grand Lama. Dans la route qu'il suit, tout s'ébranle, tout est en mouvement : les Tartares vont par grandes troupes se prosterner sur son passage, et lui présenter leurs offrandes. Aussitôt qu'il est arrivé dans sa lamaserie, on le place sur l'autel; et alors rois, princes, mandarins, Lamas, tous les Tartares, depuis le plus riche jusqu'au plus pauvre, viennent courber leur front devant cet enfant, qu'on a été chercher à grands frais dans le fond du Thibet, et dont les possessions démoniaques excitent le respect, l'admiration et l'enthousiasme de tout le monde.

Il n'est pas de royaume tartare qui ne possède, dans quelqu'une de ses lamaseries de premier ordre, un Bouddha vivant. Outre ce supérieur, il y a toujours encore un autre grand Lama qu'on choisit parmi les membres de la famille royale. Le Lama thibétain réside dans la lamaserie comme une idole vivante, recevant tous les jours les adorations des dévots, auxquels il distribue en retour des bénédictions. Tout ce qui a rapport aux prières et aux cérémonies liturgiques est placé sous sa surveillance immédiate. Le grand Lama mongol est chargé de l'administration, de l'ordre et de la police de la lamaserie; il gouverne, tandis que son collègue se contente à peu près de régner. La fameuse maxime : *Le roi règne et ne gouverne pas*, n'est pas, comme on voit, une grande découverte en politique. On prétend inventer un nouveau système, et on ne fait que piller, sans rien dire, la vieille constitution des lamaseries tartares.

Au-dessous de ces deux espèces de souverains, il y a plusieurs officiers subalternes, qui se mêlent du détail de l'administration, des revenus, des ventes, des achats et de la discipline. Les scribes sont chargés de tenir les registres, et de rédiger les règlements et ordonnances que le grand Lama gouvernant promulgue pour la bonne tenue et l'ordre de la lamaserie. Ces scribes sont en général très habiles dans les langues mongole, thibétaine, et quelquefois chinoise et mandchoue. Avant d'être admis à cet emploi, ils sont obligés de subir des examens très rigoureux, en présence de tous les Lamas et des principales autorités civiles du pays.

A part ce petit nombre de supérieurs et d'officiers, les habitants de la lamaserie se divisent en Lamas-maîtres et Lamas-disciples, ou *chabis* : chaque Lama a sous sa conduite un ou plusieurs *chabis*, qui habitent dans sa petite maison, et sont chargés de tous les détails du ménage. Si le maître possède quelques bestiaux, ils sont obligés d'en prendre soin, de traire les vaches, et de confectionner le beurre et la crème. En retour de ces services, le maître guide ses disciples dans l'étude des prières, et les initie à la liturgie. Tous les matins le chabi doit être sur pied avant son maître : son premier soin est de balayer la chambre, d'allumer le feu et de faire bouillir le thé; après cela, il prend son livre de prières, va l'offrir respectueusement à son maître, et se prosterne trois fois devant lui, le front contre terre, et sans proférer une seule parole. Par ce témoignage de respect, il demande qu'on veuille bien lui marquer la leçon qu'il aura à étudier pendant la journée. Le maître ouvre le livre, et en lit quelques pages, suivant la capacité de son disciple : celui-ci se prosterne de nouveau trois fois, en signe de remercîment, et s'en retourne à son ménage.

Le chabi étudie son livre de prières quand bon lui semble ; il n'a pas d'heure fixe pour cela ; il peut passer son temps à dormir ou à folâtrer avec les autres jeunes élèves, sans que son maître s'occupe de lui le moins du monde. Quand le moment de se coucher est venu, il doit aller réciter d'une manière imperturbable la leçon qui lui a été fixée le matin : si sa récitation est bonne, il est censé avoir fait son devoir, et le silence de son maître est le seul éloge qu'il a droit d'obtenir ; si, au contraire, il ne rend pas compte de sa leçon d'une manière convenable, les punitions les plus sévères lui font sentir sa faute. Il arrive souvent, dans ces circonstances, que le maître, sortant de sa gravité accoutumée, s'élance sur son disciple et l'accable de coups, en même temps qu'il profère contre lui les malédictions les plus terribles. Les disciples qui se trouvent trop maltraités prennent quelquefois la fuite, et s'en vont chercher des aventures loin de leur lamaserie ; mais en général ils subissent patiemment les punitions qu'on leur inflige, même celle de passer la nuit à la belle étoile, dépouillés de leurs habits, et pendant l'hiver. Souvent nous avons eu occasion de causer avec des chabis, et comme nous leur demandions s'il n'y aurait pas moyen d'apprendre les prières sans être battus, ils nous répondaient ingénument et avec un accent qui témoignait de leur conviction, que cela était impossible. « Les prières que l'on sait le mieux, disaient-ils, sont celles pour lesquelles on a reçu le plus de coups. Les Lamas qui ne savent pas prier, qui ne savent pas connaître et guérir les maladies, tirer les sorts et prédire l'avenir sont ceux qui n'ont pas été bien battus par leurs maîtres. »

En dehors de ces études, qui se font à domicile, et sous la surveillance immédiate du maître, les chabis peuvent assister, dans la lamaserie, à des cours publics, où l'on explique les livres qui ont rapport à la doctrine et à la médecine. Mais ces explications sont le plus souvent vagues, insuffisantes et incapables de former des Lamas instruits ; il en est peu qui puissent se rendre un compte exact des livres qu'ils étudient ; pour justifier leur négligence à cet égard, ils ne manquent jamais d'alléguer la profondeur de la doctrine. Pour ce qui est de la grande majorité des Lamas, elle trouve plus commode et plus expéditif de réciter les prières d'une manière purement machinale, et sans se mettre en peine des idées qu'elles renferment. Quand nous parlerons des lamaseries du Thibet, où l'enseignement est plus complet que dans celles de la Tartarie, nous entrerons dans quelques détails sur les études lamaïques.

Les livres thibétains étant les seuls qui soient réputés canoniques, et admis dans le culte de la réforme bouddhique ; les Lamas mongols passent leur vie à étudier un idiome étranger, sans s'inquiéter le moins du monde de leur propre langue. On en rencontre beaucoup qui sont très versés dans la littérature thibétaine, et qui ne connaissent pas même leur alphabet mongol. Il existe pourtant quelques lamaseries où l'on s'occupe un peu de l'étude de l'idiome tartare : on y récite quelquefois des prières mongoles, mais elles sont toujours une traduction des livres thibétains. Un Lama qui sait lire le thibétain et le mongol, est réputé savant ; mais il est regardé comme un être élevé au-dessus de l'espèce humaine, s'il a quelque connaissance des littératures chinoise et mandchoue.

A mesure que nous avancions dans les Ortous, le pays apparaissait de plus en plus triste et sauvage. Pour surcroît d'infortune, un épouvantable orage, qui vint clore solennellement la saison de l'automne, nous amena les froidures de l'hiver.

Un jour, nous cheminions péniblement au milieu du désert sablonneux et aride, la sueur ruisselait de nos fronts, car la chaleur était étouffante ; nous nous sentions écrasés par la pesanteur de l'atmosphère ; et nos chameaux, le cou tendu et la bouche entr'ouverte, cherchaient vainement dans l'air un peu de fraîcheur. Vers midi, des nûages sombres commencèrent à s'amonceler à l'horizon ; craignant d'être saisis en route par l'orage, nous eûmes la pensée de dresser quelque part notre tente. Mais où aller ? Nous cherchions de tous côtés ; nous montions sur les hauteurs des collines, et nous regardions avec anxiété autour de nous, pour tâcher de découvrir quelque habitation tartare qui pût nous fournir au besoin un peu de chauffage ; mais c'était en vain, nous n'avions partout devant les yeux qu'une morne solitude. De temps à autre seulement nous apercevions des renards qui se retiraient dans leurs tanières, et des troupeaux de chèvres jaunes qui couraient se cacher dans les gorges des montagnes. Cependant les nuages montaient toujours, et le vent se mit à souffler avec violence. Dans l'irrégularité de ses rafales, il paraissait tantôt nous apporter la tempête et tantôt la chasser loin de nous. Pendant que nous étions ainsi suspendus entre l'espérance et la crainte, de grands éclats de tonnerre et des éclairs multipliés qui embrasaient le ciel, vinrent nous avertir que nous n'avions plus qu'à nous remettre entièrement entre les mains de la Providence. Bientôt le vent glacial du nord venant à souffler avec violence, nous nous dirigeâmes vers une gorge qui s'ouvrait à côté de nous ; mais nous n'eûmes pas le temps d'y arriver, l'orage creva tout à coup. D'abord il tomba de la pluie par torrents, puis de la grêle, et puis enfin de la neige à moitié fondue. Dans un instant, nous fûmes imbibés jusqu'à la peau, et nous sentîmes le froid s'emparer de nos membres. Aussitôt nous mîmes pied à terre, dans l'espoir que la marche pourrait nous réchauffer un peu ; mais à peine eûmes-nous fait quelques pas au milieu des sables inondés, où nos jambes s'enfonçaient comme dans du mortier, qu'il nous fut impossible d'aller en avant. Nous cherchâmes un abri à côté de nos chameaux, et nous nous accroupîmes les bras fortement serrés contre les flancs pour essayer de ramasser un peu de chaleur.

Pendant que l'orage continuait toujours à fondre sur nous avec fureur, nous attendions avec résignation ce qu'il plairait à la Providence de décider sur notre sort. Dresser la tente était chose impossible ; il eût fallu des forces surhumaines pour tendre des toiles mouillées et presque gelées par le vent du nord. D'ailleurs il eût été difficile de trouver un emplacement, car l'eau ruisselait de toute part. Au milieu de cette affreuse situation, nous nous regardions mutuellement avec tristesse et sans parler ; nous sentions que la chaleur naturelle du corps allait diminuant peu à peu, et que notre sang commençait à se glacer. Nous fîmes donc à Dieu le sacrifice de notre vie ; car nous étions persuadés que nous mourrions de froid pendant la nuit.

Un de nous, cependant, ramassant toutes ses forces et toute son énergie, monta sur une hauteur qui dominait la gorge voisine, et découvrit un sentier qui, par mille sinuosités, conduisait au fond de cet immense ravin; il en suivit la direction, et après avoir fait quelques pas dans l'enfoncement, il aperçut aux flancs de la montagne de grandes ouvertures semblables à des portes. A cette vue, le courage et les forces lui revenant tout à coup, il remonta la colline avec impétuosité pour annoncer à ses compagnons la bonne nouvelle. « Nous sommes sauvés! leur cria-t-il, il y a des grottes dans cette gorge; allons vite nous y réfugier. » Ces paroles dégourdirent aussitôt la petite caravane; nous laissâmes nos animaux sur la hauteur, et nous allâmes avec empressement visiter le ravin. Un sentier nous conduisit jusqu'à l'entrée de ces ouvertures; nous approchâmes la tête, et nous découvrîmes dans l'intérieur de la montagne, non pas simplement des grottes creusées par la nature, mais de beaux et vastes appartements travaillés de main d'homme. Notre premier cri fut une expression de remercîment envers la bonté de la Providence. Nous choisîmes la plus propre et la plus grande des cavernes que nous avions devant nous, et dans un instant nous passâmes de la misère la plus extrême au comble de la félicité. Ce fut comme une transition subite et inespérée de la mort à la vie.

En voyant ces habitations souterraines, construites avec tant d'élégance et de solidité, nous pensâmes que quelques familles chinoises se seraient rendues dans le pays, pour essayer de défricher un peu de terrain; puis rebutées, sans doute, par la stérilité du sol, elles auraient renoncé à leur entreprise. Des traces de culture, que nous apercevions çà et là, venaient du reste confirmer nos conjectures. Lorsque les Chinois s'établissent sur quelque point de la Tartarie, s'ils rencontrent des montagnes dont la terre soit dure et solide, ils y creusent des grottes. Ces habitations sont plus économiques que des maisons, et sont moins exposées à l'intempérie des saisons. Elles sont, en général, très bien disposées; aux deux côtés de la porte d'entrée, il y a des fenêtres qui laissent pénétrer à l'intérieur un jour suffisant; les murs, la voûte, les fourneaux, le *Kang*, tout au dedans est enduit de plâtre si bien battu et si luisant, qu'on croirait voir du stuc. Ces grottes ont l'avantage d'être chaudes pendant l'hiver et très fraîches pendant l'été; pourtant le défaut des courants d'air en rend quelquefois le séjour dangereux pour la santé. De semblables demeures n'étaient pas une nouveauté pour nous, car elles abondent dans notre mission de *Si-Wan*. Cependant, nulle part, nous n'en avions vu d'aussi bien construites que celles du pays des Ortous.

Nous prîmes donc possession d'un de ces appartements souterrains, et nous commençâmes par faire un grand feu sous les fourneaux, à l'aide de nombreux fagots de tiges de chanvre que nous eûmes le bonheur de trouver dans une de ces grottes. Jamais, dans notre voyage, nous n'avions eu à notre disposition un aussi bon combustible. En peu de temps, nos habits furent complètement secs; nous étions si heureux de nous trouver dans cette belle hôtellerie de la Providence, que nous passâmes la plus grande partie de la nuit à savourer la douce sensation de la chaleur, pendant que Samdadchiemba ne se lassait pas de faire frire de petites pâtisseries dans de la graisse de mouton. Nous étions en fête, et il fallait bien que notre farine de froment s'en ressentît un peu.

Les animaux ne furent pas moins heureux que nous; nous leur trouvâmes des écuries taillées dans la montagne, et, ce qui valait mieux encore, un excellent fourrage. Une grotte était remplie de tiges de petit millet et de paille d'avoine. Sans cet affreux orage, qui avait failli nous faire tous périr, jamais nos animaux n'eussent rencontré un si beau festin. Après nous être longuement rassasiés de la poésie de notre miraculeuse position, nous cédâmes au besoin de prendre du repos, et nous nous couchâmes sur un *Kang* bien chauffé, qui nous fit oublier le froid terrible que nous avions enduré pendant la tempête.

Le lendemain, pendant que Samdadchiemba mettait à profit ce qui restait encore des tiges de chanvre, et achevait de faire sécher notre bagage, nous allâmes visiter en détail les nombreux souterrains de la montagne. A peine eûmes-nous fait quelques pas, quel ne fut pas notre étonnement, lorsque nous vîmes sortir de grands tourbillons de fumée par la porte et les fenêtres d'une grotte qui avoisinait notre demeure! Comme nous pensions être seuls dans le désert, la vue de cette fumée nous jeta dans une surprise mêlée d'épouvante. Nous dirigeâmes nos pas vers l'ouverture de cette caverne, et lorsque nous fûmes parvenus sur le seuil de la porte, nous aperçûmes dans l'intérieur un grand feu de tiges de chanvre, dont la flamme ondoyante atteignait jusqu'au haut de la voûte; on eût presque dit un four chauffé avec activité. En regardant attentivement, nous remarquâmes comme une forme humaine, qui se mouvait au milieu d'une épaisse fumée; bientôt nous entendîmes le salut tartare : « *Mendou!* nous cria une voix vibrante et sonore ; venez vous asseoir à côté du brasier. » Nous nous gardâmes bien d'avancer. Cet antre de Cacus, cette voix humaine, tout cela avait quelque chose de trop fantastique. Voyant que nous demeurions immobiles et silencieux, l'habitant de cette espèce de soupirail de l'enfer, se leva et s'avança sur le seuil de la porte. Ce n'était ni un diable, ni un revenant; c'était tout bonnement un Tartare-Mongol qui, la veille, ayant été saisi par l'orage, s'était réfugié dans cette grotte, où il avait passé la nuit. Après avoir causé un instant de la pluie, du vent et de la grêle, nous l'invitâmes à venir partager notre déjeuner, et nous le conduisîmes jusqu'à notre demeure. Pendant que Samdadchiemba, aidé de notre hôte, faisait bouillir le thé, nous sortîmes de nouveau pour continuer nos recherches.

Nous parcourûmes ces demeures désertes et silencieuses, avec une curiosité mêlée d'une certaine terreur. Toutes étaient construites à peu près sur le même modèle, et conservaient encore toute leur intégrité. Des caractères chinois gravés sur les murs, et des débris de vases de porcelaine nous confirmèrent dans la pensée que ces grottes avaient été habitées depuis peu par des Chinois. Quelques vieux souliers de femme, que nous découvrimes dans un coin, ne nous laissèrent plus aucun doute. Nous ne pouvions nous défendre d'un sentiment plein de tristesse et de mélancolie, en pensant à ces nombreuses familles, qui, après avoir vécu longtemps au sein de cette grande montagne, s'en étaient allés chercher ailleurs une terre plus hospitalière. A mesure que nous entrions dans ces grottes, nous donnions l'épouvante à des troupes de passereaux qui n'avaient pas encore abandonné ces demeures de l'homme; ils avaient au contraire pris franchement possession de ces nids grandioses. Les grains de petit millet et d'avoine, qui étaient répandus çà et là avec profusion, servaient à les y fixer encore pour quelque temps. « Sans doute, nous disions-nous, quand ils ne trouveront plus de graine, quand ils ne verront plus revenir les anciens habitants de ces grottes, ils s'éloigneront, eux aussi, et iront chercher l'hospitalité aux toits de quelques maisons. »

Le passereau est l'oiseau de tous les pays du monde : nous l'avons trouvé partout où nous avons rencontré des hommes; et toujours avec son caractère vif, pétulant et querelleur, toujours avec son piaulement incisif et colère. Il est pourtant à remarquer, que dans la Tartarie, la Chine et le Thibet, il est peut-être plus insolent qu'en Europe; c'est que personne ne lui fait la guerre, et qu'on respecte religieusement son nid et sa couvée. Aussi le voit-on entrer hardiment dans la maison, y vivre avec familiarité, et recueillir tout à son aise les débris de la nourriture de l'homme. Les Chinois le nomment *kia-niao-eul*, c'est-à-dire l'oiseau de la famille.

Après avoir visité une trentaine de grottes, qui ne nous offrirent rien de bien remarquable, nous retournâmes chez nous. Pendant le déjeuner, la conversation tomba naturellement sur les Chinois qui s'étaient creusé ces demeures. Nous demandâmes au Tartare s'il les avait vus. « Comment, dit-il, si j'ai vu les Kitas qui habitaient cette gorge? mais je les connaissais tous! il y a tout au plus deux ans qu'ils ont abandonné le pays.... Au reste, ajouta-t-il, ils n'avaient pas droit de rester ici; puisqu'ils étaient méchants, on a bien fait de les chasser. — Méchants, dis-tu? mais quel mal pouvaient-ils faire au fond de ce misérable ravin ? — Oh! les Kitas, qu'ils sont rusés et trompeurs! D'abord ils parurent bons, mais cela ne dura pas longtemps. Il y a plus de vingt années, que quelques familles vinrent nous demander l'hospitalité; comme elles étaient pauvres, on leur permit de cultiver la terre des environs, à la condition que tous les ans, après la récolte, elles fourniraient un peu de farine d'avoine aux Taitsi du pays. Insensiblement il arriva d'autres familles, qui creusèrent aussi des grottes pour y habiter, et bientôt cette gorge en fut pleine. Au commencement ces Kitas avaient le caractère doux et tranquille; nous vivions ensemble comme des frères. Dites moi, seigneurs Lamas, est-ce que ce n'est pas bien de vivre comme des frères? Est-ce que tous les hommes ne sont pas frères entre eux? — Oui, c'est vrai, tu dis là une bonne parole; mais pourquoi ces Kitas sont-ils partis d'ici? — La paix ne dura pas longtemps; ils devinrent bientôt méchants et trompeurs. Au lieu de se contenter de ce qu'on leur avait cédé, ils étendirent la culture selon leur bon plaisir, et s'emparèrent, sans rien dire, de beaucoup de terrain. Quand ils furent riches, ils ne voulurent plus nous payer la farine d'avoine dont on était convenu. Tous les ans, lorsqu'on allait réclamer le loyer des terres, ils nous accablaient d'injures et de malédictions. Mais la chose la plus affreuse, c'est que ces méchants Kitas se firent voleurs; ils enlevaient toutes les chèvres et tous les moutons qui s'égaraient dans les sinuosités du ravin. Un jour, un Taitsi de grand courage et de grande capacité rassembla les Mongols du voisinage, puis il dit : « Les Kitas s'emparent de notre terre, ils volent nos bestiaux et nous maudissent; puisqu'ils n'agissent plus et ne parlent plus en frères, il faut les chasser. » Tout le monde fut content d'entendre les paroles du vieux Taitsi. On délibéra, et il fut convenu que les principaux de la contrée iraient rendre visite au roi, pour le supplier de rendre

une ordonnance qui condamnât les Kitas à être chassés. J'étais de la députation...
Le roi nous ayant fait des reproches de ce que nous avions permis à des étrangers
de cultiver nos terres, nous nous prosternâmes en gardant un profond silence.
Cependant notre roi, qui agit toujours avec justice, fit écrire l'ordonnance à
laquelle il apposa le sceau rouge. L'ordonnance disait que le roi ne permettant
plus aux Kitas de demeurer dans le pays, ils devaient l'abandonner avant
le premier jour de la huitième lune. Trois Taitsi montèrent à cheval, et allèrent
présenter l'ordonnance aux Kitas. Ceux-ci ne répondirent rien aux trois députés ;
ils se contentèrent de se dire entre eux : « Le roi veut que nous partions,
c'est bien. »

Plus tard, nous sûmes qu'ils s'étaient réunis, et qu'ils avaient résolu de
désobéir aux ordres du roi et de rester malgré lui dans le pays. Le premier jour
de la huitième lune arriva, et ils occupaient encore paisiblement leurs habitations,
sans faire aucun préparatif de départ. Le lendemain, avant le jour, tous les
Tartares montèrent à cheval, s'armèrent de leurs lances, et poussèrent tous
les troupeaux parmi les terres cultivées par les Kitas. La moisson était encore sur
pied ; quand le soleil parut, il n'en restait plus rien. Tout avait été dévoré par les
animaux, ou broyé sous leurs pas. Les Kitas poussèrent des cris, et maudirent les
Mongols : mais tout était fini. Voyant que leur affaire était désespérée, ils rassem-
blèrent le jour même leurs meubles et leurs instruments aratoires, et s'en allèrent
se fixer dans la partie orientale des Ortous, à quelque distance du fleuve Jaune,
tout près du *Paga Gol*. Puisque vous êtes venu par *Tschagan-Gouren*, vous avez
dû rencontrer sur votre route, à l'occident du *Paga-Gol*, des Kitas qui cultivent
quelques coins de terre ; eh bien, ce sont eux qui habitaient cette gorge et qui ont
creusé toutes ces grottes. »

Dans toute autre circonstance, nous eussions accepté avec plaisir l'offre qui
nous était faite. Mais nous voulions séjourner le moins possible chez les Ortous.
Nous étions dans l'impatience de laisser derrière nous ce misérable pays, où nos
animaux allaient tous les jours dépérissant, et où nous-mêmes nous avions tant de
misères à endurer. Une noce mongole, d'ailleurs, n'était pas chose nouvelle pour
nous. Depuis notre entrée en Tartarie, nous avions été plus d'une fois témoins de
cérémonies de ce genre.

IX

Départ de la caravane — Campement dans une vallée fertile — Violence du froid — Rencontre de nombreux pèlerins. — Cérémonies barbares et diaboliques du lamaïsme. — Projet pour la lamaserie de « Rache-Tchurin » — Dispersion et ralliement de la petite caravane. — Dépit de Samdadchiemba — Aspect de la lamaserie de « Rache-Tchuin » — Divers genres de pèlerinages autour des lamaseries — Moulinets à prières — Querelle de deux Lamas — Étrangeté du sol — Description du « Tabsoun-Noor » ou le lac de Sel. — Aperçu sur les chameaux de la Tartarie.

Le Tartare qui, tout à l'heure, venait de prendre congé de nous, nous avait annoncé qu'à peu de distance des cavernes nous trouverions, dans une petite vallée, les plus beaux pâturages de tout le pays des Ortous. Nous nous décidâmes à partir. Il était déjà près de midi, quand nous nous mîmes en marche. Le ciel était pur, et le soleil brillant; mais la température, se ressentant encore de l'orage du jour précédent, était froide et piquante. Après avoir parcouru pendant près de deux heures un sol sablonneux et profondément sillonné par les eaux de la pluie, nous entrâmes, tout à coup, dans une vallée dont l'aspect riant et fertile contrastait singulièrement avec tout ce que nous avions vu jusqu'alors chez les Ortous. Au milieu coulait un abondant ruisseau, dont les sources se perdaient dans les sables; et des deux côtés, les collines, qui s'élevaient en amphithéâtre, étaient garnies de pâturâges et de bouquets d'arbustes.

Quoiqu'il fût encore de bonne heure, nous ne songeâmes pas à continuer notre route. Le poste était trop beau pour passer outre; d'ailleurs le vent du nord s'était levé et l'air devenait d'une froidure intolérable. Nous allâmes donc dresser notre tente dans un enfoncement abrité par les collines voisines. De l'intérieur de la tente, notre vue se prolongeait, sans obstacle, dans le vallon, et nous pouvions ainsi, sans sortir de chez nous, surveiller nos animaux.

Quand le soleil fut couché, la violence du vent venant à augmenter, le froid se fit sentir avec plus de rigueur. Nous jugeâmes à propos de prendre quelques mesures de sûreté. Pendant que Samdadchiemba charriait de grosses pierres pour consolider les rebords de la tente, nous parcourûmes les collines d'alentour, et nous fîmes, à coups de hache, une abondante provision de bois de chauffage. Aussitôt que nous eûmes pris le thé, et avalé notre brouet quotidien, nous nous endormîmes. Mais le sommeil ne fut pas long ; le froid devint tellement rigoureux, qu'il nous réveilla bientôt. « Il n'y a pas moyen de rester comme cela, dit le Dchiahour ; si nous ne voulons pas mourir de froid sur nos peaux de bouc, levons-nous, et faisons un grand feu... » Samdadchiemba parlait sensément. Chercher à s'endormir avec un temps pareil n'était pas chose prudente. Nous nous levâmes donc promptement, et nous ajoutâmes à nos habits ordinaires les grandes robes de peau de mouton, dont nous avions fait emplette à la Ville-Bleue.

Notre feu de racines et de branches vertes fut à peine allumé, que nous sentîmes nos yeux comme calcinés par l'action mordante et âcre d'une fumée épaisse qui remplissait la tente. Nous nous hâtâmes d'entr'ouvrir la porte ; mais l'ouverture donnant passage au vent, sans laisser sortir la fumée, nous fûmes bientôt obligés de fermer de nouveau la porte. Samdadchiemba n'était nullement contrarié de cette fumée épaisse, qui nous suffoquait et arrachait de nos yeux des larmes brûlantes Il riait sans pitié, en nous regardant blottis autour du feu, la tête appuyée sur les genoux, et la figure continuellement cachée dans nos deux mains. « Mes pères spirituels, nous disait-il, vos yeux sont clairs et brillants, mais ils ne peuvent supporter un peu de fumée ; les miens sont petits et laids, mais qu'importe? ils font très bien leur service..... » Les plaisanteries de notre chamelier étaient peu propres à nous égayer ; nous souffrions horriblement. Cependant, au milieu de nos tribulations, nous trouvions encore bien grand notre bonheur. Nous ne pouvions penser sans gratitude à la bonté de la Providence, qui nous avait fait rencontrer des grottes dont nous sentions alors tout le prix. Si nous n'avions pu faire sécher nos hardes, si nous avions été surpris par le froid dans le pitoyable état où nous avait laissés l'orage, certainement nous n'aurions pu vivre longtemps. Nous aurions été gelés avec nos habits, de manière à ne former qu'un bloc immobile.

Nous ne crûmes pas qu'il fût prudent de nous mettre en route avec un froid si rigoureux, et de quitter un campement, où du moins nos animaux trouvaient assez d'herbe à brouter, et où le chauffage était très abondant. Vers midi le temps s'étant un peu radouci, nous en profitâmes pour aller couper du bois sur les collines. Chemin faisant, nous aperçûmes nos animaux, qui avaient quitté le pâturage et s'étaient réunis sur les bords du ruisseau. Nous pensâmes qu'ils étaient tourmentés par la soif, et que la rivière étant gelée, ils ne pouvaient se désaltérer. Nous nous dirigeâmes de leur côté, et nous vîmes en effet nos chameaux qui léchaient avec avidité la superficie de la glace, tandis que le cheval et le mulet frappaient le rivage de leur dur sabot. La hache que nous avions emportée pour faire des fagots nous servit à rompre la glace, et à creuser un petit abreuvoir, où nos animaux purent étancher la soif dont ils étaient dévorés.

Sur le soir, le froid ayant repris toute son intensité, nous adoptâmes un plan qui put nous permettre de dormir un peu mieux que la nuit précédente. Jusqu'au matin, le temps fut divisé en trois veilles, et chacun de nous fut chargé tour à tour d'entretenir un grand feu dans la tente, pendant que les autres dormaient. De cette manière, nous sentîmes peu le froid, et nous pûmes reposer en paix sans crainte d'incendier notre maison de toile.

Après deux journées d'un froid terrible, le vent se calma insensiblement, et nous songeâmes à poursuivre notre route. Ce ne fut pas sans peine que nous réussîmes à mettre bas notre tente. Le premier clou que nous essayâmes d'arracher cassa comme verre, sous les coups de marteau. Le terrain sablonneux et humide, sur lequel nous avions campé, était tellement gelé, que les clous y adhéraient, comme s'ils eussent été incrustés dans la pierre. Pour pouvoir les déraciner, il fallut les arroser d'eau bouillante à plusieurs reprises.

Au départ, la température était tellement douce que nous fûmes contraints de nous dépouiller de nos habits de peaux, et de les empaqueter jusqu'à nouvelle occasion. Il n'est rien de si fréquent en Tartarie, que ces changements rapides de température. Quelquefois on passe brusquement du temps le plus doux au froid le plus terrible. Il suffit pour cela qu'il soit tombé de la neige, et que le vent du nord vienne ensuite à souffler. Si l'on n'a pas le tempérament endurci à ces subites variations de l'atmosphère, si l'on n'est pas muni, en voyage, de bons habits fourrés, on est souvent exposé à de terribles accidents. Dans le nord de la Mongolie surtout, il n'est pas rare de rencontrer des voyageurs morts de froid au milieu du désert.

Le quinzième jour de la neuvième lune, nous rencontrâmes de nombreuses caravanes, suivant, comme nous, la direction d'orient en occident. Le chemin était rempli d'hommes, de femmes et d'enfants, montés sur des chameaux ou sur des bœufs. Ils se rendaient tous, disaient-ils, à la lamaserie de *Rache-Tchurin*. Quand ils nous demandaient si notre voyage avait le même but, ils paraissaient étonnés de notre réponse négative. Ces nombreux pèlerins, la surprise qu'ils témoignaient en nous entendant dire que nous n'allions pas à la lamaserie de *Rache-Tchurin*, tout servait à piquer notre curiosité. Au détour d'une gorge, nous atteignîmes un vieux Lama, qui le dos chargé d'un lourd fardeau, paraissait cheminer avec peine. « Frère, lui dîmes-nous, tu es avancé en âge; tes cheveux noirs ne sont pas aussi nombreux que les blancs. Sans doute ta fatigue doit être grande. Place ton fardeau sur un de nos chameaux, tu voyageras plus à l'aise... » En entendant nos paroles, ce vieillard se prosterna, pour nous témoigner sa reconnaissance. Nous fîmes accroupir un chameau, et Samdadchiemba ajouta à notre bagage celui du Lama voyageur. Dès que le pèlerin fut déchargé du poids qui pesait sur ses épaules, sa marche devint plus facile, et l'expression du contentement se répandit sur sa figure. « Frère, lui dîmes-nous, nous sommes du ciel d'occident, et les affaires de ton pays nous sont peu familières; nous sommes étonnés de rencontrer tant de pèlerins dans le désert. — Nous allons tous à *Rache-Tchurin*, nous répondit-il avec un accent plein de dévotion. — Une grande solennité sans doute vous appelle à la lamaserie? — Oui, demain doit être un grand jour. Un Lama *Bokte* fera éclater sa puissance; il se tuera, sans pourtant mourir... » Nous comprîmes à l'instant le genre de solennité qui mettait ainsi en mouvement les Tartares des Ortous. Un Lama devait s'ouvrir le ventre, prendre ses entrailles et les placer devant lui, puis rentrer dans son premier état. Ce spectacle, quelque atroce et quelque dégoûtant qu'il soit, est néanmoins très commun dans les lamaseries de la Tartarie. Le *Bokte* qui doit faire éclater sa puissance, comme disent les Mongols, se prépare à cet acte formidable par de longs jours de jeûne et de prière. Pendant ce temps il doit s'interdire toute communication avec les hommes et s'imposer le silence le plus absolu. Quand le jour fixé est arrivé, toute la multitude des pèlerins se rend dans la grande cour de la lamaserie, et un grand autel est élevé sur le devant de la porte du temple. Enfin le *Bokte* paraît. Il s'avance gravement au milieu des acclamations de la foule, va s'asseoir sur l'autel, et détache de sa ceinture un grand coutelas qu'il place sur ses genoux. A ses pieds, de nombreux Lamas, rangés en cercle, commencent les terribles invocations de cette affreuse cérémonie. A mesure que la récitation des prières avance, on voit le *Bokte* trembler de tous ses membres, et entrer graduellement dans des convulsions frénétiques. Les Lamas ne gardent bientôt plus de mesure; leurs voix s'animent, leur chant se précipite en désordre, et la récitation des prières est enfin remplacée par des cris et des hurlements. Alors le *Bokte* rejette brusquement l'écharpe dont il est enveloppé, détache sa ceinture, et, saisissant le coutelas sacré, s'entr'ouvre le ventre dans toute sa longueur. Pendant que le sang coule de toute part, la multitude se prosterne devant cet horrible spectacle, et on interroge ce frénétique sur les choses cachées, sur les événements à venir, sur la destinée de certains personnages. Le *Bokte* donne, à toutes ces questions, des réponses qui sont regardées comme des oracles par tout le monde.

Quand la dévote curiosité des nombreux pèlerins se trouve satisfaite, les Lamas reprennent avec calme et gravité, la récitation de leurs prières. Le *Bokte* recueille, dans sa main droite, du sang de la blessure, le porte à sa bouche, souffle trois fois dessus et le jette en l'air en poussant une grande clameur. Il passe rapidement la main sur la blessure de son ventre, et tout rentre dans son état primitif, sans qu'il lui reste la moindre trace de cette opération diabolique, si ce n'est un extrême abattement. Le *Bokte* roule de nouveau son écharpe autour de son corps, récite à voix basse une courte prière, puis tout est fini, et chacun se disperse, à l'exception des plus dévots, qui vont contempler l'autel ensanglanté, que vient d'abandonner le saint par excellence.

Ces cérémonies horribles se renouvellent assez souvent dans les grandes lamaseries de la Tartarie et du Thibet. Nous ne pensons nullement qu'on puisse toujours mettre sur le compte de la supercherie les faits de ce genre; car d'après tout ce que nous avons vu et entendu parmi les nations idolâtres, nous sommes persuadés que le démon y joue un grand rôle. Au reste, notre persuasion à cet égard se trouve fortifiée par l'opinion des Bouddhistes les plus instruits et les plus probes, que nous avons rencontrés dans les nombreuses lamaseries que nous avons visitées.

Tous les Lamas indistinctement n'ont pas le pouvoir des opérations prodigieuses. Ceux qui ont l'affreuse capacité de s'ouvrir le ventre, par exemple, ne se rencontrent jamais dans les rangs élevés de la hiérarchie lamaïque. Ce sont ordinairement de simples Lamas, mal famés et peu estimés de leurs confrères. Les Lamas réguliers et de bon sens témoignent en général de l'horreur pour de pareils spectacles. A leurs yeux, toutes ces opérations sont perverses et diaboliques. « Les bons Lamas, disent-ils, ne sont pas capables d'exécuter de pareilles choses ; ils doivent même se bien garder de chercher à acquérir ce talent impie. »

Quoique ces opérations démoniaques soient, en général, décriées dans les lamaseries bien réglées, cependant les supérieurs ne les prohibent pas. Au contraire, il y a, dans l'année, certains jours de solennité réservés pour ces dégoûtants spectacles. L'intérêt est, sans doute, le seul motif qui puisse porter les grands Lamas à favoriser des actions qu'ils réprouvent secrètement au fond de leur conscience. Ces spectacles diaboliques sont, en effet, un moyen infaillible d'attirer une foule d'admirateurs stupides et ignorants, de donner, par ce grand concours de peuple, de la renommée à la lamaserie, et de l'enrichir des nombreuses offrandes que les Tartares ne manquent jamais de faire dans de semblables circonstances.

S'entr'ouvrir le ventre est un des plus fameux *sié-fa* (moyen pervers) que possèdent les Lamas. Les autres, quoique du même genre, sont moins grandioses et plus en vogue ; ils se pratiquent à domicile, en particulier, et non pas dans les grandes solennités des lamaseries. Ainsi, on fait rougir au feu des morceaux de fer, puis on les lèche impunément ; on se fait des incisions sur le corps, sans qu'il en reste un instant après la moindre trace, etc., etc. Toutes ces opérations doivent être précédées de la récitation de quelque prière.

Nous avons connu un Lama, qui, au dire de tout le monde, remplissait, à volonté, un vase d'eau, au moyen d'une formule de prière. Nous ne pûmes jamais le résoudre à tenter l'épreuve en notre présence. Il nous disait que, n'ayant pas les mêmes croyances que lui, ses tentatives seraient non seulement infructueuses, mais encore l'exposeraient peut-être à de graves dangers. Un jour, il nous récita la prière de son *sié fa*, comme il l'appelait. La formule n'était pas longue, mais il nous fut facile d'y reconnaître une invocation directe à l'assistance du démon : « Je te connais, tu me connais, disait-il. Allons, vieil ami, fais ce que je te demande. Apporte de l'eau, et remplis ce vase que je te présente. Remplir un vase d'eau, qu'est-ce que c'est que cela pour ta grande puissance ? Je sais que tu fais payer bien cher un vase d'eau ; mais n'importe ; fais ce que je te demande, et remplis ce vase que je te présente. Plus tard, nous compterons ensemble. Au jour fixé, tu prendras tout ce qui te revient. » — Il arrive quelquefois que ces formules demeurent sans effet : alors la prière se change en injures et en imprécations contre celui qu'on invoquait tout à l'heure.

Le fameux *sié-fa* qui attirait un si grand nombre de pèlerins à la lamaserie de *Rache-Tchurin* nous donna la pensée de nous y rendre aussi, et de neutraliser par nos prières les invocations sataniques des Lamas « Qui sait ? nous disions-nous, peut-être que Dieu a des desseins de miséricorde sur les Mongols du pays des Ortous ; peut-être que la puissance de leurs Lamas, entravée et anéantie par la présence des prêtres de Jésus-Christ, frappera ces peuples, et les fera renoncer au culte menteur de Bouddha, pour embrasser la loi du christianisme. » Pour nous encourager dans notre dessein, nous aimions à nous rappeler l'histoire de Simon le Magicien, arrêté dans son vol par la prière de saint Pierre, et précipité du haut des airs aux pieds de ses admirateurs. Sans doute, pauvres Missionnaires que nous sommes, nous n'avions pas la prétention insensée de nous comparer au prince des apôtres; mais nous savions que la protection de Dieu, qui se donne quelquefois en vertu du mérite et de la sainteté de celui qui la demande, est due souvent aussi à cette toute-puissante efficacité inhérente à la prière elle-même.

Il fut donc résolu que nous irions à *Rache-Tchurin*, que nous nous mêlerions à la foule, et qu'au moment où les invocations diaboliques commenceraient, nous nous placerions sans peur et avec autorité en présence du *Bokte* et que nous lui interdirions solennellement, au nom de Jésus-Christ, de faire parade de son détestable pouvoir. Nous ne pouvions nous faire illusion sur les suites que pourrait avoir notre démarche; nous savions qu'elle exciterait certainement la fureur et la haine des adorateurs de Bouddha, et que peut être une mort violente suivrait de près les efforts que nous pourrions faire pour la conversion des Tartares. « Mais qu'importe? nous disions-nous; faisons courageusement notre devoir de Missionnaires; usons sans peur de la puissance que nous avons reçue d'en haut, et laissons à la Providence le soin d'un avenir qui ne nous appartient pas. »

Telles étaient nos intentions et nos espérances; mais les vues de Dieu ne sont pas toujours conformes aux desseins des hommes, lors même que ceux-ci paraissent le plus en harmonie avec le plan de sa providence. Ce jour-là même, il nous arriva un accident, qui, en nous éloignant de Rache-Tchurin, nous jeta dans les plus cruelles perplexités.

Dans la soirée, le vieux Lama qui faisait route avec nous, nous pria de faire accroupir notre chameau, parce qu'il voulait reprendre son petit bagage. « Frère, lui dîmes-nous, est-ce que nous ne cheminerons pas ensemble jusqu'à la lamaserie de Rache-Tchurin? — Non, je dois suivre ce sentier que vous voyez serpenter vers le nord le long de ces collines. Derrière cette montagne de sable, est un endroit de commerce; aux jours de fête, quelques marchands chinois y colportent leurs marchandises, et y dressent leurs tentes; étant obligé de faire quelques achats, je ne puis continuer de suivre votre ombre. — Trouverait-on à acheter des farines au campement chinois? — Petit millet, farine d'avoine et de froment, viande de bœuf et de mouton, thé en briques, on y trouve tout ce qu'on peut désirer. » N'ayant pu faire des vivres depuis notre départ de *Tchagan-Kouren*, nous jugeâmes cette occasion favorable pour augmenter un peu nos provisions. Cependant, pour ne pas fatiguer nos bêtes de charge par de longs circuits à travers des collines pierreuses, M. Gabet prit les sacs de farine sur la chamelle qu'il montait, se détacha de la caravane, et se dirigea au galop vers le poste chinois, d'après les indications du vieux Lama. Nous devions nous réunir dans une vallée à peu de distance de la lamaserie.

Après avoir voyagé pendant près d'une heure, à travers un chemin pénible, incessamment coupé de fondrières et de ravins, le Missionnaire pourvoyeur arriva dans une petite plaine semée d'épaisses bruyères. C'était là que les commerçants chinois avaient dressé leurs nombreuses tentes, dont les unes servaient de demeures et les autres de boutiques. Ce campement présentait l'aspect d'une petite ville pleine d'activité et de commerce, où se rendaient avec empressement les Lamas de Rache-Tchurin et les pèlerins mongols. M. Gabet se hâta de faire ses provisions; après avoir rempli ses sacs de farine, et attaché à une bosse de la chamelle deux magnifiques foies de mouton, il repartit promptement pour le rendez-vous où devait l'attendre la caravane. Il ne fut pas longtemps à arriver. Mais il n'y trouva personne, et aucune trace d'un passage récent n'était imprimée sur le sable. S'imaginant que peut-être quelque dérangement dans les charges des chameaux avait retardé la marche, il prit le parti de parcourir le chemin qu'on était convenu de suivre. Il eut beau marcher, galoper dans tous les sens, monter sur le sommet de tout les monticules qui se rencontraient sur son passage, il ne put rien découvrir : les cris qu'il poussait pour appeler la caravane restaient sans réponse; il visita plusieurs endroits où mille routes se croisaient, se confondaient ensemble, où le sol était couvert de pas de bœufs, de chameaux, de moutons et de chevaux, allant dans tous les sens, de sorte qu'il était impossible de rien conjecturer.

Comme le but de la route était la lamaserie de Rache-Tchurin, il tourna bride, et s'y rendit avec la plus grande célérité. Arrivé à la lamaserie, bâtie en amphithéâtre sur une colline assez élévée, il en parcourut tous les environs sans rien découvrir; là du moins il ne manquait pas de monde qu'on pût interroger, et la petite caravane était composée de manière à attirer l'attention de ceux qui eussent pu la rencontrer : deux chameaux chargés, un cheval blanc, et surtout un mulet nain, auprès duquel les passants ne manquaient jamais de s'arrêter pour remarquer son extrême petitesse et la belle couleur noire de sa robe. M. Gabet eut beau interroger, personne n'avait aperçu la petite caravane; il monta sur le sommet de la colline, d'où les regards pouvaient se porter au loin, mais il ne découvrit rien.

Le soleil venait de se coucher, et la caravane ne paraissait pas. M. Gabet, commençant à craindre qu'il ne lui fût survenu quelque sérieux accident, prit le parti de se remettre en marche, et d'aller de nouveau à la découverte. Il eut beau gravir les collines les plus escarpées, et descendre dans de profonds ravins, toutes ses fatigues furent stériles; il ne put rien apprendre des voyageurs qu'il rencontra sur ses pas.

La nuit devint obscure, et bientôt la lamaserie de *Rache-Tchurin* disparut dans les ombres. M. Gabet se trouva seul au milieu du désert, sans chemin et sans abri, n'osant ni avancer ni reculer, de crainte de se jeter dans quelque précipice. Il fallut donc s'arrêter dans un ravin sablonneux, et se décider à y passer la nuit. Pour ce soir-là, en guise de souper, il fallut se contenter d'une *impression de voyage*. Ce n'était pas que les provisions manquassent, mais où prendre du feu? où aller puiser de l'eau? Le sentiment de la faim était d'ailleurs absorbé par les soins et les chagrins dont son cœur était dévoré au sujet de la caravane. Il se mit donc à genoux sur le sable, fit sa prière du soir, posa sa tête sur un sac de farine, et se coucha à côté du chameau dont il avait attaché le licou à son bras de peur qu'il ne disparût pendant la nuit. Il est inutile d'ajouter que le sommeil ne fut ni bien profond, ni bien continu; la terre froide et nue n'est pas un bon lit, surtout pour un homme en proie à de noires préoccupations.

Aussitôt que le jour commença à poindre, M. Gabet remonta sur sa chamelle et, quoique exténué de faim et de soif, il se mit de nouveau à la recherche de ses compagnons de voyage.

La caravane n'était pas perdue, mais elle s'était grandement fourvoyée. Depuis que M. Gabet s'était séparé de nous pour se rendre au poste chinois, nous avions d'abord suivi fidèlement le bon chemin ; mais bientôt nous entrâmes dans des steppes immenses, et la route se perdit insensiblement au milieu de sables d'une finesse extrême, que le vent faisait ondoyer ; il était impossible de reconnaître les traces des voyageurs qui nous avaient précédés. La route disparut complétement, et nous nous trouvâmes environnés de collines jaunâtres, où l'on ne pouvait découvrir le plus petit brin de végétation. M. Huc, qui craignait de s'égarer dans cette immense sablière, fit arrêter le chamelier. « Samdadchiemba, lui dit-il, ne marchons pas à l'aventure ; vois-tu là-bas dans ce vallon ce cavalier tartare qui pousse un troupeau de bœufs? va lui demander la route de *Rache-Tchurin.* » Samdadchiemba leva la tête et regarda d'un œil le soleil voilé de quelques légers nuages. « Mon père spirituel, dit-il, j'ai l'habitude de m'orienter dans le désert : mon opinion est que nous sommes toujours en bonne route ; allons toujours vers l'occident, et nous ne pourrons pas nous égarer. — Puisque tu connais le désert, allons en avant. — Oui c'est cela, allons toujours en avant. Voyez-vous là-bas sur cette montagne cette longue traînée blanche? .. c'est la route qui sort des sables et commence à reparaître. »

Sur la foi de Samdadchiemba, nous continuâmes à marcher dans la même direction. Bientôt nous rencontrâmes en effet une route assez bien tracée ; mais elle n'était pas fréquentée, et nous ne pûmes interroger personne pour confirmer ou démentir les assertions de Samdadchiemba, qui prétendait toujours que nous étions sur le chemin de *Rache-Tchurin.* Le soleil se coucha ; et la lumière du crépuscule, disparaissant peu à peu, fit place aux ténèbres de la nuit, sans que nous eussions pu decouvrir au loin la lamaserie. Nous étions surtout surpris de n'avoir pas rencontré M. Gabet. D'après les renseignements que nous avait donnés le vieux Lama, nous aurions dû nous être retrouvés depuis longtemps. Samdadchiemba gardait le silence, car il comprenait enfin que nous étions égarés.

Il était important de camper avant que le ciel fût tout à fait noir. Ayant aperçu un puits au fond d'une gorge, nous allâmes dresser la tente tout auprès. Quand la maison fut dressée et le bagage mis en ordre, il était nuit close, et M. Gabet n'avait pas encore paru. « Monte sur un chameau, dit M. Huc à Samdadchiemba, et parcours les environs. » Le Dchiahour ne répondit pas un mot ; il était abattu et déconcerté. Après avoir fixé un pieu en terre, il y attacha un chameau, puis monta sur l'autre, et s'en alla tristement à la découverte. A peine Samdadchiemba eut-il disparu, que le chameau consigné à la tente, se voyant seul, se mit à pousser de longs et affreux gémissements. Bientôt il entra en fureur : il tournait autour du pieu qui le tenait captif, se retirait en arrière, allongeait le cou, et faisait des efforts comme pour arracher la cheville de bois qui lui traversait le nez. Ce spectacle était effrayant. Il réussit enfin à rompre la corde dont il était attaché et s'enfuit en bondissant à travers le désert. Le cheval et le mulet avaient aussi disparu : ils avaient faim et soif, et, aux environs de la tente, il n'y avait pas une poignée d'herbe, pas une goutte d'eau. Le puits auprès duquel nous avions campé était entièrement desséché ; c'était une vieille citerne, qui, sans doute, avait été creusée depuis plusieurs années.

Ainsi cette petite caravane, qui, durant près de deux mois, avait cheminé sans jamais se séparer dans les vastes plaines de la Tartarie, était à cette heure complètement dispersée : hommes et animaux, tout avait disparu. Il ne restait plus que M. Huc, seul dans sa petite maison de toile, et dévoré par les plus cuisants soucis. Il y avait une journée entière qu'il n'avait ni bu ni mangé ; dans de pareilles circonstances on n'a ordinairement ni faim ni soif ; l'esprit est trop préoccupé, pour s'arrêter aux besoins du corps ; on se trouve comme environné de mille fantômes, et on serait au comble de l'infortune, si on n'avait, pour se consoler, la prière, seul levier capable de soulever un peu ce poids écrasant, qui pèse sur un cœur en proie à de noires appréhensions.

Les heures s'écoulaient, et personne ne reparaissait à la tente. Comme, au milieu de cette nuit profondément obscure, on aurait pu aller et venir, circuler tout près de la tente, sans pourtant l'apercevoir, M. Huc montait de temps en temps sur le sommet des collines, sur la pointe de quelque rocher, et appelait à grands cris ses compagnons égarés ; mais personne ne répondait ; toujours même silence et même solitude. Il était près de minuit, lorsque enfin les cris plaintifs d'un chameau dont on semblait presser la marche se firent entendre dans le lointain. Samdadchiemba était de retour de sa ronde ; il avait rencontré plusieurs cavaliers tartares qui n'avaient pu lui donner des nouvelles de M. Gabet. Mais en revanche, ils lui avaient dit que nous nous étions grossièrement fourvoyés ; que le sentier dont nous avions suivi la trace conduisait à un campement mongol et non pas à la lamaserie de *Rache-Tchurin*. « A l'aube du jour, dit Samdadchiemba il faudra lever la tente, et aller reprendre la bonne route : c'est là que nous trouverons le vieux père spirituel. — Samdadchiemba, ton avis est une bulle d'eau ; il faut que la tente et les bagages restent ici. Il est impossible de partir ; comment se mettre en route sans animaux ? — Oh ! oh ! fit le Dchiahour ; où est le chameau que j'avais attaché à ce pieu ? — Il a rompu son licou et s'est sauvé ; le cheval et le mulet se sont sauvés aussi ; tout a été je ne sais où. — Dans ce cas-là, ce n'est pas une petite affaire. Quand le jour viendra, on verra comment les choses s'arrangeront ;... en attendant faisons tout doucement un peu de thé. — Oui, fais du thé... Notre puits est complètement sec, il n'y a pas une goutte d'eau. Ces paroles brisèrent le peu de force qui restait encore à Samdadchiemba ; il se laissa tomber sur les bagages, et s'endormit bientôt profondément.

Aussitôt que les premières lueurs du jour commencèrent à paraître, M. Huc gravit la colline voisine, dans l'espoir de découvrir quelque chose. Il aperçut au loin, dans une petite vallée, deux animaux qui paraissaient l'un blanc et l'autre noir ; il y courut, et reconnut bientôt le cheval et le mulet, qui broutaient quelques herbes maigres et poudreuses, à côté d'une citerne d'eau douce ; il les ramena à la tente. Le soleil était sur le point de se lever, et Samdadchiemba dormait encore d'un sommeil profond, toujours dans la même posture qu'il avait prise en se couchant. « Samdadchiemba, lui cria M. Huc, est-ce que tu ne bois pas du thé ce matin? » A ces mots de thé notre chamelier se leva promptement, comme s'il eut été poussé par un violent ressort ; il promenait autour de lui des yeux hagards, et encore appesantis par le sommeil. « Est-ce que le père spirituel n'a pas parlé de thé? Où est donc ce thé? Est-ce que j'aurais rêvé que j'allais boire du thé? — Je ne sais si tu as fait un rêve semblable ; mais si tu es désireux de boire du thé, il y a une citerne d'eau douce là-bas dans cette vallée. C'est là que j'ai retrouvé tout à l'heure le cheval et le mulet. Cours vite puiser de l'eau pendant que j'allumerai le feu. Samdadchiemba adopta spontanément la proposition. Il chargea sur ses épaules deux seaux de bois, et se rendit en diligence vers l'eau qu'on lui avait indiquée.

Quand le thé eut bouilli, Samdadchiemba fut tout à fait à son aise ; il ne pensait plus qu'à son thé, et semblait avoir oublié entièrement que la caravane était désorganisée. Il fallut le lui rappeler et l'envoyer à la recherche du chameau qui s'était échappé.

La moitié de la journée s'était presque écoulée, sans que personne de la caravane eût encore paru. On voyait seulement passer de temps en temps des cavaliers tartares ou des pèlerins qui revenaient de la fête de *Rache-Tchurin*. M. Huc leur demandait s'ils n'auraient pas remarqué en route aux environs de la lamaserie, un Lama revêtu d'une robe jaune et d'un gilet rouge, monté sur une chamelle rousse. « Ce Lama, ajoutait-il, est d'une taille très élevée ; il a une grande barbe grise, le nez long et pointu, et la figure rouge. » A ce signalement, tous faisaient une réponse négative, « Si nous avions rencontré un personnage de cette façon. disaient-ils, nous l'aurions certainement remarqué. »

M. Gabet apparut enfin sur le penchant d'une colline. Ayant aperçu notre tente bleue dressée dans la gorge, il y courut de toute la vitesse de sa chamelle. Après un instant de conversation vive, animée, et où chacun parlait sans répondre à son interlocuteur, nous finîmes par rire de bon cœur de notre mésaventure. La caravane commençait donc à se réorganiser, et avant le soleil couché, tout fut au grand complet. Samdadchiemba, après une course longue et pénible, avait trouvé le chameau lié à côté d'une yourte. Un Tartare, l'ayant vu se sauver, l'avait arrêté, présumant que quelqu'un était sur ses traces.

Quoique le jour fût très avancé, nous nous décidâmes à plier la tente, car l'endroit où nous avions campé était misérable au delà de toute expression. Pas un brin d'herbe ; et l'eau à une distance si éloignée, que, pour en avoir il fallait se résoudre à entreprendre un véritable voyage. « D'ailleurs, disions-nous, quand nous ne ferions, avant la nuit, que nous mettre en vue du véritable chemin, ce sera déjà un grand avantage. » Le départ étant ainsi arrêté, nous nous assîmes pour prendre du thé. La conversation ne pouvait naturellement avoir d'autre objet que la triste mésaventure qui nous avait tant accablés de peine et de fatigue. Plus d'une fois, durant notre voyage, le caractère revêche et entêté de Samdadchiemba avait été cause que nous avions perdu la bonne route, et marché souvent au hasard. Comme on l'a déjà dit, monté sur son petit mulet, il allait en tête de la caravane, traînant après lui les bêtes de charge. Sous prétexte qu'il connaissait très bien les quatre points cardinaux, et qu'il avait beauconp voyagé dans les déserts de la Mongolie, il ne pouvait pas se résoudre à demander la route aux personnes qu'il rencontrait, et souvent nous étions victimes de sa présomption. Nous crûmes donc devoir profiter de l'accident qui nous était survenu, et lui donner à ce sujet un avertissement. Samdadchiemba, lui dîmes-nous, écoute avec attention, nous avons à te dire une parole importante. Quoique dans ta jeunesse tu aies beaucoup voyagé en Mongolie, il ne s'ensuit pas que tu saches très bien les routes; tu dois te défier de tes conjectures et consulter un peu plus les Tartares que nous rencontrons. Si hier, par exemple, tu avais demandé la route, si tu ne t'étais pas obstiné, selon ton habitude, à te guider sur le cours du soleil, nous n'aurions pas enduré tant de misères. Samdadchiemba ne répondit pas un mot.

Nous nous levâmes aussitôt pour faire les préparatifs du départ. Quand nous eûmes mis en ordre les objets qui étaient entassés pêle-mêle dans l'intérieur de la tente, nous remarquâmes que le Dchiabour n'était pas occupé, comme à l'ordinaire, du soin de seller les chameaux. Nous allâmes voir ce qu'il faisait, et nous fûmes fort surpris de le voir tranquillement assis sur une grosse pierre, derrière la tente. « Eh! lui dîmes-nous, est-ce qu'il n'a pas été réglé que ce soir nous irions camper ailleurs? Que fais-tu là assis sur cette pierre? » Samdadchiemba ne répondit pas; il ne releva pas même ses yeux qu'il tenait constamment fixés en terre. « Samdadchiemba, qu'as-tu donc que tu ne selles pas les chameaux? — Puisque vous voulez partir répondit-il sèchement, suivez votre volonté; pour moi, je ne pars pas : je ne puis plus vous accompagner. Je suis un homme mauvais et sans conscience; quel besoin avez-vous de moi? » Nous fûmes bien surpris d'entendre de semblables paroles de la bouche d'un jeune néophyte qui paraissait nous être attaché. Nous ne voulûmes pas l'engager à nous accompagner, de peur d'aiguiser la fierté naturelle de son caractère, et de l'avoir dans la suite moins traitable et plus difficile. Nous nous mîmes à l'œuvre, et nous essayâmes de faire à nous deux toute la besogne.

Déjà nous avions plié la tente et chargé un chameau; tout cela s'était fait en silence. Samdadchiemba était toujours assis sur sa pierre, cachant sa figure dans ses mains, ou plutôt regardant peut-être entre ses doigts, comment nous nous tirions du travail qu'il était accoutumé de faire. Quand il vit que les choses allaient leur train ordinaire il se leva sans rien dire, chargea l'autre chameau, puis sella son mulet, monta dessus, et se mit en route comme il était habitué à le faire tous les jours. Nous nous contentâmes de sourire entre nous; mais nous eûmes bien garde de lui rien dire, de peur d'irriter davantage un caractère qui devait être traité avec prudence et ménagement.

Nous nous arrêtâmes dans un poste voisin de la route; il n'était pas magnifique, mais il valait beaucoup mieux que le ravin de désolation où nous avions éprouvé tant de misères. Au moins nous étions tous réunis; jouissance immense dans un désert, et que nous n'aurions jamais justement appréciée, si nous n'avions pas eu la douleur de nous trouver séparés. Nous célébrâmes cette réunion par un banquet splendide; la farine de froment et les foies de mouton furent mis à contribution. Ce luxe culinaire dérida le front sourcilleux de Samdadchiemba ; il se mit en besogne avec enthousiasme, et nous fit un souper à plusieurs services.

Le lendemain, dès que le jour parut, nous nous mîmes en route ; et bientôt nous vîmes se dessiner au loin, sur le fond jaunâtre d'une montagne sablonneuse, quelques grands édifices, entourés d'une multitude infinie de blanches maisonnettes. C'était la lamaserie de *Rache-Tchurin*. Elle nous parut belle et bien tenue. Les trois temples bouddhiques, qui s'élèvent au centre de l'établissement, sont d'une construction élégante et majestueuse. Sur l'avenue du temple principal, on remarque une tour carrée de proportions colossales. Aux quatre angles sont quatre dragons monstrueux sculptés en granit. Nous traversâmes la lamaserie d'un bout à l'autre, en suivant les rues principales. Il y régnait partout un silence religieux et solennel. On voyait seulement passer, de temps en temps, des Lamas enveloppés de leur grande écharpe rouge, et qui, après nous avoir souhaité un bon voyage à voix basse, continuaient gravement leur marche.

Vers l'extrémité occidentale de la lamaserie, le petit mulet que montait Samdadchiemba se cabra tout à coup, et prit ensuite le galop, entraînant après lui, dans sa fuite désordonnée, les deux chameaux qui portaient les bagages. Les animaux que nous montions furent également effarouchés. Tout ce désordre était occasionné par la présence d'un jeune Lama étendu tout de son long au milieu de la route. Il observait une pratique très usitée de la religion bouddhique, et qui consiste à faire le tour de la lamaserie en se prosternant à chaque pas. Quelquefois le nombre des dévots qui font ce pénible pèlerinage est vraiment prodigieux ; ils suivent tous, à la file les uns des autres, un sentier qui englobe dans son enceinte les habitations et les édifices qui appartiennent à la lamaserie. Il n'est pas permis de s'écarter le moins du monde de la ligne prescrite, sous peine de nullité et de perdre tous les fruits de ce genre de dévotion. Lorsque les lamaseries sont d'une grande étendue, une journée entière suffit à peine pour en faire le tour, en se prosternant à chaque pas comme l'exige la règle. Les pèlerins qui ont du goût pour cet exercice, sont obligés de se mettre en route aussitôt que le jour paraît, et souvent ils ne sont de retour qu'à la nuit tombante. On peut exécuter ce rude pèlerinage à plusieurs reprises ; il n'est pas même permis de s'arrêter un instant pour prendre un peu de nourriture, Quand on l'a commencé, si on ne le termine pas du même coup, cela ne compte pas ; on n'a acquis aucun avantage.

Les prostrations doivent être parfaites, de manière que le corps soit étendu tout de son long, et que le front touche la terre. Les bras doivent être allongés en avant, et les mains jointes. Avant de se relever, le pèlerin décrit une circonférence avec deux cornes de bouc qu'il tient dans ses mains, et en ramenant les bras le long de son corps. On ne peut s'empêcher d'être touché d'une grande compassion, en voyant ces malheureux, le visage et les habits tout couverts de poussière, et quelquefois de boue. Le temps le plus affreux n'est pas capable d'arrêter leur courageuse dévotion ; ils continuent leurs prostrations au milieu de la pluie et de la neige, et par le froid le plus terrible.

Il existe plusieurs manières de faire le pèlerinage autour des lamaseries. Il en est qui ne se prosternent pas du tout. Ils s'en vont, le dos chargé d'énormes ballots de livres, qui leur ont été imposés par quelque grand Lama. Quelquefois on rencontre des vieillards, des femmes ou des enfants, qui peuvent à peine se mouvoir sous leurs charges. Quand ils ont achevé leur tournée, ils sont censés avoir récité toutes les prières dont ils ont été les portefaix. Il en est d'autres qui se contentent de faire une promenade, en déroulant entre leurs doigts les grains de leur long chapelet, ou bien en imprimant un mouvement de rotation à un petit moulinet à prières, fixé dans leur main droite, et qui tourne sans cesse, avec une incroyable rapidité. On nomme ce moulinet *Tchu Kor*, c'est-à-dire prière tournante. On rencontre un grand nombre de ces *Tchu-Kor* le long des ruisseaux ; ils sont mis en mouvement par le cours de l'eau. Ils prient nuit et jour, au bénéfice de celui qui en a fait la fondation. Les Tartares en suspendent aussi au-dessus de leur foyer ; ceux-ci tournent pour la paix et la prospérité de toute la famille, dont le foyer est l'emblème. Ils sont mis en rotation au moyen du courant établi par la succession des couches froides de l'air qui arrive par l'ouverture de la tente.

Les bouddhistes sont encore en possession d'un moyen admirable de simplifier tous leurs pèlerinages et toutes leurs pratiques de dévotion. Dans les grandes lamaseries, on rencontre, de distance en distance, de grands mannequins en forme de tonneau, et mobiles autour d'un axe. La matière de ces mannequins est un carton très épais, fabriqué avec d'innombrables feuilles de papier collées les unes aux autres, et sur lesquelles sont écrites en caractères thibétains, des prières choisies et le plus en vogue dans la contrée. Ceux qui n'ont ni le goût, ni le zèle, ni la force de placer sur leur dos une énorme charge de bouquins, de se prosterner à chaque pas dans la boue ou dans la poussière, de courir autour de la lamaserie pendant les froidures de l'hiver ou les chaleurs de l'été, tous ceux-là ont recours au moyen simple et expéditif du tonneau à prières. Ils n'ont qu'à le mettre une fois en mouvement ; il tourne ensuite, de lui-même, avec facilité et pendant longtemps. Les dévots peuvent aller boire, manger ou dormir, pendant que la mécanique a l'extrême complaisance de prier pour eux.

Un jour, en passant devant un de ces tonneaux bouddhiques, nous aperçûmes deux Lamas qui se querellaient avec violence et étaient sur le point d'en venir aux mains, le tout à cause de leur ferveur et de leur zèle pour les prières. L'un d'eux, après avoir fait rouler la machine priante, s'en allait modestement dans sa cellule. Ayant tourné la tête, sans doute pour jouir du spectacle de tant de belles prières qu'il venait de mettre en mouvement, il remarqua un de ses confrères qui arrêtait sans scrupule sa dévotion, et faisait rouler le tonneau pour son propre compte. Indigné de cette pieuse tricherie, il revint promptement sur ses pas, et mit au repos les prières de son concurrent. Longtemps, de part et d'autre, ils arrêtèrent et firent rouler le tonneau, sans proférer une seule parole. Mais leur patience étant mise à bout, ils commencèrent par s'injurier ; des injures ils en vinrent aux menaces, et ils auraient fini, sans doute, par se battre sérieusement, si un vieux Lama, attiré par les cris, ne fût venu leur porter des paroles de paix, et mettre lui-même en mouvement la mécanique à prières, pour le bénéfice des deux parties.

Outre les pèlerins dont la dévotion s'exerce dans l'intérieur ou aux environs des lamaseries, on en rencontre quelquefois qui ont entrepris des voyages d'une longueur effrayante, et qu'ils doivent exécuter en se prosternant à chaque pas. Il est bien triste et bien lamentable de voir ces malheureuses victimes de l'erreur endurer en pure perte des peines indicibles; on se sent le cœur navré de douleur, et on ne peut s'empêcher d'appeler de tous ses vœux le moment où ces pauvres Tartares consacreront au service du vrai Dieu cette énergie religieuse, qu'ils dépensent et gaspillent tous les jours au sein d'une religion vaine et menteuse. Nous avions espéré pouvoir profiter de la solennité de *Rache-Tchurin* pour annoncer la vraie foi au peuple des Ortous; mais telle n'était pas sans doute la volonté de Dieu, puisqu'il permit que nous nous égarassions le jour même qui paraissait le plus favorable à nos projets. Nous traversâmes donc la lamaserie de *Rache-Tchurin* sans nous y arrêter. Nous avions hâte d'arriver à la source de cette immense superstition dont nous n'apercevions autour de nous que quelques maigres courants.

A peu de distance de la lamaserie de Rache-Tchurin, nous rencontrâmes une grande route très bien tracée, et fréquentée par un grand nombre de voyageurs. Ce n'était pas la dévotion qui les mettait en mouvement, comme ceux que nous avions trouvés en deçà de la lamaserie; ils étaient mus, au contraire, par l'intérêt et se dirigeaient vers le *Dabsoun-Noor*, ou Lac du sel, saline célèbre dans tout l'occident de la Mongolie, et qui fournit du sel non seulement aux Tartares voisins, mais encore à plusieurs provinces de l'empire chinois.

Une journée de marche avant d'arriver au *Dabsoun-Noor*, le terrain change par degrés de forme et d'aspect; il perd sa teinte jaunâtre, et devient insensiblement blanc, comme s'il fût tombé sur le sol une légère couche de neige. La terre se boursoufle sur tous les points et forme d'innombrables petits monticules, semblables à des cônes d'une régularité si parfaite, qu'on les dirait travaillés de main d'homme. Ils se groupent quelquefois par étages les uns au-dessus des autres, et ressemblent à de grosses poires entassées sur un plat; on en voit de toutes les grosseurs; les uns sont jeunes et ne font que naître, d'autres paraissent vieux, épuisés et tombent en ruine de toute part. A l'endroit où ces excroissances commencent à se déclarer, on voit sortir de terre des épines rampantes, environnées de longues pointes, mais sans fleurs et sans feuilles; elles se mêlent, s'entrelacent, et vont coiffer les boursouflures du terrain comme d'un bonnet tricoté. Ces épines ne se rencontrent jamais que sur les monticules dont nous parlons; quelquefois elles paraissent fortes, vigoureuses, et poussent des rejetons assez longs; mais sur les vieux tertres, elles sont desséchées, calcinées par le nitre, cassantes, et s'en allant, pour ainsi dire, en lambeaux.

En voyant à la surface de la terre ces nombreuses boursouflures chargées d'épaisses efflorescences de nitre, il est facile de deviner qu'au dedans et à peu de profondeur, il se fait de grandes opérations chimiques. Les sources d'eau, si rares dans les Ortous, deviennent ici fréquentes, mais elles sont en général excessivement salées; quelquefois pourtant, tout à côté d'une lagune saumâtre, jaillissent des eaux douces, fraîches et délicieuses; de longues perches, au bout desquelles flottent de petits drapeaux, servent à les indiquer aux voyageurs.

Ce qu'on appelle *Dabsoun Noor* est moins un lac qu'un vaste réservoir de sel gemme mélangé d'efflorescences nitreuses. Ces dernières sont d'un blanc mat, et friables entre les doigts; on peut les distinguer facilement du sel, qui a une teinte grisâtre, et dont la cassure est luisante et cristalline. Le *Dabsoun-Noor* a près de vingt lis de circonférence; on voit s'élever çà et là, de ses alentours, des yourtes habitées par des Mongols qui font l'exploitation de cette magnifique saline; on y rencontre toujours aussi quelques Chinois en qualité d'associés; car on dirait que ces hommes doivent se trouver nécessairement mêlés à tout ce qui tient au commerce ou à l'industrie. La manipulation qu'on fait subir à ces matières salines ne demande ni beaucoup de travail, ni une grande science. On se contente de les ramasser au hasard dans le réservoir, de les entasser et puis de recouvrir ces grandes piles d'une légère couche de terre glaise. Quand le sel s'est ainsi convenablement purifié de lui-même, les Tartares le transportent sur les marchés chinois les plus voisins, et l'échangent contre du thé, du tabac, de l'eau-de-vie, ou d'autres denrées à leur usage. Sur les lieux mêmes le sel est sans valeur; à chaque pas on en rencontre de gros morceaux d'une pureté remarquable. Nous en remplîmes un sac, soit pour notre usage, soit pour celui des chameaux, qui sont toujours très friands de cette nourriture.

Nous traversâmes le *Dabsoun-Noor* dans toute sa largeur d'orient en occident, et nous dûmes user de grandes précautions pour avancer sur ce sol toujours humide et presque mouvant. Les Tartares nous recommandèrent de suivre avec beaucoup de prudence les sentiers tracés, et de nous éloigner des endroits où nous verrions l'eau sourdre et monter. Ils nous assurèrent qu'il existait des gouffres qu'on avait plusieurs fois sondés sans jamais en trouver le fond. Tout cela porterait à croire que le *Noor* ou lac, dont on parle dans le pays, existe réellement, mais qu'il est souterrain. Au-dessus serait alors comme un couvercle, ou une voûte solide, formée de matières salines et salpêtreuses produites par les évaporations continuelles des eaux souterraines. Des matières étrangères, incessamment charriées par les pluies et poussées par les vents, auront bien pu ensuite, par le laps du temps, former une croûte assez forte pour porter les caravanes qui traversent sans cesse le *Dabsoun-Noor*.

Cette grande mine de sel paraît étendre son influence sur le pays des Ortous tout entier. Partout les eaux sont saumâtres; le sol est aride, et saupoudré de matières salines. Cette absence de gras pâturages et de ruisseaux, est très défavorable à la prospérité des bestiaux; cependant le chameau, dont le tempérament robuste et endurci s'accommode des montagnes les plus stériles, vient dédommager les Tartares des Ortous. Cet animal, véritable trésor du désert, peut rester quinze jours et même un mois sans boire ni manger. Quelque misérable que soit le pays, il trouve toujours de quoi se rassasier, surtout si le sol est imprégné de sel ou de nitre. Les landes les plus stériles peuvent lui suffire; les herbes auxquelles les autres animaux ne touchent pas, des broussailles, du bois sec même, tout peut lui servir de pâture.

X

Les environs de *Dabsoun-Noor* abondent en troupeaux de chèvres et de moutons. Ces animaux broutent volontiers les bruyères et les arbustes épineux, seule végétation de ces steppes stériles; ils font surtout leurs délices des efflorescences nitreuses, qui se rencontrent de toute part, et dont ils peuvent se rassasier à volonté. Il paraît que le pays, tout misérable qu'il est, ne laisse pas d'être très favorable à leur prospérité; aussi les Tartares en font-ils une grande consommation, et comme la base de leur alimentation. Achetés sur les lieux mêmes, ils sont d'un prix extrêmement modique. Ayant calculé qu'une livre de viande nous coûterait moins cher qu'une livre de farine, par principe d'économie, nous résolûmes de faire l'emplette d'un mouton. La circonstance n'était pas difficile à trouver; mais comme cela devait nous contraindre d'arrêter notre marche, au moins pendant une journée, nous voulions camper dans un endroit qui ne fut pas tout à fait stérile, et où nos animaux eussent un peu de pâturage à brouter.

Deux jours après avoir traversé le *Dabsoun-Noor*, nous entrâmes dans une longue vallée très resserrée, où stationnaient quelques familles mongoles. La terre était recouverte d'un épais gramen, qui, par sa forme et sa nature aromatique, avait beaucoup de ressemblance avec le thym. Nos animaux, tout en cheminant, arrachaient furtivement, à droite et à gauche, quelques bouchées, et nous paraissaient très friands de ce nouveau pâturage. Nous eûmes donc la pensée de nous arrêter là. Non loin d'une tente était un Lama assis sur un tertre et occupé à faire des cordes avec des poils de chameau. « Frère, lui dîmes-nous en passant à côté de lui, ce troupeau qui est sur cette colline, est sans doute le tien.... Veux-tu nous vendre un mouton? — Volontiers, nous répondit-il, je vous donnerai un excellent mouton; quant au prix, nous serons toujours d'accord.... Nous autres hommes de prière, nous ne sommes pas comme des marchands. » Il nous assigna un emplacement peu éloigné de sa tente, et nous fîmes accroupir nos animaux. Bientôt tous les gens de la famille du Lama, entendant les gémissements des chameaux, coururent en toute hâte vers nous, pour nous aider à camper. Il ne nous fut pas permis de mettre la main à l'œuvre; car chacun se faisait une fête de se rendre utile, de desseller les animaux, de dresser la tente et de mettre en ordre dans l'intérieur tout notre petit bagage.

Le jeune Lama qui nous accueillait avec tant d'empressement, après avoir desselié le cheval et le mulet, s'aperçut que ces deux animaux étaient un peu blessés sur le dos. « Frères, nous dit-il, voilà une mauvaise chose; vous faites un long voyage, il faut promptement remédier à cela; vous ne pourriez autrement terminer votre route. » En disant ces mots, il saisit promptement le couteau qui pendait à sa ceinture, et l'aiguisa avec rapidité sur le retroussis de sa botte de cuir; il démonta ensuite nos selles, examina les aspérités du bois, et se mit à rogner de côté et d'autre, jusqu'à ce qu'il eût fait disparaître les moindres inégalités. Après cela, il rajusta avec une merveilleuse adresse toutes les pièces des selles, et nous les rendit en disant : « Maintenant c'est bien; vous pourrez voyager en paix. » Cette opération se fit rapidement, et de la meilleure façon du monde. Le Lama voulait aller aussitôt chercher le mouton; mais comme il était déjà tard, nous l'arrêtâmes en lui disant que nous camperions pendant une journée dans sa vallée.

Le lendemain, nous n'étions pas encore levés, que le Lama, entr'ouvrant la porte de notre tente, se mit à rire avec tant de bruit, qu'il nous éveilla. « Ah! dit-il, on voit bien que vous ne voulez pas vous mettre en route aujourd'hui. Le soleil est déjà monté bien haut, et vous dormez encore. » Nous nous levâmes promptement, et aussitôt que nous fûmes habillés, le Lama nous parla du mouton. « Venez au troupeau, nous dit-il, vous choisirez à votre fantaisie. — Non, vas-y seul et amène le mouton que tu voudras; actuellement nous avons une occupation. Nous autres, Lamas du ciel d'occident, nous avons pour règle de vaquer à la prière aussitôt après être levés. — O la belle chose! s'écria le Lama. O les saintes règles de l'Occident! » Mais son admiration ne fut pas capable de lui faire perdre de vue son affaire. Il sauta sur son cheval, et courut vers un troupeau de moutons qu'on voyait onduler sur le penchant d'une colline.

Nous n'avions pas encore terminé notre prière, que nous entendîmes le cavalier revenir au grand galop : il avait attaché le mouton sur l'arrière de sa selle, en guise de portemanteau. A peine arrivé à la porte de notre tente, il descendit de cheval; et en un clin d'œil, il eut mis sur ses quatre pattes ce pauvre mouton, encore tout étonné de la cavalcade qu'il venait de faire. « Voilà le mouton, nous dit le Lama; est-il beau? vous convient-il? — A merveille. Combien veux-tu d'argent? — Une once, est-ce trop? » Vu la grosseur de l'animal, le prix nous parut modéré. « Puisque tu demandes une once, voici précisément un petit lingot qui a le poids requis. Assieds-toi un instant, nous allons prendre notre petite balance, et tu pourras vérifier si réellement ce morceau d'argent pèse une once. » A ces mots, le Lama fit un pas en arrière, et s'écria en étendant ses deux mains vers nous : « En haut, il y a un ciel; en bas, il y a une terre, et Bouddha est le maître de toutes choses! Il veut que tous les hommes se conduisent ensemble comme des frères; vous autres, vous êtes de l'Occident, moi, je suis de l'Orient. Est-ce une raison pour que notre commerce ne soit pas un commerce de franchise et de loyauté? Vous n'avez pas marchandé mon mouton, je prends votre argent sans le peser. — Excellente manière d'agir, lui dîmes-nous; puisque tu ne veux pas peser l'argent, assieds-toi pourtant un moment, nous boirons une tasse de thé, et nous délibérerons ensemble sur une petite affaire. — Je comprends ce que vous voulez dire; ni vous ni moi ne devons procurer la transmigration de cet être vivant. Il faut trouver un homme noir qui sache tuer les moutons; n'est-ce pas que c'est cela? » Et, sans attendre notre réponse, il ajouta promptement : « Il y a encore autre chose; à vous voir, il est facile de conjecturer que vous êtes peu habiles à dépecer les moutons et à préparer les entrailles. — Tu as parfaitement deviné, lui répondîmes-nous en souriant. — Tenez le mouton bien attaché à côté de votre tente; pour tout le reste reposez-vous sur moi, je vais revenir à l'instant. » Il monta sur son cheval, le mit au grand galop, et disparut dans un enfoncement de la vallée.

Comme il l'avait annoncé, le Lama ne tarda pas longtemps à reparaître. Il courut droit à sa tente, attacha le cheval à un poteau, le dessella, lui ôta la bride et le licou, et lui donna un rude coup de fouet pour le renvoyer au pâturage. Il entra un instant chez lui, et en ressortit bientôt après avec tous les membres de sa famille, c'est-à-dire sa vieille mère et deux jeunes frères. Ils se dirigèrent à pas lents vers notre demeure, dans un équipement vraiment risible. On eût dit qu'ils opéraient un déménagement de tous leurs meubles. Le Lama portait sur sa tête une marmite, dont il était coiffé comme d'un énorme chapeau. Sa mère avait le dos chargé d'une grande hotte remplie d'argols. Les deux jeunes Mongols suivaient, avec un trépied, une cuiller en fer, et quelques autres petits instruments de cuisine. A ce spectacle, Samdadchiemba trépignait de joie, car il voyait s'ouvrir devant lui toute une journée de poésie.

Aussitôt qu'on eut dressé en plein air toute la batterie de cuisine, le Lama nous invita, par politesse, à aller nous reposer tout doucement dans notre tente. Il jugeait, à notre air, que nous ne pourrions, sans déroger, assister de trop près à cette scène de charcuterie. Cette invitation ne faisait guère notre affaire. Nous demandâmes s'il n'y aurait pas d'inconvénient à nous asseoir sur le gazon, à une distance respectueuse, et avec promesse de ne toucher à rien. Après quelques difficultés, on s'aperçut que nous étions curieux de voir, et on nous fit grâce de l'étiquette.

Le Lama paraissait préoccupé. Ses regards se tournaient avec inquiétude vers le nord de la vallée, comme s'il eût examiné au loin quelque chose. « Ah! bon, dit-il d'un air satisfait, le voici enfin qui arrive. — Qui arrive? de qui parles-tu? — Holà! j'avais oublié de vous dire que j'avais été là-bas, tout à l'heure, inviter un homme noir très habile à tuer les moutons; le voici qui arrive. ⌐ Nous nous levâmes aussitôt, et nous vîmes, en effet, quelque chose se mouvoir parmi les bruyères du vallon. Nous ne pûmes pas tout d'abord distinguer clairement ce que c'était; car, bien qu'il avançât avec assez de rapidité, l'objet ne paraissait guère grandir. Enfin le personnage le plus singulier que nous ayons vu de notre vie se présenta à notre vue. Nous fûmes obligés de faire de grands efforts pour comprimer les mouvements d'hilarité qui commençaient à s'emparer de nous. Cet homme noir paraissait être âgé d'une cinquantaine d'années, mais sa taille ne dépassait pas la hauteur de trois pieds. Sur le sommet de sa tête, terminée en pain de sucre, s'élevait une petite touffe de cheveux mal peignés. Une barbe grise clairsemée descendait en désordre le long de son menton. Enfin, deux proéminences placées, l'une sur le dos, et l'autre devant la poitrine donnaient à ce petit boucher une ressemblance parfaite avec les portraits d'Esope, qu'on rencontre quelquefois sur certaines éditions des *Fables de la Fontaine.*

La voix forte et sonore de l'homme noir contrastait singulièrement avec l'exiguité de son corps grêle et rabougri. Il ne perdit pas beaucoup de temps à faire des compliments à la compagnie. Après avoir dardé ses petits yeux noirs sur le mouton qui était attaché à un des clous de la tente : « C'est donc cet animal que vous voulez mettre en ordre? » dit-il... Et tout en lui palpant la queue, pour juger de son embonpoint, il lui donna un croc-en-jambe, et le renversa avec une remarquable dextérité. Aussitôt il lui lia les quatre pattes ensemble. Pendant qu'il mettait à nu son bras droit, en rejetant en arrière la manche de son habit de peau, il nous demanda s'il fallait faire l'opération dans la tente ou dehors. « Dehors, lui dîmes-nous. — Dehors, eh bien, dehors. » En disant ces mots, il retira d'un étui de cuir suspendu à sa ceinture un couteau à large poignée, mais dont un long usage avait rendu la lame mince et étroite. Après en avoir tâté un instant la pointe avec son pouce, il l'enfonça tout entière dans les flancs du mouton : il la retira toute rouge; l'animal était mort, mort du coup, sans faire aucun mouvement; pas une goutte de sang n'avait jailli de la blessure. Cela nous étonna beaucoup, et nous demandâmes au petit homme noir comment il s'y était pris pour tuer ce mouton si lestement et si proprement. « Nous autres Tartares, dit-il, nous ne tuons pas de la même façon que les Kitas. Ceux-ci font une entaille au cou; nous autres, nous allons droit au cœur. Selon notre méthode, l'animal souffre moins, et tout le sang se conserve proprement dans l'intérieur. »

Dès que la transmigration eut été opérée, personne n'eut plus de scrupule. Notre Dchiahour et le Lama tartare retroussèrent aussitôt leurs manches, et vinrent en aide au petit boucher. L'animal fut écorché avec une admirable célérité. Pendant ce temps, la vieille Tartare avait fait chauffer de l'eau plein les deux marmites. Elle s'empara des entrailles, les lava à peu près, et puis, avec le sang qu'elle puisait dans l'intérieur du mouton au moyen d'une grande cuiller de bois, elle confectionna des boudins dont la base était l'inévitable farine d'avoine. « Seigneurs Lamas, nous dit le petit homme noir, faut-il désosser le mouton? » Sur notre réponse affirmative, il le fit accrocher à une des colonnes de la tente, car il n'était pas de taille à faire lui seul cette opération : il se dressa ensuite sur une grosse pierre, et, promenant rapidement son couteau autour des ossements, il détacha, d'une seule pièce, toutes les chairs, de manière à ne laisser suspendu à la colonne qu'un squelette bien décharné et bien poli.

Pendant que le petit homme noir avait, suivant son expression, mis en ordre la viande de mouton, le reste de la troupe nous avait préparé un gala à la façon tartare. Le jeune Lama était l'ordonnateur de la fête. « Voyons, s'écria-t-il, que tout le monde se place en rond, on va vider la grande marmite. » Aussitôt chacun s'assit sur le gazon. La vieille Mongole plongea ses deux mains dans la marmite, qui bouillait tout à côté, et en retira tous les intestins, le foie, le cœur, les poumons, la rate et les entrailles farcies de sang et de farine d'avoine. Ce qu'il y avait de plus remarquable dans cet appareil gastronomique, c'est que tous les intestins avaient été conservés dans toute leur intégrité, et disposés comme on les voit dans le corps de l'animal. La vieille servit, ou plutôt jeta ce mets grandiose au milieu de nous, sur la pelouse, qui nous servait tout à la fois de siège, de table, de plat, et au besoin même de serviette. Il est inutile d'ajouter que nos doigts seuls nous servaient de fourchette. Chacun saisissait de sa main un lambeau d'entrailles, les arrachait de la masse en les tordant, et les dévorait ainsi sans assaisonnement et sans sel.

Les deux Missionnaires français ne purent, selon leur bonne volonté, faire honneur à ce ragoût tartare. D'abord nous nous brûlâmes les doigts, en voulant toucher à ces entrailles toutes chaudes et toutes fumantes. Les convives eurent beau nous dire qu'il ne fallait pas les laisser refroidir, nous attendîmes un instant, de peur de brûler aussi nos lèvres. Enfin nous goûtâmes ces boudins fabriqués avec du sang de mouton et de la farine d'avoine; mais après quelques bouchées, nous eûmes le malheur de nous trouver rassasiés. Jamais, peut-être, nous n'avions rien mangé d'aussi fade et d'aussi insipide. Samdadchiemba, ayant prévu le coup, avait soustrait du plat commun le foie et les poumons. Il nous les servit avec quelques grains de sel qu'il avait eu soin d'écraser entre deux pierres. De cette manière, nous pûmes tenir tête à la compagnie, qui engloutissait avec un appétit dévorant tout ce vaste système d'entrailles.

Quand on eut fait table rase, la vieille apporta le second service; elle plaça au milieu de nous la grande marmite où on avait fait cuire les boudins. Aussitôt tous les membres du banquet s'invitèrent mutuellement, et chacun tirant de son sein son écuelle de bois, on se mit à puiser à la ronde des rasades d'un liquide fumant et sale, auquel on donnait le nom pompeux de sauce. Pour ne pas paraître excentriques, et avoir l'air de mépriser la cuisine tartare, nous fîmes comme tout le monde. Nous plongeâmes notre écuelle dans le récipient; mais ce ne fut que par de généreux efforts que nous pûmes avaler cette sauce verdâtre, et qui sentait l'herbe à moitié ruminée. Les Tartares, au contraire, trouvaient tout cela délicieux, et vinrent facilement à bout de cet épouvantable gala; ils ne s'arrêtèrent que lorsqu'il ne resta plus rien, pas une goutte de sauce, pas un pouce de boudin.

La fête étant terminée, le petit homme noir nous salua et prit pour son salaire les quatre pieds du mouton. A cet honoraire, fixé par les usages antiques des Mongols, nous joignîmes, en supplément, une poignée de feuilles de thé ; car nous voulions qu'il pût se souvenir longtemps et parler à ses compatriotes de la générosité des Lamas du ciel d'occident.

Tout le monde étant bien régalé, nos voisins prirent leur batterie de cuisine, et s'en retournèrent chez eux ; mais le jeune Lama ne voulut pas nous laisser seuls. Après avoir beaucoup parlé et de l'Occident et de l'Orient, il décrocha le squelette qui était encore suspendu à l'entrée de la tente, et s'amusa à nous réciter, en chantant, la nomenclature de tous les ossements, grands et petits, qui composent la charpente du mouton. Il s'aperçut que notre science sur ce point était très bornée, il en parut extrêmement surpris. Nous eûmes toutes les peines du monde à lui faire comprendre que dans notre pays, les études ecclésiastiques avaient pour objet des choses plus sérieuses et plus importantes, que les noms et le nombre des ossements d'un mouton.

Tous les Mongols connaissent le nombre, le nom et la place des os qui entrent dans la charpente des animaux ; aussi, quand ils ont à dépecer un bœuf ou un mouton, ils ne fracturent jamais les ossements. Avec la pointe de leur grand couteau, ils vont droit et du premier coup à leur jointure et les séparent avec une adresse et une célérité vraiment étonnantes. Ces fréquentes dissections, et surtout l'habitude de vivre journellement au milieu des troupeaux, ont rendu les Tartares très habiles dans la connaissance des maladies des animaux et dans l'art de les guérir. Les remèdes qu'ils emploient à l'intérieur sont toujours des simples qu'ils recueillent dans les prairies, et dont ils font boire la décoction aux animaux malades. Pour cela, ils se servent d'une grande corne de bœuf ; quand ils sont parvenus à insérer le petit bout dans la bouche de l'animal, ils versent la médecine par l'autre extrémité qui s'évase en forme d'entonnoir. Si la bête s'obstine à ne pas ouvrir la bouche, on lui fait avaler le liquide par les naseaux. Quelquefois les Tartares emploient aussi le lavement pour le traitement des maladies des bestiaux, mais leurs instruments sont encore dans toute leur simplicité primitive. Une corne de bœuf tient lieu de canule, et le corps de pompe est une grande vessie qu'on fait fonctionner en la pressant.

Les remèdes pris à l'intérieur sont très peu en usage ; les Tartares emploient plus fréquemment la ponction et les incisions sur diverses parties du corps. Quelquefois ils font ces opérations d'une manière vraiment risible. Un jour que nous avions dressé notre tente à côté d'une habitation mongole, un Tartare conduisit au chef de cette famille une vache, qui ne mangeait plus, disait-il, et qui allait tous les jours dépérissant. Le chef de famille examina l'animal ; il lui entr'ouvrit la bouche, et puis lui gratta les dents de devant avec son ongle. « Ignorant, dit-il à celui qui était venu le consulter, pourquoi as-tu attendu si longtemps à venir ? ta vache est sur le point de mourir ; elle a, tout au plus, une journée à vivre. Pourtant il reste encore un moyen, je vais l'essayer. Si ta vache meurt, tu diras que c'est ta faute ; si elle guérit, tu diras que c'est un grand bienfait d'Hormousdha et de mon savoir-faire. » Il appela ensuite quelques-uns de ses esclaves, et leur commanda de tenir fortement la bête, pendant qu'il lui ferait l'opération. Pour lui, il rentra dans sa tente, et revint bientôt après, armé d'un clou en fer et d'un gros marteau. Nous attendions avec impatience cette singulière opération chirurgicale, qui allait se faire avec un clou et un marteau. Pendant que plusieurs Mongols tenaient fortement la vache pour l'empêcher de s'échapper, l'opérateur lui plaça le clou sous le ventre, puis, d'un rude coup de marteau, il l'enfonça jusqu'à la tête. Après cela, il saisit de ses deux mains la queue de la vache et ordonna à ceux qui la tenaient de lâcher prise. Aussitôt la bête qui venait d'être si bizarrement opérée, se mit à courir, traînant après elle le vétérinaire tartare toujours cramponné à sa queue. Ils parcoururent de la sorte à peu près un li de chemin. Le Tartare abandonna enfin sa victime, et revint tranquillement vers nous, qui étions tout ébahis de cette nouvelle méthode de procéder à la guérison des vaches. Il nous annonça qu'il n'y avait plus aucun danger pour la bête : il avait connu, disait-il, à la raideur de la queue, le bon effet de la médecine ferrugineuse qu'il venait de lui administrer.

Les vétérinaires tartares font quelquefois leurs opérations au ventre, comme on vient de le voir ; mais le plus souvent, c'est à la tête, aux oreilles, aux tempes, à la lèvre supérieure et autour des yeux. Cette dernière opération a lieu principalement dans la maladie que les Tartares nomment *fiente de poule*, et à laquelle les mulets sont très sujets. Quand le mal se déclare, ces animaux cessent de manger, deviennent d'une faiblesse extrême, et peuvent à peine se soutenir ; il leur vient aux coins des yeux des excroissances charnues, assez semblables à de la fiente de poule, et cachées par les paupières. Si l'on a soin d'arracher à temps ces excroissances, les mulets sont sauvés, et reprennent peu à peu leur première vigueur ; sinon, ils languissent encore quelques jours et périssent infailliblement.

Quoique la ponction et la saignée soient pour beaucoup dans l'art vétérinaire des Tartares, il ne faudrait pas croire qu'ils ont entre les mains de belles et riches collections d'instruments, comme celles qui sont à la disposition des opérateurs européens : le plus souvent ils n'ont que leur couteau ordinaire, ou une petite alène en fer, toujours suspendue à leur ceinture, et dont ils se servent journellement pour désobstruer leurs pipes, raccommoder leurs selles et leurs bottes de cuir.

Le jeune Lama qui nous avait vendu le mouton passa une grande partie de la journée à nous raconter des anecdotes, plus ou moins piquantes et curieuses, au sujet de la science vétérinaire dans laquelle il paraissait assez habile. Il nous donna aussi, sur le chemin que nous avions à suivre, les renseignements les plus importants ; il nous fixa les étapes que nous devions faire, les lieux où nous devions nous arrêter pour ne pas mourir de soif. Nous avions encore à faire dans le pays des Ortous une quinzaine de jours de marche ; pendant ce temps nous ne devions plus rencontrer ni ruisseau, ni fontaine, ni citerne ; mais seulement de loin en loin des puits d'une profondeur extraordinaire, quelquefois distants les uns des autres de deux journées de chemin ; nous devions donc être dans la nécessité de transporter en route notre provision d'eau.

Le lendemain, après avoir fait nos adieux à cette famille tartare qui nous avait témoigné tant d'empressement, nous nous mîmes en route. Sur le soir, vers l'heure de dresser la tente, nous aperçûmes dans le lointain un grand rassemblement de troupeaux de toute espèce. Pensant que le puits qu'on nous avait annoncé se trouvait de ce côté-là, nous y dirigeâmes notre marche. Bientôt nous reconnûmes en effet que nous étions arrivés à l'eau; déjà les bestiaux s'étaient rendus de toute part, et attendaient qu'on vînt les abreuver. Nous nous arrêtâmes donc, et nous organisâmes notre campement. En voyant ces troupeaux réunis, et ce puits dont l'ouverture était recouverte par une large pierre, nous nous rappelâmes avec plaisir le passage de la Genèse qui raconte le voyage de Jacob en Mésopotamie, vers Laban, fils de Bathuel le Syrien :

« Jacob, étant parti, vint à la terre d'Orient.

« Et il vit un puits dans un champ, et auprès, trois troupeaux de brebis couchées; car c'est à ce puits que les troupeaux s'abreuvaient, et le puits était fermé avec une grosse pierre.

« Or c'était la coutume, lorsque tous les troupeaux étaient assemblés, de rouler la pierre, et les troupeaux s'abreuvaient, et on la remettait sur le puits[1]. »

Les auges en bois qui entouraient le puits nous rappelaient aussi cet autre passage où il est parlé de la rencontre de Rebecca et du serviteur d'Abraham.

« Lorsque le serviteur eut bu, elle ajouta : Je puiserai encore de l'eau pour vos chameaux, jusqu'à ce que tous aient bu.

« Et, répandant son vase dans les canaux, elle courut au puits pour puiser de l'eau, et la présenta à tous les chameaux[2]. »

On ne peut voyager en Mongolie, au milieu d'un peuple pasteur et nomade, sans que l'esprit se reporte involontairement au temps des premiers patriarches, dont la vie pastorale avait tant de rapports avec les mœurs et les habitudes qu'on remarque encore aujourd'hui parmi les tribus mongoles. Mais combien ces rapprochements deviennent tristes et pénibles, quand on songe que ces peuples infortunés ne connaissent pas encore le Dieu d'Abraham, d'Isaac et de Jacob !

A peine eûmes-nous dressé la tente et disposé notre modeste cuisine, que nous aperçûmes des cavaliers tartares s'avancer vers nous au grand galop; ils venaient puiser de l'eau et abreuver les nombreux troupeaux qui attendaient depuis longtemps. Les bestiaux qui se tenaient à l'écart voyant venir leurs pasteurs, accoururent à la hâte, et bientôt tous se groupèrent à l'entour du puits, dans l'attente de se désaltérer. Cette grande réunion d'animaux si nombreux, et de caractères si différents, produisait une agitation, un tumulte auxquels nous étions peu accoutumés au milieu des solitudes silencieuses du désert, et c'est peut-être à cause de son étrangeté, que cette activité désordonnée était pour nous pleine de charmes. Nous aimions à voir ces chevaux indomptés se pousser, se ruer, pour arriver les premiers à l'abreuvoir; puis, au lieu de boire en paix, se mordre, se quereller, abandonner enfin l'eau pour aller se poursuivre dans la plaine. La scène était surtout amusante et pittoresque, lorsqu'un énorme chameau venait jeter l'épouvante autour du puits, et éloigner le vulgaire par sa présence despotique.

(1) Genèse, XXIX, 1, 2, 3.   (2) Ibid., XXIV, 19, 20.

Les pasteurs mongols étaient au nombre de quatre : pendant que deux d'entre eux, armés d'une longue perche, couraient çà et là, pour essayer de mettre un peu d'ordre parmi les troupeaux, les deux autres puisaient l'eau d'une manière qui excita grandement notre surprise. D'abord l'instrument dont on se servait en guise de seau nous parut passablement remarquable; c'était une peau de bouc tout entière, solidement nouée aux quatre pattes et n'ayant d'ouverture qu'au cou. Un gros cercle tenait l'orifice évasé; une longue et forte corde en poil de chameau était attachée à un morceau de bois qui coupait le cercle diamétralement; la corde tenait par un bout à la selle d'un cheval que montait un Tartare ; et lorsqu'on était parvenu à remplir cette monstrueuse outre, le cavalier poussait son cheval en avant, et hissait l'outre jusqu'au bord du puits; un autre homme recevait l'eau, et la vidait à mesure dans les auges.

Le puits était d'une profondeur effrayante; la corde dont on se servait pour faire monter l'outre, nous parut avoir plus de deux cents pieds de longueur. Au lieu de couler sur une poulie, elle était tout bonnement appuyée sur une grosse pierre, où le frottement avait fini par creuser une large rainure. Quoique le puisage se fît avec une grande activité, il était presque nuit lorsque tous les troupeaux furent suffisamment abreuvés; alors nous allâmes chercher nos cinq animaux pour leur donner part au banquet commun. Les Tartares eurent la complaisance de nous puiser de l'eau; il est probable que, sans leur secours, nous n'aurions jamais pu y parvenir, et que nous aurions été obligés d'endurer la soif à côté d'un puits très abondant.

Ces Tartares ne nous parurent pas contents, comme ceux que nous avions rencontrés dans les autres parties de la Mongolie; on voyait qu'ils souffraient beaucoup d'être obligés de passer leur vie dans un pays si ingrat, où les pâturages étaient si rares et l'eau encore davantage; ils nous parlaient des royaumes mongols que nous avions déjà parcourus, et où il était si facile, même si agréable de nourrir des animaux. « Oh! que les habitants de ces contrées sont heureux! disaient-ils, combien notre bonheur serait grand, si nous pouvions aller passer nos jours au milieu de ces gras pâturages! »

Avant de s'en retourner vers leur habitation, qui était située derrière une haute montagne, ces Tartares nous dirent que le lendemain il nous faudrait partir avant le jour; ils nous avertirent que nous ne trouverions de l'eau qu'à l'endroit des *Cent Puits*, dont nous étions éloignés de cent cinquante lis (quinze lieues).

L'aube n'avait pas encore paru lorsque nous nous mîmes en route; le pays fut toujours, comme à l'ordinaire, sablonneux, stérile et triste à voir. Vers midi nous nous arrêtâmes pour prendre un peu de nourriture, et faire du thé avec l'eau que nous portions sur un de nos chameaux. La nuit commençait à se faire et nous n'étions pas encore arrivés aux Cent-Puits; nos pauvres animaux n'en pouvaient plus de soif et de fatigue : cependant il fallait, coûte que coûte, arriver au campement; rester en arrière eût été la source de grandes misères. Enfin nous rencontrâmes nos puits; et sans nous inquiéter s'il y en avait cent, comme semblait l'annoncer le nom tartare de cet endroit, nous nous hâtâmes de dresser la tente; heureusement le puits n'était pas profond comme celui que nous avions vu la veille. Notre premier soin fut de puiser de l'eau pour abreuver le cheval et le mulet; mais quand nous allâmes pour les conduire à l'abreuvoir, nous ne les trouvâmes plus auprès de la tente, où ils attendaient ordinairement qu'on vînt les desseller. Cet accident nous causa une grande peine qui nous fit subitement oublier toutes les fatigues de la journée. Nous n'avions, il est vrai, aucune peur des voleurs, car, sous ce rapport, il n'est peut-être pas de pays plus sûr que celui des Ortous; mais nous pensions que nos animaux, altérés comme ils l'étaient, s'étaient enfuis pour chercher de l'eau quelque part. « Ils marcheront, disions-nous, jusqu'à ce qu'ils aient rencontré de quoi se désaltérer : ils iront probablement, sans s'arrêter, jusqu'aux frontières des Ortous, sur les bords mêmes du fleuve Jaune. »

La nuit était d'une obscurité profonde : toutefois nous jugeâmes à propos d'aller promptement à la recherche de nos chevaux, pendant que Samdadchiemba nous préparait le souper. Nous errâmes longtemps, et dans toutes les directions, sans rien trouver : souvent nous nous arrêtions pour écouter si nous n'entendrions pas le bruit des grelots qui étaient suspendus au cou du cheval; mais nous avions beau prêter l'oreille, rien ne venait jamais interrompre le silence profond du désert. Cependant nous allions toujours sans nous décourager, toujours dans l'espoir de retrouver ces animaux, qui nous étaient si nécessaires, et dont la perte nous eût jetés dans un grand embarras. Quelquefois il nous semblait vaguement entendre dans le lointain le tintement des grelots; alors nous nous couchions à plat ventre, et nous appliquions l'oreille contre terre, pour saisir plus facilement le moindre bruit qui pourrait se faire; mais tout était inutile, toutes nos recherches étaient infructueuses.

La crainte de nous égarer nous-mêmes, pendant une nuit obscure, dans un pays dont nous n'avions pu examiner de jour la position, nous fit naître la pensée de rebrousser chemin. Mais quelle ne fut pas notre consternation, lorsqu'en nous retournant nous aperçûmes au loin, vers l'endroit où nous avions dressé la tente, s'élever une grande flamme mêlée d'épais tourbillons de fumée. Nous ne doutâmes pas un seul instant que Samdadchiemba s'était mis aussi de son côté à la recherche des chevaux, et que, pendant son absence, le feu avait pris à la tente. Oh! que ce moment fut triste et décourageant pour nous! Au milieu du désert, à deux mille lis de distance de nos chrétientés, nous regardions, sans espoir, se consumer dans les flammes cette pauvre tente, notre seul abri contre les intempéries de l'air! « Hélas! nous disions-nous, la tente est certainement perdue! et sans doute, tous les objets qu'elle renfermait sont aussi devenus la proie de l'incendie. »

Nous nous dirigeâmes donc tristement vers le lieu où nous avions campé. Il nous tardait de voir de près ce grand désatre; et cependant nous avancions avec lenteur, car nous redoutions aussi d'approcher de cet affreux spectacle, qui allait arrêter nos plans et nous plonger dans des misères de tout genre. A mesure que nous avancions, nous entendions de grands cris; enfin nous distinguâmes la voix de Samdadchiemba qui semblait appeler au secours. Pensant alors que nous pourrions peut-être sauver quelque chose de l'incendie, nous accourûmes en poussant aussi de grands cris, pour avertir le Dchiahour que nous allions à son aide. Enfin nous arrivâmes au campement, et nous demeurâmes un instant pleins de stupéfaction, en voyant Samdadchiemba tranquillement assis à côté d'un immense brasier, et buvant avec calme de grandes rasades de thé. La tente était intacte, et tous nos animaux étaient couchés aux environs; il n'y avait pas eu d'incendie. Le Dchiahour, après avoir retrouvé le cheval et le mulet, s'était imaginé qu'ayant été sans doute fort loin, il nous serait difficile de retrouver le campement. A cause de cela, il avait donc allumé un grand feu pour diriger notre marche et poussé des cris pour nous inviter à revenir. Nous avions tellement cru à la réalité de notre malheur, qu'en revoyant notre tente, il nous sembla passer subitement de la misère la plus extrême au comble de la félicité.

La nuit était déjà bien avancée; nous mangeâmes à la hâte et d'excellent appétit la bouillie que Samdadchiemba nous avait préparée; puis nous nous jetâmes sur nos peaux de bouc, où nous dormîmes d'un paisible et profond sommeil jusqu'au jour.

A notre réveil, nous n'eûmes pas plutôt jeté un coup d'œil sur les alentours du campement, que nous sentîmes un frisson d'épouvante courir par tous nos membres; car nous nous vîmes environnés de toute part de puits nombreux et profonds. On nous avait bien dit que nous ne trouverions de l'eau qu'à l'endroit appelé les *Cent-Puits*; mais nous n'avions jamais pensé que cette dénomination de *Cent-Puits* dût être prise à la lettre. La veille, comme nous avions dressé notre tente pendant la nuit, nous n'avions pu remarquer autour de nous la présence de ces nombreux précipices; aussi nous n'avions pris aucune précaution. Pour aller à la recherche de nos animaux égarés, nous avions fait, sans le savoir, mille tours et détours parmi ces abîmes profonds; et si nous avons pu aller et venir ainsi, pendant une nuit obscure, sans nous y précipiter, nous devons l'attribuer à une protection spéciale de la Providence. Avant de partir, nous plantâmes une petite croix de bois sur le bord de ces puits, en témoignage de notre reconnaissance envers la bonté de Dieu.

Après avoir fait notre déjeuner accoutumé, nous nous mîmes en route. Vers l'heure de midi nous aperçûmes devant nous une grande multitude, qui débouchait d'une étroite gorge formée par deux montagnes escarpées. Nous nous perdîmes longtemps en conjectures, pour tâcher de deviner ce que pouvait être cette nombreuse et imposante caravane. Des chameaux innombrables chargés de bagages s'avançaient à la file les uns des autres, et une foule de cavaliers, qui, de loin, paraissaient richement vêtus, marchaient sur deux lignes, comme pour escorter les bêtes de charge. Nous ralentîmes notre marche, dans le dessein d'examiner de près cette caravane qui nous paraissait si étrange.

Nous étions encore à une assez grande distance, lorsque quatre cavaliers, qui formaient comme une espèce d'avant-garde à cette grande troupe, coururent vers nous avec rapidité. C'étaient quatre mandarins. Le globule bleu qui surmontait leur bonnet de cérémonie, était le signe de leur dignité. « Seigneurs Lamas, nous dirent-ils, que la paix soit avec vous! Vers quel point de la terre dirigez-vous vos pas? — Nous sommes du ciel d'occident et c'est vers l'occident que nous allons.... Et vous autres, frères de la Mongolie, où allez-vous en si grande troupe et en si magnifique équipage? — Nous sommes du royaume d'*Alechan*; notre roi fait un voyage à Pékin, pour se prosterner aux pieds de celui qui siège au-dessous du ciel. » Après ces quelques mots, les quatre cavaliers se soulevèrent un peu sur leur cheval, nous saluèrent et allèrent reprendre leur position à la tête de la caravane.

Nous nous trouvions juste à point sur le passage du roi des *Alechan*, se rendant à Pékin avec son pompeux cortège pour se trouver à la grande réunion des princes tributaires, qui, le premier jour de la première lune, doivent aller souhaiter la bonne année à l'empereur. Après l'avant-garde, venait un palanquin porté par deux magnifiques mulets attelés, l'un devant, l'autre derrière, à des brancards dorés. Le palanquin était carré, peu riche et peu élégant; le dôme était orné de quelques franges de soie et aux quatre faces on voyait quelques peintures de dragons, d'oiseaux et de bouquets de fleurs. Le monarque tartare était assis, non pas sur un siège, mais les jambes croisées, à la façon orientale; il nous parut âgé d'une cinquantaine d'années; un bel embonpoint donnait à sa physionomie un air remarquable de bonté. Quand nous passâmes à côté de lui, nous lui criâmes : « Roi des Alechan, que la paix et le bonheur accompagnent tes pas! — Hommes de prière, nous répondit-il, soyez toujours en paix, » et il accompagna ces paroles d'un geste plein d'aménité. Un vieux Lama à barbe blanche, monté sur un magnifique cheval, conduisait par un licou le premier mulet du palanquin; il était considéré comme le garde de toute la caravane. Ordinairement les grandes marches des Tartares sont sous la conduite du plus vénerable d'entre les Lamas du pays; parce que ces peuples sont persuadés qu'ils n'ont rien à redouter en route, tant qu'ils ont à leur tête un représentant de la Divinité, ou plutôt la Divinité elle-même, incarnée dans la personne du Lama.

Un grand nombre de cavaliers entouraient par honneur le palanquin royal; ils faisaient sans cesse caracoler leurs chevaux, allant et venant par mille détours, passant tantôt d'un côté, tantôt d'un autre, sans jamais s'arrêter dans leurs mouvements rapides. Immédiatement après l'équipage du roi, venait un chameau d'une beauté et d'une grandeur extraordinaire; il était de couleur blanche. Un jeune Tartare marchant à pied le conduisait par un cordon de soie. Ce chameau n'était pas chargé. Au bout de ses oreilles et au dessus de ses deux bosses, qui se tenaient dressées comme deux petites pyramides, on voyait flotter quelques lambeaux de taffetas jaune. Il n'était pas douteux que ce magnifique animal ne fût un cadeau destiné à l'empereur chinois. Le reste de la troupe se composait des nombreux chameaux qui portaient les bagages : les caisses, les tentes, les marmites, et les mille et un ustensiles dont on doit être toujours accompagné dans un pays où on ne trouve jamais d'auberge.

Il y avait déjà longtemps que la caravane était passée, lorsque la rencontre d'un puits nous décida à dresser la tente. Pendant que nous étions occupés à faire bouillir notre thé, trois Tartares, dont l'un était décoré du globule rouge et les deux autres du globule bleu, mirent pied à terre à l'entrée de notre demeure. Ils nous demandèrent des nouvelles de la caravane du roi des Alechan. Nous leur répondîmes que nous l'avions rencontrée depuis longtemps, qu'elle devait être déjà loin, et que, sans doute, avant la nuit, elle arriverait au campement des *Cent Puits*. « Puisqu'il en est ainsi, dirent-ils, nous allons rester ici; cela vaut mieux que d'arriver la nuit au *Cent-Puits*, au risque de nous jeter dans quelque abîme. Demain, en partant avant le jour, nous rattraperons la caravane. »

Cette détermination étant prise d'une manière irrévocable, les Tartares dessellèrent promptement leurs chevaux, les envoyèrent chercher fortune dans le désert, puis vinrent, sans façon, prendre place à côté de notre foyer. Ces personnages étaient tous *Taitsi* du royaume des *Alechan*. L'un d'eux, celui qui avait le bonnet surmonté d'un globule rouge, était ministre du roi; ils faisaient tous trois partie de la grande caravane qui se rendait à Pékin; la veille, ils s'étaient arrêtés chez un de leurs amis, prince des Ortous, et avaient été ainsi laissés en arrière par le gros de la troupe.

Le ministre du roi des *Alechan* avait le caractère ouvert et l'esprit assez pénétrant; il joignait à la bonhomie mongole des manières vives et élégantes, qu'il avait sans doute acquises dans ses fréquents voyages à Pékin. Il nous questionna beaucoup sur le pays que les Tartares nomment ciel d'occident; il nous apprit que tous les trois ans un grand nombre de nos compatriotes, venus des divers royaumes occidentaux, allaient rendre leurs hommages à l'empereur de Pékin.

Il est inutile de dire, qu'en général les Tartares ne poussent pas fort loin leurs études géographiques. L'occident est tout simplement pour eux, le Thibet et quelques pays environnants dont ils ont entendu parler par les Lamas qui ont fait le pèlerinage de Lha-Ssa. Ils croient fermement, qu'après le Thibet, il n'y a plus rien : « C'est là que finit le monde, disent-ils; plus loin, il n'y a qu'une mer sans rivages. »

Quand nous eûmes satisfait à toutes les questio ns du globule rouge, nous lui en adressâmes quelques-unes sur le pays des Alechan et sur leur voyage à Pékin. « Il est d'usage, nous dit-il, que tous les souverains du monde se rendent à Pékin pour les fêtes du nouvel an. Les plus rapprochés sont tenus d'y aller tous les ans; les autres, ceux qui occupent les extrémités de la terre y vont chaque deux ou chaque trois ans, suivant la longueur de la route qu'ils ont à faire. — Quel est votre but, en vous rendant annuellement à Pékin? — Nous autres, nous sommes pour faire cortège à notre roi; les rois seuls ont le bonheur de se prosterner en présence du *vieux Bouddha* (l'empereur). » Il entra ensuite dans de longs détails sur la cérémonie du premier de l'an, et sur les relations de l'empereur chinois avec les rois tributaires.

Les souverains étrangers placés sous l'influence dominatrice de l'empire chinois se rendent à Pékin, d'abord pour faire acte d'obéissance et de soumission; et en second lieu, pour payer certaines redevances à l'empereur, dont ils se regardent comme les vassaux. Ces redevances, qui sont décorées du beau nom d'offrandes, sont, au fond, de véritables impôts, qu'aucun roi tartare n'oserait se dispenser de payer. Ces redevances consistent en chameaux, en chevaux remarquables par leur beauté, et que l'empereur envoie grossir ses immenses troupeaux du *Tchakar*. Chaque prince tartare est, en outre, obligé d'apporter quelque chose des rares produits de son pays : de la viande de cerf, d'ours et de chevreuil, des plantes aromatiques, des faisans, des champignons, des poissons, etc. Comme on se rend à Pékin au temps des grands froids, tous ces comestibles sont gelés ; ils peuvent ainsi subir, sans danger, les épreuves d'un long voyage. et se conserver longtemps encore après être arrivés à leur destination.

Une des bannières du *Tchakar* est spécialement chargée d'envoyer tous les ans à Pékin une immense provision d'œufs de faisan. Nous demandâmes au ministre du roi des Alechan si ces œufs de faisan avaient un goût spécial, pour qu'ils fussent si fort estimés à la cour. « Ils ne sont pas destinés à être mangés. nous répondit-il ; le vieux Bouddha s'en sert pour autre chose. — Puisqu'on ne les mange pas, quel est donc leur usage? » Le Tartare parut embarrassé, il rougit un peu avant de répondre ; puis enfin il nous dit que ces œufs de faisan servaient à faire un vernis pour enduire la chevelure des femmes qui emplissent le sérail de l'empereur. On prétend qu'ils donnent aux cheveux un lustre et un brillant magnifiques. Il pourrait se faire que des Européens trouvassent bien sale et bien dégoûtante cette pommade d'œufs de faisan, si fort prisée à la cour chinoise ; mais chacun sait que beauté et laideur, propreté et saleté, tout cela est fort relatif. Il s'en faut bien que, parmi les divers peuples qui habitent la terre, les idées soient très uniformes sur ces points.

Ces visites annuelles à l'empereur de la Chine sont très coûteuses et très pénibles pour les Tartares de la classe plébéienne. Ils sont accablés de corvées, au gré de leurs maîtres, et doivent fournir un certain nombre de chameaux et de chevaux, pour porter les bagages du roi et de la noblesse. Comme ces voyages se font dans le temps le plus rigoureux de l'hiver, les animaux trouvent peu à manger, surtout lorsque, ayant quitté la Terre-des-Herbes, on entre dans les pays cultivés par les Chinois. Aussi, en meurt-il en route un grand nombre. Quand la caravane s'en retourne, il s'en faut bien qu'elle soit en aussi bon ordre et en aussi bon état qu'en allant. On ne voit, en quelque sorte, que des squelettes d'animaux. Ceux auxquels il reste encore un peu de force, portent les quelques bagages nécessaires pour le retour ; quant aux autres, ils se font traîner par le licou, et peuvent à peine mettre leurs jambes les unes devant les autres. C'est une chose triste et étrange tout à la fois, que de voir des Mongols allant à pied, et conduisant après eux des chevaux qu'ils n'osent monter, de peur de les écraser.

Aussitôt que les rois tributaires sont arrivés à Pékin, ils se rendent dans l'intérieur de la ville, et habitent un quartier qui leur est spécialement destiné ; ils sont ordinairement réunis au nombre de deux cents. Chacun a son palais ou hôtellerie, qu'il occupe avec les gens de sa suite. Un mandarin, grand dignitaire de l'empire, gouverne ce quartier, et doit veiller avec soin à ce que la paix et la concorde règnent toujours parmi ces illustres visiteurs. Les tributs sont remis entre les mains d'un mandarin spécial, qu'on pourrait considérer comme un intendant de la liste civile.

Pendant leur séjour à Pékin, ces monarques n'ont aucun rapport avec l'empereur, aucune audience solennelle. Quelques-uns pourtant peuvent avoir accès auprès du trône ; mais ce doit être toujours pour traiter des affaires de haute importance, et au-dessus de la juridiction des ministres ordinaires.

Le premier jour de l'an, il y a une cérémonie solennelle, dans laquelle ces deux cents monarques ont une espèce de contact avec leur suzerain et maître, avec celui, comme on dit, qui, siégeant au-dessous du ciel, gouverne les quatre mers et les dix mille peuples, par un seul acte de sa volonté. D'après le rituel qui règle les grandes démarches de l'empereur de Chine, celui-ci doit, tous les ans, au premier jour de la première lune, aller visiter le temple de ses ancêtres et se prosterner devant la tablette de ses aïeux. Avant la porte d'entrée de ce temple, il y a une grande avenue, et c'est là que se rendent les princes tributaires qui se trouvent à Pékin pour rendre hommage à l'empereur. Ils se rangent à droite et à gauche du péristyle, sur trois lignes de part et d'autre, chacun occupant la place qui convient à sa dignité. Ils se tiennent debout, gravement, et en silence. On prétend que c'est un beau et imposant spectacle, que de voir tous ces monarques lointains, revêtus de leurs habits de soie, brodés d'or et d'argent, et désignant par la variété de leurs costumes, les divers pays qu'ils habitent et les degrés de leur dignité.

Cependant l'empereur sort en grande pompe de sa Ville-Jaune. Il traverse les rues désertes et silencieuses de Pékin; car, lorsque le tyran de l'Asie paraît, toutes les portes doivent se fermer, et les habitants de la ville doivent, sous peine de mort, se tenir enfermés et muets au fond de leurs maisons. Aussitôt que l'empereur est parvenu au temple des ancêtres, au moment même où il pose le pied sur le premier des degrés qui conduisent à la galerie des rois tributaires, les hérauts qui précèdent s'écrient : « Que tout se prosterne; voici le maître de la terre. » Aussitôt, les deux cents rois tributaires répondent d'une voix unanime : « Dix mille félicités! » Et, après avoir souhaité la bonne année à l'empereur, ils se prosternent tous la face contre terre. Alors passe, au milieu de leurs rangs, le fils du ciel, qui entre dans le temple des ancêtres, et se prosterne, à son tour, trois fois devant la tablette des aïeux. Pendant que l'empereur fait ses adorations aux esprits de la famille, les deux cents monarques continuent de demeurer toujours étendus à terre. Ils ne se relèvent que lorsque l'empereur est passé de nouveau au milieu de leurs rangs. Alors ils montent chacun dans leur litière et s'en retournent dans leurs palais respectifs.

C'est à cela qu'aboutissent les longues attentes de ces potentats, qui ont quitté leurs pays lointains, et ont enduré des fatigues de tout genre, parmi les dangers d'une longue route à travers les déserts. Ils ont eu le bonheur de se prosterner au passage de l'empereur! Sans doute, un pareil spectacle serait pour nous un objet de pitié et de dégoût. Nous ne comprenons pas qu'il puisse y avoir d'un côté tant de bassesse, et de l'autre tant d'orgueil. Cependant, parmi les peuples asiatiques, c'est la chose la plus simple du monde. L'empereur prend au sérieux sa toute puissance, et les rois tartares se tiennent heureux et honorés de lui rendre hommage.

Le premier ministre du roi des Alechan nous dit qu'il était très difficile de voir l'empereur. Une année que son maître était malade, il fut obligé de le remplacer à Pékin pour la cérémonie du temple des ancêtres. Il espérait donc pouvoir contempler le vieux Bouddha, quand il traverserait le péristyle. Mais il fut bien trompé dans son attente. Comme ministre et simple représentant de son

Nous nous accroupîmes à côte de nos montures. (P. 212.)

monarque, il fut placé sur le troisième rang; de sorte que, lors du passage de l'empereur, il ne vit absolument rien. « Ceux qui sont sur la première ligne, dit-il, peuvent, en usant de beaucoup de prudence et d'adresse, entrevoir la robe jaune du fils du ciel. Mais ils doivent se bien garder de lever la tête pour faire les curieux; cette audace serait regardée comme un grand crime, et punie très sévèrement. »

Tous les princes tartares sont pensionnés par l'empereur; la somme qu'on leur alloue est peu de chose; toutefois cette mesure ne laisse pas d'avoir un bon résultat politique. Les princes tartares, en recevant leur solde, se considèrent comme les esclaves, ou du moins comme les serviteurs de celui qui les paye; l'empereur, par conséquent, a droit d'exiger d'eux soumission et obéissance. C'est vers l'époque du premier jour de l'an, que les souverains tributaires touchent à Pékin la pension qui leur est allouée. Quelques grands mandarins sont chargés de ces distributions; les mauvaises langues de l'empire prétendent qu'ils spéculent sur cette fonction lucrative, et qu'ils ne manquent jamais de faire d'énormes profits aux dépens des pauvres Tartares.

Le ministre du roi des Alechan nous raconta, pour notre édification, qu'une certaine année, tous les princes tributaires avaient reçu leur pension en lingots de cuivre argenté. Tout le monde s'en était aperçu, mais chacun avait gardé le silence; on avait craint de donner de la publicité à une affaire qui pouvait devenir une grande catastrophe, capable de compromettre les plus grands dignitaires de l'empire, et même les rois tartares. Comme, en effet, ces derniers étaient censés recevoir leurs rétributions des mains mêmes de l'empereur, s'ils s'étaient plaints, c'eût été en quelque manière accuser le vieux Bouddha, le fils du ciel, d'être un faux monnayeur. Ils reçurent donc leurs lingots de cuivre en se prosternant; et ce ne fut que de retour dans leurs pays qu'ils dirent ouvertement, non pas qu'on les avait trompés, mais que les mandarins chargés de leur distribuer l'argent avaient été dupes des banquiers de Pékin. Le mandarin tartare qui nous raconta cette aventure, donnait toujours à entendre que, ni l'empereur, ni les gens de la cour, ni les mandarins n'étaient pour rien dans cette affaire. Nous nous gardâmes bien de lui ôter cette touchante crédulité. Pour nous, qui n'avions pas grande foi à la probité du gouvernement de Pékin, nous demeurâmes convaincus que tout bonnement l'empereur avait filouté les rois tartares. Cela nous parut d'autant plus certain, que l'époque de cette aventure coïncidait avec la guerre des Anglais; nous savions que l'empereur était aux abois, et qu'il ne savait où prendre l'argent nécessaire pour empêcher de mourir de faim une poignée de soldats, qui étaient chargés de veiller à l'intégrité du territoire chinois.

La visite des trois mandarins des Alechan nous fut non seulement agréable, à cause des détails qu'ils nous donnèrent sur les rapports des rois tartares avec l'empereur, mais elle eut encore pour nous une véritable utilité. Quand ils surent que nous dirigions notre marche vers l'occident, ils nous demandèrent si nous avions dessein de passer par le pays des Alechan. Sur notre réponse affirmative, ils nous détournèrent de ce projet; ils nous dirent que nos animaux y périraient, parce qu'on n'y rencontrait pas un seul pâturage. Nous savions déjà que les Alechan sont un pays encore plus stérile que l'Ortous. Ce sont en effet des chaînes de hautes montagnes sablonneuses, où l'on voyage quelquefois pendant des journées entières, sans rencontrer un seul brin de végétation; certains vallons, rares et étroits, offrent seulement aux troupeaux quelques plantes maigres et épineuses. A cause de cela le royaume des Alechan est très peuplé, même en comparaison des autres pays de la Mongolie.

Les mandarins nous dirent que, cette année, la sécheresse qui avait été générale dans toute la Tartarie, avait rendu le pays des Alechan presque inhabitable; ils nous assurèrent qu'un tiers au moins des troupeaux avait péri de faim et de soif, et que le reste était dans un état misérable... Pour faire le voyage de Pékin, on avait choisi ce qu'il y avait de mieux dans le pays; et nous avions pu remarquer que les animaux de la caravane étaient bien loin de ressembler à ceux que nous avions vus dans le Tchakar. La sécheresse, le manque d'eau et de pâturages, la décimation des troupeaux, tout cela avait donné naissance à une grande misère, d'où étaient sortis de nombreux brigands, qui désolaient le pays et détroussaient les voyageurs. On nous assura qu'étant en si petit nombre, il ne serait pas prudent de nous engager dans les montagnes des Alechan, surtout pendant l'absence des principales autorités.

D'après tous ces renseignements, nous prîmes la résolution, non pas de rebrousser chemin, car nous étions déjà engagés trop avant, mais de changer un peu notre plan de route. La nuit était très avancée quand nous songeâmes à prendre un peu de repos; à peine eûmes-nous dormi quelques instants, que le jour parut. Les Tartares sellèrent promptement leurs chevaux, et, après nous avoir souhaité la paix et le bonheur, ils partirent ventre à terre, et volèrent sur les traces de la grande caravane qui les avait précédés.

Pour nous, avant de nous mettre en route, nous déroulâmes l'excellente carte de l'empire chinois, publiée par M. Andriveau-Goujon, et nous cherchâmes sur quel point nous devions nous diriger, pour éviter ce misérable pays des Alechan, sans pourtant trop nous écarter du but vers lequel nous marchions. D'après l'inspection de la carte, nous ne vîmes d'autre moyen que de traverser de nouveau le fleuve Jaune, de rentrer en dedans de la grande muraille chinoise, et de voyager en Chine à travers la province du *Kan-Sou* jusque chez les Tartares du *Koukou-Noor*.

Autrefois cette détermination nous eût fait frémir; habitués comme nous l'étions à vivre en cachette au milieu de nos chrétientés chinoises, il nous eût paru impossible de nous engager dans l'empire chinois, seuls et sans le patronage d'un catéchiste : alors il eût été pour nous clair comme le jour que notre étranglement et la persécution de toutes les missions chinoises eussent été la suite inévitable de notre téméraire dessein. Telles eussent été nos craintes d'autrefois; mais le temps de la peur était passé. Aguerris par deux mois de route, nous avions fini par nous persuader que nous pouvions voyager dans l'empire chinois avec autant de sécurité que dans la Tartarie. Le séjour que nous avions déjà fait dans plusieurs grandes villes de commerce, obligés de traiter par nous-mêmes nos affaires, nous avait quelque peu stylés et rendus moins étrangers aux mœurs et aux habitudes chinoises. Le langage ne nous offrait plus aucun embarras : outre que nous pouvions parler l'idiome tartare, nous nous étions familiarisés avec les locutions populaires des Chinois, chose très difficile, en résidant toujours dans les Missions, parce que les chrétiens s'étudient, par flatterie, à n'employer, devant les Missionnaires, que la courte nomenclature des mots qu'ils ont étudiés dans les livres. En dehors de ces avantages purement moraux et intellectuels, notre long voyage nous avait fait beaucoup de bien sous le rapport physique. La pluie, le vent et le soleil, qui avaient impunément sévi, deux mois durant, contre notre teint européen, avaient fini par rembrunir et tanner notre visage, au point de lui donner un air passablement sauvage. La crainte d'être reconnus par les Chinois ne pouvait donc faire sur nous la plus légère impression.

Nous dîmes à Samdadchiemba que nous cesserions, après quelques jours, de voyager dans la Terre-des-Herbes, et que nous continuerions notre route par l'empire chinois. « Voyager chez les Chinois, dit-il, c'est très bien : il y a de bonnes auberges, on y boit de bon thé. Quand il pleut, on peut se mettre à l'abri; la nuit, on n'est pas éveillé par la froidure du vent du nord.... Mais en Chine il y a dix mille routes ; laquelle prendrons-nous? Savons-nous quelle est la bonne? » Nous lui fîmes voir la carte, en lui indiquant tous les endroits par lesquels nous passerions avant d'arriver dans le *Koukou-Noor;* nous lui réduisîmes même en *lis* toutes les distances d'une ville à l'autre. Samdadchiemba regardait notre petite carte géographique avec un véritable enthousiasme. « Oh! dit-il, c'est à cette heure que j'ai sincèrement regret de n'avoir pas étudié pendant que j'étais dans ma lamaserie; si j'avais écouté mon maître, si je m'étais bien appliqué, je pourrais peut-être aujourd'hui comprendre cette description du monde que voilà peinte sur ce morceau de papier. N'est-ce pas qu'avec cela on peut aller partout, sans demander la route? — Oui, partout, lui répondîmes-nous, même dans ta famille. — Comment? est-ce que mon pays serait aussi écrit là-dessus?. » Et en disant ces mots, il se courba avec vivacité sur la carte, de manière à la couvrir tout entière de sa large figure. « Range-toi, qu'on te montre ton pays..... tiens, vois-tu ce petit espace à côté de cette ligne verte? C'est le pays des Dchiahours, c'est ce que les Chinois nomment les *Trois-Vallons* (Sam-Tchouen); ton village doit être ici ; nous passerons tout au plus à deux journées de ta maison. — Est-il possible? reprit-il en se frappant le front, nous passerons à deux journées de ma maison, dites-vous? Comment! pas plus loin que deux journées? Dans ce cas-là, quand nous serons tout près, je demanderai à mes pères spirituels la permission d'aller revoir mon pays. — Quelle affaire peux-tu avoir encore dans les Trois-Vallons? — J'irai voir ce qui s'y passe.... Voilà dix-huit ans que j'en suis parti; j'irai voir si ma vieille mère y est encore; si elle n'est pas morte, je la ferai entrer dans la sainte Eglise. Pour mes deux frères, je n'en réponds pas : qui peut savoir s'ils auront assez de bon sens pour ne plus croire aux transmigrations de Bouddha?.... Ah! voilà qui est bien, ajouta-t-il, après une courte pause; je vais faire encore un peu de thé et, tout en buvant, nous parlerons tout doucement de cela. »

Samdadchiemba n'y était plus; ses pensées s'étaient toutes envolées au pays natal. Nous dûmes le rappeler à la réalité de sa position. « Samdadchiemba, pas besoin de faire du thé; maintenant, au lieu de causer, il faut plier la tente, charger les chameaux et nous mettre promptement en route. Vois, le soleil est déjà assez haut; si nous ne marchons pas vite, nous n'arriverons jamais dans le pays des Trois-Vallons. — Parole pleine de vérité! » s'écria-t-il; et, se levant brusquement, il se mit à faire avec ardeur les préparatifs du départ.

En nous remettant en route, nous abandonnâmes la direction vers l'occident, que nous avions rigoureusement suivie durant notre voyage; nous descendîmes un peu vers le midi. Après avoir marché pendant la moitié de la journée, nous nous reposâmes un instant à l'abri d'une roche, pour prendre notre repas. Comme à l'ordinaire, nous dînâmes au pain et à l'eau; et encore quel pain et quelle eau! de la pâte à moitié cuite, de l'eau saumâtre que nous avions été obligés de puiser à la sueur de notre front, et de transporter pendant la route.

Sur la fin de notre repas, pendant que nous puisions dans nos petites fioles un peu de poussière de tabac en guise de dessert, nous aperçûmes venir à nous un Tartare monté sur un chameau : il s'assit à côté de nous; après nous être souhaité mutuellement la paix, nous lui donnâmes à flairer nos tabatières, puis nous lui offrîmes un petit pain cuit sous la cendre. Dans un instant, il eut croqué le pain et aspiré coup sur coup trois prises de tabac. Nous le questionnâmes sur la route; il nous dit qu'en suivant toujours la même direction, nous arriverions dans deux jours sur les bords du fleuve Jaune, qu'au delà nous entrerions sur le territoire chinois. Ces renseignements nous furent très agréables, car ils s'accordaient parfaitement avec les indications de la carte. Nous lui demandâmes encore si l'eau était loin. « Oui, les puits sons très loin, nous répondit-il. Si vous voulez vous arrêter aujourd'hui, vous trouverez sur la route une citerne, mais l'eau est peu abondante et très mauvaise; autrefois c'était un puits excellent, aujourd'hui il a été abandonné, parce qu'un *tchutgour* (diable) en a corrompu les eaux. »

Sur ces informations, nous levâmes la séance; nous n'avions pas de temps à perdre, si nous voulions arriver avant la nuit. Le Mongol monta sur son chameau, qui s'en alla par bonds à travers le désert, tandis que la petite caravane continuait à pas lents sa marche uniforme et monotone.

Avant le soleil couché nous arrivâmes à la citerne qui nous avait été indiquée. Comme nous ne pouvions espérer de trouver plus loin une eau meilleure, nous dressâmes la tente; nous pensions d'ailleurs que la citerne n'était pas peut-être aussi diabolique que l'avait prétendu le Tartare.

Pendant que nous allumions le feu, le Dchiahour alla puiser de l'eau; il revint à l'instant, en disant qu'elle était impotable, que c'était de véritable poison. Il en rapportait une écuellée, afin que nous pussions constater par nous-mêmes la vérité de ce qu'il disait. La puanteur de cette eau sale et bourbeuse était en effet intolérable : au-dessus de ce liquide nauséabond, on voyait flotter comme des goutelettes d'huile, dont la vue augmentait encore notre dégoût. Nous n'eûmes pas le courage d'y porter nos lèvres pour la goûter; il nous suffisait de la voir, et surtout de la sentir.

Et cependant il fallait boire ou se laisser mourir de soif. Nous essayâmes donc de tirer le meilleur parti possible de cette citerne du diable, comme l'appellent les Tartares. Nous allâmes ramasser des racines qui croissaient en abondance aux environs, et qui étaient à moitié enterrées dans le sable : il ne fallut qu'un instant pour en avoir une grande provision. Nous fîmes d'abord du charbon que nous écrasâmes grossièrement ; puis nous remplîmes notre grande marmite de cette eau puante et bourbeuse, et nous la plaçâmes sur le feu. Quand l'eau fut chaude nous y infusâmes une grande quantité de charbon pulvérisé.

Pendant que nous étions occupés de cette opération chimique, Samdadchiemba, accroupi à côté de la marmite, nous demandait à chaque instant quel genre de souper nous prétendions faire avec tous ces détestables ingrédients. Nous lui fîmes une dissertation complète sur les propriétés décolorantes et désinfectantes du carbone. Il écouta notre exposé scientifique avec patience, mais il ne parut pas convaincu. Ses deux yeux étaient continuellement braqués sur la marmite ; et il était facile de voir à l'expression sceptique de sa figure, qu'il ne comptait guère que l'eau épaisse qui était dans la marmite pût tourner en eau claire et limpide.

Enfin, après avoir décanté notre liquide, nous le filtrâmes dans un sac de toile. L'eau que nous obtînmes n'était pas, il est vrai, délicieuse, mais elle était potable ; elle avait déposé sa saleté et toute sa mauvaise odeur. Nous en avions déjà bu plus d'une fois dans notre voyage, qui ne la valait certainement pas.

Samdadchiemba était ivre d'enthousiasme. S il n'eût pas été chrétien, certainement il nous eût pris pour des Bouddhas vivants. « Les Lamas, disait-il, prétendent qu'il y a tout dans leurs livres de prières ; cependant je suis sûr qu'ils mourraient tous de soif ou empoisonnés, s'ils n'avaient pour faire leur thé que cette citerne. Ils ne sauraient jamais trouver le secret de rendre cette eau bonne. » Samdadchiemba nous accabla de bizarres questions sur les choses de la nature. A propos de la purification d'eau que nous venions de faire, il nous demanda si, en se frottant bien la figure avec du charbon, il parviendrait à la rendre aussi blanche que la nôtre ; puis, se prenant à regarder ses mains encore toutes noires, à cause du charbon qu'il avait pulvérisé tout à l'heure, il se mit à rire aux éclats.

Il était déjà nuit quand nous achevâmes la distillation de notre eau. Nous fîmes du thé en abondance, et la soirée se passa à boire. Nous nous contentâmes de délayer quelques pincées de farine d'avoine dans notre boisson ; car la soif ardente dont nous étions dévorés avait absorbé le désir de manger. Après avoir bien noyé nos entrailles desséchées par une longue journée de marche, nous songeâmes à prendre un peu de repos.

A peine fûmes nous couchés, qu'un bruit inattendu et extraordinaire vint tout à coup nous jeter dans la stupeur. C'était un cri lugubre, sourd et prolongé, qui semblait se rapprocher insensiblement de notre tente. Nous avions entendu les hurlements des loups, les rugissements des tigres et des ours ; mais ce qui frappait nos oreilles en ce moment, n'était comparable à rien de tout cela. C'était comme le mugissement d'un taureau, mêlé d'un accent si étrange et si inusité, que nous en avions le cœur plein d'épouvante. Nous étions d'autant plus surpris de cette rencontre, que tout le monde s'accordait à dire qu'il n'existait pas une seule bête féroce dans tout le pays des Ortous.

Notre embarras devenait sérieux ; nous commencions à craindre pour nos animaux, qui étaient attachés à l'entour de la tente, et un peu aussi pour nous-mêmes.

Ces cris effrayants venant à se rapprocher encore, nous allumâmes à quelques pas de notre tente, un grand entassement de broussailles. Ce grand feu, au lieu d'éloigner cet animal problématique, parut au contraire l'inviter à venir vers nous. Une flamme immense s'échappait du sein des broussailles embrasées.

A la faveur de son lointain reflet, nous distinguâmes enfin comme la forme d'un grand quadrupède de couleur rousse. Il ne paraissait pas avoir l'air aussi féroce que ses cris semblaient l'annoncer. Nous nous hasardâmes à aller vers lui, mais il s'éloignait à mesure que nous avancions. Samdadchiemba, dont les yeux étaient très perçants, et accoutumés, comme il le disait, à regarder dans le désert, nous assura que c'était un chien ou un veau égaré.

Nos animaux paraissaient, pour le moins, aussi préoccupés que nous. Le cheval et le mulet dressaient leurs oreilles en avant, et creusaient la terre de leurs pieds, tandis que les chameaux, le cou tendu et les yeux effarés, ne perdaient pas un instant de vue l'endroit d'où partaient ces cris sauvages.

Pour tâcher de savoir au juste avec qui nous avions affaire, nous délayâmes une poignée de farine d'avoine dans une des pièces de notre vaisselle de bois ; nous la plaçâmes à l'entrée de la tente, et nous rentrâmes. Bientôt nous vîmes l'animal s'avancer à pas lents, s'arrêter, puis s'avancer encore. Enfin, il aborda franchement le plat et lapa avec vitesse le souper que nous lui avions préparé. Il nous fut alors facile de reconnaître un chien. Il était d'une grosseur prodigieuse. Après avoir bien nettoyé et récuré de sa langue son écuelle de bois, il se coucha sans façon à l'entrée de la tente ; nous suivîmes son exemple, et nous nous endormîmes avec calme, contents d'avoir rencontré un protecteur au lieu d'un ennemi.

Le matin, à notre réveil, nous pûmes considérer au grand jour et à loisir ce chien qui, après nous avoir tant effrayés, s'était livré à nous avec un entier abandon. Il était de couleur rousse, et d'une taille extraordinairement grande ; l'état de maigreur dans lequel il se trouvait témoignait qu'il s'était égaré déjà depuis longtemps. Une jambe disloquée, et qu'il traînait en marchant, donnait à son allure un certain balancement qui avait quelque chose de formidable. Mais il était surtout effrayant, quand il faisait résonner le timbre de sa voix caverneuse et sauvage. Nous ne pouvions l'entendre sans nous demander si l'être que nous avions sous les yeux appartenait bien réellement à la race canine.

Nous nous mîmes en route, et le nouvel Arsalan nous accompagna avec fidélité. Le plus souvent, il précédait de quelques pas la caravane, comme pour nous indiquer la route, qui, du reste, paraissait lui être assez familière.

Après deux journées de marche, nous arrivâmes au pied d'une chaîne de montagnes dont les cimes allaient se perdre dans les nues. Nous les gravîmes avec courage, espérant qu'au delà nous rencontrerions le fleuve Jaune. Cette journée de marche fut très pénible, surtout pour les chameaux, qui devaient sans cesse marcher sur des rochers durs et aigus. Aussi, après quelques instants, leurs pieds charnus étaient-ils tout ensanglantés.

Quant à nous, nous étions peu sensibles à la peine que nous éprouvions.

Nous étions trop occupés à considérer l'aspect étrange et bizarre des montagnes que nous parcourions.

Dans les gorges, et au fond des précipices formés par ces hautes montagnes, on n'aperçoit que de grands entassements de mica et de pierres lamellées, cassées, broyées, et souvent comme pulvérisées. Tous ces débris d'ardoises et de schistes paraissent avoir été charriés dans ces gouffres par de grandes eaux; car ils n'appartiennent nullement à ces montagnes, qui sont de nature granitique. A mesure qu'on avance vers la cime, ces monts affectent des formes de plus en plus bizarres. On voit de grands quartiers de rochers roulés et entassés les uns sur les autres, et comme étroitement cimentés ensemble. Ces rochers sont presque partout incrustés de coquillages et de débris de plantes semblables à des algues marines; mais ce qu'il y a de remarquable, c'est que ces masses granitiques sont découpées, rongées et usées dans tous les sens. De tout côté, on ne voit que des cavités, des trous qui serpentent par mille détours; on dirait que tout le haut de la montagne a été soumis à l'action lente et dévastatrice de vers immenses. Quelquefois le granit offre des empreintes profondément creusées, comme si elles eussent servi de moules à des monstres, dont les formes sont encore très bien conservées.

A la vue de tous ces phénomènes, il nous semblait souvent que nous marchions dans le lit d'une mer desséchée. Tout porterait à croire que ces montagnes ont été, en effet, lentement travaillées par la mer. Impossible d'attribuer tout ce qu'on y voit aux eaux de la pluie, et encore moins aux inondations du fleuve Jaune, qui, si prodigieuses qu'on les suppose, n'arriveraient jamais à une si grande élévation. Les géologues qui prétendent que le déluge a eu lieu par affaissement, et non par une dépolarisation de la terre, trouveraient peut-être, sur ces montagnes, des preuves assez fortes pour étayer leur système.

Quand nous fûmes arrivés sur la crête de ces hautes montagnes, nous aperçûmes à nos pieds le fleuve Jaune, qui roulait majestueusement ses ondes du sud au nord; il était à peu près midi, et nous espérâmes que le soir même nous pourrions passer l'eau, et aller coucher dans une des auberges de la petite ville de *Ché-Tsui-Dzé*, que nous découvrions déjà sur le penchant d'une colline de l'autre côté du fleuve.

Nous mîmes toute la soirée à descendre cette montagne escarpée, choisissant à droite et à gauche les endroits les moins scabreux. Enfin nous arrivâmes avant la nuit sur les bords du fleuve Jaune. Notre passage eut un succès inespéré. D'abord, les Tartares mongols qui étaient en possession du bac, pressurèrent moins notre bourse que ne l'avaient fait les bateliers chinois. En second lieu, les animaux montèrent sur la barque, sans la moindre difficulté. Nous fûmes seulement forcés d'abandonner sur le rivage notre chien boiteux. Les Mongols ne voulurent à aucun prix lui donner place sur la barque, ils prétendaient que la règle voulait que les chiens passassent l'eau à la nage, et non pas sur les barques, uniquement destinées pour les hommes et pour les animaux qui ne savent pas nager. Nous dûmes céder à l'inflexibilité de leur préjugé.

De l'autre côté du fleuve nous fûmes en Chine. Nous dîmes donc adieu pour quelque temps à la Tartarie, au désert et à la vie nomade.

XI

Coup d œil sur les peuples tartares.

Pour bien fixer ses idées sur la Tartarie, nous pensons que la règle la plus claire, la plus certaine, et par conséquent la plus raisonnable, est d'adopter les opinions des Tartares eux mêmes et des Chinois, bien plus compétents en cette matière que les Européens, qui, n'ayant aucune relation avec cette partie de l'Asie, sont obligés de s'abandonner à des conjectures souvent peu conformes à la vérité.

Suivant un usage universel, et qu'il nous a été facile de constater pendant nos voyages, nous diviserons les peuples Tartares en orientaux (Toung-Ta-Dze) ou Mandchous, et occidentaux (Si-Ta-Dze) ou Mongols. Les limites de la Mandchourie sont très claires, comme nous l'avons déjà dit : elle est bornée au nord par les monts Kinggan qui la séparent de la Sibérie; au midi par le golfe Phou Hai et la Corée; à l orient par la mer du Japon, et à l'occident par la barrière de pieux, et un embranchement du *Sakhalien-Oula* Il serait difficile de fixer les bornes de la Mongolie d'une manière aussi précise; cependant, sans beaucoup s'écarter de la vérité, on peut les comprendre entre le soixante-quinzième et le cent dix-huitième degré de longitude de Paris, et entre le trente-cinquième et le cinquantième degré de latitude septentrionale. La grande et la petite Boukharie. la Kalmoukie, le grand et le petit Thibet, toutes ces dénominations nous paraissent purement imaginaires. Nous entrerons là-dessus dans quelques détails, dans la seconde partie de notre voyage, lorsque nous aurons à parler du Thibet et des peuples qui l'avoisinent.

Les peuples qui se trouvent compris dans la grande division de la Mongolie, que nous venons de donner, ne doivent pas tous indistinctement être considérés comme Mongols. Il en est plusieurs auxquels on ne peut attribuer cette dénomination, qu'avec certaines restrictions. Vers le nord-ouest, par exemple, les Mongols se confondent souvent avec les Musulmans, et vers le sud avec les

Si-Fans ou Thibétains orientaux. La meilleure méthode pour distinguer sûrement ces peuples, c'est de faire attention à leur langage, à leurs mœurs, à leur religion, à leur costume, et surtout au nom qu'ils se donnent eux-mêmes.

Les Mongols-Khalkhas sont les plus nombreux, les plus riches et les plus célèbres dans l'histoire; ils occupent tout le nord de la Mongolie. Leur pays est immense; il comprend près de deux cents lieues du nord au sud, et environ cinq cents de l'est à l'ouest. Nous ne répéterons pas ici tout ce que nous avons déjà dit du pays des Khalkhas; nous ajouterons seulement qu'il se divise en quatre grandes provinces, soumises à quatre souverains spéciaux; ces provinces se subdivisent elles-mêmes en quatre-vingt-quatre bannières, en chinois *Ky*, et en mongol *Bochkhon*; des princes de divers degrés sont placés à la tête de chaque bannière. Malgré l'autorité de ces princes séculiers, on peut dire que les Khalkhas dépendent tous du Guison-Tamba, grand Lama, Bouddha vivant de tous les Mongols Khalkhas, qui se font un honneur de se nommer *Disciples du saint du Kouren* (Kouré bokte ain chabi).

Les Mongols du sud n'ont pas de dénomination particulière. Ils prennent simplement le nom de la principauté à laquelle ils appartiennent. Ainsi on dit : Mongol du Souniout, Mongol de Géchekten, etc. La Mongolie méridionale comprend vingt-cinq principautés, qui, comme celles des Khalkhas, se divisent ensuite en plusieurs *Bochkhon*. Les principales sont : l'Ortous, les deux Toumet, les deux Souniout, le Tchakar, Karatsin, Oungniot, Géchekten, Barin, Nayman, et le pays des Oelets.

Les Mongols méridionaux voisins de la grande muraille, ont un peu modifié leurs mœurs, par les rapports fréquents qu'ils ont avec les Chinois. On remarque quelquefois dans leur costume une certaine recherche, et dans leur caractère des prétentions aux raffinements de la politesse chinoise. En se dépouillant de ce sans-façon et de cette bonhomie qu'on trouve chez les Mongols du Nord, ils ont emprunté à leurs voisins quelque chose de leur astuce et de leur fatuité.

En allant vers le sud-ouest, on rencontre les Mongols du *Koukou-Noor*, ou lac Bleu (en chinois, *Tsing-Haï*, mer Bleue). Il s'en faut bien que ce pays ait toute l'étendue qu'on lui assigne généralement dans les cartes géographiques. Les Mongols du Koukou Noor n'occupent que les environs du lac qui leur a donné son nom. Encore sont-ils mélangés de beaucoup de Si-Fans, qui ne peuvent demeurer avec sécurité dans leur propre pays, à cause de certaines hordes de brigands qui ne cessent de le désoler.

A l'ouest du Koukou-Noor, est la rivière *Tsaidam*, où campent de nombreuses peuplades qu'on nomme Mongols-*Tsaidam*, et qu'on ne doit pas confondre avec les Mongols du Koukou-Noor. Plus loin encore, et au cœur même du Thibet, on rencontre d'autres tribus mongoles. Nous n'en disons rien ici, parce que nous aurons occasion d'en parler dans le cours de notre voyage. Nous reviendrons aussi, avec quelques détails sur les Mongols du Koukou-Noor et de Tsaidam.

Les Tartares Torgots, qui habitaient autrefois non loin de Kara-Koroum, capitale des Mongols du temps de Tchinggiskhan, se trouvent actuellement au nord-ouest de la Mongolie. En 1672, la tribu tout entière, après avoir plié ses tentes et rassemblé ses nombreux troupeaux, abandonna les lieux qui lui avaient servi de berceau. Elle s'avança vers la partie occidentale de l'Asie, et alla s'établir dans les steppes qui sont entre le Don et le Volga. Les princes Torgots reconnurent la domination des empereurs moscovites, et se déclarèrent leurs vassaux. Cependant ces hordes vagabondes et passionnées à l'excès pour l'indépendance de leur vie nomade, ne purent s'accommoder longtemps des nouveaux maîtres qu'elles s'étaient choisis. Bientôt elles prirent en aversion les lois et les institutions régulières, qui commençaient à s'établir dans l'empire russe. En 1770, la tribu des Torgots opéra de nouveau une migration générale. Guidée par son chef, Oboucha, elle disparut subitement, dépassa les frontières russes, et s'arrêta sur les bords de la rivière d'*Ili*. Cette fuite avait été concertée avec le gouvernement de Péking. L'empereur de Chine, qui avait été prévenu de l'époque de son départ, la prit sous sa protection, et lui assigna des cantonnements sur les bords de la rivière d'*Ili*.

La principauté d'Ili est actuellement comme le Botany-Bay de la Chine. C'est là que sont déportés les criminels chinois, condamnés à l'exil par les lois de l'empire. Avant d'arriver dans ces lointains pays, ils sont obligés de traverser des déserts affreux, et de franchir les monts *Moussour* (glaciers), Ces montagnes gigantesques sont uniquement formées de glaçons entassés les uns sur les autres, de manière que les voyageurs ne peuvent avancer qu'à la condition de tailler des escaliers au milieu de ces glaces éternelles. De l'autre côté des monts *Moussour*, le pays est, dit-on, magnifique, le climat assez tempéré, et la terre propre à toute espèce de culture. Les exilés y ont transporté un grand nombre de productions de la Chine; mais les Mongols continuent toujours d'y mener leur vie nomade et de faire paître leurs troupeaux.

Nous avons eu occasion de voyager longtemps avec des Lamas du Torgot; il en est même qui sont arrivés avec nous jusqu'à Lha-Ssa. Nous n'avons remarqué, ni dans leur langage, ni dans leurs mœurs, ni dans leur costume, rien qui pût les distinguer des autres Mongols. Ils nous parlaient beaucoup des *Oros* (Russes); mais toujours de manière à nous faire comprendre qu'ils étaient peu désireux de passer de nouveau sous leur domination. Les chameaux du Torgot sont d'une beauté remarquable; ils sont, en général, plus grands et plus forts que ceux des autres parties de la Mongolie.

Il serait bien à désirer qu'on pût envoyer des Missionnaires jusqu'à *Ili*. Nous pensons qu'ils y trouveraient déjà toute formée une chrétienté nombreuse et fervente. On sait que c'est dans ce pays qu'on exile depuis longtemps, de toutes les provinces de la Chine, les chrétiens qui ne veulent pas apostasier. Le Missionnaire qui obtiendrait la faveur d'aller exercer son zèle dans le Torgot, aurait sans doute à endurer d'épouvantables misères pendant son voyage; mais quelle consolation pour lui, d'apporter les secours de la religion à tous ces généreux confesseurs de la foi, que la tyrannie du gouvernement chinois envoie mourir dans ces contrées éloignées !

Au sud-ouest du Torgot est la province de Khachghar. Aujourd'hui ce pays ne peut nullement être considéré comme mongol. Ses habitants n'ont ni le langage, ni la physionomie, ni le costume. ni la religion, ni les mœurs des Mongols; ce sont des Musulmans. Les Chinois, aussi bien que les Tartares, les appellent *Hoeï-Hoeï*, nom par lequel on désigne les Musulmans qui habitent dans l'intérieur de l'empire chinois. Ce que nous disons des *Khachghar*, peut aussi s'appliquer aux peuples qui sont au sud des montagnes célestes, en chinois : *Tien-Chan*, et en mongol : *Bokte-oola* (montagnes Saintes).

Les nombreuses principautés qui composent la Mongolie sont toutes, plus ou moins, dépendantes de l'empereur mandchou, suivant qu'elles montrent plus ou moins de faiblesse dans les relations qu'elles ont avec la cour de Pékin. On peut les considérer comme autant de royaumes feudataires, qui n'ont d'obéissance pour leur suzerain, que d'après la mesure de leur crainte ou de leur intérêt. Ce que la dynastie mandchoue redoute par-dessus tout, c'est le voisinage de ces tribus tartares. Elle comprend que, poussées par un chef entreprenant et audacieux, elles pourraient renouveler les terribles guerres d'autrefois, et s'emparer encore de l'empire. Aussi use-t-elle de tous les moyens qui sont en son pouvoir, pour conserver l'amitié des princes mongols, et affaiblir la puissance de ces redoutables nomades. C'est dans ce but, comme nous l'avons déjà remarqué ailleurs, qu'elle favorise le lamaïsme, en dotant richement les lamaseries, et en accordant de nombreux privilèges aux Lamas. Tant qu'elle saura maintenir son influence sur la tribu sacerdotale, elle peut être assurée que ni les peuples ni les princes ne sortiront de leur repos.

Les alliances sont un second moyen par lequel la dynastie régnante cherche à consolider sa domination en Mongolie. Les filles et les plus proches parentes de l'empereur, passant dans les familles princières de la Tartarie, contribuent à entretenir entre les deux peuples des relations pacifiques et bienveillantes. Cependant ces princesses conservent toujours une grande prédilection pour la pompe et l'éclat de la cour impériale. A la longue, la vie triste et monotone du désert les fatigue, et bientôt elles ne soupirent plus qu'après les brillantes fêtes de Pékin. Pour obvier aux inconvénients que pourraient entraîner leurs fréquents voyages à la capitale, on a fait un règlement très sévère, pour modérer l'humeur coureuse de ces princesses. D'abord, pendant les dix premières années qui suivent leur mariage, il leur est interdit de venir à Pékin, sous peine de retranchement de la pension annuelle que l'empereur alloue à leurs maris. Ce premier temps étant écoulé, on leur accorde la permission de faire quelques voyages; mais jamais elles ne peuvent suivre en cela leur caprice. Un tribunal est chargé d'examiner leurs raisons de quitter momentanément leur famille. Si on les juge valables, on leur accorde un certain nombre de jours, après lesquels il leur est enjoint de retourner dans la Tartarie. Pendant leur séjour à Pékin, elles sont entretenues aux dépens de l'empereur, conformément à leur dignité.

Les plus élevés dans la hiérarchie des princes mongols sont les *Thsin-Kang* et les *Kiun-Wang*. Leur titre équivaut à celui de roi. Au-dessous d'eux viennent les *Peilé*, les *Beïssé*, les *Koung* de première et de seconde classe, et les *Dchassak*. Ils pourraient être comparés à nos anciens ducs, comtes, barons, etc. Nous avons déjà dit que les princes mongols sont tenus à certaines redevances envers l'empereur; mais la valeur en est si minime, que la dynastie mandchoue ne peut y tenir qu'à cause de l'effet moral qui peut en résulter. A considérer la chose matériellement, il serait plus vrai de dire que les Mandchous sont tributaires des Mongols; car pour un petit nombre de bestiaux qu'ils en reçoivent, ils leur donnent annuellement d'assez fortes valeurs en argent, en étoffes de soie, en habillements confectionnés, et en divers objets de luxe et de décoration, tels que globules, peaux de zibeline, plumes de paon, etc. Chaque *Wang* de premier degré reçoit annuellement 2,500 onces d'argent, — environ 20,000 francs, — et quarante pièces d'étoffes de soie. Tous les autres princes sont rétribués suivant le titre qu'ils tiennent de l'empereur. Les *Dchassak* reçoivent tous les ans 100 onces d'argent et quatre pièces de soie.

Il existe certaines lamaseries dites impériales, où chaque Lama, en obtenant le grade de *Kelon*, doit offrir à l'empereur un lingot d'argent de la valeur de cinquante onces; son nom est ensuite inscrit à Pékin sur le registre du clergé impérial, et il a droit à la pension qu'on distribue annuellement aux Lamas de l'empereur. On comprend que toutes ces mesures, très propres à flatter l'amour-propre et la cupidité des Tartares, ne doivent pas peu contribuer à entretenir leurs sentiments de respect et de soumission envers un gouvernement qui met tant de soin à les caresser.

Cependant les Mongols du pays des Khalkhas ne paraissent pas être fort touchés de toutes ces démonstrations; ils ne voient dans les Mandchous qu'une race rivale, en possession d'une proie qu'eux-mêmes n'ont jamais cessé de convoiter. Souvent nous avons entendu des Mongols Khalkhas tenir sur le compte de l'empereur mandchou les propos les plus inconvenants et les plus séditieux. — Ils dépendent, disent-ils, du seul Guison-Tamba, du saint par excellence, et non pas de *l'homme noir* qui siège sur le trône de Pékin. — Ces redoutables enfants de Tchinggiskhan paraissent couver encore au fond de leurs cœurs des projets de conquête et d'envahissement : ils n'attendent, dirait-on, que le signal de leur grand Lama, pour marcher droit sur Pékin, et reconquérir un empire qu'ils croient leur appartenir, par la seule raison qu'ils en ont été autrefois les maîtres.

Les princes mongols exigent de leurs sujets ou esclaves certaines redevances qui consistent en moutons. Voici la règle absurde et injuste d'après laquelle ces redevances doivent se payer.

Le propriétaire de cinq bœufs, et au délà, doit donner un mouton; le propriétaire de vingt moutons doigt en donner un ; s'il en possède quarante, il en donne deux ; mais on ne peut rien exiger de plus, quelque nombreux que soient les troupeaux. Comme on voit, ce tribut ne pèse réellement que sur les pauvres; les riches peuvent posséder un très grand nombre de bestiaux, sans être obligés de donner jamais plus de deux moutons en redevance.

Outre ces tributs réguliers, il en est d'autres que les princes ont coutume de prélever sur leurs esclaves, dans certaines circonstances extraordinaires : par exemple, pour des noces, des enterrements et des voyages lointains. Dans ces occasions, chaque décurie, ou réunion de dix tentes, est obligée de fournir un ·

cheval et un chameau. Tout Mongol qui possède trois vaches doit donner un seau de lait ; s'il en possède cinq, un pot de *koumis* ou vin de lait fermenté. Le possesseur d'un troupeau de cent moutons fournit un tapis de feutre ou une couverture de yourte ; celui qui nourrit au moins trois chameaux doit fournir un paquet de longues cordes pour attacher les bagages. Du reste, dans un pays où tout est soumis à l'arbitraire du chef, ces règles, comme on peut bien penser, ne sont jamais strictement observées : quelquefois les sujets en sont dispensés, et quelquefois aussi on exige d'eux bien au delà de ce que la loi leur demande.

Le vol et le meurtre sont très sévèrement punis chez les Mongols ; mais les individus lésés, ou leurs parents, sont obligés de poursuivre eux-mêmes le coupable devant la justice. L'attentat le plus grand demeure impuni, si personne ne se porte comme accusateur. Dans les idées des peuples à moitié civilisés, celui qui porte atteinte à la fortune ou à la vie d'un homme est censé avoir commis seulement une offense privée, dont la réparation doit être poursuivie, non par la société, mais par la personne lésée ou par sa famille. Ces notions grossières du droit sont les mêmes en Chine et dans le Thibet. On sait que Rome non plus n'en avait pas d'autres avant l'établissement du christianisme, qui a fait prévaloir le droit de la communauté sur celui de l'individu.

La Mongolie est d'un aspect généralement triste et sauvage ; jamais l'œil n'est récréé par le charme et la variété des paysages. La monotonie des steppes n'est entrecoupée que par des ravins, de grandes déchirures de terrain, ou des collines pierreuses et stériles. Vers le nord, dans le pays des Khalkhas, la nature paraît plus vivante ; des forêts de haute futaie décorent la cime des montagnes, et de nombreuses rivières arrosent les riches pâturages des plaines ; mais durant la longue saison d'hiver, la terre demeure ensevelie sous une épaisse couche de neige. Du côté de la grande muraille, l'industrie chinoise se glisse comme un serpent dans le désert. Des villes commencent à s'élever de toute part ; la *Terre des-herbes* se couronne de moissons, et les pasteurs mongols se voient peu à peu refoulés vers le nord par les empiétements de l'agriculture.

Les plaines sablonneuses occupent peut-être la majeure partie de la Mongolie ; on n'y rencontre jamais un seul arbre ; quelques herbes courtes, cassantes, et qui semblent sortir avec peine de ce sol infécond ; des épines rampantes, quelques maigres bouquets de bruyères, voilà l'unique végétation, les seuls pâturages du *Gobi*. Les eaux y sont d'une rareté extrême. De loin en loin on rencontre quelques puits profonds, creusés pour la commodité des caravanes qui sont obligées de traverser ce malheureux pays.

En Mongolie, on ne rencontre jamais que deux saisons dans l'année : neuf mois sont pour l'hiver, et trois pour l'été. Quelquefois les chaleurs sont étouffantes, surtout parmi les steppes sablonneuses ; mais elles ne durent que quelques journées. Les nuits pourtant sont presque toujours froides. Dans les pays mongols cultivés par les Chinois, en dehors de la grande muraille, tous les travaux de l'agriculture doivent être bâclés dans l'espace de trois mois. Quand la terre est suffisamment dégelée, on laboure à la hâte peu profondément, ou plutôt on ne fait qu'écorcher avec la charrue la superficie du terrain ; puis on sème aussitôt le grain : la moisson croît avec une rapidité étonnante; en attendant qu'elle soit parvenue à une maturité convenable, les agriculteurs sont incessamment occupés à arracher les mauvaises herbes qui encombrent les champs. A peine a-t-on coupé la récolte, que l'hiver arrive avec un froid terrible; c'est pendant cette saison qu'on bat la moisson. Comme la froidure fait de larges crevasses au terrain, on répand de l'eau sur la surface de l'aire : elle gèle aussitôt, et procure aux travailleurs un emplacement toujours uni et d'une admirable propreté.

Le froid excessif qui règne en Mongolie, peut être attribué à trois causes, savoir : la grande élévation du sol, les substances nitreuses dont il est fortement imprégné, et le défaut presque général de culture. Dans les endroits que les Chinois ont défrichés, la température s'est élevée d'une manière remarquable : la chaleur va toujours croissant, pour ainsi dire d'année en année, à mesure que la culture avance; certaines céréales, qui, au commencement, ne pouvaient pas prospérer à cause du froid. mûrissent maintenant avec un merveilleux succès.

La Mongolie, à cause de ses vastes solitudes, est devenue le séjour d'un grand nombre d'animaux sauvages. On y rencontre presque à chaque pas des lièvres, des faisans, des aigles, des chèvres jaunes, des écureuils gris, des renards et des loups. Il est à remarquer que les loups de la Mongolie attaquent plus volontiers les hommes que les animaux : on les voit quelquefois traverser au galop d'innombrables troupeaux de moutons sans leur faire le moindre mal, pour aller se précipiter sur le berger. Aux environs de la grande muraille, ils se rendent fréquemment dans les villages tartaro-chinois, entrent dans les fermes, dédaignent les animaux domestiques qu'ils rencontrent dans les cours, et vont jusque dans l'intérieur des maisons choisir leurs victimes; presque toujours ils les saisissent au cou, et les étranglent sans pitié. Il n'est presque pas de village en Tartarie, où chaque année on n'ait à déplorer des malheurs de ce genre; on dirait que les loups de ces contrées cherchent à se venger spécialement contre les hommes, de la guerre acharnée que leur font les Tartares.

Le cerf, le bouquetin, le cheval hémione, le chameau sauvage, l'yak, l'ours brun et noir, le lynx, l'once et le tigre fréquentent les déserts de la Mongolie. Les Tartares ne se mettent jamais en route que bien armés d'arcs, de fusils et de lances.

Quand on songe à cet affreux climat de la Tartarie, à cette nature toujours sombre et glacée, on serait tenté de croire que les habitants de ces contrées sauvages sont doués d'un naturel extrêmement dur et féroce; leur physionomie, leur allure, le costume dont ils sont revêtus, tout semblerait d'ailleurs venir à l'appui de cette opinion. Le Mongol a le visage aplati, les pommettes des joues saillantes, le menton court et retiré, le front fuyant en arrière, les yeux petits, obliques, d'une teinte jaunâtre et comme tachés de bile, les cheveux noirs et rudes, la barbe peu fournie, la peau d'un brun très foncé et d'une grossièreté extrême. Il est d'une taille médiocre; mais ses grandes bottes en cuir et sa large robe en peau de mouton semblent lui raccourcir le corps, et le font paraître petit et trapu. Pour compléter ce portrait, il faut ajouter une démarche lourde et pesante, et un langage dur, criard et tout hérissé d'affreuses aspirations. Malgré ces dehors âpres et sauvages, le Mongol a le caractère plein de douceur et de bonhomie; il passe subitement de la gaieté la plus folle et la plus extravagante à un état de mélancolie qui n'a rien de rebutant. Timide à l'excès dans ses habitudes ordinaires, lorsque le fanatisme ou le désir de la vengeance viennent l'exciter, il déploie dans son courage une impétuosité que rien n'est capable d'arrêter; il est naïf et crédule comme un enfant : aussi aime-t-il avec passion les anecdotes et les récits merveilleux. La rencontre d'un Lama voyageur est toujours pour lui une bonne fortune.

L'aversion du travail et de la vie sédentaire, l'amour du pillage et de la rapine, la cruauté, les débauches contre nature, tels sont les vices qu'on s'est plu généralement à attribuer aux Tartares-Mongols. Nous sommes très portés à croire que le portrait qu'en ont fait les anciens écrivains n'a pas été exagéré; car on vit toujours ces hordes terribles, au temps de leurs gigantesques conquêtes, traînant à leur suite le meurtre, le pillage, l'incendie et toute espèce de fléaux. Cependant les Mongols sont-ils encore aujourd'hui tels qu'ils étaient autrefois? Nous croyons pouvoir affirmer le contraire, du moins en grande partie. Partout où nous les avons vus, nous les avons toujours trouvés généreux, francs, hospitaliers, inclinés, il est vrai, comme des enfants mal élevés, à dérober de petits objets de curiosité, mais nullement habitués à ce qu'on appelle le pillage et le brigandage. Pour ce qui est de leur aversion pour le travail et la vie sédentaire, ils en sont toujours au même point; il faut aussi convenir que leurs mœurs sont très libres, mais il y a dans leur conduite plus de laisser aller que de corruption; on trouve rarement chez eux ces débauches effrénées et brutales, auxquelles sont si violemment adonnés les Chinois.

Les Mongols sont étrangers à toute espèce d'industrie; des tapis de feutre, des peaux grossièrement tannées, quelques ouvrages de couture et de broderie ne valent pas la peine d'être mentionnés. En revanche, ils possèdent en perfection les qualités des peuples pasteurs et nomades; ils ont les sens de la vue, de l'ouïe et de l'odorat prodigieusement développés. Le Mongol est capable d'entendre à une distance très éloignée le trot d'un cheval, de distinguer la forme des objets, et de sentir l'odeur des troupeaux et la fumée d'un campement.

Bien des tentatives ont déjà été faites pour propager le christianisme chez les peuples tartares, et on peut dire qu'elles n'ont pas été toujours infructueuses. Sur la fin du huitième siècle et au commencement du neuvième, Timothée, patriarche des nestoriens, envoya des moines prêcher l'Evangile chez les Tartares *Hioung-Nou*, qui s'étaient réfugiés sur les bords de la mer Caspienne. Plus tard ils pénétrèrent dans l'Asie centrale, et jusqu'en Chine. Du temps de Tchinggiskhan et de ses successeurs, des Missionnaires franciscains et dominicains furent envoyés en Tartarie. Les conversions furent nombreuses; des princes mêmes, dit-on, et des empereurs se firent baptiser. Mais on ne peut entièrement ajouter foi aux ambassades tartares, qui, pour attirer plus facilement les princes chrétiens de l'Europe dans une ligue contre les Musulmans, ne manqueront jamais de dire que leurs maîtres avaient été baptisés, et faisaient profession du christianisme. Ce qu'il y a de certain, c'est qu'au commencement du quatorzième siècle, le pape

Clément V érigea à Pékin un archevêché en faveur de Jean de Montcorvin, Missionnaire franciscain, qui évangélisa les Tartares pendant quarante-deux ans. Il traduisit en langue mongole le Nouveau Testament et les Psaumes de David, et laissa en mourant une chrétienté très florissante. On trouve à ce sujet des détails fort curieux, dans *le Livre de l'estat du Grant Caan*[1], extraits d'un manuscrit de la Bibliothèque *nationale*, et publiés dans le *Nouveau Journal Asiatique*[2], par M Jacquet, savant orientaliste.

(1) Cette compilation date du xiv⁰ siècle, et a été faite par ordre du pape Jean XXII.
(2) *Nouveau Journal asiatique*, t. VI, pp. 68, 69, 70, 71.

LE THIBET

I

Deux mois s'étaient déjà écoulés depuis notre départ de la vallée des Eaux noires. Pendant ce temps, nous avions éprouvé dans le désert des fatigues continuelles et des privations de tout genre. Notre santé, il est vrai, n'était pas encore gravement altérée; mais nous sentions que nos forces s'en étaient allées, et nous éprouvions le besoin de modifier pendant quelques jours notre rude façon de vivre. A ce point de vue, un pays habité par des Chinois ne pouvait manquer de nous sourire; comparé à la Tartarie, il allait nous offrir tout le confortable imaginable.

Aussitôt que nous eûmes traversé le *Hoang-Ho*, nous entrâmes dans la petite ville frontière nommée *Ché-Tsui-Dze*, qui n'est séparée du fleuve que par une plage sablonneuse. Nous allâmes loger à l'hôtel de *la Justice et de la miséricorde (Jen-y-Tien)*. La maison était vaste et nouvellement bâtie. A part une solide base en tuiles grises, toute la construction consistait en boiseries. L'aubergiste nous reçut avec cette courtoisie et cet empressement qu'on ne manque jamais de déployer quand on veut donner de la vogue à un établissement de fraîche fondation.

A Ché-Tsui-Dze, les comestibles sont abondants, variés, et d'une modicité de prix étonnante ; nulle part, peut-être, on ne vit avec une aussi grande facilité. A toute heure du jour et de la nuit, de nombreux restaurants ambulants transportent à domicile des mets de toute espèce : des soupes, des ragoûts de moutons et de bœuf, des légumes, des pâtisseries, du riz, du vermicelle, etc. Il y a des dîners pour tous les appétits et pour toutes les bourses, depuis le gala compliqué du riche, jusqu'au simple et clair brouet du mendiant. Ces restaurateurs vont et viennent et se succèdent presque sans interruption. Ordinairement, ils appartiennent à la classe des Musulmans ; une calotte bleue est la seule marque qui les distingue des Chinois.

Après nous être suffisamment reposés et restaurés pendant deux jours dans l'hôtellerie de *la Justice et de la miséricorde*, nous nous mîmes en route. Les environs de Ché-Tsui-Dze sont incultes : on ne voit, de toute part, que des sables et des graviers annuellement charriés par les inondations du fleuve Jaune. Cependant, à mesure que l'on avance, le sol, s'élevant insensiblement, devient meilleur. A une lieue de distance de la ville, nous traversâmes la grande muraille ou plutôt nous passâmes par-dessus quelques misérables ruines, qui marquent encore l'ancienne place du célèbre boulevard de la Chine. Bientôt le pays devint magnifique, et nous pûmes admirer le génie agricole de la nation chinoise. La partie du *Kan-Sou* que nous traversions est surtout remarquable par des travaux grandioses et ingénieux pour faciliter l'irrigation des champs. Au moyen de saignées pratiquées sur les bords du fleuve Jaune, les eaux se répandent dans de grands canaux creusés de main d'homme ; ceux-ci en alimentent d'autres de largeur différente, qui s'écoulent à leur tour dans les simples rigoles dont tous les champs sont entourés. De grandes et petites écluses, admirables par leur simplicité, servent à faire monter l'eau et à la conduire à travers toutes les inégalités du terrain. Un ordre parfait préside à sa distribution. Chaque propriétaire arrose ses champs à son tour ; nul ne se permettrait d'ouvrir ses petits canaux avant que le jour fixé ne fut arrivé.

On rencontre peu de villages ; mais on voit, de toute part, s'élever des fermes plus ou moins grandes, séparées les unes des autres par quelques champs. L'œil n'aperçoit ni bosquets ni jardins d'agrément. A part quelques grands arbres qui entourent les maisons, tout le terrain est consacré à la culture des céréales ; on ne réserve pas même un petit espace pour déposer les gerbes après la moisson. On les amoncelle au-dessus des maisons, qui se terminent toutes en plate-forme. Aux jours d'irrigation générale, le pays donne une idée parfaite de ces fameuses inondations du Nil, dont les descriptions sont devenues classiques ; les habitants circulent à travers leurs champs, montés sur de petites nacelles, ou sur de légers tombereaux, portés sur des roues énormes et ordinairement traînés par des buffles.

Ces irrigations, si précieuses pour la fécondité de la terre, sont détestables pour les voyageurs ; les chemins sont le plus souvent encombrés d'eau et de vase, au point qu'ils est impossible d'y pénétrer ; on est alors obligé de cheminer sur les petites élévations en dos d'âne qui forment les limites des champs. Quand on a à conduire des chameaux sur des sentiers pareils, c'est le comble de la misère. Nous ne faisions pas un pas sans crainte de voir nos bagages aller s'enfoncer dans la boue; plus d'une fois des accidents de ce genre nous mirent dans un grand embarras; et s'ils ne furent pas plus nombreux, il faut l'attribuer à l'habileté de nos chameaux à glisser sur la vase, habileté qui provenait du long apprentissage qu'ils avaient eu occasion de faire parmi les marécages des Ortous.

Le soir de notre premier jour de marche, nous arrivâmes à un petit village nommé *Wang-Ho-Po* : nous pensions y trouver la même facilité de vivre qu'à Ché-Tsui-Dze; mais nous étions dans l'erreur. Les usages n'étaient plus les mêmes; on ne voyait plus ces aimables restaurateurs, avec leurs boutiques ambulantes chargées de mets tout préparés. Les marchands de fourrages étaient les seuls qui vinssent nous faire leurs offres. Nous commençâmes donc par donner la ration aux animaux, et puis nous allâmes dans le village à la découverte de quelques provisions pour notre souper. De retour à l'auberge, nous fûmes obligés de faire nous-mêmes notre cuisine : le maître d'hôtel nous fournit seulement l'eau, le charbon et la marmite. Pendant que nous étions paisiblement occupés à apprécier les produits de notre industrie culinaire, un grand tumulte se fit dans la cour de l'auberge : c'était une caravane de chameaux, conduite par quelques commerçants chinois qui se rendaient à la ville de *Ning Hia*. Etant destinés à faire la même route qu'eux, nous fûmes bientôt en relation; ils nous annoncèrent que pour aller à *Ning-Hia*, les chemins étaient impraticables, et que nos chameaux, malgré tout leur savoir-faire, s'en tireraient difficilement. Ils ajoutèrent qu'ils connaissaient une route de traverse plus courte et moins dangereuse, et nous invitèrent à partir avec eux. Comme on devait se mettre en marche pendant la nuit, nous appelâmes le maître d'hôtel pour régler nos comptes. Selon la méthode chinoise, quand il s'agit de sapèques, d'une part on demande beaucoup, et de l'autre on offre peu; puis on conteste longuement; et après de mutuelles concessions, on finit par se mettre d'accord. Comme on nous croyait Tartares, on trouva tout naturel de nous demander à peu près le triple de ce que nous devions : il résulta de là que les contestations furent doubles de ce qu'elles sont ordinairement. Il fallut discuter avec énergie, d'abord pour les hommes, puis pour les animaux : pour la chambre, pour l'écurie, pour l'abreuvoir, pour la marmite, pour le charbon, pour la lampe, pour tout enfin, jusqu'à ce que l'aubergiste fût descendu au tarif des gens civilisés. Cette malencontreuse apparence tartare que nous avions, nous a fourni l'occasion d'acquérir une certaine habileté dans les discussions de ce genre; car il ne s'est pas passé un seul jour, durant notre voyage dans la province du *Kan-Sou*, où nous n'ayons été forcés de nous quereller avec les aubergistes. Ces querelles, du reste, n'ont jamais aucun inconvénient; quand elles sont terminées, on n'en est que meilleurs amis.

Il n'était guère plus de minuit, que les chameliers chinois étaient déjà sur pied et faisaient, avec grand tumulte, leurs préparatifs de départ. Nous nous levâmes à la hâte; mais nous eûmes beau nous presser pour seller nos animaux, nos compagnons de voyage furent prêts avant nous. Ils prirent le devant, en nous promettant d'aller à petits pas jusqu'à notre arrivée. Aussitôt que nous eûmes achevé de charger nos chameaux, nous partîmes sans perdre de temps. La nuit était sombre, il nous fut impossible de distinguer nos guides : à l'aide d'une petite lanterne, nous cherchâmes leurs traces; mais nous ne fûmes pas plus heureux. Il fallut donc aller à l'aventure, au milieu de ces plaines aqueuses qui nous étaient entièrement inconnues. Bientôt nous nous trouvâmes tellement engagés au milieu des terres inondées, que nous n'osâmes plus avancer; nous nous arrêtâmes sur le bord d'un champ, et nous y attendîmes le jour.

Aussitôt que l'aube commença à paraître, nous tirâmes nos animaux par la bride, et nous nous dirigeâmes, par mille détours, vers une grosse ville murée que nous apercevions dans le lointain : c'était *Ping-Lou Hien*, ville de troisième ordre. Notre arrivée causa dans cette cité un désordre épouvantable. Le pays est remarquable par le nombre et la beauté des mulets : or en ce moment, il y en avait un, attaché par le licou, devant presque toutes les maisons de la longue rue que nous suivions du nord au sud. A mesure que nous avançions, tous ces animaux, saisis d'épouvante à la vue de nos chameaux se cabraient subitement et se ruaient avec impétuosité contre les boutiques voisines; quelques-uns brisaient les liens qui les retenaient, s'échappaient au grand galop, et renversaient dans leur fuite les établis des petits marchands. Le peuple s'ameutait, poussait des cris, jurait contre les *puants Tartares*, maudissait les chameaux, et augmentait le désordre au lieu de l'apaiser. Nous étions profondément contristés de voir que notre présence avait des résultats si funestes; mais qu'y faire? Il n'était pas en notre pouvoir de rendre les mulets moins timides, ni d'empêcher les chameaux d'avoir une tournure effrayante. Un de nous se décida à courir en avant de la caravane, pour prévenir le monde de l'arrivée des chameaux : cette précaution diminua le mal, qui ne cessa complétement que lorsque nous fûmes parvenus hors des murs de la ville.

Nous avions eu dessein de déjeuner à *Ping-Lou-Hien*; mais, n'ayant pas suffisamment conquis la sympathie de ses habitants, nous n'osâmes nous y arrêter; nous eûmes pourtant le courage d'acheter quelques provisions que nous payâmes horriblement cher, parce que le moment n'était pas favorable pour marchander. A quelque distance de la ville, nous rencontrâmes un corps de garde; nous nous y arrêtâmes pour nous reposer un instant, et prendre notre repas du matin. Ces corps de garde sont très multipliés en Chine; d'après la règle, sur toutes les grandes routes, il doit y en avoir un à chaque demi-lieue; d'une construction bizarre et tout à fait dans le goût chinois, ces demeures consistent en un petit édifice en bois ou en terre, mais toujours blanchi avec une dissolution de chaux; au centre est une espèce de hangar entièrement nu, et ayant une seule grande ouverture sur le devant : il est réservé pour les malheureux voyageurs qui, pendant la nuit, étant surpris par le mauvais temps, ne peuvent se réfugier dans une auberge. Des deux côtés sont deux petites chambres avec portes et fenêtres, quelquefois un banc de bois peint en rouge est tout leur ameublement. L'extérieur du corps de garde est décoré de peintures grossières, représentant les dieux de la guerre, des cavaliers et des animaux fabuleux. Sur les murs du hangar, sont dessinées toutes les armes qui sont en usage en Chine : des fusils à mèche, des arcs, des flèches, des lances, des boucliers et des sabres de toute forme. A une certaine distance du corps de garde, on voit à droite une tour carrée, et à gauche cinq petites bornes disposées sur une même ligne : elles désignent les cinq *lis* qui sont la distance d'un corps de garde à un autre. Souvent un large écriteau élevé sur deux perches indique au voyageur le nom des villes les plus rapprochées qui se trouvent sur la route. L'écriteau que nous avions sous les yeux était ainsi conçu :

De Ping-Lou-Hien à Ning-Hia, cinquante lis.
Au nord jusqu'à Ping-Lou-Hien, cinq lis.
Au sud jusqu'à Ning-Hia, quarante-cinq lis.

En temps de guerre, la tour carrée sert, pendant la nuit, à faire des signaux au moyen de feux combinés selon certaines règles. Les Chinois rapportent qu'un empereur, cédant aux folles sollicitations de son épouse, ordonna, pendant la nuit, de faire les signaux d'alarme. L'impératrice voulait se divertir aux dépens des soldats, et vérifier en même temps si ces feux étaient bien propres à appeler les troupes au secours de la capitale. A mesure que les signaux parvinrent dans les provinces, les gouverneurs firent immédiatement partir les mandarins militaires pour Pékin; mais apprenant à leur arrivée que ces alarmes n'étaient qu'un amusement, un pur caprice de femme, ils s'en retournèrent pleins d'indignation. Peu de temps après, les Tartares firent une irruption dans l'empire, et s'avancèrent avec rapidité jusque sous les murs de la capitale. Pour cette fois l'empereur fit sérieusement allumer les feux pour demander des secours; mais dans les provinces personne ne bougea; on crut que l'impératrice voulait se donner encore un sujet de divertissement. Les Tartares, ajoute-t-on, entrèrent dans Pékin, et la famille impériale fut massacrée.

La paix profonde dont jouit la Chine depuis si longtemps, a beaucoup diminué l'importance de ces corps de garde; quand ils menacent ruine, rarement on les restaure; le plus souvent, les portes et les fenêtres sont enlevées, et personne n'y habite. Sur certaines routes très fréquentées, on répare seulement avec assez d'assiduité les écriteaux et les cinq bornes.

Le corps de garde où nous nous étions arrêtés était désert. Après avoir attaché nos animaux à un gros poteau, nous entrâmes dans une chambre, et nous prîmes en paix une salutaire réfection. Les voyageurs nous regardaient en passant, et paraissaient un peu surpris de voir leur espèce de guérite transformée en restaurant. Les élégants surtout ne manquaient pas de sourire, à la vue de ces trois Mongols si peu au fait de la civilisation.

Notre halte ne fut pas longue. L'écriteau nous annonçait officiellement que nous avions encore quarante-cinq *lis* de marche avant d'arriver à Ning-Hia : vu la difficulté de la route et la lenteur de nos chameaux, nous n'avions pas de temps à perdre. Nous partîmes en longeant un magnifique canal, alimenté par les eaux du fleuve Jaune, et destiné aux irrigations de la campagne. Pendant que la petite caravane cheminait à pas lents sur un terrain humide et glissant, nous vîmes venir vers nous une nombreuse troupe de cavaliers. A mesure que le cortège avançait, les innombrables travailleurs qui réparaient les bords du canal, se prosternaient contre terre et s'écriaient : « Paix et bonheur à notre père et mère! » Nous comprîmes que c'était un mandarin supérieur. D'après les exigences de l'urbanité chinoise, nous aurions dû descendre de cheval et nous prosterner comme faisait tout le monde, mais nous pensâmes qu'en qualité de Lamas du ciel d'occident, nous pouvions nous dispenser de ce dur et pénible cérémonial. Nous restâmes donc gravement sur nos montures, et nous avançâmes avec sécurité. A la vue de nos chameaux, les cavaliers se placèrent prudemment à une distance respectueuse; quant au mandarin, il fut brave, lui; il poussa son cheval, et le força de venir vers nous. Il nous salua avec politesse, et nous demanda, en mongol, des nouvelles de notre santé et de notre voyage. Comme son cheval s'effarouchait de plus en plus de la présence de nos chameaux, il fut contraint de couper court à la conversation et d'aller rejoindre son cortège. Il s'en alla tout triomphant d'avoir trouvé une occasion de parler mongol, et de donner aux gens de sa suite une haute idée de sa science. Ce mandarin nous parut être Tartare-Mandchou; il était occupé à faire une visite officielle des canaux d'irrigation.

Nous cheminâmes encore longtemps sur les bords du même canal, ne rencontrant sur notre route que quelques charettes à grandes roues traînées par des buffles, et des voyageurs ordinairement montés sur des ânes de haute taille. Enfin nous aperçûmes les hauts remparts de Ning-Hia, et les nombreux kiosques des pagodes, qu'on eût pris, de loin, pour de grands cèdres. Les murs en briques de Ning-Hia sont vieux, mais très bien conservés. Cette vétusté, qui les a presque entièrement revêtus de mousse et de lichen, contribue à leur donner un aspect grandiose et imposant. De toutes parts ils sont environnés de marais, où croissent en abondance les joncs, les roseaux et les nénuphars. L'intérieur de la ville est pauvre et misérable; les rues sont sales, étroites et tortueuses; les maisons enfumées et disloquées; on voit que Ning-Hia est une ville d'une grande antiquité. Quoique située non loin des frontières de la Tartarie, le commerce y est de nulle importance.

Après avoir parcouru à peu près la moitié de la rue centrale, comme nous avions encore une lieue de chemin avant d'arriver à l'autre extrémité, nous prîmes le parti de nous arrêter. Nous entrâmes dans une grande auberge, où nous fûmes bientôt suivis par trois individus qui nous demandèrent effrontément nos passeports. Nous vîmes sur-le-champ qu'il fallait défendre notre bourse contre ces trois chevaliers d'industrie. « Qui êtes-vous, pour oser nous demander nos passeports? — Nous sommes employés au grand tribunal. Il est défendu aux étrangers de traverser la ville de Ning-Hia sans passeport. » Au lieu de répondre, nous appelâmes l'aubergiste, et le priâmes de nous écrire sur un morceau de papier son nom et le titre de son auberge. Notre demande le surprit beaucoup. « A quoi bon cet écrit? nous dit-il; que voulez-vous en faire? — Tout à l'heure nous en aurons besoin. Nous voulons aller au grand tribunal, et dénoncer au mandarin que dans ton auberge trois voleurs sont venus nous opprimer. » A ces paroles, les trois demandeurs de passeports se sauvèrent à toutes jambes ; l'aubergiste les accabla d'imprécations, et les curieux qui déjà s'étaient rassemblés en grand nombre, riaient de tout leur cœur. Cette petite aventure nous valut d'être traités avec des égards tout particuliers.

Le lendemain, à peine le jour commençait à poindre, que nous fûmes éveillés par un tumulte effroyable, qui s'était subitement élevé dans la grande cour de l'auberge. Au milieu du bruit confus de nombreuses voix qui semblaient se quereller avec violence, nous distinguâmes les mots de Tartare puant, de chameau, de tribunal.... Nous nous habillâmes promptement, et nous allâmes examiner la nature de cette soudaine émeute, qui paraissait ne pas nous être étrangère. Nos chameaux avaient dévoré, pendant la nuit, deux charretées d'osiers qui se trouvaient dans la cour. On en voyait encore les débris broyés et dispersés çà et là. Les propriétaires, gens étrangers comme nous à l'auberge, exigeaient le payement de leur marchandise ; et c'était à notre avis la chose la plus juste du monde. Mais selon nous, l'aubergiste seul était tenu à la réparation de ce dommage. Avant de nous coucher, nous l'avions, en effet, prévenu du danger que couraient ces osiers. Nous lui avions dit qu'il fallait les placer ailleurs ; que certainement les chameaux rompraient leur licou pour aller les dévorer. Les propriétaires des charrettes s'étaient joints à nous, pour réclamer une séparation ; mais l'aubergiste avait ri de nos craintes, et prétendu que les chameaux n'aimaient pas les osiers. Quand nous eûmes suffisamment exposé la nature de cette affaire, le public, jury toujours permanent parmi les Chinois, décida que tous les dommages devaient être réparés aux frais de l'aubergiste ; pourtant nous eûmes la générosité de ne pas exiger le prix des licous de nos chameaux.

Aussitôt après le prononcé de ce jugement impartial, nous fîmes nos préparatifs de départ et nous nous mîmes en route. La partie méridionale de la ville nous parut valoir encore moins que celle que nous avions parcourue la veille. Pusieurs quartiers étaient détruits et abandonnés. On n'y rencontrait que quelques pourceaux, errant parmi des décombres. Les habitants de cette grande cité étaient plongés dans une profonde misère. La plupart étaient vêtus de haillons sales et déchirés. Leur figure pâle, languissante et décharnée, annonçait qu'ils étaient souvent privés du strict nécessaire. Ning-Hia, cependant, avait été autrefois une ville royale, et sans doute riche et florissante. Dans le X⁰ siècle, un prince de race tartare et originaire de Tou-Pa, aujourd'hui au pouvoir des Si-Fan, ayant entraîné quelques hordes à sa suite, était parvenu, malgré les Chinois, à se faire un petit Etat non loin des bords du fleuve Jaune. Il choisit pour sa capitale Hia-Tcheou, qui dans la suite prit le nom de Ning-Hia. C'est de cette ville que ce nouveau royaume s'appela *Hia*. Il fut très florissant pendant plus de deux siècles ; mais, en 1227, il fut enveloppé dans la ruine commune par les victoires de Tchinggiskhan, fondateur de la dynastie mongole. Aujourd'hui, Ning-Hia est une ville de premier ordre de la province du Kan-Sou.

En sortant de Ning-Hia, on entre dans une route magnifique, presque partout bordée de saules et de jujubiers. De distance en distance, on rencontre de petites guinguettes, où le voyageur peut se reposer et se restaurer à peu de frais.

On lui vend du thé, des œufs durs, des fèves frites à l'huile, des gâteaux et une foule de fruits confits au sucre et au sel. Cette journée de marche fut pour nous un véritable délassement. Nos chameaux, qui n'avaient jamais voyagé que dans les déserts de la Tartarie, semblaient être sensibles à tous ces charmes de la civilisation; ils tournaient majestueusement la tête de côté et d'autre, observaient avec intérêt tout ce qui se présentait sur la route, les hommes aussi bien que les choses. Cependant ils n'étaient pas tellement absorbés par leurs observations sur l'industrie et les mœurs de la Chine, qu'ils ne remarquassent aussi les merveilleuses productions du sol. Les saules attiraient parfois leur attention, et lorsqu'ils étaient à leur portée, ils ne manquaient jamais d'en émonder les branches les plus tendres. Quelquefois aussi, allongeant leur long cou, ils allaient flairer les friandises étalées sur le devant des guinguettes : ce qui ne manquait jamais de provoquer de vives protestations de la part des marchands. Les Chinois n'étaient pas moins admirateurs de nos chameaux, que ceux-ci ne l'étaient de la Chine. On accourait de toutes parts pour voir passer la caravane, on se rangeait en file sur les bords du chemin; mais on n'osait jamais approcher de trop près, car c'est dans tous les pays, que les hommes redoutent instinctivement les êtres qui portent le caractère de la force et de la puissance.

Vers la fin de cette journée de marche, qui ne fut pas pour nous sans agrément, nous arrivâmes à Hia-Ho-Po, grand village sans remparts. Nous allâmes mettre pied à terre à l'hôtel des Cinq Félicités (On-fou-tien). Nous étions occupés à distribuer le fourrage à nos animaux, lorsqu'un cavalier portant un globule blanc sur son chapeau parut dans la cour de l'auberge. Sans descendre de son cheval, sans faire les saluts d'usage, il se mit à interpeller vivement l'aubergiste. « Le grand mandarin va arriver, s'écria-t-il d'un ton bref et plein de morgue; que tout soit propre et bien balayé! que ces Tartares aillent loger ailleurs; le grand mandarin ne veut pas voir de chameaux dans l'auberge. » De la part d'une estafette de mandarin, ces paroles insolentes n'avaient pas de quoi nous surprendre; mais elles nous choquèrent vivement. Nous feignîmes de ne pas les entendre, et nous continuâmes tranquillement notre petite besogne. L'aubergiste, voyant que nous ne tenions aucun compte de la sommation qui venait d'être faite, s'avança vers nous, et nous exposa avec une politesse mêlée d'embarras, l'état de la question. « Va, lui dîmes-nous avec fermeté, va dire à ce globule blanc que tu nous a reçus dans ton auberge et que nous y resterons; que les mandarins n'ont pas le droit de venir prendre la place des voyageurs qui déjà se sont légitimement établis quelque part. » L'aubergiste n'eut pas la peine d'aller rapporter nos paroles au globule blanc; elles avaient été prononcées de manière à ce qu'il pût lui-même les entendre. Il descendit aussitôt de cheval, et, s'adressant à nous directement : « Le grand mandarin va arriver, nous dit-il; il y a beaucoup de monde à sa suite, et l'auberge est petite; d'ailleurs, comment des chevaux oseraient-ils rester dans cette cour en présence de vos chameaux? — Un homme de la suite d'un mandarin, et de plus décoré comme toi d'un globule blanc, devrait savoir s'exprimer, premièrement avec politesse, et en second lieu avec justice. Notre droit est de rester ici, et on ne nous en chassera pas, nos chameaux demeurerons là attachés à la porte de notre chambre. — Le grand mandarin m'a donné ordre de venir préparer son logement, à l'hôtel des Cinq Félicités. — Soit, prépare son logement, mais sans toucher à nos affaires. Si tu ne peux t'arranger ici, la raison veut que tu ailles chercher une auberge ailleurs. — Et le grand mandarin? — Dis à ton mandarin qu'il y a ici trois Lamas du ciel d'occident, qui sont tout disposés à retourner à Ning-Hia pour plaider avec lui; qu'ils iront même, s'il le faut, jusqu'à Pékin, qu'ils en savent la route... » Le globule blanc monta à cheval et disparut. L'aubergiste vint aussitôt à nous, et nous pria de tenir ferme. « Si vous restez ici, nous dit-il, c'est bien, je suis sûr qu'avec vous j'aurai un peu de profit; mais si le mandarin prend votre place, on bouleversera mon auberge, on me fera travailler toute la nuit, et demain matin tout le monde partira sans payer. Et puis si j'étais forcé de vous renvoyer, ne serait-ce pas perdre de réputation l'auberge des Cinq Félicités? Qui oserait désormais entrer dans une auberge où l'on reçoit des voyageurs pour les chasser ensuite? » Pendant que l'aubergiste nous exhortait au courage, l'estafette du mandarin apparut de nouveau, elle descendit de cheval, puis nous fit une profonde inclination, que nous lui rendîmes en même temps de la meilleure grâce possible. « Seigneurs Lamas, nous dit-il, je viens de parcourir Hia-Ho-Po, il n'y a pas d'auberge conve-nable. Qui pourrait dire que vous êtes tenus de nous céder votre place? Parler ainsi, est-ce que cela serait parler d'une manière conforme à la raison? Cependant voyez, seigneurs Lamas, nous sommes tous voyageurs, nous sommes tous des gens éloignés de notre famille; est-ce qu'il n'y aurait pas moyen de délibérer ensemble tout doucement, et de nous arranger en frères? — Oui, c'est cela, dîmes-nous; les hommes doivent toujours s'arranger en frères, voilà le vrai principe; quand on voyage on doit savoir vivre entre voyageurs, quand tout le monde se gêne un peu, est-ce que tout le monde ne finit pas par être à son aise? — Excellente parole! excellente parole!... » Et les salutations les plus profondes recommencèrent de part et d'autre.

Après ce court entretien, qui avait amené une parfaite réconciliation, nous délibérâmes à l'amiable sur la manière de nous arranger tous dans l'auberge des Cinq Félicités : il fut convenu que nous garderions la chambre où nous étions déjà installés, et que nous attacherions nos chameaux dans un coin de la cour, de manière qu'ils ne puissent pas effaroucher les chevaux du mandarin. L'estafette devait disposer à sa fantaisie de tout le reste. Nous nous hâtâmes de détacher nos chameaux de devant la porte de notre chambre, et nous les plaçâmes selon qu'il avait été réglé. Comme le soleil venait de se coucher, on entendit le bruit du cortège qui arrivait. Les deux battants du grand portail s'ouvrirent solennel-lement, et une voiture traînée par trois mulets vint s'arrêter au milieu de la cour de l'auberge; elle était escortée par un grand nombre de cavaliers. Sur la voiture était assis un homme d'une soixantaine d'années, à moustaches et barbe grises, et coiffé d'une espèce de capuchon rouge; c'était le grand mandarin. A son entrée, il avait parcouru d'un œil vif et rapide l'intérieur de l'auberge : en nous aper-cevant, en remarquant surtout trois chameaux au fond de la cour, les muscles de sa maigre figure s'étaient soudainement contractés. Quand tous les cavaliers eurent mis pied à terre, on l'invita à descendre de son véhicule. — Qu'est-ce que c'est, s'écria-t-il d'une voix sèche et courroucée, qu'est-ce que c'est que ces Tartares? qu'est-ce que c'est que ces chameaux? qu'on me conduise ici l'aubergiste. A cette brusque interpellation l'aubergiste s'était sauvé, et le globule blanc demeura un instant comme pétrifié. Sa figure était devenue subitement pâle, puis rouge, puis enfin olivâtre. Cependant il fit un effort sur lui-même, alla vers la voiture, mit un genou en terre, se releva, et s'approchant de l'oreille de son maître, lui parla quelque temps à voix basse; le dialogue terminé, le grand mandarin voulut bien descendre, et après nous avoir salués de la main et d'un air un peu protecteur, il se rendit comme un simple mortel dans la petite chambre qu'on lui avait préparée.

Ce triomphe que nous venions d'obtenir dans un pays dont l'entrée nous était interdite sous peine de mort[1], nous donna un prodigieux courage. Ces terribles mandarins, qui autrefois nous causaient une si grande épouvante, cessèrent d'être redoutables pour nous, aussitôt que nous osâmes approcher d'eux et les regarder de près. Nous vîmes des hommes pleins d'orgueil et d'insolence, des tyrans impitoyables contre les faibles, mais d'une lâcheté extrême en présence des hommes d'un peu d'énergie. Dès ce moment nous nous trouvâmes en Chine aussi à l'aise que partout ailleurs; nous pûmes voyager, sans être préoccupés par la peur, le front découvert et à la face du soleil.

Après deux journées de marche, nous arrivâmes à *Tchong-Weï*, bâti sur les bords du fleuve Jaune. Cette ville est murée et de moyenne grandeur; sa propreté, sa bonne tenue, son air d'aisance, tout contraste singulièrement avec la misère et la laideur de Ning-Hia; à en juger seulement par ses innombrables boutiques, toutes très bien achalandées, et par la grande population qui incessamment encombre les rues, Tchong-Weï est une ville très commerçante; pourtant les Chinois de ce pays ne sont pas navigateurs; on ne voit pas de barques sur le fleuve Jaune. Cette particularité est assez remarquable; elle confirmerait l'opinion que les habitants de cette partie du *Kan-Sou* sont réellement d'origine thibétaine et tartare; car on sait que partout les Chinois sont passionnément adonnés à la navigation des fleuves et des rivières.

En sortant de Tchong Weï, nous traversâmes la grande muraille, uniquement composée de pierres mobiles amoncelées les unes sur les autres, et nous rentrâmes, pour quelques jours, en Tartarie, dans le royaume des *Alechan*. Plus d'une fois des Lamas mongols nous avaient fait des peintures affreuses des monts *Alechan*; mais nous pûmes constater, par nos propres yeux, que la réalité est encore bien au-dessus de tout ce qu'on peut dire de cet épouvantable pays. Les Alechan sont une longue chaîne de montagnes, uniquement composées de sable mouvant et tellement fin, qu'en le touchant on le sent couler entre ses doigts comme un liquide. Il serait superflu d'ajouter, qu'au milieu de ces gigantesques entassements de sable,

---

(1) A cette époque l'ambassade française n'était pas encore venue en Chine. il n'existait pas de traité en faveur des Européens Tous les Missionnaires qui pénétraient dans l'intérieur étaient, par le seul fait, condamnés à mort.

on ne rencontre jamais, nulle part, la moindre trace de végétation. L'aspect monotone de ces immenses sablières n'est interrompu que par les vestiges de quelques petits insectes, qui, dans leurs ébats capricieux et vagabonds, décrivent mille arabesques sur ce sable mouvant et d'une si grande ténuité, qu'on pourrait suivre tous les tours et détours d'une fourmi, sans jamais en perdre les traces. Pour traverser ces montagnes, nous éprouvâmes des peines et des difficultés inexprimables. A chaque pas, nos chameaux s'enfonçaient jusqu'au ventre, et ce n'était jamais que par soubresauts qu'ils pouvaient avancer. Les chevaux avaient encore plus d'embarras, à cause de leurs sabots, qui ont sur le sable moins de prise que les larges pattes des chameaux. Pour nous, forcés d'aller à pied, nous devions être bien attentifs à ne pas rouler du haut de ces montagnes, qui semblaient s'évanouir, sous nos pas, jusque dans le fleuve Jaune, dont nous apercevions les eaux se traîner au-dessous de nous. Par bonheur, le temps était calme et serein. Si le vent eût soufflé, certainement nous eussions été engloutis et enterrés vivants sous des avalanches de sable. Les monts Alechan paraissent avoir été formés par les sables, que le vent du nord balaye incessamment devant lui dans le *Chamo*, ou grand désert de *Gobi*. Le fleuve Jaune arrête ces inondations sablonneuses, et en préserve la province de *Kan-Sou*. C'est à cette grande quantité de sable qu'il entraîne au pied des monts Alechan, que le fleuve doit cette couleur jaunâtre qui lui a fait donner le nom de *Horng-Ho*, fleuve Jaune. Au-dessus des monts Alechan, ses eaux sont toujours pures et limpides.

Cependant les collines succédèrent aux montagnes élevées, les sables diminuèrent insensiblement; et vers la fin de la journée, nous arrivâmes au village des *Eaux toujours coulantes* (*Tchang-Lieou-Chouy*). C'était, au milieu de ces collines sablonneuses, une véritable oasis d'une beauté ravissante. Une foule de petits ruisseaux qui se jouaient parmi les rues, des arbres nombreux, des maisonnettes bâties en roche vive et quelquefois peintes en blanc ou en rouge, donnaient à ce site l'aspect le plus pittoresque. Exténués de fatigue comme nous l'étions, nous nous arrêtâmes aux *Eaux toujours coulantes* avec un indicible plaisir, et nous en savourâmes les délices. Mais la poésie ne dura que jusqu'au moment où il nous fallut compter avec l'aubergiste. Comme les comestibles, les fourrages même venaient de Tchong-Weï, et ne pouvaient être transportés qu'avec grande difficulté, ils étaient d'une cherté à faire frémir, à bouleverser tous nos plans d'économie. Pour nous et nos animaux, nous fûmes obligés de débourser seize cents sapèques, à peu près huit francs. Sans cette circonstance, nous eussions peut-être quitté avec regret le charmant village de Tchang-Lieou-Chouy. Mais il y a toujours quelque motif qui vient aider les hommes à se détacher des choses d'ici-bas.

En sortant de Tchang Lieou-Chouy, nous prîmes la route suivie par les exilés chinois qu'on conduit à *Ili*. Le pays était moins affreux que celui que nous avions parcouru le jour précédent, mais il était encore bien triste. Le gravier avait remplacé le sable, et à part quelques touffes d'herbes dures et piquantes comme des alènes, nous trouvâmes toujours un sol infécond et aride. Nous arrivâmes à *Kao-Tan-Dze*, village repoussant et hideux au delà de toute expression. Il est composé de quelques misérables habitations grossièrement construites en terre noire; toutes servent d'auberges. Les provisions y sont plus rares encore qu'aux *Eeaux toujours coulantes*, et par conséquent d'une cherté plus grande. On doit également tout faire venir de Tchong-Weï; car le pays ne fournit rien, pas même de l'eau. On a eu beau creuser des puits à la plus grande profondeur, on n'a jamais trouvé qu'un terrain sec et rocailleux. Les habitants de Kao-Tan-Dze sont obligés d'aller chercher l'eau à une distance de soixante *lis* (six lieues). Aussi la font-ils payer cher aux voyageurs qui ont à passer par là. Un seau d'eau coûte cinquante sapèques. Si nous eussions voulu complétement désaltérer nos chameaux, il nous eût fallu dépenser beaucoup de cinquantaines de sapèques. Nous nous contentâmes de faire une provision pour nous et les chevaux. Quant aux chameaux, ils durent attendre des jours meilleurs et une terre moins inhospitalière.

Kao-Tan-Dze, ce pays si misérable et si affreux, n'a pas même l'avantage de jouir de la tranquillité que sa pauvreté et sa solitude sembleraient pourtant devoir lui assurer. Il est continuellement désolé par les brigands. Aussi toutes les habitations portent-elles quelques traces d'incendie et de dévastation. Quand nous nous présentâmes à l'auberge, on nous demanda si nous voulions défendre nos animaux contre les brigands. Cette question nous jeta dans un grand étonnement, et nous nous hâtâmes de provoquer de nouvelles explications sur une chose qui nous paraissait bien étrange. On ajouta qu'à Kao-Tan-Dze, il y avait des auberges de deux espèces : des auberges où on se battait, et d'autres où on ne se battait pas; que le prix des premières était le quadruple du prix des secondes.... Ces paroles nous firent un peu soupçonner de quoi il s'agissait; mais pourtant la chose n'était pas tout à fait claire. « Comment, nous dit-on, vous ne savez donc pas que Kao-Tan-Dze est continuellement attaqué par les brigands? — Nous savons cela. — Si vous logez dans une auberge où l'on ne se bat pas, dans le cas que les brigands arrivent, ils emmèneront vos animaux, parce que personne ne s'est engagé à les défendre. Si, au contraire, vous logez dans une auberge où l'on se bat, il y a grande chance que vous les conserverez, à moins que les brigands ne soient les plus forts, ce qui arrive quelquefois. » Tout cela nous paraissait fort bizarre et passablement contrariant. Cependant il fallait prendre un parti. Après mûre et sérieuse réflexion, nous nous décidâmes à aller loger dans une auberge où l'on dût se battre. Il nous vint en pensée, qu'il pourrait bien se faire que les gens de Kao-Tan-Dze s'entendissent avec les brigands pour exploiter les voyageurs. Dans ce cas-là, il valait mieux leur payer une assez forte somme, que de leur abandonner nos animaux, dont la perte eût été bientôt suivie de la nôtre.

En entrant dans l'auberge qui nous fut indiquée, nous remarquâmes, en effet, que tout y était sur le pied de guerre. On ne voyait, de tout côté, que lances, flèches, arcs et fusils à mèche. La présence de ces armes n'était pas capable de nous rassurer complètement. Nous résolûmes de ne pas nous coucher, et de faire nous-mêmes la garde pendant la nuit.

Kao-Tan-Dze, avec son allure de guerre et son état de hideuse misère, était pour nous un pays inexplicable. Nous nous demandions comment des hommes pouvaient se résigner à habiter un pays affreux, stérile, sans eau, éloigné de tout pays habité, et par dessus tout, désolé par de continuelles incursions de brigands. Quel pouvait être leur but? quel avantage leur présentait une position de ce genre? Nous avions beau chercher, beau faire des suppositions, le problème demeurait toujours insoluble. Pendant la première veille de la nuit, nous causâmes beaucoup avec l'aubergiste, qui nous parut avoir assez de franchise dans le caractère. Il nous raconta une foule d'anecdotes de brigands, toutes remplies de combats, de meurtres et d'incendies. - Mais enfin, lui dîmes-nous, que n'abandonnez-vous ce détestable pays? — Oh! nous répondit-il, nous ne sommes pas libres. Nous autres habitants de Kao-Tan-Dze, nous sommes tous des exilés. Nous sommes dispensés d'aller jusqu'à Ili, à condition que nous resterons ici sur la route, pour fournir de l'eau aux mandarins et aux soldats qui conduisent des exilés. Nous sommes obligés d'en donner gratis à tous les employés du gouvernement qui passent par ici. » Aussitôt que nous sûmes que nous étions parmi les exilés, nous fûmes un peu rassurés. Nous inclinâmes à croire qu'ils n'étaient pas de connivence avec les brigands; car ils avaient parmi eux une espèce de petit mandarin chargé de les surveiller. Un instant, nous eûmes l'espérance de trouver des chrétiens à Kao-Tan-Dze; mais l'aubergiste nous assura qu'il n'y en avait aucun. Il nous dit que les exilés pour la religion du Seigneur du ciel allaient tous à Ili.

D'après tout ce que nous dit l'aubergiste, nous crûmes que nous pouvions sans inconvénient prendre un peu de repos. Nous allâmes donc nous coucher, et nous dormîmes d'un assez bon sommeil jusqu'à l'aube du jour; grâce à Dieu, les brigands n'étaient pas venus nous rendre visite.

Pendant la majeure partie de la journée nous suivîmes la route qui conduit à Ili. Nous parcourions avec respect, et en quelque sorte avec une religieuse vénération, ce chemin de l'exil, tant de fois sanctifié par le passage des confesseurs de la foi; nous aimions à nous entretenir de ces courageux chrétiens, de ces âmes fortes qui, plutôt que de renoncer à leur religion, avaient préféré abandonner et leur famille et leur patrie, pour aller terminer leurs jours dans les pays inconnus. Nous l'espérons, la Providence suscitera des Missionnaires pleins de dévouement pour aller porter à nos frères exilés les consolations de la foi.

La route d'Ili nous conduisit jusqu'à la grande muraille, que nous franchîmes encore à pieds joints. Cet ouvrage de la nation chinoise, dont on a tant parlé, sans pourtant le connaître suffisamment, mérite que nous en disions quelques mots. On sait que l'idée d'élever des murailles pour se fortifier contre les incursions des ennemis, n'a pas été particulière à la Chine; l'antiquité nous offre plusieurs exemples de semblables travaux. Outre ce qui fut exécuté en ce genre chez les Syriens, les Egyptiens et les Mèdes, en Europe, par ordre de l'empereur Septime-Sévère, une muraille fut construite au nord de la Grande-Bretagne. Cependant aucune grande nation n'a rien fait d'aussi grandiose que la muraille élevée par *Tsin-Chi-Hoang-Ti* l'an 214 de Jésus-Christ; les Chinois la nomment *Wan-li-Tchang-Tching* (le grand mur de dix mille lis). Un nombre prodigieux d'ouvriers y fut employé, et les travaux de cette entreprise gigantesque durèrent pendant dix ans. La grande muraille s'étend depuis le point le plus occidental du

Kan-Sou jusqu'à la mer Orientale. L'importance de cet immense travail a été différemment jugée par ceux qui ont écrit sur la Chine : les uns l'ont exalté outre mesure, et les autres se sont efforcés de le tourner en ridicule ; il est à croire que cette divergence d'opinions vient de ce que chacun a voulu juger de l'ensemble de l'ouvrage d'après l'échantillon qu'il avait eu sous les yeux. M. Barrow, qui vint en Chine en 1793 avec lord Macartney, en qualité d'historiographe de l'ambassade, a fait le calcul suivant : il suppose qu'il y a dans l'Angleterre et l'Ecosse dix-huit cent mille maisons. En estimant la maçonnerie de chacune à deux mille pieds cubes, il avance qu'elles ne contiennent pas autant de matériaux que la grande muraille chinoise, qui selon lui, suffirait pour construire un mur capable de faire deux fois le tour du globe. Evidemment M. Barrow a pris pour base de son calcul la grande muraille telle qu'il a pu la voir au nord de Pékin ; la construction en est réellement belle et imposante ; mais il ne faudrait pas croire que cette barrière, élevée contre les irruptions des Tartares, est dans toute son étendue également large, haute et solide. Nous avons eu occasion de la traverser sur plus de quinze points différents, et plusieurs fois nous avons voyagé, pendant des journées entières, en suivant sa direction et sans jamais la perdre de vue ; souvent au lieu de ces doubles murailles crénelées qui existent aux environs de Pékin, nous n'avons rencontré qu'une simple maçonnerie, et quelquefois qu'un modeste mur en terre ; il nous est même arrivé de voir cette fameuse muraille réduite à sa plus simple expression, et uniquement composée de quelques cailloux amoncelés. Pour ce qui est des fondements dont parle M. Barrow, et qui consisteraient en grandes pierres de taille cimentéee avec du mortier, nous devons avouer que nulle part nous n'en avons trouvé de vestige. Au reste, on doit concevoir que Tsin-Chi-Hoang-Ti, dans cette grande entreprise, a dû naturellement s'appliquer à fortifier d'une manière spéciale les environs de la capitale de l'empire, point sur lequel devaient tout d'abord se porter les hordes tartares. On pourrait encore supposer, que les mandarins chargés de faire exécuter le plan de Tsin-Chi-Hoang-Ti ont dû diriger consciencieusement les travaux qui se faisaient en quelque sorte sous les yeux de l'empereur, et se contenter d'élever un simulacre de muraille sur les points les plus éloignés, et qui, du reste, avaient peu à craindre des Tartares, comme par exemple les frontières de l'Ortous et les monts Alechan.

La barrière de San-Yen-Tsin, qu'on rencontre à quelques pas après le passage de la muraille, est célèbre pour sa grande sévérité à l'égard des Tartares qui veulent entrer dans l'empire. Le village ne possède qu'une seule auberge tenue par le chef des satellites qui gardent la frontière ; en entrant, nous remarquâmes dans la cour plusieurs groupes de chameaux : une grande caravane tartare était arrivée peu de temps avant nous ; il y avait encore de quoi se loger, car l'établissement était vaste. A peine eûmes-nous pris possession de notre chambre, que la question des passeports commença. Le chef des satellites vint lui-même les réclamer officiellement. Nous n'en avons pas, lui répondîmes-nous. A ces mots, sa figure s'épanouit de contentement, et il nous déclara que nous ne pourrions pas continuer notre route, à moins de payer une forte somme d'argent. « Comment, un passeport ou de l'argent ! sache que nous avons traversé la

C'est là que le Talé-Lama a fixé sa résidence. (P. 297.)

Chine d'un bout à l'autre, que nous avons été à Pékin, que nous avons parcouru la Tartarie sans jamais avoir de passeport, et sans dépenser une seule sapèque. Toi qui es chef des satellites, est-ce que tu ne sais pas encore que les Lamas ont le privilège de voyager partout sans passeport? — Quelle parole prononcez-vous? Voici une caravane qui vient d'arriver, il y a deux Lamas, et ils m'ont présenté leur passeport comme les autres. — Si ce que tu dis est vrai, il faut en conclure qu'il y a des Lamas qui prennent des passeports, et d'autres qui n'en prennent pas. Nous autres, nous sommes de ceux qui n'en prennent pas. » Voyant que la contestation traînait trop en longueur, nous employâmes un argument décisif. « C'est bon, lui dîmes-nous, nous te donnerons tout l'argent que tu demanderas; mais tu nous écriras un billet que tu signeras, et dans lequel tu diras que, pour nous laisser passer, tu as exigé de nous ou un passeport ou une somme d'argent. Nous nous adresserons au premier mandarin que nous rencontrerons, et nous lui demanderons si cela est conforme ou non aux lois de l'empire. » L'aubergiste satellite n'insista plus. « Puisque vous avez été à Pékin, dit-il, il se peut que l'empereur vous ait donné des privilèges particuliers; » puis il ajouta à voix basse et en souriant : « Ne dites pas aux Tartares qui sont ici, que je vous laisse passer gratis. »

C'est une véritable compassion, que de voir ces pauvres Mongols voyager en Chine; tout le monde se croit en droit de les rançonner, et tout le monde y réussit merveilleusement; ils rencontrent des douanes partout, partout des gens qui se recommandent à leur générosité, parce qu'ils réparent des routes, construisent des ponts, édifient des pagodes. D'abord on fait semblant de leur rendre des services; on leur donne des conseils pour se défendre des gens méchants et malintentionnés, on les caresse, on les appelle frères et amis. Si cette méthode ne réussit pas à faire délier les cordons de la bourse, alors on a recours aux moyens d'intimidation; on leur fait des peurs atroces, on leur parle de mandarins, de lois, de tribunaux, de prisons, de supplices; on leur dit qu'on va les faire arrêter; on les traite en un mot comme de véritables enfants. Il faut convenir aussi que les Mongols se prêtent beaucoup à tous ces manèges, car ils sont totalement étrangers aux mœurs et aux habitudes de la Chine. Quand ils sont dans une auberge, au lieu de loger dans les chambres qu'on leur offre, de placer leurs animaux dans les écuries, ils dressent tout bravement leur tente au milieu de la cour, plantent des pieux tout autour et y attachent leurs chameaux. Souvent on ne leur permet pas cette bizarrerie; alors ils se décident à entrer dans ces chambres, qu'ils considèrent toujours comme des prisons; mais ils s'y arrangent d'une façon vraiment risible; ils dressent leur trépied et leur marmite au centre de la chambre, et allument le feu avec des argols, dont ils ont eu soin de faire une bonne provision. On a beau leur dire qu'il y a dans l'auberge une grande cuisine, qu'ils y seront plus commodément pour préparer leurs vivres; rien ne les émeut; c'est dans leur marmite, c'est au beau milieu de la chambre qu'ils prétendent faire bouillir leur thé. Quand la nuit est venue, ils déroulent des tapis de feutre autour du foyer et s'étendent dessus. Ils se garderaient bien de coucher sur les lits ou sur les *Kang* qui se trouvent dans la chambre. Les Tartares de la caravane qui logeaient avec nous dans l'auberge de San-Yen-Tsin, faisaient tous leur petit ménage en plein air. La simplicité de ces pauvres enfants du désert était si grande, qu'ils vinrent nous demander sérieusement si l'aubergiste leur ferait payer quelque chose pour les avoir logés chez lui.

Nous continuâmes notre route dans la province de Kan-Sou, en nous dirigeant vers le sud-ouest. Le pays, coupé de ruisseaux et de collines, est généralement beau, et paraît assez riche. L'admirable variété des produits qu'on y remarque est due à un climat tempéré, à un sol naturellement fertile, mais surtout à l'activité et au savoir-faire des agriculteurs. La principale récolte du pays consiste en froment, dont on fait des pains excellents à la manière de ceux d'Europe. On n'y sème presque pas de riz; le peu qui s'y consomme vient des provinces environnantes. Les chèvres et les moutons y sont de belle espèce, et servent, avec le pain, de base alimentaire aux habitants du pays. De nombreuses et inépuisables mines de charbon mettent le chauffage à la portée de tout le monde. Il nous a paru, enfin, que dans le Kan-Sou on pouvait facilement, et à peu de frais, se procurer une existence honnête.

A deux journées de la barrière de San-Yen-Tsin, nous fûmes assaillis par un ouragan qui nous exposa aux dangers les plus graves. Nous descendîmes de cheval, car il n'y avait plus moyen de faire un pas; et après nous'être enveloppés la figure avec notre mouchoir, pour n'être pas aveuglés par les sables, nous nous accroupîmes à côté de nos montures. Nous ne savions plus où nous étions ; il nous semblait, à chaque instant, que le système du monde se détraquait complètement, et que la fin de toutes choses était arrivée. Cela dura pendant plus d'une heure. Quand le vent se fut un peu calmé, et que nous pûmes voir clair autour de nous, nous nous trouvâmes tous séparés, et à une assez grande distance les uns des autres; car, au milieu de cette effroyable tempête, nous avions eu beau crier, beau nous appeler, il nous avait été impossible de nous entendre. Aussitôt que nous pûmes faire quelques pas, nous nous dirigeâmes vers une ferme qui n'était pas très éloignée de nous, mais que nous n'avions pu remarquer auparavant. L'ouragan ayant renversé le grand portail de la cour, il nous fut facile d'entrer. La maison elle-même nous fut bientôt ouverte; car la Providence nous avait fait rencontrer, au milieu de notre détresse, une famille vraiment remarquable par ses mœurs hospitalières.

Dès notre arrivée, on nous fit chauffer de l'eau pour nous laver. Nous étions dans un état affreux : la poussière nous enveloppait des pieds à la tête; elle avait même pénétré nos habits, et nos corps en étaient tout imprégnés. Si un pareil temps nous eût assaillis au passage des monts Alechan, nous eussions été enterrés vivants dans les sables, sans qu'on eût pu jamais savoir de nos nouvelles.

Quand nous vîmes que le fort de la tempête était passé, et que le vent ne soufflait plus que par petites raffales, nous songeâmes à nous remettre en route; mais les bons paysans de la ferme ne voulurent jamais consentir à nous laisser partir. Ils nous dirent qu'ils trouveraient moyen de nous loger pendant la nuit, et que nos animaux ne manqueraient ni d'eau, ni de fourrage. Leur invitation nous parut si sincère et si cordiale, nous avions d'ailleurs un si grand besoin de repos, que nous profitâmes volontiers de leur offre. Pour peu qu'on ait des rapports avec les habitants du Kan-Sou, il est facile de voir qu'ils ne sont pas de pure origine chinoise. Parmi eux c'est l'élément tartaro-thibétain qui domine. Il se manifeste plus particulièrement dans le caractère, les mœurs et le langage des habitants de la campagne. On ne trouve point parmi eux cette politesse affectée qui distingue les Chinois ; mais, en retour, ils sont remarquables par leur franchise et leur hospitalité. Dans leur idiome chinois, on rencontre une foule d'expressions appartenant aux langues tartare et thibétaine. La construction de leur phrase est surtout particulière ; on n'y reconnaît presque jamais la manière chinoise, c'est toujours l'inversion usitée dans le mongol. Ainsi, par exemple, ils ne disent pas, comme les Chinois : Ouvrez la porte, fermez la fenêtre…; mais : La porte ouvrez, la fenêtre fermez. Une autre particularité, c'est que le lait, le beurre, le caillé, toutes choses insupportables à un Chinois, font au contraire les délices des habitants du Kan-Sou. Mais c'est surtout leur caractère religieux qui les distingue des Chinois, ordinairement si sceptiques et si indifférents en matière de religion. Dans le Kan-Sou il y a de nombreuses et florissantes lamaseries, où l'on suit le culte réformé du Bouddhisme. Ce n'est pas que les Chinois n'aient aussi un grand nombre de pagodes, et des idoles de toute façon dans leur maison ; mais tout se borne à cette représentation extérieure ; au lieu que dans le Kan-Sou tout le monde prie souvent et longuement. Or, la prière, comme on sait, est ce qui distingue l'homme religieux de celui qui ne l'est pas.

Outre que les habitants du Kan-Sou diffèrent beaucoup des autres peuples de la Chine, ils forment encore entre eux des divisions très distinctes : les Dchiahours sont peut-être la plus saillante de la province. Ils occupent le pays appelé communément *San-Tchouan* — *Trois-Vallons*, — patrie de notre chamelier Samdadchiemba. Les Dchiahours ont toute la fourberie et toute l'astuce des Chinois, moins leur civilité et la forme polie de leur langage ; aussi sont-ils craints et détestés de tous leurs voisins. Quand ils se croient lésés dans leur droit, c'est toujours à coups de poignard qu'ils demandent raison. Parmi eux, l'homme le plus honoré est toujours celui qui a commis un plus grand nombre de meurtres. Ils parlent une langue particulière, qui est un mélange de mongol, de chinois et de thibétain oriental.

A les en croire, ils sont d'origine tartare. On peut dire, dans ce cas, qu'ils ont très bien conservé le caractère féroce et indépendant de leurs ancêtres, tandis que les habitants actuels de la Mongolie ont singulièrement modifié et adouci leurs mœurs.

Quoique soumis à l'empereur de Chine, les Dchiahours sont immédiatement gouvernés par une espèce de souverain héréditaire appartenant à leur tribu, et portant le titre de *Tou-Sse*. Il existe dans le Kan-Sou, et sur les frontières de la province de *Sse-Tchouan*, plusieurs peuplades qui se gouvernent ainsi elles-mêmes et d'après des lois spéciales. Toutes portent la dénomination de Tou-Sse, à laquelle on ajoute le nom de famille de leur chef souverain. Samdadchiemba appartenait à *Ki-Tou Sse*, tribu des Dchiahours. *Yang-Tou-Sse* est la plus célèbre et la plus redoutable. Pendant longtemps elle a exercé une grande influence à Lha-Ssa, capitale du Thibet. Mais cette influence a été détruite en 1845, à la suite d'un événement fameux que nous raconterons plus tard.

Après nous être bien reposés de nos fatigues, nous appareillâmes le lendemain de grand matin. Partout, sur la route, nous rencontrâmes des traces de la tempête de la veille, des arbres rompus ou déracinés, des maisons dépouillées de leur toiture, des champs ravagés et presque entièrement privés de leur terre végétale. Avant la fin du jour, nous arrivâmes à *Tchoang-Long*, plus vulgairement appelé *Ping Fang*. Cette ville n'offre rien de remarquable ; son commerce est assez florissant, et la ville, prosaïquement taillée sur les patrons ordinaires, ne présente aucun trait particulier ni de beauté ni de laideur. Nous allâmes loger à l'*hôtel des Trois Rapports sociaux* (San Kan-Tien), où nous eûmes affaire avec l'aubergiste le plus aimable et le plus caustique que nous ayons jamais trouvé. C'était un Chinois pur sang. Pour nous donner une preuve de sa sagacité, il nous demanda sans tergiverser, si nous n'étions pas Anglais ; et afin de ne laisser aucun doute à sa question, il ajouta qu'il entendait par *Ing-Kie-Li* les diables marins (*Yang-Koueï-Dze*) qui faisaient la guerre à Canton. « Non, nous ne sommes pas Anglais ; nous autres, nous ne sommes diables d'aucune façon, ni de mer, ni de terre. » Un désœuvré vint fort à propos détruire le mauvais effet de cette interpellation intempestive. « Toi, dit-il à l'aubergiste, tu ne sais pas regarder les figures des hommes. Comment oses-tu prétendre que ces gens-là sont des Yang-Koueï-Dze ? Est-ce que tu ne sais pas que ceux-ci ont les yeux tout bleus et les cheveux tout rouges ? — C'est juste, dit l'aubergiste, je n'avais pas bien réfléchi. — Non, certainement, ajoutâmes-nous, tu n'avais pas bien refléchi. Crois-tu que des monstres marins pourraient, comme nous, vivre sur terre, et seraient capables d'aller à cheval ? — Oh ! c'est juste, c'est bien cela ; les Ing-Kie-Li, dit-on, n'osent jamais quitter la mer ; aussitôt qu'ils montent à terre, ils tremblent et meurent comme les poissons qu'on met hors de l'eau. » On parla beaucoup des mœurs et du caractère des diables marins, et d'après tout ce qui en fut dit, il demeura démontré que nous n'étions pas du tout de la même race.

Un peu avant la nuit, il se fit une grande agitation dans l'auberge ; c'était un Bouddha vivant, qui arrivait avec son nombreux cortège. Il était de retour d'un voyage dans le Thibet, sa patrie, et se dirigeait vers la grande lamaserie dont il était le supérieur depuis un grand nombre d'années ; elle était située dans le pays des Khalkhas, non loin des frontières russes. Quand il fit son entrée dans l'auberge, une grande multitude de zélés bouddhistes, qui l'attendait dans la cour, se prosterna la face contre terre. Le Grand-Lama entra dans l'appartement qui lui avait été préparé ; et la nuit ne tardant pas à venir, la foule se retira. Quand l'auberge fut devenue un peu plus solitaire, ce personnage étrange voulut donner un libre cours à sa curiosité ; il se mit à parcourir toute l'auberge, entrant partout et adressant la parole à tout le monde, sans pourtant s'asseoir, ni s'arrêter nulle part. Comme nous nous y attendions, il vint aussi dans notre chambre. Quand il entra, nous étions gravement assis sur le kang ; nous affectâmes de ne pas nous lever pour le recevoir, nous contentant de lui offrir de la main une humble salutation. Cette manière parut le surprendre beaucoup, sans pourtant le déconcerter ; il s'arrêta au milieu de la chambre, et nous considéra longtemps l'un après l'autre. Nous gardâmes un profond silence, et, usant du même privilège, nous l'examinâmes à loisir. Cet homme paraissait avoir une cinquantaine d'années : il était revêtu d'une grande robe en taffetas jaune, et était chaussé de bottes thibétaines en velours rouge et remarquables par la hauteur de leurs semelles. Son corps était de taille moyenne, et d'un bel embonpoint; sa figure, fortement basanée, exprimait une bonhomie étonnante; mais ses yeux, quand on les considérait activement, avaient quelque chose de hagard, une expression étrange qui nous effrayait. Enfin, il nous adressa la parole en langue mongole, dans laquelle il s'exprimait avec beaucoup de facilité. D'abord la conversation n'eut pour objet que les questions banales que s'adressent mutuellement des voyageurs, sur la route, la santé, le temps, le bon ou mauvais état des animaux. Quand nous vîmes qu'il prolongeait sa visite, nous l'invitâmes à s'asseoir à côté de nous sur le kang; il hésita un instant, s'imaginant, sans doute, qu'en sa qualité de Bouddha vivant, il ne lui conviendrait pas de se mettre au niveau de simples mortels comme nous. Cependant, comme il avait grande envie de causer un instant, il prit le parti de s'asseoir. Il ne pouvait, sans compromettre sa haute dignité, demeurer plus longtemps debout, pendant que nous étions assis.

Un bréviaire que nous avions à côté de nous, sur une petite table, fixa aussitôt son attention; il nous demanda s'il lui était permis de l'examiner. Sur notre réponse affirmative, il le prit des deux mains, admira la reliure, la tranche dorée, puis l'ouvrit et le feuilleta assez longtemps; il le referma et le porta solennellement à son front en disant : « C'est votre livre de prières...; il faut toujours honorer et respecter les prières... » Il ajouta ensuite : « Votre religion et la nôtre sont comme cela... » Et en disant ces mots, il rapprochait l'un contre l'autre les deux index de ses mains. « Oui, lui répondîmes-nous, tu as raison, tes croyances et les nôtres sont en état d'hostilité; le but de nos voyages et de nos efforts, nous ne te le cachons pas, c'est de substituer nos prières à celles qui sont en usage dans vos lamaseries. — Je le sais, nous dit-il en souriant, il y a longtemps que je le sais. » Puis il prit de nouveau le bréviaire, et nous demanda des explications sur les nombreuses gravures qu'il contenait : il ne parut étonné en rien de ce que nous lui dîmes. Seulement, quand nous lui eûmes expliqué l'image du crucifiement, il remua la tête en signe de compassion, et porta ses deux mains jointes au front. Après avoir parcouru toutes les gravures, il prit le bréviaire d'entre nos mains, et le fit toucher de nouveau à sa tête. Il se leva ensuite, et nous ayant salués avec beaucoup d'affabilité, il quitta notre chambre. Nous le reconduisîmes jusqu'à la porte.

Nous fûmes si préoccupés de ce personnage extraordinaire, que nous désirâmes le voir encore une fois avant de nous remettre en route. Comme nous devions partir le lendemain de très bonne heure, nous allâmes lui rendre sa visite avant de nous coucher. Nous le trouvâmes dans sa chambre, assis sur d'épais et larges coussins recouverts de magnifiques peaux de tigre, il avait devant lui, sur une table en laque, une théière en argent, une tasse en jade posée sur une soucoupe en or richement ciselée. Il paraissait s'ennuyer passablement; aussi fut-il enchanté de notre visite. De crainte qu'il ne s'avisât de nous laisser debout en sa présence, tout en entrant nous allâmes, sans façon, nous asseoir à côté de lui. Les gens de sa suite, qui étaient dans une pièce voisine, furent extrêmement choqués de cette familiarité, et firent entendre un léger murmure d'improbation. Le Bouddha vivant nous regarda en souriant avec malice; il agita ensuite une clochette d'argent, et un jeune Lama s'étant présenté, il lui ordonna de nous servir du thé au lait. « J'ai vu souvent de vos compatriotes, nous dit-il; ma lamaserie n'est pas éloignée de votre pays; les *Oros* (Russes) passent quelquefois la frontière, mais ils ne vont pas aussi loin que vous. — Nous ne sommes pas Russes, lui dîmes-nous, notre pays est très éloigné du leur. » Cette réponse parut le surprendre; il nous regarda attentivement, puis il ajouta : « De quel pays êtes-vous? — Nous sommes du ciel d'Occident. — Ah! c'est cela, vous êtes des *Péling*, du *Dchon-Ganga* (Gange oriental); la ville que vous habitez se nomme *Galgata* (Calcutta). » Comme on voit, le Bouddha vivant ne s'écartait pas trop de la vérité, et s'il n'y tombait pas juste, ce n'était pas sa faute; il ne pouvait nous classer que parmi les peuples qui lui étaient connus. En nous supposant d'abord Russes et puis Anglais, il faisait preuve d'un assez bon coup d'œil. Nous eûmes beau lui dire que nous n'étions ni Oros, ni Péling de Galgata, nous ne pûmes le convaincre. « Au reste, nous dit-il, qu'est-ce que cela fait qu'on soit d'un pays ou d'un autre, puisque tous les hommes sont frères? Seulement, tant que vous êtes en Chine, il faut être prudents, et ne pas dire à tout le monde qui vous êtes; les Chinois sont soupçonneux et méchants, ils pourraient vous nuire. » Il nous parla ensuite beaucoup du Thibet et de la route affreuse qu'il fallait parcourir pour y arriver. A nous voir, il doutait que nous eussions assez de force pour exécuter un pareil voyage. Les paroles et les manières de ce Grand-Lama étaient toujours pleines d'affabilité; mais nous ne pouvions nous faire à l'étrangeté de son regard; il nous semblait voir dans ses yeux quelque chose de diabolique et d'infernal. Sans cette particularité, qui tenait peut-être à certaines préoccupations de notre part, nous l'eussions trouvé très aimable.

De Tchoang-Long ou Ping-Fang, nous allâmes à *Ho-Kiao-Y*, nommé sur les cartes de géographie *Taï-Toung-Fou*. Aujourd'hui cette ancienne dénomination n'est presque plus en usage. La route était partout encombrée de convois de charbon de terre, qu'on transportait sur des bœufs, des ânes et de petites charrettes. Nous résolûmes de nous arrêter pendant quelques jours à Ho-Kiao-Y, afin de donner un peu de repos à nos animaux dont les forces étaient épuisées; le cheval et le mulet avaient sur les flancs de grosses tumeurs produites par le frottement de la selle. Avant d'aller plus loin, il était important de leur faire une opération et de les médicamenter. Ayant donc le projet de nous reposer, avant de nous fixer quelque part, nous examinâmes toutes les auberges de la ville, afin de nous arrêter à la plus convenable; l'*hôtel des Climats tempérés* eut notre choix.

Depuis notre entrée dans la province du Kan-Sou, il ne s'était pas passé de journée sans que Samdadchiemba nous parlât des Trois-Vallons et des Dchiahours. Quoiqu'il eût le caractère peu sentimental, il désirait pourtant beaucoup aller revoir son pays natal et ce qui pouvait encore rester de sa famille. Nous ne pouvions que seconder des désirs si légitimes. Aussitôt que nous fûmes bien établis dans l'hôtel des Climats tempérés, nous lui donnâmes huit jours de congé pour aller revoir sa patrie qu'il avait abandonnée encore tout enfant. Huit jours lui parurent suffisants, deux pour aller, deux pour revenir, et quatre pour rester au sein de sa famille et lui raconter les merveilles qu'il avait vues dans le monde. Nous lui permîmes d'emmener un chameau avec lui, afin qu'il pût faire parmi les siens une apparition un peu triomphale; cinq onces d'argent que nous plaçâmes dans sa bourse, devaient achever de le recommander à ses compatriotes.

En attendant le retour de notre Dchiahour, nous fûmes exclusivement occupés à prendre soin de nos animaux et de nous-mêmes. Tous les jours nous devions aller en ville acheter nos provisions particulières, faire nous-mêmes notre cuisine, puis matin et soir abreuver nos animaux, à une assez grande distance de l'auberge. Le maître d'hôtel était un de ces hommes d'un naturel excellent, toujours empressés à rendre service, mais au fond toujours à charge, et d'une importunité qu'on ne leur pardonne qu'à cause de leur bonne volonté. Ce bonhomme d'aubergiste venait à chaque instant dans notre chambre, pour nous donner des avis sur la tenue de notre ménage. Après avoir changé tous les objets de place, tout arrangé selon sa fantaisie du moment, il s'approchait enfin de notre petit fourneau, découvrait la marmite, goûtait notre ragoût avec son doigt, puis ajoutait du sel ou du gingembre au grand dépit de M. Huc, qui était chargé officiellement de la cuisine. D'autres fois, il prétendait que nous n'entendions rien à faire le feu; qu'il fallait disposer le charbon de telle manière, laisser un courant d'air de tel côté; puis il prenait les pinces et bouleversait notre foyer, au grand mécontentement de M. Gabet, qui faisait l'office de chauffeur. Quand la nuit arrivait, c'était surtout alors qu'il se croyait indispensable pour allonger ou retirer à propos la mèche de la lampe et la faire éclairer convenablement. Quelquefois, il avait vraiment l'air de se demander comment nous avions pu faire pour vivre sans lui, l'un jusqu'à trente-deux ans et l'autre jusqu'à trente-sept. Cependant, parmi toutes ces prévenances dont il nous importunait à chaque instant, il en était une que nous lui passions volontiers, c'était celle de nous chauffer le lit; la manière était si bizarre, tellement particulière au pays, que nulle part nous n'avions eu occasion d'acquérir de l'expérience sur ce point.

Le *kang*, ou espèce de grand fourneau sur lequel on couche, n'est pas dans le Kan-Sou entièrement construit en maçonnerie comme dans le nord de la Chine; le dessus est en planches mobiles, et placées les unes à côté des autres de manière à ce qu'elles joignent parfaitement. Quand on veut chauffer le kang, on enlève ces planches, puis on étend dans l'intérieur du fourneau du fumier de cheval, pulvérisé et très sec; on jette sur ce combustible quelques charbons embrasés, et on remet les planches à leur place; le feu se communique insensiblement au fumier qui, une fois allumé, ne peut plus s'éteindre. La chaleur et la fumée, n'ayant pas d'issue à l'extérieur, échauffent bientôt les planches, et produisent une tiède température, qui dure pendant toute la nuit, à cause de la combustion lente du fumier. Le talent du chauffeur de kang consiste à ne mettre ni trop, ni trop peu de fumier, à l'étendre convenablement et à disposer les charbons de manière à ce que la combustion commence en même temps sur plusieurs points différents, pour que toutes les planches participent à la fois à la chaleur. Honteux de voir qu'on était obligé de nous chauffer le lit comme à des enfants, nous voulûmes un jour nous rendre nous-mêmes ce service; mais le résultat ne fut pas heureux : il arriva que l'un de nous faillit se brûler vif, tandis que l'autre grelotta de froid pendant la nuit tout entière. D'un côté, le feu avait pris à une planche, et de l'autre le fumier ne s'était pas allumé. Le maître de l'hôtel des Climats tempérés fut fort mécontent, comme de raison. Afin qu'un pareil désordre ne se reproduisît pas, il ferma à clef le petit cabinet du fumier, se réservant de venir lui-même tous les soirs préparer notre couche.

Les soins multipliés de notre ménage, auxquels venait se joindre la récitation du bréviaire, nous empêchaient de nous ennuyer pendant notre séjour à Ho-Kiao-Y. Le temps s'écoula assez vite, et au huitième jour, comme il avait été convenu, Samdadchiemba reparut, mais il n'était pas seul; il était accompagné d'un petit jeune homme, qu'aux traits de la physionomie il nous fut facile de reconnaître pour son frère; il nous fut en effet présenté comme tel. Cette première entrevue ne fut que d'un instant; les deux Dchiahours disparurent aussitôt, et allèrent, comme en cachette, dans la demeure de l'aubergiste. Nous pensâmes d'abord qu'ils voulaient présenter leurs civilités au maître d'hôtel, mais ce n'était pas cela; ils reparurent bientôt après, avec un peu plus de solennité que la première fois. Samdadchiemba entra le premier : « Babdcho, dit-il à son frère, prosterne-toi devant nos maîtres, et fais-leur les offrandes de notre pauvre famille. » Le jeune Dchiahour nous fit trois saluts à l'orientale, et nous présenta ensuite deux grands plats, l'un chargé de belles noix, et l'autre de trois gros pains, qui, par leur forme, nous rappelèrent ceux de France. Pour prouver à Samdadchiemba combien nous étions sensibles à son attention, immédiatement et sans désemparer nous enta-mâmes un pain, que nous mangeâmes avec des noix. Nous fîmes un repas délicieux; car, depuis notre départ de France, nous n'avions jamais savouré un pain d'aussi bon goût.

Nous ne fûmes pas longtemps sans remarquer que le costume de Samdad-chiemba était réduit à sa plus simple expression; nous étions surpris de le voir revenir avec de misérables habits, tandis qu'il était parti très convenablement-habillé. Nous lui demandâmes compte de ce changement; il nous parla alors de sa famille qu'il avait trouvée dans une affreuse misère. Son père était mort depuis longtemps; sa vieille mère était aveugle, et n'avait pas eu le bonheur de le voir; il avait deux frères, l'un jeune encore, et l'autre que nous avions sous les yeux. Ce jeune homme était le seul soutien de sa famille; il consacrait son temps à la culture d'un petit champ qui leur restait encore, et à la garde des troupeaux d'autrui. D'après ce tableau, il était facile de savoir ce que Samdadchiemba avait fait de ses habits; il avait tout laissé à sa pauvre mère, sans même excepter sa couverture de voyage. Nous crûmes devoir lui proposer de rester chez lui, afin de donner ses soins à sa malheureuse famille. « Comment, nous dit-il, aurai-je la cruauté de faire une pareille chose? Est-ce qu'il pourrait m'être permis d'aller leur dévorer le champ qui leur reste; à peine peuvent-ils vivre eux-mêmes, où trouveraient-ils de quoi me nourrir? Je n'ai aucune industrie, je ne sais pas travailler la terre; de quel secours puis-je leur être? » Nous ne trouvâmes cette résolution ni noble, ni généreuse; mais, connaissant le caractère de Samdadchiemba, elle ne nous surprit pas. Nous n'insistâmes pas pour le faire rester, car nous étions encore plus persuadés que lui qu'il n'était pas bon à grand'chose, et que sa famille n'avait en effet rien à attendre de son assistance; de notre côté, nous fîmes tout ce qui pouvait dépendre de nous pour soulager ces malheureux. Nous donnâmes une assez forte aumône au frère de Samdadchiemba, et nous fîmes nos préparatifs pour continuer notre route.

Pendant ces huit jours de repos, l'état de nos animaux s'était suffisamment amélioré pour oser tenter le chemin pénible que nous allions prendre. Le lendemain de notre sortie de Ho-Kiao-Y, nous commençâmes à gravir la haute montagne de *Ling-Keou* dont les sentiers, pleins d'affreuses aspérités, présentaient à nos chameaux des difficultés presque insurmontables. Chemin faisant, nous étions obligés de pousser continuellement de grands cris, pour avertir les muletiers qui auraient pu se trouver sur cette route, si étroite et si dangereuse, que deux animaux ne pouvaient y passer de front.

Le froid fut loin d'être aussi rigoureux que nous l'avions redouté, d'après la saison et la hauteur de la montagne. Après midi, le temps fut même assez doux ; le ciel se couvrit et il tomba de la neige. Comme nous étions obligés de descendre la montagne à pied, nous eûmes bientôt à souffrir de la chaleur, car il nous fallait faire de grands efforts pour nous retenir sur la pente de ce chemin glissant. Un de nos chameaux fit deux fois la culbute; mais par bonheur il fut arrêté par des rochers, qui l'empêchèrent de rouler jusqu'au bas de la montagne.

Quand nous eûmes mis derrière nous ce redoutable Ping Keou, nous allâmes loger dans le *Village du vieux canard* (*Lao-Ya-Pou*). Là nous trouvâmes un système de chauffage un peu différent de celui de Ho-Kiao-Y. Les kang sont entretenus non pas avec du fumier de cheval, mais avec du charbon pulvérisé, réduit en pâte et formant des gâteaux semblables à des briques; la tourbe est aussi en usage. Nous avions toujours pensé que le tricotage était inconnu en Chine; le village du vieux canard fit tomber ce préjugé, partagé du reste par les Chinois eux-mêmes. Nous remarquâmes dans toutes les rues un grand nombre, non pas de tricoteuses, mais de tricoteurs, car ce sont les hommes seuls qui s'occupent de cette industrie. Leurs ouvrages sont sans goût et sans délicatesse; ils ne tricotent jamais que de gros fils de laine, dont ils font le plus souvent des bas informes et semblables à des sacs, et quelquefois des gants, sans séparation pour les doigts, excepté pour le pouce; les aiguilles dont ils se servent sont en bois de bambou. C'était pour nous un spectacle bien singulier, que de voir des réunions d'hommes à moustaches, assis au soleil devant les portes de leurs maisons, filant, tricotant, et bavardant comme des commères; on eût dit une parodie des mœurs de notre patrie.

De Lao-Ya-Pou à Si-Ning-Fou nous eûmes cinq jours de marche; le second jour nous traversâmes Ning-Pey-Hien, ville de troisième ordre. En dehors de la porte occidentale, nous nous arrêtâmes dans une hôtellerie pour prendre notre repas du matin : plusieurs voyageurs étaient rassemblés dans une immense cuisine, et occupaient les nombreuses tables disposées le long des murs ; au centre de la salle, s'élevaient d'immenses fourneaux, où l'aubergiste, sa femme, ses enfants et quelques domestiques préparaient avec activité les mets demandés par les convives.

Quand nous fûmes sur le point de partir, l'aubergiste en réglant nos comptes, marqua cinquante sapèques pour les animaux que nous avions attachés dans la cour pendant notre dîner. Évidemment on voulait nous faire payer comme des Tartares. Samdadchiemba ne put contenir son indignation. « Est-ce que tu crois, s'écria-t-il, que nous autres Dchiahours, nous ne connaissons pas les règlements des hôtelleries ? Où a-t-on jamais vu payer pour attacher des animaux à une cheville de bois ? Dis-moi, maître d'hôtel, combien demandes-tu de sapèques pour la comédie que tu viens de jouer avec ta femme ? » Le sarcasme était cinglant. Les éclats de rire du public donnèrent raison à Samdadchiemba, et nous partîmes en payant simplement nos dépenses toutes particulières.

La route qui conduit à Si-Ning-Fou est en général bonne et assez bien entretenue : elle serpente à travers une campagne fertile, très bien cultivée, et pittoresquement accidentée par de grands arbres, des collines et de nombreux ruisseaux. Le tabac est la culture principale du pays. Nous rencontrâmes, chemin faisant, plusieurs moulins à eau remarquables par leur simplicité, comme tous les ouvrages des Chinois. Dans ces moulins, la meule supérieure est immobile ; c'est celle de dessous qui tourne par le moyen d'une roue unique, que le courant d'eau met en mouvement. Pour faire manœuvrer ces moulins, quelquefois construits sur de larges proportions, il n'est besoin que d'une très petite quantité d'eau ; car on la fait tomber sur la roue comme une cascade, ayant au moins vingt pieds de haut.

Un jour avant d'arriver à Si-Ning-Fou, nous eûmes une route extrêmement pénible, très dangereuse, et qui nous invita souvent à nous recommander à la protection de la divine Providence. Nous marchions à travers d'énormes rochers et le long d'un profond torrent dont les eaux tumultueuses bondissaient à nos pieds. Le gouffre était toujours béant devant nous ; il eût suffi d'un faux pas pour y rouler ; nous tremblions surtout pour les chameaux, si maladroits et si lourds quand il faut marcher sur un chemin scabreux. Enfin, grâce à la bonté de Dieu, nous arrivâmes sans accident à Si-Ning. Cette ville est immense, mais elle est peu habitée, et tombe presque en ruines sur plusieurs points. Son commerce est en grande partie intercepté par Tang-Keou-Eul, petite ville située sur les bords de la rivière Keou-Ho, à la frontière qui sépare le Kan-Sou du Koukou-Noor.

Il est d'usage à Si-Ning-Fou, on pourrait même dire de règle, qu'on ne reçoit pas dans les hôtelleries les étrangers tels que Tartares, Thibétains et autres ; ils vont loger dans les établissements nommés *Maisons de repos* (Sié-Kia), où les autres voyageurs ne sont pas admis. Nous allâmes donc mettre pied à terre dans une Maison de repos, et nous y fûmes très bien reçus. Les Sié-Kia diffèrent des autres hôtelleries en ce qu'on y est logé, nourri et servi gratuitement. Comme le commerce est le but ordinaire des étrangers, les chefs de ces établissements perçoivent un revenu sur tout ce qu'on vend ou qu'on achète. Pour tenir une Maison de repos, il faut avoir la permission des autorités du lieu, et leur payer annuellement une certaine somme, plus ou moins grande, suivant l'importance des affaires commerciales. En apparence, les étrangers sont très bien traités, mais au fond ils sont toujours sous la dépendance des Sié Kia, qui, étant d'intelligence avec les marchands de la ville, trouvent ainsi à gagner de part et d'autre.

Quand nous partîmes de Si-Ning Fou, il se trouva que le Sié-Kia n'avait pas fait sur nous un grand profit; car nous n'avions ni rien vendu ni rien acheté. Cependant, comme il eût été ridicule et injuste de vivre ainsi aux dépens du prochain nous dédommageâmes le chef de la Maison de repos, et nous lui payâmes le séjour que nous avions fait chez lui, au taux des hôtelleries ordinaires.

Après avoir traversé plusieurs torrents, gravi grand nombre de collines rocailleuses, et franchi encore deux fois la grande muraille, nous arrivâmes à *Tang-Keou-Eul*. Nous étions au mois de janvier; quatre mois à peu près s'étaient écoulés depuis notre départ de la *Vallée des Eaux Noires*. Tang-Keou-Eul est une petite ville, mais très active et très commerçante. C'est une véritable tour de Babel : on y trouve réunis les Thibétains orientaux, les Houng-Mao-Eul ou Longues-Chevelures, les Oelets, les Kolo, les Chinois, les Tartares de la mer Bleue, et les Musulmans descendants d'anciennes migrations du Turkestan. Tous portent dans cette ville le caractère de la violence. Chacun marche dans la rue armé d'un grand sabre, et affectant dans sa démarche une indépendance féroce. Il est impossible de sortir sans être témoin de quelque bataille.

Récits concernant la route du Thibet — Caravane de Tartares-Khalkhas. — Fils du roi du Koukou-Noor. — Sandara le Barbu — Étude de la langue thibétaine — Caractere fourbe et méchant de Sandara. — Samdadchiemba est pillé par les brigands. — Deux mille bœufs volés aux « Houng-Maol-Eul ou Longues-Chevelures » — Affreux tumulte à Tang-Keou-Eul — Portrait et caractère des Longues-Chevelures. — Hoei-Hoei ou Musulmans établis en Chine — Indépendance dont jouissent les Hoeï-Hoeï — Fêtes du premier jour de l'an — Notre tente déposée au mont-de-piété — Départ pour la lamaserie de « Kounboum » — Arrivée de nuit. — Emprunt d'une habitation. — Usage singulier du « Khata » — Le vieux Akayé — Le Kitas-Lama — Le bègue. — Nombreux pèlerins à Kounboum. — Description de la celebre fête des Fleurs.

Les Maisons de repos sont très multipliées dans la petite ville de Tang-Keou-Eul, à cause du grand nombre d'étrangers que le commerce y attire de toutes parts. Ce fut dans un de ces établissements, tenu par une famille de Musulmans, que nous allâmes loger. Le négoce n'étant pour rien dans nos affaires, nous dûmes en avertir franchement le chef, et fixer les conditions de notre séjour dans sa maison; il fut convenu que nous y serions comme dans une hôtellerie ordinaire. Tout cela était à merveille; mais en définitive, qu'allions-nous devenir? Cette question ne laissait pas que de nous préoccuper et de nous tourmenter un peu.

Jusqu'à Tang-Keou-Eul nous avions suivi avec succès et assez rapidement l'itinéraire que nous nous étions tracé; nous pouvons même dire que cette partie de notre voyage nous avait réussi au delà de toute espérance. A cette heure il s'agissait donc de poursuivre notre plan, et de pénétrer jusqu'à Lha-Ssa, capitale du Thibet. Or, la chose semblait hérissée de difficultés presque insurmontables. Tang-Keou Eul était pour nous comme des colonnes d'Hercule, avec leur désolant : *Nec plus ultra,* « Vous n'irez pas plus loin. » Cependant nous avions déjà parcouru trop de chemin pour être accessibles au découragement. Nous apprîmes que presque annuellement des caravanes partaient de Tang-Keou-Eul, et finissaient par arriver jusqu'au cœur du Thibet. Il ne nous en fallait pas davantage; ce que d'autres hommes entreprenaient et exécutaient, nous avions la prétention de l'entreprendre et de l'exécuter aussi ; cela ne nous paraissait pas au-dessus de nos forces. Il fut donc arrêté que le voyage se ferait jusqu'au bout, et qu'il ne serait pas dit que des Missionnaires catholiques auraient moins de courage, pour les intérêts de la foi, que des marchands pour un peu de lucre. La possibilité du départ étant ainsi tranchée, nous n'eûmes plus à nous occuper que de l'opportunité.

Notre grande affaire fut donc de recueillir tous les renseignements possibles sur cette fameuse route du Thibet. On nous en dit des choses affreuses : il fallait, pendant quatre mois, voyager à travers un pays absolument inhabité, et par conséquent faire, avant de partir, toutes les provisions nécessaires. Dans la saison de l'hiver, le froid était horrible, et souvent les voyageurs étaient gelés, ou ensevelis sous des avalanches de neige. Pendant l'été, il s'en noyait un grand nombre ; car il fallait traverser de grands fleuves, sans pont, sans barque, n'ayant d'autre secours que des animaux qui souvent ne savaient pas nager. Puis par dessus tout cela venaient les hordes de brigands, qui, à certaines époques de l'année, parcouraient le désert, détroussaient les voyageurs, et les abandonnaient, sans habits et sans nourriture, au milieu de ces épouvantables contrées ; enfin on nous racontait des choses à faire dresser les cheveux sur la tête. Ces récits, en apparence fabuleux, ou du moins très exagérés, étaient toutefois les mêmes dans toutes les bouches, et toujours d'une effrayante uniformité. On pouvait d'ailleurs voir et interroger, dans les rues de Tang-Keou-Eul, quelques Tartares-Mongols, qui étaient comme les pièces justificatives de ces longues histoires d'aventures tragiques ; c'étaient les débris d'une grande caravane, assaillie l'année précédente par une troupe de brigands. Ils avaient trouvé moyen de s'échapper, mais leurs nombreux compagnons avaient été abandonnés à la merci des *Kolo* brigands). Tous ces renseignements, incapables d'ébranler notre résolution, furent seulement pour nous un motif de ne pas précipiter notre départ et d'attendre une bonne occasion.

Il y avait six jours que nous étions à Tang-Keou-Eul, lorsqu'une petite caravane de Tartares-Khalkhas vint mettre pied à terre dans notre Maison de repos. Elle arrivait des frontières de la Russie, et s'en allait à Lha Ssa pour rendre hommage à un tout jeune enfant, qui, disait-on, était le fameux *Guison-Tamba* nouvellement transmigré. Quand ces Tartares surent que nous attendions une occasion favorable pour nous acheminer vers le Thibet, ils furent au comble de la joie ; car ils voyaient que leur petite troupe allait inopinément se grossir de trois pèlerins, et en cas de guerre contre les Kolo, de trois combattants. Nos barbes et nos moustaches leur donnèrent une haute idée de notre valeur, et nous fûmes spontanément décorés par eux du titre de *Batourou* (braves). Tout cela était fort honorable et fort engageant. Cependant, avant de nous décider au départ, nous voulûmes préalablement faire quelques paisibles et mûres réflexions. La caravane qui encombrait la grande cour de la Maison de repos, ne comptait que huit hommes ; tout le reste n'était que chameaux, chevaux, tentes, bagages et instruments de cuisine ; il est vrai que ces huit hommes, à les entendre, étaient tous des foudres de guerre. Au moins étaient-ils armés jusqu'aux dents; ils venaient étaler en notre présence leurs fusils à mèche, leurs lances, leurs flèches, et surtout une pièce d'artillerie, un petit canon de la grosseur du bras; il était sans affût, mais bien ficelé entre les deux bosses d'un chameau; il devait produire un effet merveilleux. Tout cet appareil guerrier était peu fait pour nous rassurer; d'autre part, nous comptions médiocrement sur l'influence morale de nos longues barbes. Il fallait pourtant prendre une détermination; les Tartares-Khalkhas nous pressaient vivement, et nous répondaient d'un succès complet. Parmi les personnes désintéressées en cette affaire, les unes nous disaient que l'occasion était excellente, qu'il fallait en profiter; d'autres assuraient que c'était une imprudence, qu'une si petite troupe serait infailliblement *mangée par les Kolo*; qu'il valait mieux, puisque nous n'étions pas pressés, attendre la grande ambassade thibétaine.

Cette ambassade ne faisait guère que d'arriver à Pékin; elle ne pouvait être de retour que dans huit mois. Ce long retard nous parut ruineux. Comment, avec nos modiques ressources, nourrir dans une auberge cinq animaux pendant un si long temps? Ayant tout pesé, tout calculé : « A la garde de Dieu, dîmes-nous, et partons. » Nous annonçâmes notre résolution aux Tartares, qui en furent dans l'enthousiasme. Aussitôt le chef de la Maison de repos fut chargé de nous acheter de la farine pour quatre mois. « Pourquoi des provisions pour quatre mois? nous dirent les Tartares. — On dit que la route est de trois mois au moins, il est bon de s'approvisionner pour quatre, en cas d'accident. — C'est vrai; l'ambassade thibétaine met beaucoup de temps à faire cette route. Mais, nous autres Tartares, nous voyageons autrement; il nous faut au plus une lune et demie; nous allons au galop, tous les jours nous parcourons à peu près deux cents lis (vingt lieues). » Ces paroles nous firent spontanément changer de résolution. Nous étions dans l'impossibilité absolue de suivre cette caravane.

Le lendemain, les Tartares-Khalkhas se mirent en route. Quand nous les vîmes partir, nous eûmes un instant de tristesse, car il nous était pénible de ne pouvoir les accompagner; mais ces sentiments ne furent que passagers. Nous étouffâmes promptement ces inutiles regrets, et nous songeâmes à utiliser du mieux possible le temps que nous avions à attendre avant notre départ. Il fut décidé que nous chercherions un maître, et que nous nous enfoncerions tout entiers dans l'étude de la langue thibétaine et des livres bouddhiques.

A onze lieues de Tang-Keou-Eul, il existe, dans le pays des Si-Fan, ou Thibétains orientaux, une lamaserie dont la renommée s'étend, non seulement dans toute la Tartarie, mais encore jusqu'aux contrées les plus reculées du Thibet. Les pèlerins y accourent de toutes parts pour visiter ces lieux, devenus célèbres par la naissance de *Tsong-Kaba-Remboutchi*, fameux réformateur du bouddhisme. La lamaserie porte le nom de *Kounboum*, et compte près de quatre mille Lamas, Si-Fan, Tartares, Thibétains et Dchiahours. Il fut convenu qu'on y ferait une promenade, pour tâcher d'engager un Lama à venir nous enseigner pendant quelques mois la langue thibétaine. M. Gabet partit accompagné de Samdad-chiemba, et M. Huc resta à Tang-Keou-Eul, pour prendre soin des animaux et veiller sur le bagage.

Après une absence de cinq jours, M. Gabet fut de retour à la Maison de repos. Les affaires allaient pour le mieux : il avait fait à la lamaserie de Kounboum une véritable trouvaille ; il revenait accompagné d'un Lama âgé de trente-deux ans et qui en avait passé dix dans une grande lamaserie de Lha-Ssa. Il parlait à merveille le pur thibétain, l'écrivait avec facilité, et avait une grande intelligence des livres bouddhiques ; de plus, il était très familiarisé avec plusieurs autres idiomes, tels que le mongol, le si-fan, le chinois et le dchiahour ; c'était en un mot un philologue extrêmement distingué. Ce jeune Lama était Dchiahour d'origine, et cousin germain de Samdadchiemba ; son nom était *Sandara* ; dans la lamaserie on l'appelait *Sandara le Barbu*, à cause de sa barbe, qui était d'une longueur remarquable. En voyant le dévouement que le cousin de Samdadchiemba se hâta de nous témoigner, nous nous applaudîmes de ne nous être pas aventurés avec la caravane des Tartares-Khalkhas. Nous étions actuellement en mesure d'avoir sur le Thibet tous les renseignements désirables, et de nous instruire sur la langue et la religion de ces contrées célèbres.

Nous nous mîmes à l'étude avec une ardeur incroyable. D'abord nous commençâmes par composer en mongol deux dialogues où nous fîmes entrer les locutions les plus usuelles. Sandara nous les traduisit en thibétain avec une scrupuleuse attention. Tous les matins, il écrivait une page sous nos yeux, en nous rendant un compte à peu près grammatical de toutes les expressions : c'était notre leçon pour la journée ; nous la transcrivions plusieurs fois, pour rompre notre main à l'écriture thibétaine ; ensuite nous la chantions, selon la méthode des lamaseries, jusqu'à ce qu'elle se fût bien gravée dans notre mémoire. Le soir notre maître nous faisait réciter le fragment de dialogue qu'il nous avait écrit le matin, et rectifiait ce qu'il y avait de vicieux dans notre prononciation. Sandara s'acquittait de sa charge avec talent et amabilité : quelquefois, pendant la journée, en guise de récréation, il nous donnait des détails pleins d'intérêt sur le Thibet et sur les lamaseries qu'il avait visitées. Nous ne pouvions écouter les récits de ce jeune Lama, sans être saisis d'admiration : nulle part nous n'avions jamais entendu personne s'exprimer avec une si grande aisance et d'une manière si piquante ; les choses les plus simples et les plus communes devenaient, dans sa bouche, pittoresques et pleines de charme ; il était surtout remarquable quand il voulait faire adopter aux autres sa manière de voir. Son éloquence était naturelle et entraînante.

Après avoir surmonté les premières difficultés de la langue thibétaine, et nous être familiarisés avec les expressions qui sont d'un usage journalier, nous cherchâmes à donner à nos études une direction toute religieuse. Nous engageâmes Sandara à nous traduire en style sacré les prières catholiques les plus importantes, telles que l'Oraison dominicale, la Salutation angélique, le Symbole des apôtres, et les Commandements de Dieu ; de là nous prîmes occasion de lui exposer les vérités de la religion chrétienne. Il parut d'abord extrêmement frappé de cette doctrine nouvelle pour lui, et si différente des enseignements vagues et incohérents du bouddhisme. Bientôt il attacha une si grande importance à l'étude de la religion chrétienne, qu'il abandonna complétement les livres lamaïques qu'il avait apportés avec lui. Il se mit à apprendre nos prières avec une ardeur qui nous comblait de joie. De temps en temps, pendant la journée, il interrompait ses occupations pour faire le signe de la croix; il pratiquait cet acte religieux d'une manière si grave et si respectueuse, que nous ne doutions nullement qu'il ne fût chrétien au fond du cœur. Ces excellentes dispositions nous donnaient déjà les plus grandes espérances; nous nous plaisions à regarder Sandara comme un futur apôtre, qui travaillerait un jour avec succès à la conversion des sectateurs de Bouddha.

Pendant que nous étions entièrement absorbés, maître et élèves, par ces études si importantes, Samdadchiemba, qui ne se sentait aucune vocation pour les choses intellectuelles, passait son temps à courir les rues de Tang-Keou-Eul, ou à boire du thé. Ce genre de vie nous déplaisait fort; nous cherchâmes donc à le tirer de cette oisiveté et à l'utiliser dans sa spécialité de chamelier. Il fut décidé qu'il prendrait avec lui les trois chameaux, et qu'il irait les faire paître dans une vallée du Koukou-Noor, fameuse par l'abondance et la bonté de ses pâturages. Un Tartare de ce pays nous promit de le recevoir dans sa tente : cette mesure devait avoir le double avantage de procurer à Samdadchiemba une occupation conforme à ses goûts, et aux chameaux une nourriture meilleure et moins coûteuse.

Toutes les merveilles qu'il nous avait semblé découvrir dans Sandara s'évanouirent bientôt comme un beau songe. Ce jeune homme, d'un dévouement si pur en apparence, n'était au fond qu'un roué Lama qui cherchait à exploiter nos sapèques. Quand il crut s'être rendu nécessaire, il jeta le masque, et mit en relief tout ce que son caractère avait de détestable. Il était fier, hautain, et surtout d'une insolence outrée. Dans les leçons de thibétain qu'il nous donnait, il avait remplacé ses premières formes d'honnêteté et de prévenance par des manières choquantes, dures, et telles que ne s'en permettrait pas un pédagogue en présence d'un bambin : si nous lui demandions un éclaircissement qu'il nous eût par hasard déjà donné, nous étions sûrs d'entendre les douceurs suivantes : « Comment! vous autres, qui êtes des savants, vous avez besoin qu'on vous répète trois fois la même explication? Mais si je disais trois fois une chose à un mulet, il s'en souviendrait, je pense. » Il eût été bien simple sans doute de couper court à toutes ces impertinences; c'eût été de le chasser de chez nous, et de le renvoyer dans sa lamaserie. Plus d'une fois, il nous en vint la pensée et le désir; mais nous préférâmes dévorer tous les jours quelques humiliations, et garder auprès de nous ce Lama, dont les talents étaient incontestables, et qui, sous ce rapport, pouvait nous être d'une grande utilité. Sa rudesse excessive pouvait même nous servir à faire des progrès dans l'étude du thibétain; car nous étions sûrs qu'il ne nous passerait jamais la moindre faute de grammaire ou de prononciation, qu'au contraire nous serions toujours repris de manière à nous en souvenir. Ce système, quoique pénible et parfois écrasant pour l'amour-propre, valait cependant incomparablement mieux que la méthode dont usent les chrétiens chinois à l'égard des Missionnaires européens. Moitié par politesse, moitié par dévotion, ils sont toujours à s'extasier sur tout ce que dit leur père spirituel; au lieu de le reprendre franchement des fautes qui fourmillent souvent dans sa manière de parler, ils s'appliquent quelquefois à imiter son vicieux langage, afin de s'en faire mieux comprendre ; aussi comme on se trouve désappointé, quand on est obligé d'avoir des rapports avec des païens, qui n'ont pas toujours la dévotion de vous trouver une belle prononciation ! Comme on regrette alors de n'avoir pas eu pour pédagogue quelque Sandara barbu ! Pour toutes ces raisons, nous résolûmes de garder notre maître tel quel, de supporter toutes ses invectives, et de tirer de lui le meilleur parti possible. Comme nous avions découvert que c'était aux sapèques qu'il en voulait, il fut convenu que ses leçons lui seraient honorablement payées ; de plus, nous devions fermer les yeux sur ses petites escroqueries, et faire semblant de ne pas voir qu'il s'entendait avec les marchands qui nous vendaient nos provisions journalières.

Le lendemain, la ville de Tang-Keou-Eul fut le théâtre d'un désordre affreux. Les brigands avaient apparu dans le voisinage, et avaient emmené deux mille bœufs appartenant aux Houng-Mao-Eul, ou *Longues-Chevelures*. Ces Thibétains orientaux partent tous les ans, par grandes caravanes, du pied des monts Bayan-Khara, et viennent à Tang-Keou-Eul vendre des pelleteries, du beurre et une espèce de thé sauvage qui croît dans leurs contrées. Pendant qu'ils s'occupent d'affaires commerciales, ils laissent leurs nombreux troupeaux dans de vastes prairies peu éloignées de la ville, et dépendantes de l'autorité chinoise. Il n'y avait pas d'exemple, disait-on, que les brigands eussent jamais osé approcher de si près des frontières de l'empire. Leur récente audace, et surtout le caractère violent des Longues-Chevelures, avaient excité dans la ville une confusion épouvantable. A la nouvelle que leurs troupeaux avaient été enlevés, ils s'étaient rendus tumultuairement, et leur grand sabre à la main, au tribunal chinois, réclamant à grands cris justice et vengeance. Le mandarin, saisi de frayeur, envoya à l'instant deux cents soldats à la poursuite des voleurs. Mais les Longues-Chevelures, persuadés que des piétons ne parviendraient jamais à atteindre les brigands, qui étaient d'excellents cavaliers, montèrent eux-mêmes à cheval et volèrent en désordre sur les traces de leurs bœufs. Ils revinrent le lendemain, sans avoir rien vu et la rage dans le cœur. Ces hommes imprévoyants et à moitié sauvages étaient partis sans la moindre provision, sans songer que, dans le désert, ils ne trouveraient rien pour vivre. Après une journée de marche forcée, la faim les avait obligés de rebrousser chemin. Les soldats chinois n'avaient pas été si simples ; ils n'étaient partis pour cette expédition guerrière qu'accompagnés d'un grand nombre d'ânes et de bœufs, chargés de batteries.... de cuisine et de munitions.... de bouche. Comme il leur importait fort peu d'aller se battre pour deux mille bœufs qui ne leur appartenaient pas, après une petite promenade militaire, ils s'étaient arrêtés le long d'une rivière, et avaient passé là quelques jours, buvant, mangeant, jouant et se divertissant, sans se mettre plus en peine des brigands, que s'il n'en eût jamais existé au monde. Quand ils eurent consommé leurs provisions, ils revinrent tout doucement à Tang Keou-Eul, et déclarèrent au mandarin qu'ils avaient parcouru tout le désert, sans pouvoir atteindre les brigands ; qu'une fois, ils avaient été sur le point de les saisir, mais qu'ils avaient usé de leurs moyens magiques, et que tout s'était évanoui. A Tang-Keou-Eul, on est persuadé que les brigands sont tous plus ou moins sorciers; que, pour se rendre invisibles, ils n'ont besoin que de souffler en l'air, ou de jeter derrière eux quelques crottins de mouton. Il est probable que ce sont les soldats chinois qui ont accrédité ces fables. Ce qu'il y a de certain, c'est que dans toutes leurs expéditions elles leur servent merveilleusement. Les mandarins, sans doute, n'en sont pas les dupes ; mais pourvu que les victimes des voleurs s'en contentent c'est tout ce qu'il leur faut.

Pendant plusieurs jours, les Houng-Mao-Eul furent furieux. Ils parcouraient les rues, agitant leurs sabres, et vociférant mille imprécations contre les brigands. Personne n'osait se présenter sur leur passage : on respectait partout leur colère. La vue de ces hommes, lors même qu'ils sont calmes et de bonne humeur, est, du reste, faite pour inspirer le plus grand effroi. Ils sont revêtus, en toute saison, d'une large robe en peaux de mouton, grossièrement retroussée aux reins par une épaisse corde en poil de chameau. Abandonnée à elle-même, la robe traînerait jusqu'à terre; mais lorsqu'elle est relevée, elle n'arrive que jusqu'au dessus du genou, ce qui donne au buste une tournure boursouflée et monstrueuse. Ils sont chaussés de grosses bottes en cuir, qui montent seulement au dessus du mollet, et comme ils ne portent pas de culotte, leurs jambes sont toujours à moitié nues. Des cheveux noirs et graisseux descendent, par longues mèches, sur leurs épaules, s'avancent sur leur front, et souvent leur cachent une partie du visage. Leur bras droit est toujours nu, et tout à fait hors de la manche, qu'ils rejettent en arrière. Un long et large sabre est passé en travers de leur ceinture, au-dessous de la poitrine; leur main droite est toujours posée sur la poignée. Ces habitants du désert ont les mouvements brusques et saccadés, la parole brève et énergique. Il y a dans le timbre de leur voix quelque chose de métallique et d'étourdissant. Parmi eux, il en est qui sont extrêmement riches. Ils font consister le luxe à garnir de pierreries le fourreau de leur sabre et quelquefois à ajouter à leur robe une bordure de peau de tigre. Les chevaux qu'ils conduisent à Tang-Keou-Eul sont d'une beauté remarquable; ils sont vigoureux, bien faits, et ont la démarche fière. Ils sont de beaucoup supérieurs à ceux de la Tartarie, et justifient pleinement cette locution chinoise : *Si-ma, toung-nieou... Chevaux de l'occident, bœufs de l'orient.*

Comme les Houng-Mao-Eul sont pleins de bravoure et d'une indépendance qui approche de la férocité, ce sont eux qui donnent le ton dans la ville de Tang-Keou-Eul ; chacun cherche à singer leur allure, pour acquérir la réputation de brave et se rendre redoutable. Il résulte de là que Tang-Keou-Eul ne ressemble pas mal à un immense repaire de brigands. Tout le monde y est échevelé et vêtu en désordre. On vocitère, on se heurte, on se bat, et souvent le sang coule. Au plus fort de l'hiver, et quoique, dans ce pays, le froid soit d'une rigueur extrême, on va les bras nus et une partie des jambes à découvert. Se vêtir convenablement serait une marque de pusillanimité. Un bon brave, comme on dit, ne doit avoir peur de rien, ni des hommes, ni des éléments. A Tang-Keou-Eul, les Chinois ont beaucoup perdu de leur urbanité et des formes polies de leur langage. Ils subissent involontairement l'influence des Houng-Mao-Eul, qui conversent entre eux à peu près comme doivent faire les tigres dans les bois. Le jour où nous arrivâmes à Tang-Keou Eul, quelques minutes avant d'entrer dans la ville, nous rencontrâmes une Longue-Chevelure qui venait d'abreuver son cheval sur les bords de la rivière Keou-Ho. Samdadchiemba, qui se sentait toujours porté vers les hommes à tournure excentrique, s'approcha courtoisement de lui et le salua à la tartare, en disant : « Frère, es-tu en paix? » Le Houng-Mao-Eul se retourna brusquement : « Œuf de tortue, s'écria-t-il d'une voix de stentor, qu'est-ce que cela te fait que je sois en paix ou en guerre? De quel droit appelles-tu ton frère un homme qui ne te connaît pas? » Samdadchiemba demeura morfondu ; cela ne l'empêcha pas pourtant de trouver admirable cette fierté des Longues-Chevelures.

Tang-Keou-Eul, à cause de sa malpropreté et de son excessive population, est une ville dont le séjour est très malsain. On respire partout une odeur de graisse et de beurre qui suffoque le cœur. Certains quartiers surtout, où se ramassent les pauvres et les vagabonds, sont d'une infection insupportable. Ceux qui n'ont pas de maison où ils puissent s'abriter, se retirent aux angles des rues ou dans les recoins des places, et se couchent pêle-mêle et à moitié nus sur des tas de paille presque réduite en fumier. Là, on voit étendus des enfants étiolés, des vieillards impotents et des malades de toute espèce. Quelquefois, parmi eux, se trouvent des cadavres, que personne ne prend le soin d'enterrer; ce n'est qu'à la dernière extrémité, et lorsqu'ils commencent à entrer en putréfaction, qu'on les traîne au milieu de la voie publique; alors l'autorité les fait enlever. Cette misère hideuse fait pulluler au sein de la population une foule de petits voleurs et d'escrocs, dont l'audace et l'adresse laisseraient bien loin les Robert Macaire de l'Occident. Le nombre en est si grand, que l'autorité, de guerre lasse, a fini par ne plus s'en mêler. C'est donc à chacun à veiller sur ses sapèques et à défendre son bagage. Ces industriels exploitent, de préférence, les Maisons de repos et les hôtelleries; ils colportent divers articles de marchandises, des bottes, des habits de peau, du thé en briques, et vont les offrir aux étrangers. Ils sont ordinairement deux ensemble. Pendant que l'un est occupé de commerce, l'autre furette à droite et à gauche, et s'empare de tout ce qu'il trouve sous sa main. Ces gens-là sont d'une adresse inconcevable pour compter les sapèques, et en faire disparaître en même temps une certaine quantité sans qu'il soit possible de s'en apercevoir. Un jour, deux de ces petits voleurs vinrent nous offrir à acheter une paire de bottes en cuir; des bottes excellentes, disaient-ils, des bottes comme on n'en trouverait dans aucune boutique, à l'épreuve de la pluie, et par dessus tout, d'un bon marché à ne pas y croire; c'était une occasion unique dont il fallait profiter. Tout à l'heure on venait de leur en offrir douze cents sapèques... Comme nous n'avions pas besoin de bottes, nous répondîmes que nous n'en voulions à aucun prix. Les vendeurs firent les généreux. Parce que nous étions des étrangers, on nous les laissait à mille sapèques, puis à neuf cents, puis à huit, puis enfin à sept cents. Certes, dîmes-nous, nous n'avons pas besoin de bottes, il est vrai; cependant il faut profiter de ce bon marché; elles seront en réserve pour le voyage. Le marché fut donc conclu. Nous prîmes une ligature, et nous comptâmes sept cents sapèques au marchand. Celui-ci recompta sous nos yeux, trouva la somme convenue, et laissa les sapèques devant nous. Il appela ensuite son compagnon, qui flânait dans la cour de la maison. « Tiens, dit-il, je vends ces fameuses bottes pour sept cents sapèques. — Impossible, dit l'autre... Comment, sept cents sapèques! Moi, je n'y consens pas. — Soit, lui répondîmes-nous, prenez vos bottes et partez. » Quand ils furent dehors, nous enfilâmes nos sapèques; mais il nous en manquait cent cinquante. Ce n'était pas tout; pendant que l'un nous volait notre argent sous le nez, l'autre avait mis dans son sac deux énormes chevilles en fer que nous avions plantées dans la cour pour attacher nos chevaux. Depuis lors, nous prîmes la résolution, quoique un peu tard, de ne plus laisser entrer aucun marchand dans notre chambre.

La Maison de repos, comme nous l'avons déjà dit, était tenue par des Musulmans.

Les Musulmans ou Hoeï-Hoeï sont très nombreux en Chine. On prétend qu'ils y pénétrèrent sous la dynastie des *Thang*, qui commença en 618 et finit en 907. Ils furent reçus par l'empereur, qui, à cette époque, résidait à *Si-Nang-Fou*, aujourd'hui capitale de *Chan-Si*. On les accueillit avec bienveillance. L'empereur, frappé de la beauté de leur physionomie, les combla de faveurs, et désira les voir s'établir dans l'empire. D'abord ils n'étaient, dit-on, que deux cents; mais ils se sont tellement multipliés, qu'ils forment aujourd'hui un peuple nombreux et redoutable aux Chinois. Le Kan-Sou, le Yun-Nan, le Sse-Tchouan, le Chan-Si, le Chen-Si, le Chang-Toung, le Pe-Tche-Ly, et le Liao-Toung, sont les provinces où ils sont le plus répandus. Il est même certaines localités où ils sont en majorité sur les Chinois. Ils se sont tellement mêlés et fondus dans l'empire, qu'il serait maintenant difficile de les reconnaître, s'ils ne portaient habituellement une petite calotte bleue, pour se distinguer des Chinois. La physionomie n'a rien conservé de son type primitif. Leur nez est devenu épaté, leurs yeux se sont rétrécis, et les pommettes de leurs joues ont fait saillie sur leur visage. Ils ne comprennent plus un seul mot d'arabe; leurs prêtres seuls sont tenus d'apprendre à le lire. Le chinois est devenu leur propre langue. Cependant ils ont conservé une certaine énergie de caractère, qu'on rencontre rarement parmi les Chinois. Quoique en petit nombre, eu égard à l'immense population de l'empire, ils savent pourtant se faire craindre et respecter. Très unis entre eux, la communauté tout entière prend toujours parti dans les affaires qui intéressent quelqu'un de ses membres. C'est à cet esprit d'association qu'ils doivent la liberté religieuse dont ils jouissent dans toutes les provinces. Personne n'oserait, en leur présence, trouver à redire à leurs croyances ou à leurs pratiques religieuses. Ils s'abstiennent de fumer, de boire du vin, de manger de la viande de cochon, de se mettre à table avec des païens, sans qu'on trouve cela mauvais. Il leur arrive même quelquefois de fronder les lois de l'empire quand elles contrarient la liberté de leur culte. En 1840, pendant que nous étions dans notre mission de Tartarie, les Hoeï-Hoeï de la ville de *Hada* construisirent une mosquée ou *Li-Paï-Ssé*, comme on dit en Chine. Quand elle fut terminée, les mandarins du lieu voulurent la leur faire démolir, parce que, contrairement aux lois, la construction en était plus élevée que celle du tribunal.

A cette nouvelle, tous les Musulmans des environs furent en émoi; ils se réunirent, et jurèrent de soutenir tous en commun un procès contre les mandarins, d'aller les accuser à Pékin, et de ne mettre bas les armes que lorsqu'ils les auraient fait casser. Comme, en Chine, dans une affaire de ce genre, c'est toujours l'argent qui a la plus grande influence, ils firent partout des souscriptions parmi leurs coreligionnaires, et finirent par avoir le dessus sur les mandarins qui avaient voulu se mêler de leur mosquée. Ils les firent casser et envoyer en exil. Souvent nous nous sommes demandé comment il se faisait que les chrétiens de Chine vécussent dans l'oppression et à la merci des tribunaux, tandis que les Musulmans marchaient le front levé et contraignaient les Chinois à respecter leurs croyances. Ce n'est pas certainement que la religion de Mahomet soit plus en harmonie avec les mœurs chinoises que le christianisme; bien au contraire, les chrétiens peuvent, sans manquer à leurs devoirs religieux, vivre dans l'intimité avec les païens, assister à leurs repas, s'envoyer mutuellement des cadeaux, célébrer en même temps les fêtes du nouvel an, toutes choses qui sont défendues aux *Hoeï-Hoeï* par l'esprit despotique et exclusif de leur religion. Si les chrétiens sont partout opprimés en Chine, il faut s'en prendre à ce grand isolement au milieu duquel ils vivent. Quand l'un deux est traîné devant les tribunaux, tous les autres se cachent, au lieu de venir à son secours, et de réprimer par leur nombre l'audace des mandarins. Aujourd'hui surtout, qu'il existe de nouveaux décrets impériaux favorables au christianisme, si les chrétiens se levaient à la fois sur tous les points de l'empire, et entraient énergiquement en possession de leurs droits, donnant de la publicité au culte, et exerçant sans peur et à la face du soleil leurs pratiques religieuses, nul doute que personne n'oserait attenter à leur liberté. En Chine c'est comme partout ailleurs; on n'est libre que lorsqu'on le veut bien, et ce vouloir ne résulte que de l'esprit d'association.

Nous approchions du premier jour de l'année chinoise. Déjà on faisait partout des préparatifs; on renouvelait les sentences écrites sur papier rouge, qui décorent le devant des maisons; les boutiques se remplissaient d'acheteurs, une activité plus grande encore que de coutume régnait dans tous les quartiers de la ville; et les enfants, qui partout aiment tant à anticiper sur les jours de fête et de réjouissance, commençaient à faire entendre, à l'entrée de la nuit, quelques détonations de pétards. Sandara nous avertit qu'il ne pourrait passer les fêtes du nouvel an à Tang Keou-Eul, qu'il était obligé de se rendre à la lamaserie, où il avait des devoirs à remplir vis-à-vis de ses maîtres et de ses supérieurs. Il ajouta, que le trois de la première lune, lorsqu'il aurait satisfait à toutes ses obligations, il s'empresserait de revenir, afin de nous continuer ses services. Il nous parla avec une honnêteté exquise, comme pour nous faire oublier les duretés journalières qu'il avait eues à notre égard. Nous n'insistâmes pas sur son retour. Quoique charmés qu'il eût la pensée de revenir, nous ne voulions pas le presser, de peur d'augmenter l'opinion qu'il avait déjà de son importance. Nous lui dîmes que, puisque les convenances l'appelaient à la lamaserie pour le premier de l'an, il devait s'y rendre. Nous lui offrîmes ensuite trois ligatures de sapèques, en lui disant, selon l'usage, que c'était pour boire avec ses amis une tasse de thé bien coloré. Pendant quelques minutes, il fit semblant de ne pas vouloir les accepter. Nous dûmes pour lors faire violence à sa délicatesse, et il se résigna enfin à les mettre dans son sac. Nous lui prêtâmes le petit mulet de Samdadchiemba, et il partit.

Les derniers jours de l'année sont ordinairement, pour tous les Chinois, des jours de violence et d'irritation. C'est à cette époque que chacun règle ses comptes, et que l'on va harceler les débiteurs, pour essayer d'en obtenir quelque chose. Tous les chinois sont à la fois créanciers et débiteurs. Il résulte de là que tout le monde se cherche, tout le monde se poursuit. Cet homme qui vient de faire chez son voisin un tapage affreux pour se faire payer ses dettes, rentre chez lui, et trouve sa maison sens dessus dessous par la présence d'un créancier. On vocifère de toute part, on s'injurie, on se bat. Le dernier jour, le désordre est à son comble; on se hâte de vendre, pour réaliser quelques espèces. Les avenues des monts-de-piété sont encombrées. On y porte les habits, les couvertures de lit, les instruments de cuisine, et des meubles de toute espèce. Ceux qui ont déjà fait le vide dans leur maison cherchent ailleurs des ressources. Ils courent chez leurs parents ou leurs amis, emprunter des objets, qu'ils vont, disent-ils, leur rendre aussitôt, et immédiatement tout cela prend aussi la route du *Tang-Pou*. Cette espèce d'anarchie dure jusqu'à minuit. Alors tout rentre dans le calme; il n'est plus permis à personne de réclamer ses dettes, pas même d'y faire la moindre allusion. On n'a plus que des paroles de paix et de bienveillance; tout le monde fraternise. Ceux qui, l'instant d'auparavant, étaient sur le point de s'entr'égorger, font maintenant assaut de politesse et de cordialité.

Le nouvel an est fêté en Chine à peu près comme en Europe. Tout le monde se revêt de ses habits de luxe; on se rend des visites cérémonieuses et de pure étiquette; on s'envoie mutuellement des cadeaux, on joue, on assiste à des festins; on va voir la comédie, les saltimbanques et les escamoteurs. Tout le temps se passe en réjouissances, où les petards et les feux d'artifices jouent toujours le plus grand rôle. Cependant, après quelques jours, les boutiques se rouvrent, et les affaires reprennent insensiblement leur cours. Alors les banqueroutes se déclarent; c'est ce que les Chinois appellent *laisser la porte fermée*.

Les Hoeï-Hoeï ne font pas la fête du nouvel an à la même époque que les Chinois. Dans leur calendrier spécial, ils suivent l'égire de Mahomet. Cette circonstance nous valut de passer ces jours de désordre et de tumulte dans la plus grande tranquillité. L'époque fixée pour la réclamation des dettes fut seulement signalée par quelques querelles; mais, après cela, tout rentra dans une paix profonde. La Maison de repos ne fut pas troublée par des détonations de pétards. Nous profitâmes de ce calme et de l'absence de Sandara pour revoir toutes nos leçons de thibétain. Les deux dialogues que nous possédions furent analysés, décomposés, soumis en quelque sorte au creuset et à l'alambic, dans toutes leurs parties. Les soins du ménage nous volaient bien un peu de temps; mais nous nous rattrapions pendant la nuit, ce qui ne faisait pas trop le compte du chef de la maison. S'étant aperçu que nous lui causions une trop grande dépense en fait d'éclairage, il nous enleva la bouteille d'huile, et s'avisa, en véritable Turc qu'il était, de nous taxer journellement notre lumière. Comme nous ne voulions pas être condamnés aux ténèbres avant minuit, nous achetâmes un paquet de chandelles ; nous fabriquâmes ensuite, avec un long clou et une moitié de rave, un chandelier, peu élégant et peu riche si l'on veut, mais qui n'en faisait pas moins admirablement son office. Quand l'huile du Turc était consumée, nous allumions notre chandelle, et nous pouvions de cette façon donner libre cours à notre ardeur pour l'étude du thibétain. Il nous arrivait parfois d'interrompre notre travail, et de nous délasser en causant de la France. Après avoir erré longtemps, en esprit, dans notre chère patrie, nous ne pouvions qu'avec une certaine difficulté rentrer dans la réalité de notre position. Il nous semblait étrange et pour ainsi dire impossible, de nous trouver, par une nuit silencieuse, accroupis sur quelques caractères thibétains, au milieu d'un pays inconnu, presque au bout du monde.

Le troisième jour de la première lune, Sandara le Barbu reparut. Pendant son absence, nous avions joui d'une paix si douce et si inaltérable que sa vue nous causa une impression pénible ; nous fûmes comme ces écoliers qui ne peuvent se défendre d'un sentiment d'effroi à l'approche du régent. Cependant Sandara fut charmant et aimable au delà de toute expression. Après nous avoir souhaité la bonne année, et débité de la meilleure grâce du monde les phrases les plus fraternelles, les plus sentimentales, il se mit à gloser sans fin sur le petit mulet que nous lui avions prêté. D'abord, en allant, il l'avait jeté par terre une douzaine de fois, ce qui, au retour, lui avait fait prendre le parti d'aller à pied ; mais ce petit animal était si drôle, il l'avait tant amusé en route par ses bizarreries, qu'il n'avait pas eu le temps de se fatiguer. Après avoir assez causé de futilités, on parla affaires. Sandara nous dit que, puisque nous étions décidés à attendre l'ambassade thibétaine, il nous invitait à aller nous établir à la lamaserie de Kounboum. Puis, avec son éloquence accoutumée, il nous développa les avantages que pouvait présenter une lamaserie à des gens d'étude et de prière. Une proposition semblable mettait le comble à nos désirs ; mais nous n'eûmes garde de faire les enthousiastes. Nous nous contentâmes de dire froidement à Sandara : « Essayons ; allons voir. »

Le lendemain fut consacré aux préparatifs de départ. N'ayant plus nos chameaux avec nous, nous louâmes une charrette pour transporter nos bagages.

A l'aube du jour, nous nous mîmes en route. Le pays que nous traversâmes est tantôt occupé par les Si-Fan, menant la vie nomade et faisant paître leurs troupeaux, tantôt habité par des Chinois, qui, comme dans la Tartarie orientale, empiètent insensiblement sur le désert, bâtissent des maisons, et livrent à la culture quelques lambeaux de la Terre-des-Herbes. Ce petit voyage ne nous offrit rien de remarquable, si ce n'est qu'en traversant une petite rivière sur la glace, la charrette versa et se disloqua complétement. En France, afin de pouvoir continuer la route, il eût fallu un charron et un forgeron pour réparer les avaries ; mais heureusement notre Phaéton était un Chinois, c'est-à-dire un de ces hommes qui jamais ne se trouvent dans l'embarras, et qui, avec des pierres, des morceaux de bois et des bouts de corde, savent toujours se tirer d'affaire. Nous eûmes seulement à regretter la perte d'un peu de temps.

A un *li* de distance de la lamaserie, nous rencontrâmes quatre Lamas ;

c'étaient des amis de Sandara qui venaient au-devant de nous. Leur costume religieux, l'écharpe rouge dont ils étaient enveloppés, leur bonnet jaune en forme de mitre, leur modestie, leurs paroles graves et articulées à voix basse, tout cela nous fit une singulière impression ; nous ressentions comme un parfum de la vie religieuse et cénobitique. Il était plus de neuf heures du soir quand nous atteignîmes les premières habitations de la lamaserie. Afin de ne pas troubler le silence profond qui régnait de toutes parts, les Lamas firent arrêter un instant le voiturier, et remplirent de paille l'intérieur des clochettes qui étaient suspendues au collier des chevaux. Nous avançâmes ensuite à pas lents, et sans proférer une seule parole, dans les rues calmes et désertes de cette grande cité lamaïque. La lune s'était déjà couchée ; cependant le ciel était si pur, les étoiles étaient si brillantes, que nous pouvions aisément distinguer les nombreuses maisonnettes des Lamas, répandues sur les flancs de la montagne, et les formes grandioses et bizarres des temples bouddhiques, qui se dessinaient dans les airs comme de gigantesques fantômes. Ce qui nous frappait le plus, c'était ce silence majestueux et solennel qui régnait dans tous les quartiers de la lamaserie ; il n'était interrompu que par les aboiements entrecoupés de quelques chiens mal endormis et par le son mélancolique et sourd d'une conque marine, qui marquait, par intervalles, les veilles de la nuit ; on eût cru entendre le chant lugubre de l'orfraie. Enfin, nous arrivâmes à la petite maison où logeait Sandara. Comme il était trop tard pour aller chercher une habitation qui pût nous convenir, notre pédagogue nous céda son étroite cellule, et alla chercher pour lui un gîte dans une maison voisine. Les Lamas qui nous avaient accompagnés ne se retirèrent qu'après nous avoir préparé du thé au lait et nous avoir servi un grand plat de viande de mouton, du beurre frais et quelques petits pains d'un goût exquis. Nous soupâmes d'un excellent appétit, car nous étions fatigués, et de plus nous éprouvions au fond du cœur un contentement dont nous ne pouvions nous rendre compte.

Aussitôt que le jour commença à poindre, nous fûmes sur pied. Autour de nous, tout était encore dans le silence. Nous fîmes notre prière du matin, le cœur plein de sentiments qui jusqu'alors nous avaient été inconnus. C'était un mélange de bonheur et de fierté de ce qu'il nous était donné de pouvoir invoquer le vrai Dieu dans cette fameuse lamaserie consacrée à un culte menteur et impie. Il nous semblait que nous venions de conquérir à la foi de Jésus-Christ le bouddhisme tout entier.

Sandara ne tarda point à paraître. Il nous servit du thé au lait, des raisins secs et des gâteaux frits au beurre. Pendant que nous étions occupés à déjeuner, il ouvrit une petite armoire, et en tira un plat en bois, proprement vernissé, et où des dorures et des fleurs se dessinaient sur un fond rouge. Après l'avoir bien nettoyé avec un pan de son écharpe, il étendit dessus une large feuille de papier rose, puis, sur le papier, il arrangea symétriquement quatre belles poires, qu'il nous avait fait acheter à Tang-Keou-Eul. Le tout fut recouvert d'un mouchoir en soie, de forme oblongue, et qu'on nomme *khata*. C'était avec cela, nous dit-il, que nous devions aller emprunter une maison.

Le khata, ou *écharpe de bonheur*, joue un si grand rôle dans les mœurs thibétaines qu'il est bon d'en dire quelques mots. Le khata est une pièce de soie dont la finesse approche de celle de la gaze. Sa couleur est d'un blanc un peu azuré. Sa longueur est à peu près le triple de sa largeur ; les deux extrémités se terminent ordinairement en frange. Il y a des khatas de toute grandeur et de tout prix ; car c'est un objet dont les pauvres, pas plus que les riches, ne peuvent se passer. Jamais personne ne marche sans en porter avec soi une petite provision. Quand on va faire une visite d'étiquette, quand on veut demander à quelqu'un un service, ou l'en remercier, on commence d'abord par déployer un khata ; on le prend entre ses deux mains, et on l'offre à la personne qu'on veut honorer. Si deux amis, qui ne se sont pas vus depuis quelque temps, viennent par hasard à se rencontrer, leur premier soin est de s'offrir mutuellement un khata. Cela se fait avec autant d'empressement et aussi lestement qu'en Europe lorsqu'on se touche la main. Il est d'usage aussi, quand on s'écrit, de plier dans les lettres un petit khata. On ne saurait croire combien les Thibétains, les Si-Fan, les Houng-Mao-Eul, et tous les peuples qui habitent vers l'occident de la mer Bleue, attachent d'importance à la cérémonie du khata. Pour eux, c'est l'expression la plus pure et la plus sincère de tous les nobles sentiments. Les plus belles paroles, les cadeaux les plus magnifiques ne sont rien sans le khata. Avec lui, au contraire, les objets les plus communs acquièrent une immense valeur. Si l'on vient vous demander une grâce, le khata à la main, il est impossible de la refuser, à moins d'afficher le mépris de toutes les convenances. Cet usage thibétain s'est beaucoup répandu parmi les Tartares, et surtout dans leurs lamaseries. Les khatas forment une importante branche de commerce pour les Chinois de Tang-Keou-Eul. Les ambassades thibétaines ne passent jamais sans en emporter une quantité prodigieuse.

Quand nous eûmes terminé notre modeste déjeuner, nous sortîmes pour aller emprunter un logement. Sandara le Barbu nous précédait, portant gravement entre ses deux mains le fameux plat de quatre poires. Cette démarche était pour nous si singulière que nous en étions tout honteux. Il nous semblait que tout le monde avait les yeux fixés sur nous. Cependant il n'en était rien ; les Lamas que nous rencontrions sur notre passage passaient silencieusement leur chemin, sans tourner la tête, sans faire aucune attention à nous ; les petits chabis, légers et espiègles comme sont partout les écoliers, étaient les seuls qui parussent se préoccuper de nos personnages. Enfin nous entrâmes dans une maison. Le maître était dans la cour, occupé à étendre au soleil du fumier de cheval. Nous ayant aperçus, il s'enveloppa promptement de son écharpe, et entra dans sa cellule. Nous l'y suivîmes, et Sandara lui offrit le khata et le plat de poires, accompagnant le tout d'une harangue en thibétain oriental dont nous ne comprîmes pas un seul mot. Pendant ce temps, nous nous tenions modestes et recueillis, comme de pauvres malheureux qui n'ont pas même la capacité de solliciter eux-mêmes une faveur. Le Lama nous fit asseoir sur un tapis, nous offrit une tasse de thé au lait, et nous dit en langue mongole qu'il était heureux que des étrangers venus de si loin, que des Lamas du ciel d'Occident, eussent daigné jeter leurs regards sur sa chétive habitation.... S'il eût compris le français, c'eût été le cas de répondre : Monsieur, il n'y a pas de quoi.... Mais, comme il fallait parler mongol, nous lui dîmes qu'en effet nous étions de bien loin, que cependant on retrouvait, en quelque sorte, sa patrie, quand on avait le bonheur de rencontrer une hospitalité comme la sienne... Après avoir pris une tasse de thé et causé un instant de la France, de Rome, du Pape et des cardinaux nous nous levâmes pour aller visiter la demeure qui nous était destinée. Pour de pauvres nomades comme nous, c'était magnifique. On nous octroyait une vaste chambre avec un grand kang; puis une cuisine séparée, avec fourneaux, marmite et quelques ustensiles; enfin une écurie pour le cheval et le mulet. Il y avait vraiment de quoi en pleurer de joie. Nous regrettâmes de n'avoir pas à notre disposition un autre khata, afin de remercier immédiatement cet excellent Lama.

Qu'il est puissant l'empire de la religion sur le cœur de l'homme, même lorsque cette religion est fausse et ignorante de son véritable objet! Quelle différence entre ces Lamas si généreux, si hospitaliers, si fraternels envers des étrangers, et les Chinois, ce peuple de marchands, au cœur sec et cupide, qui vendent au voyageur jusqu'à un verre d'eau froide! En voyant l'accueil qu'on nous faisait dans la lamaserie de Kounboum, nos souvenirs se reportèrent involontairement sur ces couvents élevés par l'hospitalité de nos religieux ancêtres, et qui étaient autrefois comme autant d'hôtelleries, où les voyageurs et les pauvres trouvaient toujours le soulagement du corps et les consolations de l'âme.

Le jour même, nous effectuâmes notre déménagement. Les Lamas voisins de la demeure de Sandara s'empressèrent de nous aider. On voyait qu'ils se faisaient un véritable plaisir de transporter, sur leurs épaules, quelque chose de notre bagage. Ce furent eux qui balayèrent, allumèrent le feu sous le kang, et disposèrent l'écurie de manière à pouvoir recevoir nos animaux. Quand tout fut terminé, le maître de la maison, d'après les règles de l'hospitalité, dut lui-même nous préparer un régal. Car, dans un déménagement, on est censé n'avoir pas le temps de s'occuper de cuisine.

Nous pensons qu'on ne sera pas fâché de trouver ici un petit croquis de notre nouvelle maison, et de faire connaissance avec ses habitants. Immédiatement après la porte d'entrée, on trouvait une cour oblongue, entourée d'écuries convenablement distribuées. A gauche de la porte, un corridor étroit conduisait à une seconde cour carrée, dont les quatre faces étaient formées par les cellules des Lamas. Le côté opposé au corridor était la demeure du maître de la maison, nommé *Akayé*, c'est-à-dire vieux frère. Akayé était un homme de soixante et quelques années, d'une haute taille, mais maigre, sec et complètement décharné. Sa longue figure n'était plus qu'un assemblage de quelques ossements recouverts d'une peau sèche et ridée. Lorsqu'il n'était pas enveloppé de son écharpe, et qu'il laissait à découvert ses bras noircis par le soleil, on les eût pris pour deux vieux ceps de vigne. Quoiqu'il se tînt encore fort droit sur ses jambes, sa démarche était pourtant chancelante. On eût dit qu'une machine le mettait en mouvement, et que chaque pas était le résultat d'un coup de piston. Pendant trente huit ans, Akayé avait été employé dans l'administration temporelle de la lamaserie. Il y avait ramassé une assez bonne fortune; mais tout s'en était allé en bonnes œuvres et en prêts qui ne lui avaient jamais été restitués. Actuellement, il était réduit à une grande pauvreté, n'ayant que cette maison, qu'il avait fait bâtir au temps de sa prospérité, et qu'il ne trouvait pas à vendre. La louer, cela ne se pouvait; c'était contraire aux usages de la lamaserie, qui n'admettent pas de milieu entre la vente et le prêt gratuit d'une maison. Pour comble d'infortune, le vieux Akayé ne pouvait pas profiter des offrandes extraordinaires qu'on distribue quelquefois aux Lamas qui ont atteint certains grades dans la hiérarchie. Ne s'étant occupé, pendant toute sa vie, que de choses temporelles, il n'avait pu faire ses études; il était complètement illettré, et ne savait ni lire, ni écrire. Cela ne l'empêchait pas cependant de prier du matin au soir; il avait toujours son chapelet à la main, et on l'entendait continuellement grommeler à demi-voix quelques formules de prière. Cet homme avait un cœur excellent; mais on ne paraissait pas faire grand cas de lui : il était vieux et ruiné.

A droite de la demeure du vieux Akayé, sur une autre face de la cour, logeait un Lama d'origine chinoise : on le nommait le *Kitas-Lama* (Lama chinois); quoiqu'il eût soixante-dix ans, il avait meilleure façon que le pauvre Akayé. Son corps commençait à se voûter; malgré cela, il était encore de taille moyenne et d'un riche embonpoint; sa figure, pleine de vivacité, était ornée d'une belle barbe blanche, un peu jaunie à l'extrémitée. Le Kitas-Lama était fameux dans la science lamaïque; il parlait et écrivait à merveille le chinois, le mongol et le thibétain. Pendant un assez long séjour dans le Thibet et dans plusieurs royaumes de la Tartarie, il avait amassé une grosse fortune; on disait qu'il avait dans sa cellule plusieurs caisses remplies de lingots d'argent : son avarice était néanmoins sordide; il vivait chichement, et il était misérablement vêtu; il tournait sans cesse la tête de côté et d'autre, comme un homme qui a toujours peur qu'on ne le vole. Dans la Tartarie, il était considéré comme un Grand-Lama; mais à Kounboum, où abondent les célébrités lamaïques, il se trouvait perdu dans la foule. Le Kitas-Lama avait avec lui un jeune chabi de onze ans : cet enfant était éveillé, malicieux, mais, au fond, d'un excellent caractère; tous les soirs on l'entendait se disputer avec son maître, qui lui reprochait de dépenser trop de beurre, de faire le thé trop noir, et de mettre à la lampe une trop grosse mèche.

En face de l'habitation du Kitas-Lama était le logement des deux Mission-naires français : tout à côté de leur chambre était une petite cellule où demeurait modestement un étudiant en seconde année à la faculté de médecine. Ce jeune Lama de vingt-quatre ans était un gros gaillard bien membré, et dont la lourde et épaisse figure l'accusait de faire dans son étroit réduit une assez forte consom-mation de beurre. Nous ne pouvions jamais le voir mettre le nez à la porte de sa case sans songer à ce rat de La Fontaine qui, par dévotion, s'était retiré dans un fromage de Hollande. Ce jeune homme avait un bégaiement tétanique, au point de perdre souvent la respiration quand il voulait parler : cette infirmité le rendait timide, réservé, et contribuait peut-être aussi à développer en lui un caractère bon et serviable; il redoutait extrêmement la présence du jeune chabi, qui se faisait un malin plaisir de contrefaire sa manière de parler.

La partie de la cour qui faisait face au logement du vieux Akayé était composée d'une rangée de petites cuisines séparées les unes des autres. Le maître de la maison, le Kitas-Lama, le bègue, les Missionnaires, chacun avait la sienne en particulier. D'après le style de la lamaserie, nous étions dans la maison quatre *familles* distinctes. Malgré la réunion de plusieurs familles dans une seule habitation, il y règne toujours beaucoup d'ordre et de silence ; on se visite rarement, et chacun s'occupe chez soi, sans se mêler aucunement des affaires d'autrui. Dans la maison où nous étions, on ne se voyait ordinairement que lorsqu'il faisait une belle journée. Comme nous étions au temps le plus rigoureux de l'hiver, aussitôt que le soleil plongeait ses rayons dans la cour, les quatre familles sortaient de leur cellule, et allaient s'accroupir sur un grand tapis de feutre. Le Kitas-Lama, dont les yeux étaient encore vifs, s'occupait à rapiécer ses misérables habits avec de vieux haillons. Akayé murmurait sa formule de prière, tout en grattant la peau rude et sonore de ses bras. L'étudiant en médecine repassait en chantant et sans bégayer sa leçon de thérapeutique. Quant à nous, ce n'était pas chose facile de nous distraire de ce singulier entourage : nous avions bien sur nos genoux notre cahier de dialogues thibétains ; mais nos yeux se portaient plus volontiers sur les trois familles qui se chauffaient au soleil.

La lamaserie de Kounboum compte à peu près quatre mille Lamas. Sa position offre à la vue un aspect vraiment enchanteur. Qu'on se figure une montagne coupée par un large et profond ravin, d'où sortent de grands arbres incessamment peuplés de corbeaux, de pies et de corneilles au bec jaune. Des deux côtés du ravin, et sur les flancs de la montagne, s'élèvent en amphithéâtre les blanches habitations des Lamas, toutes de grandeur différente, toutes entourées d'un mur de clôture, et surmontées de petits belvédères. Parmi ces modestes demeures, dont la propreté et la blancheur font toute la richesse, on voit surgir çà et là de nombreux temples bouddhiques aux toits dorés, étincelants de mille couleurs, et environnés d'élégants péristyles ; les maisons des supérieurs se font remarquer par des banderoles qui flottent au-dessus de petites tourelles hexagones ; de toutes parts, on ne voit que des sentences mystiques écrites en gros caractères thibétains, tantôt rouges et tantôt noirs : il y en a au-dessus de toutes les portes, sur les murs, sur des pierres, sur des lambeaux de toile fixés, en guise de pavillon, au bout d'une foule de petits mâts qui s'élèvent sur les plates-formes des maisons. Presque à chaque pas, on rencontre des niches en forme de pain de sucre, dans l'intérieur desquelles on brûle de l'encens, du bois odorant et des feuilles de cyprès. Ce qui frappe pourtant le plus, c'est de voir circuler, dans les nombreuses rues de la lamaserie, tout un peuple de Lamas revêtus d'habits rouges et coiffés d'une mitre jaune. Leur démarche est ordinairement grave ; le silence ne leur est pas prescrit ; cependant ils parlent peu et toujours à voix basse. On ne rencontre beaucoup de monde qu'aux heures fixées pour l'entrée ou la sortie des écoles et des prières générales. Pendant le reste de la journée, les Lamas gardent assez fidèlement leurs cellules : on en voit seulement quelques-uns descendre, par des sentiers pleins de sinuosités, jusqu'au fond du ravin, et remonter en portant péniblement sur le dos un long baril, dans lequel ils vont puiser l'eau nécessaire au ménage. On rencontre aussi quelques étrangers venus pour satisfaire leur dévotion, ou pour visiter des Lamas de leur connaissance.

La lamaserie de Kounboum jouit d'une si grande réputation, que les adorateurs de Bouddha s'y rendent en pèlerinage de tous les points de la Tartarie et du Thibet; il n'est pas de jour qui ne soit signalé par l'arrivée ou le départ de quelques pèlerins. Cependant il est des fêtes solennelles où l'affluence des étrangers est immense; on en compte quatre principales dans l'année; la plus fameuse de toutes est celle qui a lieu le quinzième jour de la première lune : on la nomme la *Fête des Fleurs*. Nulle part elle ne se célèbre avec autant de pompe et de solennité qu'à Kounboum : celles qui ont lieu dans la Tartarie, dans le Thibet, à Lha-Ssa même, ne peuvent pas lui être comparées. Nous nous étions installés à Kounboum le six de la première lune, et déjà on pouvait remarquer les nombreuses caravanes de pèlerins qui arrivaient par tous les sentiers qui aboutissent à la lamaserie. De toute part il n'était question que de la fête : les fleurs étaient, disait-on, d'une beauté ravissante. Le conseil des beaux-arts qui les avait examinées, les avait déclarées supérieures à toutes celles des années précédentes. Aussitôt que nous entendîmes parler de ces fleurs merveilleuses, nous nous hâtâmes, comme on peut penser, de demander des renseignements sur une fête inconnue pour nous. Voici les détails qu'on nous donna, et que nous n'écoutâmes pas sans surprise.

Les Fleurs du quinze de la première lune consistent en représentations profanes et religieuses, où tous les peuples asiatiques paraissent avec leur physionomie propre et le costume qui les distingue. Personnages, vêtements, paysages, décorations, tout est représenté en beurre frais. Trois mois sont employés à faire les préparatifs de ce singulier spectacle. Vingt Lamas, choisis parmi les artistes les plus célèbres de la lamaserie, sont journellement occupés à travailler le beurre, en tenant toujours les mains dans l'eau, de peur que la chaleur des doigts ne déforme l'ouvrage. Comme ces travaux se font en grande partie pendant les froids les plus rigoureux de l'hiver, ces artistes ont de grandes souffrances à endurer. D'abord ils commencent par bien brasser et pétrir le beurre dans l'eau, afin de le rendre ferme. Quand la matière est suffisamment préparée, chacun s'occupe de façonner les diverses parties qui lui ont été confiées. Tous ces ouvriers travaillent sous la direction d'un chef, qui a fourni le plan des fleurs de l'année, et qui préside à leur exécution. Les ouvrages étant terminés, on les livre à une autre compagnie d'artistes, chargés d'y apposer les couleurs, toujours sous la direction du même chef. Un musée tout en beurre nous paraissait une chose assez curieuse pour qu'il nous tardât un peu d'arriver au quinze de la lune.

La veille de la fête, l'affluence des étrangers fut inexprimable. Kounboum n'était plus cette lamaserie calme et silencieuse, où tout respirait la gravité et le sérieux de la vie religieuse; c'était une cité mondaine, pleine d'agitation et de tumulte. Dans tous les quartiers, on n'entendait que les cris perçants des chameaux et les grognements sourds des bœufs à long poil, qui avaient transporté les pèlerins. Sur les parties de la montagne qui dominent la lamaserie, on voyait s'élever de nombreuses tentes où campaient tous ceux qui n'avaient pu trouver place dans les habitations des Lamas. Pendant toute la journée du quatorze, le nombre de ceux qui firent le pèlerinage autour de la lamaserie fut immense. C'était pour nous un étrange et pénible spectacle que de voir cette grande foule se prosternant à chaque pas, et récitant à voix basse son formulaire de prières. Il y avait, parmi ces zélés bouddhistes, un grand nombre de Tartares-Mongols, tous venant de fort loin. Ils se faisaient remarquer par une démarche pesante et maussade, mais surtout par un grand recueillement et une scrupuleuse application à accomplir les règles de ce genre de dévotion.

Le quinze, les pèlerins firent encore le tour de la lamaserie; mais ils étaient bien moins nombreux que les jours précédents. La curiosité les poussait plus volontiers vers les endroits où se faisaient les préparatifs de la fête des Fleurs. Quand la nuit fut arrivée, Sandara vint nous inviter à aller voir ces merveilles de beurre que nous avions tant entendu prôner. Nous partîmes en la compagnie du bègue, du Kitas-Lama et de son chabi. Nous ne laissâmes que le vieux Akayé pour garder la maison. Les fleurs étaient établies en plein-air, devant les divers temples bouddhiques de la lamaserie. Elles étaient éclairées par des illuminations d'un éclat ravissant. Des vases innombrables, en cuivres jaune et rouge, et affectant la forme de calice, étaient distribués sur de légers échafaudages qui représentaient des dessins de fantaisie. Tous ces vases, de diverses grosseurs, étaient remplis de beurre figé d'où s'élevait une mèche solide entourée de coton. Ces illuminations étaient ordonnées avec goût. Elles n'eussent pas été déplacées à Paris, aux jours de réjouissance publique.

La vue des fleurs nous saisit d'étonnement. Jamais nous n'eussions pensé qu'au milieu de ces déserts, et parmi des peuples à moitié sauvages, il pût se rencontrer des artistes d'un si grand mérite. Des peintres et des sculpteurs que nous avions vus dans diverses lamaseries étaient loin de nous faire soupçonner tout le fini que nous eûmes à admirer dans ces ouvrages en beurre. Ces fleurs étaient des bas-reliefs de proportions colossales, représentant divers sujets tirés de l'histoire du bouddhisme. Tous les personnages avaient une vérité d'expression qui nous étonnait. Les figures étaient vivantes et animées, les poses naturelles, et les costumes portés avec grâce et sans la moindre gêne. On pouvait distinguer au premier coup d'œil la nature et la qualité des étoffes. Les costumes en pelleterie étaient surtout admirables. Les peaux de mouton, de tigre, de renard, de loup et de divers autres animaux, étaient si bien représentées, qu'on était tenté d'aller les toucher de la main, pour s'assurer si elles n'étaient pas véritables. Dans tous les bas-reliefs, il était facile de reconnaître Bouddha. Sa figure, pleine de noblesse et de majesté, appartenait au type caucasien; elle était conforme aux traditions bouddhiques, qui prétendent que Bouddha, originaire du ciel d'Occident, avait la figure blanche et légèrement colorée de rouge, les yeux largement fendus, le nez grand, les cheveux longs, ondoyants et doux au toucher. Les autres personnages avaient tous le type mongol, avec les nuances thibétaine, chinoise, tartare et si-fan. En ne considérant que les traits du visage, et abstraction faite du costume, on pouvait les distinguer facilement les uns des autres. Nous remarquâmes quelques têtes d'Hindous et de nègres, très bien représentées. Ces dernières excitaient beaucoup la curiosité des spectateurs. Ces bas-reliefs grandioses étaient encadrés par des décorations représentant des animaux, des oiseaux et des fleurs; tout cela

Cinq religieux contemplatifs ont choisi les endroits les plus élevés. (P. 258.)

était aussi en beurre et admirable par la délicatesse des formes et du coloris.

Sur le chemin qui conduisait d'un temple à l'autre, on rencontrait, de distance en distance, de petits bas-reliefs où étaient représentées, en miniature, des batailles, des chasses, des scènes de la vie nomade et des vues des lamaseries les plus célèbres du Thibet et de la Tartarie. Enfin, sur le devant du principal temple, était un théâtre dont, personnages et décorations, tout était beurre. Les personnages n'avaient pas plus d'un pied de haut; ils représentaient une communauté de Lamas se rendant au chœur pour la récitation des prières. D'abord, on n'apercevait rien sur le théâtre. Quand le son de la conque marine se faisait entendre, on voyait sortir de deux portes latérales deux files de petits Lamas; puis venaient les supérieurs avec leurs habits de cérémonie. Après être restés un instant immobiles sur le théâtre, ils rentraient dans les coulisses, et la représentation était finie. Ce spectacle excitait l'enthousiasme de tout le monde. Pour nous, qui avions vu autre chose en fait de mécanisme, nous trouvions assez plats ces petits bonshommes, qui arrivaient sans remuer les jambes, et s'en retournaient de la même façon. Une seule représentation comme cela nous suffit, et nous allâmes admirer les bas-reliefs.

Pendant que nous étions à examiner des groupes de diables aussi grotesques, pour le moins, que ceux de Callot, nous entendîmes retentir, tout à coup, le bruit immense d'un grand nombre de trompettes et de conques marines. On nous dit que le Grand-Lama sortait de son sanctuaire pour aller visiter les fleurs. Nous ne demandions pas mieux; le Grand-Lama de Kounboum était pour nous chose curieuse à voir. Il arriva bientôt à l'endroit où nous étions arrêtés. Des Lamas-satellites le précédaient, en écartant la foule avec de gros fouets noirs; il allait à pied, et était entouré des principaux dignitaires de la lamaserie. Ce Bouddha vivant nous parut âgé, tout au plus, d'une quarantaine d'années; il était de taille ordinaire, d'une physionomie commune et plate, et d'un teint fortement basané. Il jetait, en allant, un coup d'œil maussade sur les bas-reliefs qui se trouvaient sur son passage. En regardant les belles figures de Bouddha, il devait sans doute se dire qu'à force de transmigrations, il avait singulièrement dégénéré de son type primitif. Si la personne du Grand-Lama nous frappa peu, il n'en fut pas ainsi de son costume, qui était rigoureusement celui des évêques; il portait sur sa tête une mitre jaune; un long bâton en forme de crosse était dans sa main droite; ses épaules étaient recouvertes d'un manteau en taffetas violet, retenu sur la poitrine par une agrafe, et semblable en tout à une chape. Dans la suite, nous aurons à signaler de nombreux rapports entre le culte catholique et les cérémonies lamaïques.

Les spectateurs paraissaient se préoccuper peu du passage de leur Bouddha vivant; ils regardaient plus volontiers les Bouddhas de beurre, qui, au fond, étaient bien plus jolis. Les tartares étaient les seuls qui donnassent quelques signes de dévotion; ils joignaient les mains, courbaient la tête en signe de respect, et semblaient affligés qu'une foule trop pressée ne leur permit pas de se prosterner tout du long.

Quand le Grand-Lama eut fini sa tournée, il rentra dans son sanctuaire, et alors ce fut pour tout le monde comme le signal de s'abandonner sans réserve aux

transports de la joie la plus folle. On chantait à perdre haleine, on dansait
des farandoles; puis on se poussait, on se culbutait, on poussait des cris,
des hurlements à épouvanter les déserts; on eût dit que toùs ces peuples divers
étaient tombés dans le délire Comme, au milieu de cet épouvantable désordre,
il eût été facile de renverser les illuminations et les tableaux en beurre, des Lamas
armés de grandes torches enflammées étaient chargés d'arrêter les flots de cette
immense foule, qui bouillonnait comme une mer battue par la tempête. Nous ne
pûmes résister longtemps à une semblable cohue. Le Kitas-Lama, s'étant aperçu
de l'oppression dans laquelle nous étions, nous invita à prendre le chemin de notre
habitation. Nous acceptâmes avec d'autant plus de plaisir, que la nuit était déjà
fort avancée et que nous éprouvions le besoin d'un peu de repos.

Le lendemain, quand le soleil se leva, il ne restait plus aucune trace de
la grande fête des Fleurs. Tout avait disparu; les bas-reliefs avaient été démolis,
et cette immense quantité de beurre avait été jetée au fond du ravin pour servir
de pâture aux corbeaux. Ces travaux grandioses, où l'on avait employé tant de
peine, dépensé tant de temps, et on peut dire aussi tant de génie, n'avaient servi
qu'au spectacle d'une seule nuit. Chaque année, on fait des fleurs nouvelles, et
sur un nouveau plan.

Avec les fleurs disparurent aussi les pèlerins. Déjà, dès le matin, on les voyait
gravir à pas lents les sentiers sinueux de la montagne, et s'en retourner tristement
dans leurs sauvages contrées; ils s'en allaient tous la tête baissée et en silence;
car le cœur de l'homme peut porter si peu de joie en ce monde, que le
lendemain d'une bruyante fête est ordinairement un jour rempli d'amertume et
de mélancolie.

III

Naissance merveilleuse de « Tsong-Kaba » — Sa préparation à l'apostolat — Il part pour l'Occident — Son entrevue avec le Grand Lama du Thibet — Il réforme le culte lamaïque. — Nombreux rapports de la reforme bouddhique avec le catholicisme — Origines de ces rapports — Arbre des « dix mille images. » — Enseignement lamaïque. — Faculté des prières — Police de la lamaserie de Kounboum — Industrialisme des Lamas — Dispositions favorables des Lamas pour le christianisme. — Départ pour la lamaserie de « Tchogorton »

La contrée d'*Amdo*, située au sud de Koukou Noor, est habitée par des Thibétains orientaux qui, comme les Tartares-Mongols, mènent la vie pastorale et nomade. Ce pays est d'un aspect triste et sauvage. L'œil ne découvre de tous côtés que des montagnes d'ocre rouge ou jaune, presque sans végétation, et sillonnées en tous sens par de profonds ravins. Cependant, au milieu de ce sol stérile et désolé, on rencontre quelquefois des vallées assez abondantes en pâturages, où les tribus nomades conduisent leurs troupeaux.

Au rapport des chroniques lamaïques, vers le milieu du quatorzième siècle de notre ère, un pasteur de la contrée d'Amdo, nommé *Lambo-Moke*, avait dressé sa tente noire au pied d'une montagne, tout près de l'ouverture d'un large ravin, au fond duquel, sur un lit rocailleux, coulait un ruisseau assez abondant. Lambo-Moke partageait avec son épouse *Chingtsa Tsio* les soins de la vie pastorale. Ils ne possédaient pas de nombreux troupeaux; une vingtaine de chèvres et quelques *sarligues* ou bœufs à long poil étaient toute leur richesse. Depuis plusieurs années, ils vivaient seuls et sans enfants au sein de cette solitude sauvage. Lombo-Moke conduisait ses bestiaux dans les pâturages d'alentour, pendant que Chingtsa-Tsio, demeurée seule dans la tente, s'occupait à préparer des laitages, ou à tisser selon l'usage des femmes d'Amdo, une toile grossière avec les longs poils des sarligues.

Dans l'année de la *poule de feu* (1357), Chingtsa-Tsio mit au monde un enfant que Lomba-Moke appela *Tsong-Kaba*, du nom de la montagne au pied de laquelle il avait planté sa tente depuis plusieurs années. Cet enfant merveilleux avait, en naissant, une barbe blanche, et portait sur sa figure une majesté extraordinaire. Ses manières n'avaient rien de puéril. Dès qu'il vit le jour, il fut capable de s'exprimer avec clarté et précision, dans la langue d'Amdo. Il parlait peu; mais ses paroles renfermaient toujours un sens profond touchant la nature des êtres et la destinée de l'homme.

A l'âge de trois ans, Tsong-Kaba résolut de renoncer au monde et d'embrasser la vie religieuse. Chingtsa-Tsio, pleine de respect pour le saint projet de son fils, lui rasa elle-même la tête, et jeta sa belle et longue chevelure à l'entrée de la tente. De ces cheveux naquit spontanément un arbre dont le bois répandait un parfum exquis, et dont chaque feuille portait, gravé sur son limbe, un caractère de la langue sacrée du Thibet. Dès lors, Tsong-Kaba vécut dans une si grande retraite qu'il fuyait même jusqu'à la présence de ses parents. Il se retirait au sommet des montagnes les plus sauvages, au sein des plus profonds ravins, et passait les jours et les nuits dans la prière et la contemplation des choses éternelles. Ses jeûnes étaient longs et fréquents. Il respectait la vie des plus petits insectes, et s'interdisait rigoureusement l'usage de toute espèce de viande.

Pendant que Tsong-Kaba s'occupait ainsi à purifier son cœur par l'assiduité à la prière et les pratiques d'une vie austère, un Lama, venu des contrées les plus reculées de l'Occident, passa par hasard dans le pays d'Amdo, et reçut l'hospitalité sous la tente de Lambo-Moke. Tsong-Kaba, émerveillé de la science et de la sainteté de l'étranger, se prosterna à ses pieds et le conjura de lui servir de maître. Les traditions lamaïques rapportent que ce Lama des contrées occidentales était remarquable non seulement par sa doctrine, dont la profondeur était insondable, mais encore par l'étrangeté de sa figure. On remarquait surtout son grand nez, et ses yeux qui brillaient comme d'un feu surnaturel. L'étranger, étant également frappé des qualités merveilleuses de Tsong-Kaba, ne balança point à le prendre pour son disciple. Il se fixa donc dans le pays d'Amdo, où il ne vécut que quelques années. Après avoir initié son disciple à toutes les doctrines admises par les saints les plus renommés de l'Occident, il s'endormit sur une pierre, au sommet d'une montagne, et ses yeux ne se rouvrirent plus.

Tsong-Kaba, privé des leçons du saint étranger, n'en devint que plus avide d'instruction religieuse. Il ne tarda point à prendre la résolution d'abandonner sa tribu et de s'en aller, jusqu'au fond de l'Occident puiser à la véritable source les purs enseignements de la doctrine. Il partit, un bâton à la main, seul et sans guide, mais le cœur plein d'un courage surhumain. Il descendit d'abord directement vers le Sud, et parvint, après de longues et pénibles courses, jusqu'aux frontières de la province du *Yun-Nan*, tout à fait à l'extrémité de l'empire chinois. Là, au lieu de suivre la même direction, il remonta vers le Nord-Ouest, en longeant les bords du grand fleuve *Yarou-Dsangbo*. Il arriva enfin à la sainte ville du royaume d'*Oui*. Comme il se disposait à continuer sa route, un *Lha* (esprit) tout resplendissant de lumière l'arrêta et lui défendit d'aller plus loin. « O Tsong-Kaba, lui dit-il, toutes ces vastes contrées appartiennent au grand empire qui t'a été accordé. C'est ici que tu dois promulguer les rites et les prières. C'est ici que s'accomplira la dernière évolution de ta vie immortelle. » Tsong-Kaba, docile à cette voix surnaturelle, entra dans *le pays des esprits* (Lha-Ssa), et choisit une pauvre demeure dans le quartier le plus solitaire de la ville.

Le religieux de la tribu d'Amdo ne tarda point à s'attacher des disciples. Bientôt la doctrine nouvelle et les rites inconnus qu'il introduisait dans les cérémonies lamaïques ne manquèrent pas de causer quelque agitation. Enfin Tsong-Kaba se posa hardiment comme réformateur, et se mit à déclarer la guerre à l'ancien culte. Ses partisans augmentèrent de jour en jour, et furent nommés Lamas à bonnet jaune, par opposition aux Lamas à bonnet rouge, qui défendaient l'ancien système. Le roi de la contrée de *Oui* et le Chakdja, Bouddha vivant et chef de la hiérarchie lamaïque, s'émurent de cette nouvelle secte, qui introduisait la confusion dans les cérémonies religieuses. Le Chakdja manda en sa présence Tsong-Kaba, afin de s'assurer si sa science était aussi merveilleuse et aussi profonde que le prétendaient ses partisans. Le réformateur dédaigna de se rendre à cette invitation. Représentant d'un système religieux qui devait remplacer l'ancien, ce n'était pas lui qui devait faire acte de soumission.

Cependant, la secte des bonnets jaunes devenait dominante, et les hommages de la multitude se tournaient vers Tsong-Kaba. Le Bouddha Chakdja, voyant son autorité décliner, prit le parti d'aller trouver le petit Lama de la province d'Amdo; car c'était ainsi que, par mépris, il appelait le réformateur des rites. Il espérait, dans cette entrevue, entrer en discussion avec son adversaire et faire triompher l'ancienne doctrine. Il s'y rendit avec grand appareil, et entouré de tous les attributs de sa suprématie religieuse. En entrant dans la modeste cellule de Tsong-Kaba, son grand bonnet rouge heurta le haut de la porte, et tomba à terre. Cet incident fut regardé par tout le monde comme un signe du triomphe du bonnet jaune. Le réformateur était assis sur un coussin, les jambes croisées, et ne parut pas faire attention à l'entrée du Chakdja. Il ne se leva pas pour le recevoir, et continua à dérouler gravement entre ses doigts les grains de son chapelet. Le Chakdja, sans s'émouvoir de la chute de son bonnet, ni du froid accueil qu'on lui faisait, entra brusquement en discussion. Il fit un pompeux éloge des rites anciens, et étala tous les droits qu'il avait à la prééminence. Tsong-Kaba, sans lever les yeux, l'interrompit en ces termes : « Lâche, cruel que tu es, lâche ce pou que tu tords entre tes doigts... J'entends d'ici ses gémissements, et j'en ai le cœur navré de douleur. » Le Chakdja tout en prônant son mérite, avait en effet saisi un pou sous ses habits, et, au mépris de la doctrine de la transmigration, qui défend de tuer rien de ce qui a vie, il cherchait à l'écraser entre ses doigts. Ne sachant que répondre aux sévères paroles de Tsong Kaba, il se prosterna à ses pieds et reconnut sa suprématie.

Dès ce moment, les réformes proposées par Tsong Kaba ne trouvèrent plus d'obstacles; elles furent adoptées dans tout le Thibet, et, dans la suite, elles s'établirent insensiblement dans les divers royaumes de la Tartarie. En 1409, Tsong-Kaba, étant âgé de cinquante-deux ans, fonda la célèbre lamaserie de Kaldan, située à trois lieues de Lha-Ssa; elle existe encore aujourd'hui, et compte plus de huit mille Lamas. En 1419, l'âme de Tsong Kaba, qui était devenu

Bouddha, quitta la terre pour retourner dans le royaume céleste, où elle fut admise dans le ciel du ravissement. Son corps est resté à la lamaserie du Kaldan. On prétend que jusqu'à ce jour il a conservé toute sa fraîcheur, et qu'il se soutient, par un prodige continuel, un peu au-dessus du sol, sans être appuyé ni retenu par rien. On ajoute qu'il lui arrive quelquefois d'adresser la parole aux Lamas qui ont fait de grands progrès dans la perfection; mais les autres ne peuvent l'entendre.

Outre la réforme que Tsong-Kaba introduisit dans la liturgie, il se rendit encore célèbre par une rédaction nouvelle du corps doctrinal, laissé par Chakdja Mouni. Le plus important de ses ouvrages est intitulé *Lam Rim Tsien-Bo*, c'est-à-dire : « Le chemin gradué de la perfection. »

Pour peu qu'on examine les réformes et les innovations introduites par Tsong-Kaba dans le culte lamaïque, on ne peut s'empêcher d'être frappé de leur rapport avec le catholicisme. La crosse, la mitre, la dalmatique, la chape ou pluvial, que les Grands-Lamas portent en voyage ou lorsqu'ils font quelque cérémonie hors du temple; l'office à deux chœurs, la psalmodie, les exorcismes. l'encensoir à cinq chaînes, et pouvant s'ouvrir et se fermer à volonté; les bénédictions données par les Lamas en étendant la main droite sur la tête des fidèles; le chapelet, le célibat ecclésiastique, les retraites spirituelles, le culte des saints, les jeûnes, les processions, les litanies, l'eau bénite : voilà autant de rapports que les bouddhistes ont avec nous. Maintenant, peut-on dire que ces rapports sont d'origine chrétienne? Nous le pensons ainsi; quoique nous n'ayons trouvé ni dans les traditions, ni dans les monuments du pays, aucune preuve de cet emprunt, il est permis néanmoins d'établir des conjectures qui portent tous les caractères de la plus haute probabilité.

On sait qu'au quatorzième siècle, du temps de la domination des empereurs mongols, il existait de fréquentes relations entre les Européens et les peuples de la haute Asie. Nous avons déjà parlé, dans la première partie de notre voyage, de ces ambassades célèbres que les conquérants tartares envoyèrent à Rome, en France et en Angleterre. Nul doute que ces barbares durent être frappés de la pompe et de l'éclat des cérémonies du culte catholique, et qu'ils en emportèrent dans leur désert des souvenirs ineffaçables. D'autre part, on sait aussi qu'à la même époque, des religieux de différents ordres entreprirent des courses lointaines, pour introduire le christianisme dans la Tartarie; ils durent pénétrer en même temps dans le Thibet, chez les Si-Fan et les Mongols de la mer Bleue. Jean de Montcorvin, archevêque de Pékin, avait déjà organisé un chœur, où de nombreux religieux mongols s'exerçaient tous les jours à la récitation des psaumes et aux cérémonies catholiques. Maintenant, si on fait attention que Tsong-Kaba vivait précisément à la même époque où la religion chrétienne s'introduisait dans l'Asie centrale, on ne sera pas étonné de trouver dans la réforme bouddhique des rapports aussi frappants avec le christianisme.

Et ne pourrait-on pas dire encore quelque chose de plus positif? Cette légende de Tsong Kaba, que nous avons recueillie sur le lieu même de sa naissance, et de la bouche de plusieurs Lamas, ne pourrait-elle pas venir à l'appui de notre opinion? Après avoir élagué tout le merveilleux qui a été ajouté à ce récit par l'imagination des Lamas, on peut admettre que Tsong Kaba, fut un homme au-dessus du commun par son génie, et peut-être aussi par sa vertu; qu'il fut instruit par un étranger venu de l'Occident; qu'après la mort du maître, le disciple, se dirigeant vers l'Ouest, s'arrêta dans le Thibet, où il propagea les enseignements qui lui avaient été donnés. Cet étranger à *grand nez*, n'était-ce pas un Européen, un de ces Missionnaires catholiques qui à cette époque pénétrèrent en si grand nombre dans la haute Asie? Il n'est pas étonnant que les traditions lamaïques aient conservé le souvenir de cette figure européenne, dont le type est si différent de celui des Asiatiques. Pendant notre séjour à Kounboum, nous avons entendu plus d'une fois des Lamas faire des réflexions sur l'étrangeté de notre figure et dire, sans balancer, que nous étions du même pays que le maître de Tsong Kaba. On peut supposer qu'une mort prématurée ne permit pas au Missonnaire catholique de compléter l'enseignement religieux de son disciple qui, dans la suite, voulant lui-même devenir apôtre, soit qu'il n'eût pas une connaissance suffisante du dogme chrétien, soit qu'il eût apostasié ses croyances, ne s'appliqua qu'à introduire une nouvelle liturgie. La faible opposition qu'il rencontra dans sa réforme semblerait indiquer que déjà le progrès des idées chrétiennes dans ces contrées avait beaucoup ébranlé le culte de Bouddha. Nous aurons à examiner plus tard si les nombreux rapports que les bouddhistes ont avec les catholiques sont un obstacle ou un avantage pour la propagation de la foi dans la Tartarie et le Thibet.

La réforme de Tsong Kaba a triomphé dans tous les pays compris entre les monts Himalaya, les frontières russes et la grande muraille de la Chine. Elle a même pénétré dans quelques provinces du Céleste Empire, telles que le Kan-Sou, le Chan-Li, le Pé-Tché-Li et la Mandchourie tout entière. Les Bonzes ont conservé les anciens rites, à part quelques légères innovations qu'ils ont adoptées dans certaines localités. Maintenant on distingue des Lamas de deux espèces, les jaunes et les gris; c'est-à-dire ceux qui ont suivi la réforme, et ceux qui ont persisté dans le culte primitif. Ces deux sectes, qui, sans doute, autrefois ont dû se traiter en rivales et se faire la guerre, vivent aujourd'hui dans un parfait accord. Les Bonzes et les Lamas se regardent comme étant d'une même famille.

La tribu d'Amdo, pays autrefois ignoré et de nulle importance, a acquis, depuis la réforme du bouddhisme, une prodigieuse célébrité. La montagne au pied de laquelle Tsong-Kaba a reçu le jour est devenu un lieu fameux de pèlerinage. Les Lamas sont accourus de toutes parts y bâtir leurs cellules, et peu à peu s'est formée cette florissante lamaserie dont la renommée s'étend jusqu'aux confins les plus reculés de la Tartarie. On l'a appelé Kounboum, de deux mots thibétains qui veulent dire *dix mille images* Ce nom fait allusion à l'arbre qui suivant la légende, naquit de la chevelure de Tsong-Kaba, et qui porte un caractère thibétain sur chacune de ses feuilles.

Ici on doit naturellement s'attendre à ce que nous disions quelque chose de cet arbre. Existe-t-il encore? l'avons-nous vu? qu'offre-t-il de particulier? que faut-il penser de ces feuilles merveilleuses? Voilà tout autant de questions qu'on est en droit de nous faire. Nous allons tâcher d'y répondre autant qu'il nous sera possible.

Oui, cet arbre existe encore; et nous en avions entendu parler trop souvent, durant notre voyage, pour que nous ne fussions pas quelque peu impatients d'aller le visiter. Au pied de la montagne où est bâtie la lamaserie, et non loin du principal temple bouddhique, est une grande enceinte carrée formée par des murs en briques. Nous entrâmes dans cette vaste cour, et nous pûmes examiner à loisir l'arbre merveilleux dont nous avions déjà aperçu de dehors quelques branches. Nos regards se portèrent d'abord avec une avide curiosité sur les feuilles, et nous fûmes consternés d'étonnement, en voyant en effet, sur chacune d'elles, des caractères thibétains très bien formés; ils sont d'une couleur verte, quelquefois plus foncée, quelquefois plus claire que la feuille elle-même. Notre première pensée fut de soupçonner la supercherie des Lamas; mais après avoir tout examiné avec l'attention la plus minutieuse, il nous fut impossible de découvrir la moindre fraude. Les caractères nous parurent faire partie de la feuille, comme les veines et les nervures; la position qu'ils affectent n'est pas toujours la même; on en voit tantô au sommet ou au milieu de la feuille, tantôt à sa base ou sur les côtés; les feuilles les plus tendres présentent le caractère en rudiment, et à moitié formé; l'écorce du tronc et des branches, qui se lève à peu près comme celle des platanes, est également chargée de caractères. Si l'on détache un fragment de vieille écorce, on aperçoit sur la nouvelle les formes indéterminées des caractères, qui déjà commencent à germer; et, chose singulière, ils diffèrent assez souvent de ceux qui étaient par-dessus. Nous cherchâmes partout, mais toujours vainement, quelque trace de supercherie; la sueur nous en montait au front. D'autres, plus habiles que nous, pourront peut être donner des explications satisfaisantes sur cet arbre singulier; pour nous, nous devons y renoncer. On sourira, sans doute, de notre ignorance; mais peu nous importe, pourvu qu'on ne suspecte pas la sincérité de notre relation.

L'Arbre des dix mille images nous parut très vieux : son tronc que trois hommes pourraient à peine embrasser, n'a pas plus de huit pieds de haut; les branches ne montent pas, mais elles s'étendent en panache, et sont extrêmement touffues; quelques-unes sont desséchées et tombent de vétusté; les feuilles demeurent toujours vertes; le bois, d'une couleur rougeâtre, a une odeur exquise et qui approche un peu de celle de la cannelle. Les Lamas nous dirent que, pendant l'été, vers la huitième lune, il produisait de grandes fleurs rouges d'une extrême beauté. On nous a assuré aussi que nulle part il n'existait d'autre arbre de cette espèce, qu'on avait essayé de le multiplier par des graines et des boutures dans plusieurs lamaseries de la Tartarie et du Thibet, mais que toutes ces tentatives avaient été infructueuses.

L'empereur *Khang-Hi*, s'étant rendu en pèlerinage à Kounboum, fit construire à ses dépens un dôme d'argent au-dessus de l'Arbre des dix mille images; de plus, il fit cadeau au Grand-Lama d'un beau cheval noir qui faisait, dit-on, mille lis par jour, et d'une selle ornée de pierreries. Le cheval est mort, mais la selle se voit encore dans un des temples bouddhiques; elle est l'objet d'une vénération particulière. Avant de quitter la lamaserie, Khang-Hi fonda un revenu annuel pour l'entretien de trois cent cinquante Lamas.

La renommée de Kounboum, due d'abord à la célébrité de Tsong-Kaba, se maintient aujourd'hui par la bonne discipline de la lamaserie et la supériorité de son enseignement. Les Lamas sont censés étudiants pendant toute leur vie, car la science religieuse est réputée inépuisable. Les étudiants sont distribués en quatre sections, ou quatre Facultés, suivant la nature des études spéciales auxquelles ils veulent s'appliquer : 1º la Faculté de mysticité, qui embrasse les règles de la vie contemplative, et les exemples renfermés dans la vie des saints bouddhistes; 2º la Faculté de liturgie, comprenant l'étude des cérémonies religieuses, avec l'explication de tout ce qui sert au culte lamaïque; 3º la Faculté de médecine, ayant pour objet les quatre cent quarante maladies du corps humain, la botanique médicale et la pharmacopée; 4º enfin, la Faculté des prières; cette dernière est la plus estimée, la mieux rétribuée, et par conséquent celle qui réunit un plus grand nombre d'étudiants.

Les ouvrages volumineux qui servent de base à l'enseignement des prières sont divisés en treize séries, qui sont comme autant de degré dans la hiérarchie. La place que chaque étudiant occupe à l'école et au chœur est marquée d'après la série des livres théologiques qu'il a déjà étudiés. Parmi ces nombreux Lamas, on voit des vieillards afficher, au dernier rang, leur paresse ou leur incapacité, tandis que des jeunes gens sont presque parvenus au sommet de la hiérarchie.

Pour obtenir les divers grades de la Faculté des prières, on exige seulement que l'étudiant récite imperturbablement les livres assignés. Quand il se croit suffisamment préparé, il en donne avis au Grand-Lama des prières, en lui offrant un magnifique khata, un plat de raisins secs et quelques onces d'argent en lingot, suivant l'importance du grade qu'il prétend obtenir; on fait aussi quelques cadeaux aux Lamas examinateurs. Quoiqu'il soit reconnu que les juges sont incorruptibles, cependant, à Kounboum comme ailleurs, on est persuadé que quelques offrandes à l'Académie ne sont pas inutiles pour se tirer honorablement d'un examen. Les hommes sont partout les mêmes !

Devant le principal temple de la lamaserie est une grande cour carrée, pavée avec de larges dalles, et entourée de colonnes torses chargées de sculptures coloriées. C'est dans cette enceinte que les Lamas de la Faculté des prières se réunissent à l'heure des cours, qui leur est annoncée au son de la conque marine ; ils vont s'accroupir selon leur rang sur les dalles nues, endurant pendant l'hiver le froid, le vent et la neige, exposés pendant l'été à la pluie et aux ardeurs du soleil. Les professeurs sont seuls à l'abri; ils siègent sur une estrade surmontée d'un pavillon. C'est un singulier spectacle, que de voir tous ces Lamas enveloppés de leur écharpe rouge, coiffés d'une grande mitre jaune, et tellement pressés les uns contre les autres, qu'il est impossible d'apercevoir les dalles sur lesquelles ils sont assis. Après que quelques étudiants ont récité la leçon assignée par la règle, les professeurs donnent, à tour de rôle, des explications aussi vagues et aussi incompréhensibles que le texte; mais personne ne fait le difficile, tout le monde se contente d'un à peu près. On est, du reste, convaincu que la sublimité d'une doctrine est en raison directe de son obscurité et de son impénétrabilité.

Le cours se termine ordinairement par une thèse soutenue par un étudiant désigné à l'avance. Chacun a le droit de l'interroger sur toute espèce de sujet qui lui passe par la tête. Il n'est rien de monstrueux comme ces thèses qui rappellent assez bien les fameuses discussions de ces écoles du moyen âge, où l'on argumentait avec acharnement *de omni re scibili*. A Kounboum, il est de règle que le vainqueur monte sur les épaules du vaincu et soit porté en triomphe tout autour des murs de l'école. Un jour Sandara le Barbu revint du cours le visage plus épanoui et plus riant que de coutume. Bientôt nous apprîmes qu'il avait été le héros de la thèse; il avait vaincu son concurrent, dans l'importante question de savoir pourquoi les poules et autres volatiles étaient privés d'une des fonctions vitales communes à tous les autres animaux. Nous citons cette particularité, parce qu'elle peut donner une idée de la hauteur et de la noblesse de l'enseignement lamaïque.

A certaines époques de l'année, le Bouddha vivant, grand supérieur de la lamaserie, vient lui-même en personne et en grand appareil donner des explications officielles des livres sacrés. Quoiqu'elles ne soient ni plus savantes ni plus claires que celles des professeurs, elles font pourtant autorité. La langue thibétaine est la seule qui soit admise dans les écoles.

La discipline de la lamaserie est vigilante et sévère. Dans les Facultés pendant les heures des cours, et au chœur pendant la récitation des prières, on voit toujours les Lamas censeurs debout, appuyés sur une barre de fer, et maintenant parmi les religieux le bon ordre et le silence. La moindre infraction à la règle est sur-le-champ réprimée, d'abord verbalement, et, s'il en est besoin, à coups de barre de fer. Les vieillards, pas plus que les jeunes chabis, ne sont à l'abri de ces terribles corrections.

Les Lamas satellites sont chargés de la police de la lamaserie; ils sont costumés de la même manière que les autres Lamas, à la seule différence que leurs habits sont de couleur grise, et qu'ils portent une mitre noire Le jour et la nuit, ils circulent dans les rues de la cité, armés d'un gros fouet, et rétablissent l'ordre partout où le besoin l'exige. Trois tribunaux, où siègent des Lamas juges, connaissent des affaires qui sont au-dessus de l'autorité des Lamas satellites. Ceux qui se rendent coupables du plus petit larcin sont expulsés de la lamaserie, après avoir été marqués au front et sur les deux joues d'un signe d'ignominie avec un fer rouge.

Les couvents bouddhiques, quoique semblables, sous plusieurs rapports, aux monastères chrétiens, en diffèrent pourtant essentiellement. Les Lamas sont soumis, il est vrai, à une même règle et à une même discipline, mais on ne peut pas dire qu'ils vivent en communauté. On remarque parmi eux toutes les nuances de pauvreté et de richesse qui se rencontrent dans les cités mondaines. A Kounboum, nous avons vu plusieurs fois des Lamas couverts de haillons, allant mendier, à la porte de leurs riches confrères, quelques poignées de farine d'orge. Tous les trois mois, l'administration fait indistinctement à tous les Lamas attachés à la lamaserie une distribution de farine qui leur est très insuffisante. Les offrandes volontaires des pèlerins leur viennent bien en aide; mais, outre que ces offrandes sont incertaines, la répartition s'en faisant d'après les divers degrés de la hiérarchie, il y en a toujours plusieurs qui ne reçoivent que fort peu de chose.

En dehors des distributions et des offrandes, les Lamas de Kounboum ont plusieurs moyens d'augmenter le bien-être de leur position : il en est qui nourrissent des vaches, et vendent à leurs confrères le lait et le beurre qui servent d'assaisonnement au thé et à la farine d'orge. Quelques-uns forment des sociétés en commandite et se chargent de la préparation des thés généraux que les pèlerins offrent à la communauté ; d'autres sont tailleurs, teinturiers, bottiers, chapeliers, et confectionnent, moyennant salaire, tout ce qui appartient au costume des Lamas. Enfin on trouve à Kounboum des boutiquiers qui revendent à gros bénéfice les marchandises qu'ils font venir de Tang Kéou-Eul ou de Si-Ning-Fou.

Dans la classe des Lamas industriels, il y en a pourtant un certain nombre qui cherchent leur profit dans des occupations qui paraissent plus conformes à l'esprit de la vie religieuse ; ils s'occupent à imprimer ou à transcrire les livres lamaïques. On sait que l'écriture thibétaine procède horizontalement, et de gauche à droite. Quoique l'idiome des Lamas soit alphabétique, à peu près à la manière de nos langues européennes, cependant on ne se sert point de caractères mobiles. L'imprimerie stéréotype, à l'aide de planches en bois, est la seule qui soit en usage. Les livres thibétains ressemblent à un grand jeu de cartes ; les feuillets sont mobiles, et imprimés sur les deux faces. Comme ils ne sont ni cousus ni reliés, afin de les conserver, on les place entre deux planchettes en bois, qu'on serre ensuite avec des bandelettes jaunes. Les éditions des livres thibétains qui s'impriment à Kounboum sont grossières ; les caractères en sont baveux, sans délicatesse et sans netteté ; elles sont, sous tous les rapports, très inférieures à celles qui sortent de l'imprimerie impériale de Pékin. Les éditions manuscrites sont au contraire magnifiques ; elles sont enrichies de dessins de fantaisie, et les caractères sont toujours pleins d'élégance et de pureté. Les Lamas n'écrivent pas au pinceau comme les Chinois : ils se servent de baguettes de bambou, qu'ils taillent comme des plumes ; leur écritoire est une petite boîte en cuivre, assez semblable, par la forme, à une tabatière à charnière ; elle est remplie de coton imbibée d'encre. Les Lamas collent leur papier pour l'empêcher de boire : au lieu de se servir, comme les Chinois, d'une dissolution d'alun, ils aspergent le papier d'une eau blanchie d'un dixième de lait : la méthode est simple, facile, et donne un résultat très satisfaisant.

Sandara le Barbu n'appartenait à aucune des classes d'industriels que nous venons d'énumérer ; il formait à lui seul une catégorie à part. Son métier, à lui, était d'exploiter les étrangers que la dévotion ou d'autres motifs amenaient à la lamaserie. Les Tartares-Mongols étaient surtout ceux qu'il travaillait avec le plus de succès. Il se présentait à eux en qualité de *Cicerone*, et, grâce à la souplesse de son caractère et à la séduction de son langage, il finissait par devenir leur homme d'affaires, Sandara ne jouissait pas à Kounboum d'une excellente renommée. Les bons Lamas avaient peu d'estime pour lui ; il y en eut même qui nous avertirent charitablement de ne pas trop nous fier à ses belles paroles, et de veiller avec soin sur notre bourse. Nous apprîmes que, forcé de quitter Lha-Ssa pour cause d'escroquerie, il avait parcouru pendant trois ans les provinces du Sse-Tchouan et du Khan-Sou, faisant métier de jouer la comédie et de dire la bonne aventure. Nous ne fûmes aucunement surpris d'apprendre une semblable nouvelle. Nous avions remarqué que, lorsque Sandara se laissait aller franchement à son naturel, il prenait aussitôt toutes les allures d'un histrion.

Quelques jours après la fête des Fleurs, nous reprîmes avec courage l'étude du thibétain. Sandara venait tous les matins travailler avec nous. Nous nous occupâmes de la rédaction d'un abrégé de l'Histoire sainte, depuis la création du monde jusqu'à la prédication des apôtres. Nous donnâmes à ce travail la forme dialoguée. Les deux interlocuteurs étaient un Lama de Jéhovah et un Lama de Bouddha. Sandara s'occupait de ses fonctions en véritable mercenaire. Les dispositions qu'il avait d'abord manifestées à Tan-Keou-Eul, ses signes de croix, son penchant pour la doctrine chrétienne, tout cela n'avait été qu'une pure comédie. Les idées religieuses n'avaient plus aucune prise sur ce cœur cupide et blasé. Il avait rapporté de son long séjour parmi les Chinois une incrédulité frondeuse dont il aimait souvent à faire parade. A ses yeux, toute religion n'était qu'une industrie inventée par les gens d'esprit pour l'exploitation des imbéciles. La vertu était un vain mot, et l'homme de mérite était celui qui avait assez d'adresse pour se tirer d'affaire mieux que les autres.

Malgré ces opinions sceptiques et impies, Sandara ne pouvait s'empêcher d'être plein d'admiration pour la doctrine chrétienne. Il était surtout frappé de l'enchaînement des faits historiques que nous lui faisions traduire. Il y trouvait un caractère d'authenticité, dont sont dénuées les fables accumulées dans les livres bouddhiques ; il nous le disait quelquefois, comme par surprise, car ordinairement il cherchait à soutenir en notre présence son triste rôle d'esprit fort. Quand il était avec les Lamas, il était plus à son aise : il publiait partout qu'en fait de doctrine religieuse, nous étions capables d'en remontrer à tous les Bouddhas vivants.

Au bout de quelque temps, nous commençâmes à faire dans la lamaserie une certaine sensation : on s'entretenait beaucoup des deux Lamas de Jéhovah, et de la nouvelle doctrine qu'ils enseignaient. On disait que jamais on ne nous voyait nous prosterner devant Bouddha ; que nous récitions trois fois par jour des prières qui n'étaient pas thibétaines ; que nous avions un langage particulier que personne n'entendait, mais qu'avec les autres, nous parlions tartare, chinois, et un peu thibétain. Il n'en fallait pas tant pour piquer la curiosité du public lamaïque. Tous les jours nous avions des visiteurs, et la conversation ne roulait jamais que sur des questions religieuses. Parmi tous ces Lamas, nous n'en trouvâmes pas un seul qui fût de la trempe incrédule de Sandara le Barbu ; ils nous parurent tous sincèrement religieux et pleins de bonne foi ; il y en avait même plusieurs qui attachaient une grande importance à la connaissance et à l'étude de la vérité ; ils venaient souvent nous prier de les instruire de notre sainte religion.

Nous avions adopté un mode d'enseignement tout à fait historique, ayant soin d'en bannir tout ce qui pouvait ressentir la dispute et l'esprit de contention ; nous leur donnions un exposé simple et concis de la religion, leur laissant ensuite le soin de tirer eux-mêmes des conclusions contre le bouddhisme. Des noms propres et des dates bien précises leur faisaient beaucoup plus d'impression que les raisonnements les plus logiques; quand ils savaient bien les noms de Jésus, de Jérusalem, de Ponce-Pilate, la date de quatre mille ans après la création du monde, et les noms des douze apôtres, ils ne doutaient plus du mystère de la Rédemption et de la prédication de l'Evangile. L'enchaînement qu'ils remarquaient dans l'histoire de l'Ancien et du Nouveau Testament était pour eux une démonstration. Du reste, jamais nous n'avons remarqué que les mystères et les miracles leur fissent la moindre difficulté.

D'après tout ce que nous avons vu dans notre long voyage, et surtout pendant notre séjour dans la lamaserie de Kounboum, nous sommes persuadés que c'est par voie d'enseignement, et non par la méthode de controverse, qu'on peut travailler efficacement à la conversion des infidèles. La polémique peut réduire un adversaire au silence, l'humilier souvent, l'irriter quelquefois, mais le convaincre, jamais. Quand Jésus-Christ envoya ses apôtres, il leur dit : *Ite, docete omnes gentes*; ce qui ne veut pas dire : Allez et argumentez contre toutes les nations. De nos jours, deux écoles philosophiques, qui reconnaissaient pour chef, l'une Descartes et l'autre Lamennais, ont beaucoup disputé pour savoir si le paganisme est un crime ou une erreur; il nous semble qu'on pourrait dire qu'il n'est ni l'un ni l'autre, mais simplement l'effet· de l'ignorance. L'esprit d'un païen est enveloppé de ténèbres; il suffit d'y porter la lumière pour que le jour s'y fasse ; il n'a besoin ni d'une thèse selon les cartésiens, ni d'un réquisitoire selon les lamennaisiens : ce qu'il lui faut, c'est un enseignement.

Il y avait déjà plus de trois mois que nous résidions à Kounboum, jouissant de la sympathie des religieux bouddhistes et de la bienveillance de l'autorité. Mais depuis longtemps, nous étions en opposition flagrante avec une grande règle de la lamaserie. Les étrangers qui ne font que passer à Kounboum, ou qui doivent seulement y faire un court séjour, ont la faculté de s'habiller à leur gré. Ceux, au contraire, qui sont attachés à la lamaserie, et ceux qui doivent y résider pendant un long espace de temps, sont obligés de revêtir les habits sacrés des Lamas, c'est-à-dire la robe rouge, la petite dalmatique sans manches et laissant les bras à découvert, l'écharpe rouge et la mitre jaune. On est très sévère sur cette règle d'uniformité. Le Grand-Lama, chargé de veiller au maintien de la discipline, nous envoya donc un beau jour une espèce d'huissier, pour nous inviter officiellement à la stricte observance des statuts. Nous fîmes répondre au supérieur de la discipline que, n'étant pas de la religion de Bouddha, nous ne pouvions adopter les habits sacrés des Lamas, sans faire injure à nos saintes croyances; que cependant, comme nous ne voulions pas occasionner le moindre désordre dans la lamaserie, nous étions tout disposés à la quitter, si l'on ne pouvait pas nous accorder une dispense au sujet du costume.

Plusieurs jours s'écoulèrent sans qu'on donnât suite à la malencontreuse affaire. Dans cet intervalle, Samdadchiemba arriva avec les trois chameaux, qu'il avait jusque-là fait paître dans une vallée du Koukou-Noor. En cas de déménagement, son retour ne pouvait être plus à propos. Le gouvernement lamaïque nous envoya de nouveau son parlementaire. Il nous dit que le règlement de la lamaserie était inflexible, et qu'on était peiné que notre sublime et sainte religion ne nous permît pas de nous y conformer. Il ajouta qu'on verrait avec plaisir que nous restassions dans le voisinage de la lamaserie; et qu'en conséquence on nous invitait à aller nous fixer à *Tchogortan*, où nous pourrions garder le costume qui nous conviendrait.

Nous avions beaucoup entendu parler de la petite lamaserie de Tchogortan, qui est comme la maison de campagne de la Faculté de médecine. Elle est éloignée de Kounboum tout au plus d'une demi-heure de chemin. Les Grands-Lamas et les étudiants de la section médicale s'y rendent tous les ans vers la fin de l'été, et y passent ordinairement quinze jours occupés à recueillir les plantes médicinales sur les montagnes environnantes. Pendant le reste de l'année, la plupart des maisons sont désertes; on y rencontre seulement quelques Lamas contemplatifs, qui ont creusé leur cellule dans les rochers les plus escarpés de la montagne.

La proposition du parlementaire ne pouvait mieux nous convenir, car la belle saison allait commencer. L'hiver à la ville, le printemps à la campagne, cela nous parut admirable. Pendant le séjour de trois mois que nous avions fait à Kounboum, nous nous étions passablement stylés aux convenances lamaïques. Nous achetâmes donc un khata et un petit plat de raisins secs, pour aller rendre une visite au Lama administrateur de Tchogortan. Il nous reçut avec affabilité, et nous promit de donner immédiatement ses ordres pour nous faire préparer une habitation convenable. Après avoir servi un splendide festin d'adieux au vieux Akayé, au Kita-Lama et au bègue, nous chargeâmes notre bagage sur les chameaux, et nous nous acheminâ nes gaiement vers la petite lamaserie.

IV

Une demi-heure nous suffit pour opérer notre déménagement de Kounboum à Tchogortan. Après avoir longé pendant quelque temps les flancs arides d'une haute montagne, nous descendîmes dans une grande vallée au milieu de laquelle coulait un ruisseau dont les rives étaient encore bordées de glace. Le pays nous parut fertile en assez bons pâturages; mais à cause de la froidure du climat, la végétation y est extrêmement paresseuse et tardive. Quoique nous fussions au mois de mai, les germes naissants qui sortaient de terre donnaient à peine à la vallée une teinte jaunâtre.

Un Lama, d'une figure rouge et bien rebondie, vint au devant de nous, et nous conduisit à l'habitation que l'administrateur de la lamaserie nous avait fait préparer. Nous fûmes installés dans une grande chambre qui, la veille encore, servait de demeure à quelques petits veaux, trop jeunes et trop faibles pour pouvoir suivre leurs mères sur les montagnes. On avait fait de grands efforts pour nettoyer l'appartement; mais le succès n'avait pas été tellement complet, qu'on ne distinguât çà et là de nombreuses traces des anciens locataires; on nous avait, du reste, assigné ce qu'il y avait de mieux dans la lamaserie.

Tchogortan est, comme nous l'avons déjà dit, la maison de campagne de la Faculté de médecine : l'aspect en est assez pittoresque, surtout pendant la saison d'été. Les habitations des Lamas, construites au pied d'une grande montagne taillée à pic, sont ombragées par des arbres séculaires, dont les épais rameaux servent de retraite aux milans et aux corbeaux. A quelques pas au-dessous des maisons, coule un ruisseau abondant entrecoupé de nombreuses digues, construites par les Lamas pour faire tourner les *tchukor* ou moulins à prières. On aperçoit, dans l'enfoncement de la vallée et sur les coteaux voisins, les tentes noires des Si-Fan et quelques troupeaux de chèvres et de sarligues. La montagne rocheuse et escarpée, à laquelle est adossée la lamaserie, sert de demeure à cinq religieux contemplatifs, qui, semblables à des aigles, ont choisi pour bâtir leurs aires les endroits les plus élevés et les plus inaccessibles : les uns ont creusé leur retraite dans la roche vive; les autres demeurent dans des cellules de bois appliquées à la montagne comme d'énormes nids d'hirondelles; quelques morceaux de bois plantés dans le rocher leur servent d'échelons pour monter et descendre. Un de ces ermites bouddhistes a entièrement renoncé au monde, et s'est privé volontairement de ces moyens de communication avec ses semblables; un sac suspendu à une longue corde sert à lui faire parvenir les aumônes des Lamas et des bergers du pays.

Nous avons eu des rapports assez fréquents avec ces Lamas contemplatifs, mais nous n'avons jamais pu savoir au juste ce qu'ils contemplaient là-haut, du fond de leur niche. Ils étaient eux-mêmes très incapables de s'en rendre un compte bien exact; ils avaient embrassé, nous disaient-ils, ce genre de vie, parce qu'ils avaient lu dans leurs livres, que des Lamas d'une grande sainteté avaient vécu de la sorte. Au résumé, ils étaient assez bonnes gens : leur naturel était simple, paisible, et nullement farouche; ils passaient leur temps à prier, et quand ils en étaient fatigués, ils trouvaient dans le sommeil un honnête délassement.

Outre ces cinq contemplatifs qui demeuraient toujours au haut des rochers, il y avait dans le bas quelques Lamas à qui on avait confié la garde des maisons désertes de la lamaserie. Ceux-ci, par exemple, ne prenaient pas la vie comme les premiers, par son côté fin et mystique; ils étaient, au contraire, tout à fait plongés dans le positif et la réalité des choses de ce monde : ils étaient bouviers. Dans la grande maison où l'on nous avait installés, il y avait deux gros Lamas, qui passaient poétiquement leur vie à nourrir une vingtaine de bœufs; soigner les petits veaux, traire les vaches, battre le beurre et presser les fromages, telles étaient leurs occupations de tous les jours. Ils paraissaient peu se préoccuper de contemplation ou de prières; on les entendait pourtant pousser quelques exclamations vers Tsong-Kaba; mais c'était toujours à cause de leurs bestiaux : c'était parce que les bœufs se mutinaient, les vaches ne se laissaient pas traire avec patience, ou les jeunes veaux s'étaient échappés en folâtrant à travers la vallée. Notre arrivée au milieu d'eux leur avait fait trouver une certaine distraction à la monotonie de la vie pastorale. Ils venaient parfois nous visiter dans notre chambre et passaient en revue les livres de notre petite bibliothèque de voyage, avec cette curiosité timide et respectueuse que les gens simples et illettrés témoignent toujours pour les œuvres de l'intelligence. S'il leur arrivait de nous trouver à écrire, ils oubliaient alors pendant longtemps et les troupeaux et les laitages; ils passaient des heures entières, debout, immobiles, et les yeux fixés sur notre plume de corbeau, qui courait sur le papier, et laissait en courant des caractères dont la finesse et l'étrangeté les tenaient en extase.

La petite lamaserie de Tchogortan nous plaisait au delà de nos esperances. Nous ne regrettâmes pas une seule fois le séjour de Kounboum, pas plus que le prisonnier ne regrette son cachot après avoir recouvré la liberté. C'est que, nous aussi, nous nous sentions libres et émancipés. Nous n'étions plus sous la férule de Sandara le Barbu, de ce régent dur et impitoyable, qui, tout en nous donnant des leçons de thibétain, paraissait s'être en même temps imposé le devoir de nous façonner à la patience et à l'humilité. Le désir d'apprendre nous avait fait endurer tous ses mauvais traitements. Mais notre départ de Kounboum avait été pour nous une heureuse et favorable occasion d'arracher cette hideuse sangsue, qui, pendant cinq mois entiers, était demeurée opiniâtrément colée à notre existence. D'ailleurs les quelques succès que nous avions obtenus dans l'étude du thibétain, pouvaient nous dispenser d'avoir désormais un maître à nos côtés; nous pouvions marcher seuls, et aller en avant sans avoir besoin d'un aide officiel.

Nos heures de travail étaient consacrées à revoir et à analyser nos dialogues, et à traduire un petit ouvrage thibétain, ayant pour titre : *Les quarante-deux points d'enseignement proférés par Bouddha...* Nous en possédions une magnifique édition en quatre langues, savoir, en thibétain, en mongol, en mandchou, et en chinois. Avec ce secours nous pouvions nous dispenser d'avoir recours à la science des Lamas. Quand le thibétain nous présentait quelque difficulté, nous n'avions, pour la lever, qu'à consulter les trois autres idiomes qui nous étaient assez familiers.

Les premiers jours que nous passâmes à Tchogortan, nous les consacrâmes entièrement à la traduction du livre de Bouddha; mais bientôt nous fûmes obligés de donner une partie de notre temps aux soins de la vie pastorale. Nous avions remarqué que, tous les soirs, nos animaux revenaient affamés, et qu'au lieu d'engraisser ils maigrissaient de jour en jour; c'est que Samdadchiemba se mettait peu en peine de les conduire où il y eût de quoi brouter. Après les avoir poussés quelques instants devant lui, il les abandonnait sur quelque coteau aride, et puis il s'endormait tout bravement au soleil, ou s'en allait bavarder et boire du thé dans les tentes noires. Nous eûmes beau le haranguer, il n'en fit ni plus ni moins; son caractère insouciant n'en fut pas le moins du monde modifié. Nous n'eûmes d'autre moyen de remédier au mal que de nous faire bergers.

Aussi bien, il était impossible de rester obstinément et exclusivement hommes de lettres, alors que tout, autour de nous, semblait nous convier à faire quelques concessions aux habitudes des peuples pasteurs. Les Si-Fan, ou Thibétains orientaux, sont nomades comme les Tartares-Mongols, et passent leur vie uniquement occupés de la garde de leurs troupeaux; ils ne logent pas, toutefois, comme les tribus mongoles, dans des yourtes recouvertes de feutre. Les grandes tentes qu'ils se construisent avec de la toile noire sont ordinairement de forme hexagone; à l'intérieur, on ne voit ni colonne ni charpente pour leur servir d'appui; les six angles du bas sont retenus au sol avec des clous, et le haut est soutenu par des cordages, qui, à une certaine distance de la tente, reposent d'abord horizontalement sur de longues perches, et vont ensuite, en s'inclinant, s'attacher à des anneaux fixés en terre. Avec ce bizarre arrangement de perches et de cordages, la tente noire des nomades Thibétains ne ressemble pas mal à une araignée monstrueuse qui se tiendrait immobile sur ses hautes et maigres jambes, mais de manière à ce que son gros abdomen fût au niveau du sol. Les tentes noires sont loin de valoir les yourtes des Mongols ; elles ne sont ni plus chaudes ni plus solides que de simples tentes de voyage. Le froid y est extrême, et la violence du vent les jette facilement à bas.

On peut dire cependant que, sous un certain rapport, les Si-Fan paraissent plus avancés que les Mongols ; ils semblent avoir quelque velléité de se rapprocher des mœurs des peuples sédentaires. Quand ils ont choisi un campement, ils ont l'habitude d'élever tout autour une muraille haute de quatre ou cinq pieds. Dans l'intérieur de leur tente, ils construisent des fourneaux qui ne manquent ni de goût, ni de solidité. Malgré ces précautions, ils ne s'attachent pas davantage au sol qu'ils occupent : au moindre caprice, ils décampent, ils détruisent, en partant, tous leurs ouvrages de maçonnerie; ils emportent avec eux les principales pierres, qui sont comme une partie de leur mobilier. Les troupeaux des Thibétains orientaux se composent de moutons, de chèvres et de bœufs à long poil; ils ne nourrissent pas autant de chevaux que les Tartares, mais les leurs sont plus forts et d'une tournure plus élégante; les chameaux qu'on rencontre dans leur pays appartiennent pour la plupart aux Tartares-Mongols.

Le bœuf à long poil, du nom chinois *Tchang-Mao-Nieou*, est appelé *yak* par les Thibétains, *sarligue* par les Tartares, et bœuf grognant par les naturalistes européens. Le cri de cet animal imite, en effet, le grognement du cochon, mais sur un ton plus fort et plus prolongé. Le bœuf à long poil est trapu, ramassé et moins gros que le bœuf ordinaire; son poil est long, fin et luisant; celui qu'il a sous le ventre, descend jusqu'à terre; ses pieds sont maigres et crochus comme ceux des chèvres; aussi aime-t-il à gravir les montagnes et à se suspendre au-dessus des précipices. Quand il prend ses ébats, il redresse et agite sa queue, qui se termine par une grosse touffe de poil en forme de panache. La chair du bœuf à long poil est excellente; le lait que donne la vache est délicieux, et le beurre qu'on en fait, au-dessus de tout éloge. Malte-Brun prétend que le lait de la vache grognante sent le suif. Certainement, il n'est pas permis de discuter sur les goûts; cependant il nous semble que la présomption doit être un peu en faveur de notre opinion; car nous pensons que le savant géographe a eu moins que nous l'occasion d'aller boire du lait dans les tentes noires, et d'apprécier sa saveur.

Parmi les troupeaux des Si-Fan, on remarque quelques *bœufs jaunes*, qui sont de la race des bœufs ordinaires qu'on voit en France; mais ils sont, en général, faibles et de mauvaise mine. Les veaux qui naissent d'une vache à long poil et d'un bœuf jaune se nomment *karba*; ils sont rarement viables : les vaches à long poil sont si pétulantes et si difficiles à traire, que pour les tenir en repos, on est obligé de leur donner leur petit veau à lécher. Sans ce moyen, il serait impossible d'en avoir une seule goutte de lait.

Les Si-Fan nomades se distinguent facilement des Mongols par une physionomie plus expressive, et par une plus grande énergie de caractère; leur figure est moins épatée, et on remarque, dans leur allure, une aisance et une vivacité qui contrastent avec la lourdeur des Tartares. Les divertissements folâtres, les chansons bruyantes et les éclats de rire animent sans cesse leur campement, et en bannissent la mélancolie; avec ces dispositions à la gaieté et au plaisir, les Si-Fan sont d'une humeur guerroyante, et d'un courage indomptable. Aussi témoignent-ils un mépris profond pour l'autorité chinoise; quoiqu'ils soient sur la liste des peuples tributaires, ils refusent obstinément à l'empereur obéissance et tribut. Il y a même parmi eux des peuplades qui exercent habituellement leur brigandage jusque sur les frontières de l'empire, sans que les mandarins chinois osent se mesurer avec eux. Les Si-Fan sont bons cavaliers, mais ils ne sont pas de la force des Tartares. Le soin de leurs troupeaux ne les empêche pas d'exercer un peu d'industrie, et de mettre à profit le poil de leurs bœufs et la laine de leurs moutons. Ils savent tisser des toiles grossières, dont ils font des tentes et des vêtements. Quand ils sont réunis autour de leur grande marmite de thé au lait, ils s'abandonnent comme les Tartares à leur humeur causeuse, et à leur goût pour les récits des aventures des Lamas et des brigands. Leur mémoire est pleine d'anecdotes et de traditions locales; il suffit de les mettre sur la voie, et l'on est sûr de voir se dérouler un intarissable répertoire de contes et de légendes.

Un jour, pendant que nos chameaux broutaient tranquillement des arbustes épineux au fond de la vallée, nous allâmes chercher un abri contre le vent du nord, dans une petite tente d'où s'échappait une épaisse fumée. Nous y trouvâmes un vieillard, qui, à genoux et les mains appuyées contre terre, soufflait sur une pile d'argols qu'il venait de placer sur son foyer. Nous nous assîmes sur une peau d'yak. Le vieillard croisa ses jambes, et nous tendit la main. Nous lui donnâmes nos écuelles, qu'il remplit de thé au lait en nous disant : « *Temou chi*, buvez en paix. » Puis il nous considéra l'un après l'autre avec une certaine anxiété. « Aka (frère), lui dîmes-nous, c'est la première fois que nous venons nous asseoir dans ta tente. — Je suis vieux, nous répondit-il, mes jambes ne peuvent me soutenir; sans cela, n'aurais-je pas été à Tchogortan vous offrir mon khata? D'après ce que j'ai entendu raconter aux bergers des tentes noires, vous êtes du fond du ciel d'Occident. — Oui. notre pays est bien loin d'ici. — Êtes-vous du royaume des *Samba* ou de celui des *Poba?* — Nous ne sommes ni de l'un ni de l'autre; nous sommes du royaume des Français. — Ah! oui, vous êtes des *Framba?* Je n'en avais jamais entendu parler. Il est si grand cet Occident! les royaumes y sont si nombreux! Mais au fond, cela n'y fait rien; nous sommes toujours de la même famille, n'est-ce pas? — Oui, certainement, tous les hommes sont frères, quel que soit leur royaume. — C'est vrai, ce que vous dites est fondé en raison, tous les hommes sont frères. Cependant on sait que sous le ciel il existe trois grandes familles; nous autres, hommes de l'Occident, nous sommes tous de la grande famille thibétaine : voilà ce que j'ai voulu dire. — Aka, sais-tu d'où viennent ces trois grandes familles qui sont sous le ciel? — Voici ce que j'ai entendu dire aux Lamas instruits des choses de l'antiquité... Au commencement il n'y avait sur la terre qu'un seul homme; il n'avait ni maison, ni tente; car, en ce temps-là, l'hiver n'était pas froid, et l'été n'était pas chaud; le vent ne soufflait pas avec violence, il ne tombait ni de la pluie ni de la neige; le thé croissait de lui-même sur les montagnes, et les troupeaux n'avaient pas à craindre les animaux malfaisants. Cet homme eut trois enfants, qui vécurent longtemps avec lui, se nourrissant de laitage et de fruits. Après être parvenu à une très grande vieillesse, cet homme mourut. Les trois enfants délibérèrent pour savoir ce qu'ils feraient du corps de leur père; ils ne purent s'accorder, car ils avaient chacun une opinion différente. L'un voulait l'enfermer dans un cercueil et le mettre en terre, l'autre voulait le brûler, le troisième disait qu'il fallait l'exposer sur le sommet d'une montagne. Ils résolurent donc de diviser en trois le corps de leur père, d'en prendre chacun une partie et de se séparer. L'aîné eut la tête et les bras en partage; il fut l'ancêtre de la grande famille chinoise. Voilà pourquoi ses descendants sont devenus célèbres dans les arts et l'industrie, et remarquables par leur intelligence, par les ruses et les stratagèmes qu'ils savent inventer. Le cadet, qui fut le père de la grande famille thibétaine, eut la poitrine en partage. Aussi les Thibétains sont-ils pleins de cœur et de courage : ils ne craignent pas de s'exposer à la mort, et parmi eux il y a toujours eu des tribus indomptables. Le troisième des fils, d'où descendent les peuples tartares, reçut pour héritage la partie inférieure du corps de son père. Puisque vous avez voyagé longtemps dans les déserts de l'Orient, vous devez savoir que les Mongols sont simples et timides, ils sont sans tête et sans cœur; tout leur mérite consiste à se tenir fermes sur leurs étriers et bien d'aplomb sur leur selle. Voilà comment les Lamas expliquent l'origine des trois grandes familles qui sont sous le ciel, et la différence de leur caractère. Voilà pourquoi les Tartares sont bons cavaliers, les Thibétains bons soldats, et les Chinois bons commerçants. »

Culinairement parlant, nous étions beaucoup mieux à Tchogortan qu'à Kounboum. D'abord le lait, le caillé, le beurre et le fromage, tout cela était à discrétion. De plus nous avions fait une précieuse trouvaille dans un chasseur des environs. Quelques jours après notre arrivée, il était venu dans notre chambre, et tirant un magnifique lièvre d'un sac qu'il portait sur son dos, il nous avait demandé si les *Goucho* du ciel d'Occident mangeaient de la viande des animaux sauvages. « Certainement, lui répondîmes-nous; un lièvre est une excellente chose. Est-ce que, vous autres, vous n'en mangez pas? — Nous autres hommes noirs, quelquefois, mais les Lamas jamais. Il leur est expressément défendu par les livres de prières de manger de la chair noire. — La sainte loi de Jéhovah ne nous fait pas une pareille défense. — Dans ce cas, gardez cet animal, et si cela vous convient, je vous en apporterai tous les jours tant que vous voudrez; les coteaux qui environnent la vallée de Tchogortan en sont encombrés. »

L'affaire en était là, lorsqu'un Lama du voisinage entra par hasard dans notre chambre. En voyant étendu à nos pieds ce lièvre encore tout chaud et tout sanglant : « Tsong-Kaba! Tsong-Kaba! » s'écria-t-il, en reculant d'horreur et en se voilant les yeux de ses mains. Après avoir lancé une malédiction contre le chasseur, il nous demanda si nous oserions manger de cette chair noire. « Pourquoi pas, lui répondîmes-nous, puisqu'elle ne peut nuire ni à notre corps ni à notre âme? » Là-dessus, nous posâmes quelques principes de morale, et il nous fut facile de démontrer à nos auditeurs que la venaison n'était, en soi, d'aucun obstacle à l'acquisition de la sainteté. Le chasseur jubilait, en écoutant nos paroles ; le Lama, au contraire, était morfondu. Il se contenta de nous dire que, pour nous, puisque nous étions étrangers et de la religion de Jéhovah, il n'y avait aucun mal à manger des lièvres ; mais que, pour eux, ils devaient s'en abstenir, parce que s'ils manquaient à cette observance, et si le Grand-Lama venait à le savoir, ils seraient chassés impitoyablement de la lamaserie.

Notre thèse étant victorieusement prouvée, nous abordâmes aussitôt la proposition du chasseur, qui voulait, tous les jours, nous tuer autant de lièvres que nous voudrions. D'abord, nous lui demandâmes s'il parlait sérieusement. Sur sa réponse affirmative, nous lui dîmes que tous les matins il pouvait nous apporter un lièvre ; mais que nous entendions le lui payer. « Ici, les lièvres ne se vendent pas. Puisqu'il vous répugne pourtant de les recevoir gratuitement, vous me donnerez pour chacun le prix d'une charge de fusil. » Nous voulûmes faire les généreux, et il fut convenu que toutes les fois qu'il nous apporterait sa pièce de venaison, nous lui compterions quarante sapèques, à peu près la valeur de quatre sous.

Nous nous décidâmes à manger des lièvres, pour deux raisons. D'abord, par conscience, afin d'empêcher les Lamas de s'imaginer que nous nous laissions influencer par les préjugés des sectateurs de Bouddha. En second lieu, par principe d'économie ; car un lièvre nous revenait incomparablement moins cher que notre insipide farine d'orge.

Un jour, notre infatigable chasseur nous apporta, au lieu d'un lièvre, un énorme chevreuil. C'était encore de la chair noire et prohibée. De peur de transiger le moins du monde avec les superstitions bouddhiques, nous en fîmes l'acquisition pour la somme de trente sous (trois cents sapèques). Le tuyau de la cheminée en fuma huit jours entiers, et pendant tout ce temps, Samdadchiemba fut d'une humeur agréable.

De peur de contracter des habitudes exclusivement carnivores, nous essayâmes de faire entrer le règne végétal, pour quelque chose, dans notre alimentation quotidienne. Au milieu d'un désert, la chose était assez difficile. Cependant, à force d'industrie et d'expérience, nous finîmes par faire la découverte de quelques légumes sauvages, qui, préparés d'une certaine façon, n'étaient nullement à dédaigner. On nous permettra d'entrer dans quelques détails à ce sujet. La matière sera peut-être intrinsèquement d'un mince intérêt ; mais elle peut avoir son utilité, considérée au point de vue du profit que pourront en tirer les voyageurs, qui, à l'avenir, auront à parcourir les déserts du Thibet.

Quand les premiers signes de la germination commencent à paraître, on n'a qu'à gratter la terre à un pouce de profondeur, et on trouve en grande quantité des racines rampantes, longues et grêles comme le chiendent. Cette racine est entièrement chargée d'une foule de petits renflements tuberculeux, remplis d'une fécule très abondante et extraordinairement sucrée. Pour en faire une nourriture exquise, on n'a qu'à la laver avec soin, et ensuite la mettre frire dans du beurre. Un second mets, non moins distingué que le précédent, nous a été fourni par une plante très commune en France, et dont jusqu'ici peut-être on n'a pas suffisamment apprécié le mérite ; nous voulons parler des jeunes tiges des fougères : lorsqu'on les cueille toutes tendres, avant qu'elles se chargent de duvet, et pendant que les premières feuilles sont pliées et roulées sur elles-mêmes, il suffit de les faire bouillir dans l'eau pure, pour se régaler d'un plat de délicieuses asperges. Si nos paroles pouvaient être de quelque influence, nous recommanderions vivement à la sollicitude de M. le ministre de l'agriculture, ce végétal précieux, qui foisonne en vain sur nos montagnes et dans nos forêts. Nous lui recommanderions encore l'ortie, — *urtica urens*, — qui, à notre avis, serait susceptible de remplacer avantageusement les épinards. Plus d'une fois nous avons eu occasion d'en faire l'heureuse expérience. Les orties doivent se recueillir lorqu'elles sont sorties de terre depuis peu de temps, et que les feuilles sont encore tendres. On arrache le plant tout entier, avec une partie de ses racines. Pour se préserver de la liqueur âcre et mordicante qui s'échappe de ses piquants, il est bon d'envelopper sa main d'un linge, dont le tissu soit très serré. Une fois que l'ortie a été échaudée avec de l'eau bouillante, elle est inoffensive. Ce végétal, si sauvage à l'extérieur, est doué d'une saveur très délicate.

Nous pûmes jouir de cette admirable variété de mets, pendant plus d'un mois. Ensuite nos petits tubercules devinrent creux et coriaces, les tendres fougères acquirent la dureté du bois, et les orties, armées d'une longue barbe blanche, ne nous offrirent plus qu'un aspect menaçant et terrible. Plus tard, quand la saison fut plus avancée, les fraises parfumées des montagnes et les blancs champignons de la vallée remplacèrent honorablement les premiers légumes. Mais nous fûmes obligés d'attendre longtemps ces objets de luxe ; car dans le pays que nous habitions, les froids sont habituellement longs, et la végétation excessivement tardive. Pendant tout le mois de juin, il tombe encore de la neige, et le vent est tellement piquant, qu'il serait imprudent de se dépouiller de ses habits de peau. Vers les premiers jours de juillet, la chaleur du soleil commence à se faire sentir, et la pluie tombe par grandes ondées. Aussitôt que le ciel s'est un peu éclairci, une vapeur chaude s'échappe de la terre avec une abondance surprenante. On la voit d'abord courir sur les coteaux et le long des vallées ; puis elle se condense, elle se balance un peu au-dessus du sol, et finit par devenir si épaisse, que la clarté du jour en est obscurcie. Quand cette vapeur est montée au haut des airs, en assez grande quantité pour former de gros nuages, le vent du sud se lève et la pluie retombe avec violence. Ensuite, le ciel s'éclaircit de nouveau, et la vapeur de la terre remonte. Ces révolutions atmosphériques durent ainsi une quinzaine de jours. Pendant ce temps, la terre est comme en fermentation ; les animaux restent couchés, et les hommes ressentent, dans tous les membres, un malaise inexprimable. Les Si-Fan donnent à ce temps le nom de *Saison des vapeurs de la terre*.

Aussitôt que cette crise fut passée, les herbes de la vallée grandirent à vue d'œil, et les montagnes et les collines des environs se chargèrent, comme par enchantement, de fleurs et de verdure. Ce fut aussi pour nos chameaux une espèce de moment palingénésique. Ils se dépouillèrent entièrement de leur poil, qui tomba par grandes plaques semblables à de vieux haillons. Ils demeurèrent pendant quelques jours complètement nus, comme si on les eût rasés depuis le sommet de la tête jusqu'à l'extrémité de la queue. Ils étaient hideux à voir. A l'ombre, ils grelottaient de tous leurs membres, et pendant la nuit, nous étions obligés de les recouvrir de grands tapis de feutre pour les garantir du froid. Après quatre jours, le poil commença à repousser. D'abord ce fut un fin duvet roux, d'une extrême finesse, et bouclé comme la toison d'un agneau. Autant nos chameaux avaient été sales et laids dans leur état de nudité, autant ils étaient beaux à voir dans leur frais et nouveau costume. Après une quinzaine de jours, leur fourrure tout entière avait repoussé. C'était pour eux le moment de se ruer avec ardeur sur les pâturages, et de faire une ample provision d'embonpoint pour le futur voyage. Afin d'aiguiser leur appétit nous avions acheté du sel marin. Tous les matins, avant de les lancer dans la vallée, nous avions soin de leur en distribuer une bonne dose; et le soir, à leur retour, nous leur en servions également pour les aider à ruminer pendant la nuit l'immense quantité de fourrage qu'ils avaient ramassé et pressé dans leur estomac.

Le dépouillement de nos chameaux avait servi à nous enrichir d'une immense quantité de poil; nous en troquâmes la moitié contre la farine d'orge, et nous cherchâmes à utiliser le reste. Un Lama, qui était habile cordier, nous suggéra une idée excellente; il nous fit observer que durant le long voyage du Thibet, nous aurions besoin d'une bonne provision de cordes pour attacher nos bagages, et que celles en poil de chameau étaient, à cause de leur souplesse, les plus convenables pour les pays froids. Ce conseil, si plein de sagesse, fut immédiatement pris en considération. Le Lama nous donna gratuitement quelques leçons d'apprentissage, et nous nous mîmes à l'œuvre. En peu de temps, nous fûmes capables de tordre assez bien notre bourre, et de lui donner une forme qui ressemblait passablement à des cordes. Tous les jours, en allant visiter nos animaux en pâturage, nous prenions sous le bras un gros paquet de poils de chameau, et chemin faisant, nous tournions les simples cordons que nous devions ensuite combiner dans notre atelier.

Samdadchiemba se contentait de nous regarder faire, et de sourire quelquefois. Moitié par paresse, moitié par vanité, il s'abstenait de mettre la main à l'œuvre. « Mes pères spirituels, nous dit-il un jour, comment des gens de votre qualité peuvent-ils s'abaisser jusqu'à faire des cordes? Est-ce qu'il ne serait pas plus convenable d'en acheter, ou de les donner à faire à des gens du métier? » Cette interpellation fut pour nous une bonne occasion de tancer vertement notre chamelier. Après lui avoir fait sentir que nous n'étions pas dans une position à faire les grands seigneurs, et que nous devions viser à l'économie, nous lui citâmes l'exemple de saint Paul, qui n'avait pas cru déroger à sa dignité en travaillant de ses mains, pour n'être point à charge aux fidèles. Aussitôt que Samdadchiemba eut appris que saint Paul avait été en même temps corroyeur et apôtre, il abdiqua, sur-le-champ, sa paresse et son amour-propre, et se mit à travailler avec ardeur le poil de chameau. Quel ne fut pas notre étonnement, quand nous le vîmes à l'œuvre! Ce gaillard-là était un passementier très distingué, et il ne nous l'avait jamais dit. Il choisit le poil le plus fin, et tissa pour nos chevaux des brides et des licous où il y avait réellement beaucoup de savoir-faire; il va sans dire qu'il fut mis de droit à la tête de notre entreprise, et qu'il prit la direction générale de la fabrication des cordes.

La belle saison amena à Tchogortan un grand nombre de promeneurs de la grande lamaserie de Kounboum; ils venaient prendre l'air de la campagne, et se reposer un peu de leurs études journalières. Notre chambre devint, pour lors, comme un lieu de pèlerinage, car personne n'aurait voulu se dispenser, en venant se promener à Tchogortan, de rendre visite aux Lamas du ciel d'occident. Ceux que nous avions connus d'une manière plus particulière, et qui avaient commencé à s'instruire des vérités de la religion chrétienne, étaient attirés vers nous par un autre motif que la curiosité; ils désiraient avant tout s'entretenir de la sainte doctrine de Jéhovah et nous demander des éclaircissements sur les difficultés qui leur étaient survenues. Oh! comme notre cœur était pénétré d'une joie ineffable, quand nous entendions ces religieux bouddhistes prononcer avec respect les saints noms de Jésus et de Marie, et réciter avec dévotion les prières que nous leur avions enseignées! Le bon Dieu, nous n'en doutons pas, leur tiendra grand compte de ces premiers pas dans la voie du salut, et ne manquera pas d'envoyer des pasteurs pour conduire définitivement au bercail ces pauvres brebis errantes.

Parmi tous ces Lamas, qui venaient se récréer quelques instants à Tchogortan, on remarquait surtout un grand nombre de Tartares-Mongols : ils arrivaient chargés de petites tentes, qu'ils allaient planter dans la vallée, le long du ruisseau, ou sur les collines les plus pittoresques. Là, ils passaient quelques jours entièrement plongés dans les délices de leur amour pour l'indépendance de la vie nomade; ils oubliaient pendant un instant la gêne et la contrainte de la vie lamaïque, pour ne s'occuper que du bonheur de vivre sous la tente au milieu du désert. On les voyait courir et folâtrer dans la prairie comme des enfants, s'exercer à la lutte et aux jeux divers, qui leur rappelaient la patrie. La réaction était si forte, que la fixité de la tente finissait par leur devenir insupportable, ils changeaient de place trois ou quatre fois par jour; souvent même, ils l'abandonnaient; ils chargeaient sur leurs épaules leur batterie de cuisine et leurs seaux remplis d'eau, puis ils s'en allaient, en chantant, faire bouillir le thé sur le sommet d'une montagne, d'où ils ne descendaient qu'à l'approche de la nuit.

On voyait aussi accourir à Tchogortan une certaine classe de Lamas non moins intéressante que celle des mongols; ils arrivaient par grandes troupes dès la pointe du jour. Habituellement, ils avaient leur robe retroussée jusqu'aux genoux, et le dos chargé d'une grande hotte d'osier; ils parcouraient la vallée et les collines environnantes, pour recueillir, non des fraises ni des champignons, mais la fiente que les troupeaux des Si-Fan disséminaient de toutes parts. A cause de ce genre d'industrie, nous avions nommé ces Lamas *Lamas bousiers*, ou plus honorifiquement, *Lamas argoliers*, du mot tartare, *argol*, qui désigne la fiente des animaux, lorsqu'elle est desséchée et propre au chauffage. Les Lamas qui exploitent ce genre de commerce sont en général des personnages paresseux et indisciplinés, qui préfèrent à l'étude et à la retraite les courses vagabondes à travers les montagnes; ils sont divisés en plusieurs compagnies, qui travaillent sous la conduite d'un chef chargé des plans et de la comptabilité. Avant la fin de la journée, chacun apporte ce qu'il a pu ramasser de butin au dépôt général, situé au pied d'une colline ou dans l'enfoncement d'une gorge. Là, on élabore avec soin cette matière première, on la pétrit et on la moule en gâteaux, qu'on laisse exposés au soleil jusqu'à dessication complète; ensuite on arrange symétriquement tous ces argols les uns au-dessus des autres; on en forme de grands tas, qu'on recouvre d'une épaisse couche de fiente, pour les préserver de l'action dissolvante de la pluie. Pendant l'hiver, ce chauffage est transporté à la lamaserie de Kounboum, et on le livre au commerce.

Les habitants de la vallée de Tchogortan, quoique jouissant en apparence d'une paix profonde, étaient néanmoins incessamment dominés par la crainte des brigands, qui, de temps en temps, nous dit-on, faisaient des incursions sur les montagnes et enlevaient les bestiaux qu'ils rencontraient. On nous raconta qu'en 1842, ils étaient venus par grandes troupes et avaient entièrement dévasté le pays. Au moment où l'on s'y attendait le moins, ils avaient débouché par toutes les issues et les gorges des montagnes, et s'étaient répandus dans la vallée, en poussant des cris affreux et en déchargeant leurs fusils à mèche. Les bergers, épouvantés par cette attaque imprévue, n'avaient pas même songé à opposer la moindre résistance; ils s'étaient sauvés à la hâte et en désordre, emportant au hasard un peu de leur bagage. Les brigands, profitant de cette terreur panique, incendièrent les tentes et firent parquer dans une vaste enceinte faite avec des cordages tous les troupeaux qui étaient répandus aux environs. Ils se portèrent ensuite à la petite lamaserie de la Faculté de médecine. Mais les Lamas avaient aussi disparu, à l'exception des contemplatifs, qui étaient demeurés dans leurs nids suspendus aux flancs des rochers. Les brigands ravagèrent et démolirent tout ce qu'ils rencontrèrent. Ils brûlèrent les idoles de Bouddha, et remplirent les digues ménagées pour faire tourner le *tchukor*. On voyait encore, trois ans après, les traces de leurs féroces dévastations. Le temple bouddhique qui s'élevait au pied de la montagne n'avait pas encore était rebâti. Des ruines noircies par l'incendie, et des tronçons d'idoles à moitié calcinés, étaient disséminés çà et là sur le gazon. Les Lamas contemplatifs furent pourtant épargnés. Sans doute, les brigands trouvèrent trop long ou trop difficile, d'aller les tourmenter dans leur demeure si haut placée et presque inaccessible. Les excès auxquels ils s'étaient portés contre les tentes noires, et le temple même de Bouddha, témoignaient assez que s'ils avaient laissé en repos ces pauvres reclus, ce n'était nullement par respect ou par commisération.

Aussitôt que la nouvelle de l'arrivée des brigands fut parvenue à Kounboum, toute la lamaserie fut en insurrection. Les Lamas coururent aux armes, en poussant des cris. Ils se saisirent de tout ce qu'ils rencontrèrent sous leurs mains, dans les premiers moments d'exaltation, et se précipitèrent pêle-mêle, et au grand galop, vers la lamaserie de Tchogortan. Mais ils arrivèrent trop tard : les brigands avaient disparu avec tous les troupeaux des Si-Fan, et n'avaient laissé dans la vallée que des ruines fumantes.

Les bergers qui, depuis cet événement, étaient revenus planter leur tente au milieu des pâturages de Tchogortan étaient toujours aux aguets, dans la crainte de nouvelles invasions. De temps en temps ils s'organisaient en patrouille, s'armaient de lances et de fusils, et allaient au loin à la découverte. Ces précautions n'étaient certainement pas capables d'intimider les voleurs ; mais elles avaient l'avantage de maintenir la population dans une certaine sécurité.

Vers la fin du moins d'août, pendant que nous étions tranquillement occupés de la fabrication de nos cordes, des rumeurs sinistres commencèrent à circuler. Peu à peu, elles prirent tous les caractères d'une nouvelle certaine, et on ne douta plus qu'on ne fût menacé d'une prochaine et terrible invasion de brigands. Tous les jours, on avait à raconter quelque fait épouvantable. Les bergers de tel endroit avaient été surpris, les tentes incendiées, et les troupeaux volés. Ailleurs, il y avait eu une affreuse bataille et un grand nombre de personnes égorgées. Ces rumeurs devinrent si sérieuses, que l'administration de la lamaserie de Kounboum crut devoir prendre des mesures. Elle envoya à Tchogortan un Grand-Lama et vingt étudiants de la Faculté des prières, chargés de préserver le pays de tout accident funeste. A leur arrivée, ils convoquèrent les chefs des familles Sí-Fan, pour leur annoncer qu'ils étaient venus, et que par conséquent ils n'avaient rien à craindre. Le lendemain ils montèrent sur la montagne la plus élevée des environs, dressèrent quelques tentes de voyage, et se mirent à réciter des prières avec accompagnement de musique. Ils demeurèrent là pendant deux jours entiers, qu'ils employèrent à prier, à faire des exorcismes, et à construire une petite pyramide en terre blanchie à l'eau de chaux ; au-dessus flottait, au bout d'un mât, un pavillon, sur lequel étaient imprimées des prières thibétaines. Ce modeste édifice fut nommé *Pyramide de la paix*. Après la cérémonie, le grand et les petits Lamas plièrent leurs tentes, descendirent de la montagne, et s'en retournèrent à Kounboum, bien persuadés qu'ils venaient d'opposer aux brigands une barrière infranchissable.

La Pyramide de la paix ne parut pas avoir rassuré complétement les bergers ; car, un beau matin, ils décampèrent tous ensemble, avec leurs bagages et leurs troupeaux, et s'en allèrent chercher ailleurs un poste moins dangereux. On nous engagea à suivre leur exemple ; mais nous aimâmes autant demeurer, car dans le désert il n'y a guère de lieu plus sûr qu'un autre. La fuite des pasteurs était d'ailleurs pour nous un gage que notre tranquillité ne serait pas troublée. Nous pensâmes que les brigands venant à apprendre qu'il n'y avait plus de troupeaux dans la vallée de Tchogortan, n'auraient plus aucun intérêt à venir nous visiter. Nous élevâmes donc, nous aussi, dans notre cœur, une pyramide de la paix, c'est-à-dire une ferme confiance en la protection divine, et nous nous tînmes calmes et tranquilles dans notre demeure.

Nous jouîmes pendant quelques jours de la solitude la plus profonde. Depuis que les troupeaux avaient disparu, les argoliers, n'ayant plus rien à faire, avaient cessé de venir. Nous étions seuls avec quelques Lamas préposés à la garde de la lamaserie. Nos animaux se trouvèrent assez bien de ce changement, car dès lors tous les pâturages furent à eux ; ils purent brouter, en long et en large, les herbes de la vallée, sans crainte de rencontrer des rivaux.

Vers la fin du mois de septembre, on nous annonça la fameuse nouvelle que l'ambassade thibétaine était arrivée à Tang-Keou-Eul; elle devait s'y arrêter pendant quelques jours, pour faire ses provisions de voyage et s'organiser en caravane. Enfin, après une longue et pénible attente, nous allions donc nous acheminer vers la capitale du Thibet. Nous fîmes, sans perdre de temps, tous les préparatifs nécessaires. Nous dûmes entreprendre un petit voyage à Kounboum, afin de nous approvisionner pour quatre mois; car il n'y avait pas espoir de trouver en route la moindre chose à acheter. Tout bien calculé, il nous fallait cinq thés en briques, deux ventres de mouton remplis de beurre, deux sacs de farine de froment et huit sacs de *tsamba*. On appelle tsamba la farine d'orge grillée; ce mets insipide est la nourriture habituelle des peuples thibétains. On prend une demi-écuellée de thé bouillant; on y ajoute par-dessus quelques poignées de tsamba, qu'on pétrit avec ses doigts; puis on avale, sans autre façon, cette espèce de pâte, qui n'est, en difinitive, ni crue ni cuite, ni froide ni chaude. Si on veut traverser le désert et arriver à Lha-Ssa, on doit se résigner à dévorer du tsamba; on a beau être Français, et avoir été accoutumé jadis à manger à la fourchette, il faut en passer par là.

Des personnes, pleines d'expérience et de philanthropie nous conseillèrent de faire une bonne provision d'ail, et d'en croquer tous les jours quelques gousses, si nous ne voulions pas être tués en route par des vapeurs meurtrières et empestées, qui s'échappent de certaines montagnes élevées. Sans discuter ni le mérite ni l'opportunité de ce conseil hygiénique, nous nous y conformâmes avec candeur et simplicité.

Notre séjour dans la vallée de Tchogortan avait été très favorable à nos animaux; ils étaient parvenus à un état d'embonpoint où nous ne les avions jamais vus; les chameaux, surtout, étaient magnifiques; leurs bosses, devenues fermes et dures par l'abondance de la graisse qu'elles contenaient, se dressaient fièrement sur leurs dos et semblaient défier les fatigues et les privations du désert. Cependant trois chameaux ne pouvaient suffire à porter nos vivres et nos bagages. Nous ajoutâmes donc à notre caravane un supplément d'un chameau et d'un cheval, ce qui allégea notre bourse du poids de vingt-cinq onces d'argent; de plus nous louâmes un jeune Lama des monts Ratchico, que nous avions connu à Kounboum; il fut reçu dans la troupe en qualité de pro-chamelier. Cette nomination, en rehaussant la position sociale de Samdadchiemba, diminuait aussi de beaucoup les fatigues de ses fonctions. D'après ces nouvelles dispositions, la petite caravane se trouvait organisée de la manière suivante : le pro-chamelier, Charadchambeul, allait à pied, et traînait après lui les quatre chameaux attachés les uns à la queue des autres; Samdadchiemba, chamelier titulaire, à califourchon sur un petit mulet noir, marchait à côté de la file, et les deux missionnaires fermaient la marche, montés chacun sur un cheval blanc. Après avoir échangé un grand nombre de khatas avec nos connaissances et amis de Kounboum et de Tchogortan, nous nous mîmes en route, et nous nous dirigeâmes vers la mer Bleue, où nous devions attendre le passage de l'ambassade thibétaine.

De Tchogortan au Koukou-Noor, nous eûmes pour quatre jours de marche. Nous rencontrâmes sur notre route une petite lamaserie, nommée *Tannas*, renfermant tout au plus deux cents Lamas; elle est située dans une position vraiment ravissante; des montagnes rocailleuses, couronnées d'arbustes et de grands pins, lui forment une enceinte circulaire, au milieu de laquelle sont bâties les habitations des Lamas. Un ruisseau, bordé de vieux saules et de hautes tiges d'angélique, après avoir fait paisiblement le tour de la lamaserie, s'échappe avec bruit à travers les rochers, pour aller continuer son cours dans le désert. Le couvent bouddhique de Tansan est, dit-on, très riche; on prétend que les princes mongols du Koukou-Noor lui font annuellement des dons considérables.

En quittant la lamaserie de Tansan, nous entrâmes dans une grande plaine, où de nombreuses tentes mongoles et des troupeaux de toute espèce se dessinaient pittoresquement sur la verdure des pâturages. Nous rencontrâmes deux Lamas à cheval qui faisaient la quête du beurre parmi ces riches bergers. Ils se présentaient à la porte de chaque tente, et sonnaient à trois reprises de la conque marine. Aussitôt quelqu'un se présentait avec un petit pain de beurre, qu'il déposait sans rien dire, dans un sac suspendu à la selle du cheval. Les quêteurs parcouraient ainsi toutes les tentes, sans jamais mettre pied à terre et se contentant d'avertir les contribuables en leur faisant trois sommations avec la conque marine.

A mesure que nous avancions, le pays devenait plus fertile et moins montagneux. Enfin nous arrivâmes au milieu des vastes et magnifiques pâturages du Koukou-Noor. La végétation y est si vigoureuse, que les herbes montaient jusqu'au ventre de nos chameaux. Bientôt nous découvrîmes loin devant nous, tout à fait à l'horizon, comme un large ruban argenté, au-dessus duquel flottaient de légères vapeurs blanches, qui allaient se confondre dans l'azur des cieux. Notre pro-chamelier nous dit que c'était la mer Bleue. Ces mots nous firent éprouver un tressaillement de joie; nous pressâmes la marche, et le soleil n'était pas encore couché, que nous avions dressé notre tente à une centaine de pas loin du rivage.

V

Le lac Bleu, en mongol *Koukou-Noor*, et en thibétain *Tsot Ngon-Po*, était anciennement appelé, par les Chinois, *Si-Maï* (mer Occidentale); aujourd'hui ils lui donnent le nom de *Tsing-Haï* (mer Bleue). Cet immense réservoir d'eau, qui a plus de cent lieues de circonférence, semble en effet mériter plutôt le nom de mer que celui de lac. Sans parler de sa vaste étendue, il est à remarquer que ses eaux sont amères et salées, comme celles de l'Océan et subissent également la périodicité du flux et du reflux. L'odeur marine qu'elles exhalent se fait sentir bien au loin dans le désert.

D'après les traditions populaires du Koukou-Noor. la mer Bleue n'aurait pas toujours existé où on la voit aujourd'hui. Cette grande masse d'eau aurait primitivement occupé, dans le Thibet, la place où s'élève la ville de Lha-Ssa. Un beau jour, elle aurait abandonné son immense réservoir, et serait venue, par une marche souterraine, jusqu'à l'endroit qui lui sert actuellement de lit. Voici de quelle manière on nous a raconté ce merveilleux événement.

Dans les temps anciens, les Thibétains du royaume d'*Oui* voulurent bâtir un temple au centre de la grande vallée qu'ils occupaient; on prépara à grands frais les matériaux les plus précieux, et l'édifice s'éleva rapidement; mais, au moment où il allait être terminé, il s'écroula tout à coup, sans qu'on pût découvrir la cause de ce désastre. L'année d'après, on fit de nouveaux préparatifs, et l'on travailla à la construction du temple avec une égale ardeur; mais il s'écroula encore une seconde fois; on fit une troisième tentative, qui fut également suivie de la même catastrophe. Tout le monde fut plongé dans la désolation la plus profonde, et on parla d'abandonner l'entreprise. Le roi ayant fait consulter un devin fameux dans le pays, celui-ci répondit qu'il ne lui était pas donné de connaître la cause qui s'opposait à l'édification du temple, mais qu'il savait qu'un grand saint de l'Orient possédait un secret, et que, si l'on pouvait le lui arracher, l'obstacle disparaîtrait aussitôt. Il ne put donner de renseignements plus précis sur ce grand saint, ni sur le lieu qu'il habitait. Après de longues délibérations, on envoya à la découverte un Lama plein d'adresse et de courage. Il parcourut toutes les contrées situées à l'est du royaume d'Oui; il visita toutes les tribus tartares, s'arrêtant partout où il entendait parler de quelque homme renommé pour son savoir et sa sainteté. Toutes ses recherches furent inutiles; il eut beau interroger, beau parler de la vallée du royaume d'Oui et du temple qu'on avait essayé d'y élever, il ne fut compris de personne. Il s'en retournait donc triste et découragé, lorsqu'en traversant les grandes plaines qui séparent le Thibet de la Chine, la sous-ventrière de sa selle venant à casser, il tomba de cheval. Ayant aperçu non loin de là, sur les bords d'un petit étang, une tente pauvre et délabrée, il s'y rendit pour réparer sa selle. Après avoir attaché son cheval à un pieu fixé à la porte de la tente, il entra et trouva un vénérable vieillard absorbé dans la prière. « Frère, dit le voyageur, que la paix soit toujours dans ta demeure! — Frère, répondit le vieillard, sans faire le moindre mouvement, assieds-toi auprès de mon foyer... » Le Lama thibétain crut s'apercevoir que le vieillard était aveugle. « Je vois avec douleur, lui dit-il, que tu es privé de l'usage de tes yeux. — Oui, il y a un grand nombre d'années que j'ai perdu le bonheur de contempler le soleil et la verdure de nos belles prairies, mais la prière est un grand soulagement à mon infortune... Frère, il me semble que ton langage a un accent particulier; n'es-tu pas un homme de nos tribus? — Je suis un pauvre Lama de l'Orient. J'ai fait vœu de visiter les temples qu'on a élevés dans les contrées mongoles, et de me prosterner devant les saints personnages que je rencontrerais sur ma route. Un accident m'est arrivé en passant par ici; j'ai cassé la sous-ventrière de ma selle, et je suis venu dans ta tente pour la réparer. — Je suis aveugle, dit le vieillard, je ne puis moi-même te servir; regarde à côté de la tente, tu trouveras des courroies, prend celle qui te conviendra le mieux pour arranger ta selle. » Pendant que l'étranger choisissait une bonne courroie pour faire une sous-ventrière, le vieillard lui dit : « O Lama des contrées orientales! tu es heureux de pouvoir passer tes jours à visiter nos monuments sacrés! Les temples les plus magnifiques sont dans les contrées mongoles; les *Poba* (Thibétains) ne parviendront jamais à en avoir de semblables : c'est en vain qu'ils font des efforts pour en élever dans leur belle vallée; les fondements qu'ils jetteront seront toujours sapés par les flots d'une mer souterraine dont ils ne soupçonnent pas l'existence. » Après un moment de silence, le vieillard ajouta : « Je viens de prononcer ces paroles, parce que tu es un Lama mongol, mais tu dois les conserver dans ton cœur, et ne les communiquer à personne. Si, dans tes pèlerinages, tu viens à rencontrer un Lama du royaume d'Oui, veille avec soin sur ta langue, car la révélation de mon secret causerait la ruine de nos contrées. Quand un Lama du royaume d'Oui saura que, dans leur vallée, il existe une mer souterraine, les eaux s'échapperont aussitôt, et viendront inonder nos prairies. »

A peine eut-il achevé de parler, que l'étranger se leva et lui dit : « Infortuné vieillard, sauve-toi! sauve-toi à la hâte! les eaux vont bientôt arriver, car je suis un Lama du royaume d'Oui! » A ces mots, il sauta sur son cheval et disparut dans le désert.

Ces paroles furent comme un coup de foudre pour le pauvre vieillard. Après un instant de morne stupeur, il s'abandonna aux cris et aux gémissements. Pendant qu'il était dans cet état de désolation, son fils arriva, ramenant du pâturage un petit troupeau de sarligues. « Mon fils, lui dit le vieillard, selle promptement ton cheval, arme-toi de ton sabre, et précipite-toi du côté de l'occident; tu rencontreras un Lama étranger, que tu dois immoler sur-le-champ, car il m'a volé ma courroie. — Quoi! s'écria le jeune homme, saisi d'épouvante, c'est un meurtre que vous me commandez! Comment, mon père, pendant que nos tribus ne parlent qu'avec admiration de votre grande sainteté, vous osez m'ordonner d'immoler un pauvre voyageur, pour avoir pris dans votre tente une courroie dont il avait sans doute besoin! — Pars vite, ô mon fils, je t'en conjure, répétait le vieillard, en se tordant les bras de douleur; pars vite, et immole cet étranger, si tu ne veux pas que nous soyons tous engloutis dans les flots. » Le jeune homme, croyant que son père était dans un accès de délire, ne voulut pas le contredire de peur de l'irriter davantage : il monta à cheval, et courut sur les traces du Lama du royaume d'Oui. Il l'atteignit avant la fin du jour. « Saint personnage, lui dit-il, pardonne-moi si je viens interrompre ta marche; tu t'es reposé aujourd'hui dans notre tente, et tu as pris en partant une courroie que mon père redemande à grands cris; la fureur du vieillard est si grande, qu'il m'a ordonné de te mettre à mort; mais il n'est pas plus permis d'exécuter les ordres d'un vieillard en délire que ceux d'un enfant. Rends-moi cette courroie, et je retournerai calmer mon père. » Le Lama du royaume d'Oui, descendit de cheval, détacha la sous-ventrière de la selle, et la remit au jeune homme, en lui disant : « Ton père m'avait donné cette courroie; puisqu'il la regrette, reporte-la lui; les vieillards sont fantasques, il faut cependant les respecter toujours, et éviter avec soin de leur causer du chagrin. » Le Lama détacha sa ceinture, en fit une sous-ventrière, et continua sa route, tandis que le jeune homme retournait en toute hâte vers sa demeure.

Il arriva pendant la nuit, et trouva sa tente environnée d'une multitude de bergers, qui, ne comprenant rien aux gémissements du grand saint de la contrée, attendaient son retour avec anxiété. « Mon père, mon père! s'écria le jeune homme, en mettant pied à terre, calmez-vous, voici votre courroie que je vous rapporte. — Et l'étranger, dit le vieillard, l'as-tu mis à mort? — Je l'ai laissé aller en paix dans son pays. N'aurais-je pas commis un grand crime, en tuant un Lama qui ne vous a fait aucun mal? Voici la courroie qu'il vous avait volée. » Et en disant ces mots, il la remit entre les mains de son père. Le vieillard frissonna de tous ses membres, car il comprit que son fils avait pris le change. Le même mot mongol signifie, en effet, tout à la fois *courroie* et *secret*. Le vieillard avait voulu dire à son fils de tuer l'étranger qui lui avait volé son *secret*. Mais, voyant qu'on lui rapportait une *courroie*, il s'écria : « L'Occident triomphe! c'est la volonté du ciel! » Il avertit ensuite les bergers de s'enfuir à la hâte avec leurs troupeaux, s'ils ne voulaient pas être engloutis par les eaux. Pour lui, il se prosterna au milieu de sa tente, et attendit la mort avec résignation.

Le jour avait à peine commencé à paraître, qu'on entendit sous terre un bruit sourd et majestueux, semblable au tumulte que font les torrents, quand ils roulent leurs ondes à travers les rochers des montagnes. Le bruit avança avec une épouvantable rapidité, et on vit bouillonner le petit étang au bord duquel le vieillard avait dressé sa tente. Bientôt, la terre éprouva de grandes secousses, les eaux souterraines montèrent avec impétuosité, et se répandirent comme une grande mer au milieu de ces plaines immenses; il périt des bestiaux innombrables et beaucoup de familles qui n'eurent pas le temps de se sauver. Le vieillard fut le premier englouti dans les flots.

Le Lama qui emportait le secret de cette grande catastrophe, arriva dans le royaume d'Oui, et trouva ses compatriotes plongés dans une grande consternation; ils avaient entendu dans la vallée un tumulte effroyable, et nul ne pouvait en assigner la cause. Il raconta l'histoire du vieillard aveugle, et après son récit, tout le monde comprit que le fracas qu'on avait entendu, avait été produit par la mer souterraine, au moment où elle s'était transportée à l'orient. On reprit avec goût les travaux de construction qui avaient été abandonnés, et on éleva un temple magnifique, qui est encore debout. Grand nombre de familles allèrent s'établir aux environs du temple, et peu à peu se forma une grande ville, qui prit le nom de Lha-Ssa (terre des esprits).

Cette singulière chronique sur l'origine de la mer Bleue, nous fut d'abord racontée, pour la première fois, dans le Koukou-Noor; on nous la répéta ensuite à Lha-Ssa, à peu près avec les mêmes circonstances. Il nous a été impossible de découvrir à quel événement historique pouvait faire allusion une fable aussi bizarre.

Nous séjournâmes dans le Koukou-Noor pendant près d'un mois. Des rumeurs continuelles sur le compte des brigands nous forcèrent à décamper cinq ou six fois, et à suivre les tribus tartares, qui, au moindre bruit, changent de place, sans pourtant s'éloigner jamais trop des magnifiques pâturages qui avoisinent la mer Bleue.

Vers la fin du mois d'octobre, l'ambassade thibétaine arriva. Nous nous joignîmes à cette immense troupe, grossie en route par un grand nombre de caravanes mongoles, qui, comme nous, profitaient de cette excellente occasion pour faire le voyage de Lha-Ssa.

Le lendemain de notre départ du Koukou-Noor, nous nous plaçâmes en tête de la caravane, puis nous nous arrêtâmes en route pour voir défiler devant nous cette immense troupe, et faire connaissance avec nos compagnons de voyage. Les hommes et les animaux qui composaient la caravane peuvent être évalués au nombre suivant : quinze mille bœufs à long poil, douze cents chevaux, autant de chameaux, et deux mille hommes, soit Tnibétains, soit Tartares; les uns allant à pied, d'autres étant montés sur les bœufs à long poil, le plus grand nombre étant à cheval ou à chameau. Tous les cavaliers étaient armés de lances, de sabres, de flèches et de fusils à mèche. Les piétons, nommés *Lakto*, étaient chargés de conduire les files de chameaux, ou de diriger la marche capricieuse et désordonnée des troupeaux de bœufs. Le Tchanak-kampo voyageait dans une grande litière portée par deux mulets. En dehors de cette multitude dont le voyage ne devait se terminer qu'à Lha-Ssa, il y avait une escorte de trois cents soldats chinois, fournis par la province du Kan-Sou, et deux cents braves Tartares chargés, par les princes du Koukou-Noor, de protéger la sainte ambassade du Talé-Lama, jusqu'aux frontières du Thibet.

La marche et les mouvements de la caravane s'exécutaient avec assez d'ordre et de précision, surtout dans les commencements. Ordinairement, on partait tous les jours deux ou trois heures avant le lever du soleil, afin de pouvoir camper vers midi, et donner aux animaux le temps de paître pendant le reste de la journée; le réveil était annoncé par un coup de canon; aussitôt tout le monde se levait, le feu s'allumait dans toutes les tentes, et pendant que les uns chargeaient les bêtes de somme, les autres faisaient bouillir la marmite et préparaient le thé beurré; on en buvait à la hâte quelques écuellées, on dévorait quelques poignées de tsamba, et puis on jetait la tente à bas. Un second coup de canon donnait le signal du départ. Quelques cavaliers expérimentés et chargés de diriger la caravane se mettaient en tête; ils étaient suivis par les longues files de chameaux, puis venaient les bœufs à long poil, qui s'avançaient par troupes de deux ou trois cents, sous la conduite de plusieurs lakto. Les cavaliers n'avaient pas de place fixe; ils allaient et venaient dans tous les sens, uniquement guidés par leur caprice. Les cris plaintifs des chameaux, les grognements des bœufs à long poil, les hennissements des chevaux, les clameurs et les chansons bruyantes des voyageurs, les sifflements aigus que faisaient entendre les lakto pour animer les bêtes de somme, et par-dessus tout les cloches innombrables qui étaient suspendues au cou des yaks et des chameaux; tout cela produisait un concert immense, indéfinissable, et qui, bien loin de fatiguer, semblait, au contraire, donner à tout le monde du courage et de l'énergie.

En quittant les bords de la mer Bleue, nous nous dirigeâmes vers l'ouest, en inclinant peut-être un peu vers le sud. Les premiers jours de marche ne furent que poésie; tout allait au gré de nos désirs, le temps était magnifique, la route était belle et facile, l'eau limpide, et les pâturages gras et abondants. Quant aux brigands, on n'y songeait même pas. Pendant la nuit, le froid se faisait bien un peu sentir; mais on obviait à cet inconvénient, en endossant ses habits de peau. Nous étions, enfin, à nous demander ce que ce fameux voyage du Thibet avait de si épouvantable; il nous semblait qu'il était impossible de voyager d'une manière plus commode et plus agréable. Hélas! cet enchantement ne fut pas de longue durée!

Six jours après notre départ, il fallut traverser le *Pouhain de Gol*, rivière qui prend sa source au pied des monts *Nan-Chan*, et va se jeter dans la mer Bleue.

Ses eaux ne sont pas très profondes, mais étant divisées en douze embranchements très rapprochés les uns des autres, elles occupent en largeur un espace de plus d'une lieue. Nous eûmes le malheur d'arriver au premier embranchement du Pouhain-Gol longtemps avant le jour; l'eau était glacée, mais pas assez profondément pour que la glace pût nous servir de pont. Les chevaux, étant arrivés les premiers, furent effrayés et n'osèrent pas avancer; ils s'arrêtèrent sur les bords et donnèrent aux bœufs à long poil le temps de les joindre. Bientôt la caravane tout entière se trouvait réunie sur un seul point; il serait impossible d'exprimer le désordre et la confusion qui régnaient au milieu de cette immense cohue, enveloppée des ténèbres de la nuit. Enfin, plusieurs cavaliers poussèrent leurs chevaux, et crevèrent la glace en plusieurs endroits. Alors la caravane entra pêle-mêle dans la rivière; les animaux se heurtaient et faisaient rejaillir l'eau de toute part, la glace craquait, les hommes vociféraient; c'était un tumulte effroyable. Après avoir traversé le premier bras, il fallut recommencer la manœuvre au second, puis au troisième, et ainsi de suite. Quand le jour parut, la *sainte ambassade* était encore à gargouiller dans l'eau; enfin, après avoir beaucoup frissonné, au moral comme au physique, nous eûmes le bonheur de laisser derrière nous les douze embranchements du Pouhain-Gol, et de nous trouver en pays sec; mais toutes nos idées poétiques s'étaient évanouies, et nous commencions à trouver cette manière de voyager tout à fait detestable.

Et pourtant, tout le monde paraissait être dans la jubilation. On disait que le passage du Pouhain-Gol s'était exécuté admirablement bien. Un seul homme s'était cassé les jambes, et il ne s'était noyé que deux bœufs à long poil. Pour ce qui est des objets perdus ou volés pendant ce long désordre, on n'en tenait pas compte.

Quand la caravane reprit sa marche accoutumée, elle présentait un aspect vraiment risible. Les hommes et les animaux étaient plus ou moins chargés de glaçons. Les chevaux s'en allaient tristement, et paraissaient fort embarrassés de leur queue, qui pendait tout d'une pièce, raide et immobile, comme si on l'eût faite de plomb et non de crins Les chameaux avaient la longue bourre de leurs jambes chargée de magnifiques glaçons, qui se choquaient les uns les autres avec un bruit harmonieux. Cependant, il était visible que ces jolis ornements étaient peu de leur goût; car ils cherchaient de temps en temps à les faire tomber, en frappant rudement la terre de leurs pieds. Les bœufs à long poil étaient de véritables caricatures : impossible de se figurer rien de plus drôle : ils marchaient les jambes écartées, et portaient péniblement un énorme système de stalactites qui leur pendait sous le ventre jusqu'à terre. Ces pauvres bêtes étaient si informes, et tellement recouvertes de glaçons, qu'il semblait qu'on les eût mis confire dans du sucre candi.

Pendant les premiers jours de marche nous nous trouvâmes un peu seuls et isolés au milieu de cette grande multitude. Nous étions sans amis et sans connaissances. Cependant, nous ne tardâmes pas à nous faire des camarades; car, pour lier les hommes entre eux, il n'est rien de tel que les voyages. Les compagnons de route que nous nous fîmes, et auprès desquels nous allions tous les jours dresser notre tente, n'étaient ni marchands, ni pèlerins, ni attachés à l'ambassade, ni simples voyageurs comme nous; c'étaient quatre Lamas, qui formaient une catégorie à part. Deux d'entre eux étaient de Lha-Ssa, un du Thibet ultérieur, et le quatrième du royaume de Torgot.

Après cinq jours de marche depuis le passage du Pouhain-Gol, nous arrivâmes au *Toulain Gol*, rivière étroite et peu profonde, que nous traversâmes sans obstacle. La caravane s'arrêta ensuite non loin d'une lamaserie qui paraissait avoir été assez florissante, mais qui, en ce moment, était entièrement déserte. Les temples et les cellules des Lamas tombaient en ruine de toutes parts. Des chauves-souris et des rats énormes en avaient fait leur demeure. On nous dit que ce couvent bouddhique avait été assiégé pendant trois jours par les brigands, qu'ils s'en étaient enfin rendus maîtres, et après avoir massacré un grand nombre de ses habitants, ils l'avaient livré au pillage et à la dévastation. Depuis cette époque, aucun Lama n'avait plus osé venir s'y fixer. Cependant le pays n'était pas entièrement désert, comme nous l'avions d'abord pensé. En nous promenant à travers les collines rocheuses des environs, nous découvrîmes quelques troupeaux de chèvres, quelques bœufs et trois misérables tentes cachées dans les creux des ravins.

Ces pauvres bergers sortirent pour nous demander l'aumône de quelques feuilles de thé et d'un peu de tsamba. Ils avaient les yeux hagards et la figure blême et amaigrie. Ils ne savaient, disaient-ils, où se réfugier pour vivre en paix. La peur des brigands les dominait au point de leur enlever jusqu'au courage même de la fuite.

Le lendemain, la caravane continua sa route; mais l'escorte chinoise demeura campée sur les bords de la rivière; sa tâche était finie. Après quelques jours de repos, elle devait rebrousser chemin et rentrer dans ses foyers. Les marchands thibétains disaient que, les soldats chinois une fois partis, on pourrait du moins dormir en paix, sans avoir à se préoccuper des voleurs de nuit.

Le 15 novembre, nous quittâmes les magnifiques plaines du Koukou-Noor, et nous arrivâmes chez les Mongols de *Tsaïdam*. Aussitôt après avoir traversé la rivière de ce nom, le pays change brusquement d'aspect. La nature est triste et sauvage; le terrain, aride et pierreux, semble porter avec peine quelques broussailles desséchées et imprégnées de salpêtre. Le sel gemme et le borax abondent sur ce sol aride et presque entièrement dépourvu de bons pâturages. On pratique des creux de deux ou trois pieds de profondeur, et le sel s'y rassemble, se cristallise et se purifie de lui-même, sans que les homme aient le moins du monde à s'en occuper. Le borax se recueille dans de petits réservoirs, qui en sont entièrement remplis. Les Thibétains en emportent dans leur pays, pour le vendre aux orfèvres, qui s'en servent pour faciliter la fusion des métaux. Nous nous arrêtâmes pendant deux jours dans le pays des Tsaïdam. On fit bombance avec du tsamba et quelques chèvres, que les bergers nous troquèrent contre du thé en brique. Les bœufs à long poil et les chameaux se régalèrent avec du nitre et du sel qu'ils trouvaient partout à fleur de terre. La caravane tout entière chercha à ramasser le plus de force possible pour franchir le Bourhan Bota, montagne fameuse par les grandes vapeurs pestilentielles dont elle est, dit-on, continuellement enveloppée.

Nous nous mîmes en marche à trois heures du matin, et après beaucoup de circuits et de détours dans cette contrée montueuse, nous arrivâmes à neuf heures au pied du Bourhan-Bota. La caravane s'arrêta un instant, comme pour consulter ses forces; on mesurait de l'œil les sentiers abrupts et escarpés de cette haute montagne; on se montrait avec anxiété un gaz subtil et léger, qu'on nommait vapeur pestilentielle, et tout le monde paraissait abattu et découragé. Après avoir pris les mesures hygiéniques enseignées par la tradition, et qui consistent à croquer deux ou trois gousses d'ail, on commence enfin à grimper sur les flancs de la montagne. Bientôt les chevaux se refusent à porter leurs cavaliers, et chacun s'avance à pied et à petits pas; insensiblement, tous les visages blémissent, on sent le cœur s'affadir, et les jambes ne peuvent plus fonctionner; on se couche par terre, puis on se relève pour faire encore quelques pas; on se couche de nouveau, et c'est de cette façon déplorable qu'on gravit ce fameux Bourhan-Bota. Mon Dieu, quelle misère! on sent ses forces brisées, la tête tourne, tous les membres semblent se disjoindre, on éprouve un malaise tout à fait semblable au mal de mer; et malgré cela il faut conserver assez d'énergie, non seulement pour se traîner soi-même, mais encore pour frapper à coups redoublés les animaux qui se couchent à chaque pas, et refusent d'avancer. Une partie de la troupe, par mesure de prudence, s'arrêta à moitié chemin dans un enfoncement de la montagne où les vapeurs pestilentielles étaient, disait-on, moins épaisses; le reste, par prudence aussi, épuisa tous ses efforts pour arriver jusqu'au bout, et ne pas mourir asphyxié au milieu de cet air chargé d'acide carbonique. Nous fûmes de ceux qui franchirent le Bourhan-Bota d'un seul coup. Quand nous fûmes arrivés au sommet, nos poumons se dilatèrent enfin à leur aise. Descendre la montagne ne fut qu'un jeu, et nous pûmes aller dresser notre tente loin de cet air meurtrier que nous avions laissé de l'autre côté.

La montagne Bourhan-Bota présente cette particularité assez remarquable, c'est que le gaz délétère ne se trouve que sur la partie qui regarde l'est et le nord; de l'autre côté, l'air est pur et facilement respirable; il paraît que ces vapeurs pestilentielles ne sont autre chose que du gaz acide-carbonique. Les gens attachés à l'ambassade nous dirent que, lorsqu'il faisait du vent, les vapeurs se faisaient à peine sentir, mais qu'elles étaient très dangereuses lorsque le temps était calme et serein. Le gaz acide-carbonique, étant, comme on sait, plus pesant que l'air atmosphérique, doit se condenser à la surface du sol, et y demeurer fixé jusqu'à ce qu'une grande agitation de l'air vienne le mettre en mouvement, le disséminer dans l'atmosphère, et neutraliser ses effets. Quand nous franchîmes le Bourhan-Bota, le temps était assez calme. Nous remarquâmes que lorsque nous nous couchions par terre, nous respirions avec beaucoup plus de difficulté; si, au contraire, nous montions à cheval, l'influence du gaz se faisait à peine sentir. La présence de l'acide-carbonique était cause qu'il était très difficile d'allumer le feu; les argols brûlaient sans flamme, et en répandant beaucoup de fumée. Maintenant, dire de quelle manière se formait ce gaz, d'où il venait, c'est ce qui nous est impossible. Nous ajouterons seulement, pour ceux qui aiment à chercher des explications dans le nom même des choses, que Bourhan-Bota signifie *cuisine de Bourhan;* Bourhan est, comme on sait, synonyme de Bouddha.

Pendant la nuit que nous passâmes de l'autre côté de la montagne, il tomba une épouvantable quantité de neige. Ceux qui la veille n'avaient pas osé continuer la route vinrent nous rejoindre dans la matinée; ils nous annoncèrent qu'ils avaient achevé l'ascension de la montagne avec assez de facilité, parce que la neige avait fait disparaître les vapeurs.

Le passage du Bourhan-Bota n'avait été qu'une espèce d'apprentissage. Quelques jours après, le mont *Chuga* mit bien autrement à l'épreuve nos forces et notre courage. La marche devant être longue et pénible, le coup de canon qui était le signal ordinaire du départ se fit entendre à une heure après minuit. On fit du thé avec de la neige fondue; on prit un bon repas de tsamba assaisonné d'une gousse d'ail hachée menu, et on se mit en route. Quand la grande caravane commença à s'ébranler, le ciel était pur, et la lune resplendissante faisait briller le grand tapis de neige dont le pays était entièrement couvert. Le mont Chuga étant peu escarpé du côté que nous gravissions, nous pûmes arriver au sommet au moment où l'aube commençait à blanchir. Le ciel se chargea bientôt de nuages, et le vent se mit à souffler avec une violence qui alla toujours en croissant. Les flancs opposés de la montagne étaient tellement encombrés de neige, que les animaux en avaient jusqu'au ventre; ils n'avançaient que par secousses et par soubresauts, et souvent ils allaient se précipiter dans des gouffres d'où l'on ne pouvait les retirer; il en périt ainsi plusieurs. Nous marchions à l'encontre d'un vent si fort et si glacial, que la respiration se trouvait parfois arrêtée, et que, malgré nos bonnes fourrures, nous tremblions à chaque instant d'être tués par le froid. Afin d'éviter les tourbillons de neige que le vent nous lançait continuellement à la figure, nous suivîmes l'exemple de quelques voyageurs, qui étaient montés à rebours sur leur cheval, le laissant ensuite aller au gré de son instinct. Lorsqu'on fut arrivé au pied de la montagne, et qu'il fut permis d'avoir les yeux à l'abri du vent, on remarqua plus d'une figure gelée. M. Gabet eut à déplorer la mort passagère de son nez et de ses oreilles. Tout le monde eut la peau plus ou moins gercée et brûlée par le froid.

La caravane s'arrêta au pied du mont Chuga, et chacun alla chercher un abri dans le labyrinthe d'un grand nombre de gorges contiguës. Exténués de faim et perclus de tous nos membres, il nous eût fallu, pour nous restaurer, une hôtellerie avec un bon feu, une table bien servie et un lit chaudement bassiné; mais le Chuga est loin d'avoir tout le confortable des Alpes; les religieux bouddhistes n'ont pas eu encore la pensée de s'y établir pour venir au secours des pauvres voyageurs. Nous dûmes donc dresser notre tente au milieu de la neige, et puis aller à la découverte des argols. C'était un spectacle vraiment digne de pitié, que de voir cette multitude errant de toutes parts, et fouillant avec ardeur dans la neige, dans l'espoir d'y trouver ensevelie quelque vieille bouse de bœuf. Après de longues et pénibles recherches, nous eûmes tout juste ce qu'il fallait de chauffage pour faire fondre trois gros morceaux de glace, que nous fûmes obligés d'extraire, à grands coups de hache, d'un étang voisin. Notre feu n'étant pas assez ardent pour faire bouillir la marmite, nous dûmes nous contenter de pétrir notre tsamba dans de l'eau tiède, et de l'avaler à la hâte, de peur de le voir se glacer entre nos doigts. Ce fut là tout le souper que nous eûmes après cette affreuse journée. Nous nous roulâmes ensuite dans notre peau de bouc et dans nos couvertures, et nous attendîmes, blottis dans un coin de la tente, le coup de canon qui devait nous faire reprendre le cours de nos impressions de voyage.

Nous laissâmes dans ce campement pittoresque et enchanté les soldats tartares qui nous avaient escortés depuis notre départ de Koukou-Noor; ils ne pouvaient nous continuer plus loin leur généreuse protection; car, le jour même, nous allions quitter la Tartarie pour entrer sur le territoire du Thibet antérieur. Les soldats chinois et tartares une fois partis, l'ambassade n'avait plus à compter que sur les ressources de sa valeur intrinsèque. Comme nous l'avons déjà dit, cette grande troupe de deux mille hommes était complètement armée; et tout le monde, à quelques exceptions près, se promettait bien d'agir, au besoin, en bon soldat; mais il faut avouer que l'allure naguère si intrépide et si guerrière de la caravane s'était singulièrement modifiée depuis le passage du Bourhan-Bota. On ne chantait plus, on ne riait plus, on ne faisait plus caracoler les chevaux, on était morne et taciturne; toutes ces moustaches fièrement redressées au moment du départ, étaient très humblement cachées dans des peaux d'agneau, dont on avait soin de s'envelopper la figure jusqu'aux yeux. Tous ces braves militaires avaient fait de leurs lances, de leurs fusils, de leurs sabres et de leurs carquois, des paquets qu'ils donnaient à porter à leurs bêtes de somme. Au reste, on ne pensait guère au danger d'être égorgé par les brigands; on n'avait peur que de mourir de froid.

Ce fut au mont Chuga que commença sérieusement la longue série de nos misères. La neige, le vent et le froid se déchaînèrent sur nous avec une fureur qui alla croissant de jour en jour. Les déserts du Thibet sont, sans contredit, le pays le plus affreux qu'on puisse imaginer. Le sol allant toujours en s'élevant, la végétation diminuait à mesure que nous avancions, et le froid prenait une intensité effrayante. Dès lors, la mort commença à planer sur la pauvre caravane. Le manque d'eau et de pâturages ruina promptement les forces des animaux. Tous les jours, on était obligé d'abandonner des bêtes de somme qui ne pouvaient plus se traîner. Le tour des hommes vint un peu plus tard. L'aspect de la route nous présageait un bien triste avenir. Nous cheminions, depuis quelques jours, comme au milieu des excavations d'un vaste cimetière. Les ossements humains et les carcasses d'animaux, qu'on rencontrait à chaque pas, semblaient nous avertir que, sur cette terre meurtrière, et au milieu de cette nature sauvage, les caravanes qui nous avaient précédés n'avaient pas eu un sort meilleur que le nôtre.

Pour surcroît d'infortune, M. Gabet tomba malade. La santé commença à l'abandonner au moment même où les affreuses difficultés de la route semblaient exiger un redoublement d'énergie et de courage. Le froid excessif qu'il avait enduré au passage du mont Chuga avait entièrement brisé ses forces. Il lui eût fallu, pour reprendre sa vigueur première, du repos, des boissons toniques et une nourriture substantielle et fortifiante. Or, nous n'avions à lui donner que de la farine d'orge et du thé fait avec de l'eau de neige; de plus, il devait, malgré son

extrême faiblesse, monter tous les jours à cheval et lutter contre un climat de fer...
Et nous avions encore deux mois de route à faire, au plus fort de l'hiver ! Oh ! que
l'avenir était sombre !

Vers les premiers jours de décembre, nous arrivâmes en présence du *Bayen-Kharat*, fameuse chaîne de montagnes qui va se prolongeant du sud-est au nord-ouest, entre le Hoang Ho et le Kin-Cha-Kiang. Ces deux grands fleuves, après avoir roulé parallèlement leurs ondes des deux côtés du Bayen-Kharat, se séparent ensuite et prennent une direction opposée, l'un vers le nord, et l'autre vers le sud. Après mille détours capricieux dans la Tartarie et dans le Thibet, ils entrent tous les deux dans l'empire chinois ; et après l'avoir arrosé d'occident en orient, ils se rapprochent à mesure qu'ils avancent vers leur embouchure, et se jettent dans la mer Jaune, à peu de distance l'un de l'autre. L'endroit où nous franchîmes le Bayen-Kharat n'est pas très éloigné des sources du fleuve Jaune ; nous les avions à notre gauche, et il nous eût fallu tout au plus deux journées de marche pour aller les visiter. Mais ce n'était nullement la saison des parties de plaisir. Nous étions loin de songer à une excursion de touristes aux sources du fleuve Jaune ; pour le moment, le passage du Bayen-Kharat avait de quoi nous préoccuper suffisamment.

Nous nous mîmes donc à escalader ces montagnes de neige, quelquefois à cheval et souvent à pied. Dans ce dernier cas, nous faisions passer devant nous nos animaux, et nous nous cramponnions à leur queue. Ce moyen est sans contredit le moins fatigant qu'on puisse imaginer pour gravir des montagnes. M. Gabet souffrit horriblement ; mais enfin, Dieu, dans sa bonté infinie, nous donna assez de force et de courage pour arriver jusqu'au bout. Le temps fut constamment calme, et nous ne fûmes écrasés par aucune espèce d'avalanche.

Le lendemain, nous entrâmes dans une vallée dont la température n'était pas excessivement rigoureuse. La bonté des pâturages engagea la caravane à y prendre un jour de repos. Un lac profond où nous creusâmes un puits dans la glace, nous fournit de l'eau en abondance. Le chauffage ne nous manqua pas non plus, car les ambassades et les pèlerins ayant l'habitude de s'arrêter dans cette vallée, après le passage du Bayen-Kharat, on est toujours sûr d'y trouver une grande quantité d'argols. Les grands feux ne discontinuèrent pas un seul instant. Nous brûlâmes tout, sans scrupule et sans crainte de faire tort à nos successeurs. Nos quinze mille bœufs à long poil étaient chargés de combler le déficit.

Nous quittâmes la grande vallée de Bayen-Kharat, pour aller dresser notre tente sur les bords du *Mourouï-Oussou*. Vers sa source, ce fleuve magnifique porte le nom de Mourouï Oussou (*eau tortueuse*) ; plus bas, il s'appelle Kin-Cha Kiang (fleuve au sable d'or) ; arrivé dans la province du Ssé-Tchouan, c'est le fameux Yang-Dze-Kiang, ou fleuve Bleu. Au moment où nous passâmes le Mourouï-Oussou sur la glace, un spectacle assez bizarre s'offrit à nos yeux. Déjà nous avions remarqué de loin, pendant que nous étions au campement, des objets informes et noirâtres, rangés en file en travers de ce grand fleuve. Nous avions beau nous rapprocher de ces îlots fantastiques, leur forme ne se dessinait pas d'une manière plus nette et plus claire. Ce fut seulement quand nous fûmes tout près que nous pûmes reconnaître plus de cinquante bœufs sauvages incrustés dans la glace. Ils avaient voulu, sans doute, traverser le fleuve à la nage, au moment de la concrétion des eaux, et ils s'étaient trouvés pris par les glaçons, sans avoir la force de s'en débarrasser et de continuer leur route. Leur belle tête, surmontée de grandes cornes, était encore à découvert; mais le reste du corps était pris dans la glace, qui était si transparente qu'on pouvait distinguer facilement la position de ces imprudentes bêtes; on eût dit qu'elles étaient encore à nager. Les aigles et les corbeaux leur avaient arraché les yeux.

On rencontre fréquemment des bœufs sauvages dans les déserts du Thibet antérieur. Ils vont toujours par troupes nombreuses, et se plaisent sur les sommets des montagnes. Il n'est pas prudent de leur faire la chasse, car on les dit extrêmement féroces.

Les mulets sauvages sont aussi très nombreux dans le Thibet antérieur. Quand nous eûmes traversé le Mourouï-Oussou, nous en rencontrâmes presque tous les jours. Cet animal, que les naturalistes ont nommé *cheval hémione*, ou cheval demi-âne, a la grandeur d'un mulet ordinaire; mais il a le corps plus beau, son attitude est plus gracieuse, et ses mouvements sont plus légers; son poil est, sur le dos, de couleur rousse, puis il va s'éclaircissant jusque sous le ventre. où il est presque blanc. Les hémiones ont la tête grosse, disgracieuse, et nullement en rapport avec l'élégance de leur corps. On nous a dit qu'on en avait pris de tout jeunes, qu'on avait essayé de les élever avec d'autres poulains, mais qu'il avait toujours été impossible de les monter et de les accoutumer à porter des fardeaux. Aussitôt qu'on les laissait libres, ils s'échappaient et rentraient dans l'état sauvage. Les lynx, les chamois, les rennes et les bouquetins abondent dans le Thibet antérieur.

Quelques jours après le passage du Mourouï-Oussou, la caravane commença à se débander; ceux qui avaient des chameaux voulurent prendre les devants, de peur d'être trop retardés par la marche lente des bœufs à long poil. D'ailleurs la nature du pays ne permettait plus à une aussi grande troupe de camper dans le même endroit. Les pâturages devenaient si rares et si maigres, que les bestiaux de la caravane ne pouvaient aller tous ensemble sous peine de mourir de faim. Nous nous joignîmes à ceux qui avaient des chameaux, et nous laissâmes derrière nous les bœufs à long poil. Notre bande fut encore obligée, dans la suite, de se fractionner : sa grande unité étant une fois rompue, il se forma une foule de petits chefs de caravane, qui ne s'entendaient pas toujours sur les lieux où il fallait camper, ni sur les heures du départ.

Nous arrivions insensiblement vers le point le plus élevé de la haute Asie, lorsqu'un terrible vent du nord, qui dura pendant quinze jours vint se joindre à l'affreuse rigueur de la température, et nous menacer des plus grands malheurs. Le temps était toujours pur; mais le froid était si épouvantable, qu'à peine à midi pouvait-on ressentir un peu l'influence des rayons du soleil; encore fallait-il avoir soin de se mettre bien à l'abri du vent. Pendant le reste de la journée, et surtout pendant la nuit, nous étions dans l'appréhension continuelle de mourir gelés. Tout le monde eut bientôt la figure et les mains crevassées. Pour donner une certaine idée de ce froid, dont il est impossible de bien comprendre la rigueur, à moins d'en avoir éprouvé les effets, il suffira de citer une particularité qui nous paraît assez frappante. Tous les matins, avant de se mettre en route, on prenait un repas, et puis on ne mangeait que le soir lorsqu'on était arrivé au campement. Comme le tsamba n'était pas un mets assez appétissant pour que nous pussions en manger tout d'un coup une quantité suffisante pour nous soutenir durant la route, nous avions soin d'en pétrir dans du thé trois ou quatre boules que nous mettions en réserve pour la journée. Nous enveloppions cette pâte bouillante dans un linge bien chaud, et nous la placions sur notre poitrine. Nous avions par-dessus tous nos habits, savoir : une robe en grosse peau de mouton, puis un gilet en peau d'agneau, puis un manteau court en peau de renard, puis enfin une grande casaque en laine. Eh bien, durant ces quinze jours, nos gâteaux de tsamba se sont toujours gelés ; quand nous les retirions de notre sein, ce n'était plus qu'un mastic glacé qu'il fallait pourtant dévorer, au risque de se casser les dents, si nous ne voulions pas mourir de faim.

Les animaux, accablés de fatigues et de privations, ne résistaient plus que difficilement à un froid si rigoureux. Les mulets et les chevaux, étant moins vigoureux que les chameaux et les bœufs à long poil, réclamèrent des soins extraordinaires. On fut obligé de les habiller avec de grands tapis de feutre qu'on leur ficelait autour du corps et de leur envelopper la tête avec du poil de chameau. Dans d'autres circonstances, tous ces bizarres accoutrements eussent excité notre hilarité ; mais nous étions trop malheureux pour rire. Malgré toutes ces précautions, les animaux de la caravane furent décimés par la mort.

Tant de misères réunies finirent par jeter les pauvres voyageurs dans un abattement voisin du désespoir. A la mortalité des animaux, se joignit celle des hommes, que le froid saisissait, et qu'on abandonnait encore vivants le long du chemin. Un jour que l'épuisement de nos bêtes de somme nous avait forcés de ralentir notre marche, et de rester un peu en arrière de la troupe, nous aperçûmes un voyageur assis à l'écart sur une grosse pierre ; il avait la tête penchée sur sa poitrine, les bras pressés contre les flancs, et demeurait immobile comme une statue ; nous l'appelâmes à plusieurs reprises, mais il ne nous répondit pas ; il ne témoigna pas même, par le plus petit mouvement, qu'il eût entendu notre voix. — Quelle folie, nous disions-nous, de s'arrêter ainsi en route avec un temps pareil ! Ce malheureux va certainement mourir de froid.... Nous l'appelâmes encore, mais il garda toujours la même immobilité. Nous descendîmes de cheval, et nous allâmes vers lui. Nous reconnûmes un jeune Lama mongol qui était venu souvent nous visiter dans notre tente. Sa figure était comme de la cire, et ses yeux entr'ouverts avaient une apparence vitreuse ; il avait des glaçons suspendus aux narines et aux coins de la bouche. Nous lui adressâmes la parole sans pouvoir obtenir un seul mot de réponse : un instant nous le crûmes mort. Cependant il ouvrit les yeux et les fixa sur nous avec une horrible expression de stupidité : ce malheureux était gelé, et nous comprîmes qu'il avait été abandonné par ses compagnons. Il nous parut si épouvantable de laisser ainsi mourir un homme sans essayer de lui sauver la vie que nous ne balançâmes point à le prendre avec nous. Nous l'arrachâmes de dessus cette affreuse pierre où on l'avait mis, et nous le plaçâmes sur le petit mulet de Samdadchiemba. Nous l'enveloppâmes d'une couverture, et nous le conduisîmes ainsi jusqu'au campement. Aussitôt que la tente fut dressée, nous allâmes visiter les compagnons de ce pauvre jeune homme. Quand ils surent ce que nous avions fait, ils se prosternèrent pour nous remercier; ils nous dirent que nous avions un cœur excellent, mais que nous nous étions donné en vain une grande peine; que le malade était perdu.... Il est gelé, nous dirent-ils, et le froid est bien près de gagner le cœur! Il nous fut impossible de partager le désespoir de ces voyageurs. Nous retournâmes à notre tente, et l'un d'eux nous accompagna, pour voir si l'état du malade offrait encore quelques ressources. Quand nous arrivâmes, le jeune Lama était mort!

Plus de quarante hommes de la caravane furent abandonnés encore vivants dans le désert, sans qu'il fût possible de leur donner le moindre soulagement. On les faisait aller à cheval ou à chameau tant qu'il y avait quelque espérance; mais, quand ils ne pouvaient ni manger, ni parler, ni se soutenir, on les exposait sur la route. On ne pouvait s'arrêter pour les soigner dans un désert inhabité, où l'on avait à redouter les bêtes féroces, les brigands, et surtout le manque de vivres. Ah! quel spectacle affreux, de voir ces hommes mourant abandonnés le long du chemin! Pour dernière marque d'intérêt, on déposait à côté deux d'eux une écuelle en bois et un petit sac de farine d'orge; ensuite la caravane continuait tristement sa route. Quand tout le monde était passé, les corbeaux et les vautours, qui tournoyaient sans cesse dans les airs, s'abattaient sur ces infortunés, qui, sans doute, avaient encore assez de vie pour se sentir déchirer par ces oiseaux de proie.

Les vents du nord aggravèrent beaucoup la maladie de M. Gabet. De jour en jour son état devenait plus alarmant. Sa grande faiblesse ne lui permettant pas d'aller à pied, et ne pouvant ainsi se donner un peu d'exercice pour se réchauffer, il eut les pieds, les mains et la figure gelés; ses lèvres étaient déjà livides, et ses yeux presque éteints; bientôt, il n'eut plus même la force de se soutenir à cheval. Nous n'eûmes d'autre moyen que de l'envelopper dans des couvertures, de ficeler le tout sur un chameau, puis de mettre notre confiance en la bonté de la divine Providence.

Un jour que nous suivions les sinuosités d'un vallon, le cœur oppressé par de tristes pensées, voilà que, tout à coup, nous voyons apparaître deux cavaliers sur la cime d'une des montagnes environnantes. En ce moment, nous allions de compagnie avec une petite troupe de marchands thibétains, qui, comme nous, avaient laissé passer en avant le gros de la caravane, de peur de fatiguer les chameaux par une marche trop précipitée. « Tsong-Kaba! s'écrièrent les Thibétains, voilà là-bas des cavaliers... Cependant nous sommes dans le désert; on sait qu'il n'y a pas ici de pasteurs de troupeaux. » Ils avaient à peine prononcé ces paroles, que nous aperçûmes un grand nombre d'autres cavaliers apparaître encore sur divers points. Nous ne pûmes nous empêcher d'éprouver un frémissement subit, en les voyant se précipiter tous ensemble du haut des montagnes, et courir vers nous avec impétuosité. Dans ce pays inhabité, que faisaient ces cavaliers? que voulaient-ils? .. Nous ne doutâmes pas un instant que nous ne fussions tombés entre les mains des brigands. Leur allure, d'ailleurs, n'était nullement propre à nous rassurer. Un fusil en bandoulière, deux grands sabres suspendus de chaque côté de la ceinture, des cheveux noirs qui tombaient en longues mèches sur leurs épaules, des yeux flamboyants, et, une peau de loup sur la tête, en guise de bonnet, tel était l'effrayant portrait des personnages dont nous étions environnés. Ils étaient au nombre de vingt-sept, et, de notre côté, nous n'étions que dix-huit, et probablement pas tous des guerriers bien éprouvés. On mit pied à terre de part et d'autre, et un courageux Thibétain de notre petite bande s'avança pour parler au chef des brigands, qu'on distinguait à deux petits drapeaux rouges qui flottaient derrière la selle de son cheval. Après une longue conversation assez animée : « Quel est cet homme ? dit le chef des Kolo, en indiquant M. Gabet, qui, attaché sur son chameau, était le seul qui n'eût pas mis pied à terre. — C'est un Grand-Lama du ciel d'Occident, répondit le marchand thibétain; la puissance de ses prières est infinie. » Le Kolo porta ses deux mains jointes au front, et considéra M. Gabet qui, avec sa figure gelée et son bizarre entourage de couvertures bariolées, ne ressemblait pas mal à ces idoles terribles qu'on rencontre parfois dans les temples païens. Après avoir contemplé un instant le fameux Lama du ciel d'Occident, le brigand adressa quelques paroles, à voix basse, au marchand thibétain; puis, ayant fait un signe à ses compagnons, ils sautèrent tous à cheval, partirent au grand galop, et disparurent derrière les montagnes. « N'allons pas plus loin, nous dit le marchand thibétain, dressons ici notre tente; les Kolo sont des brigands, mais ils ont le cœur grand et généreux ; quand ils verront que nous restons sans peur entre leurs mains, ils ne nous attaqueront pas... D'ailleurs, ajouta-t-il, je crois qu'ils redoutent beaucoup la puissance des Lamas du ciel d'Occident. » Sur l'avis du marchand, tout le monde se mit en devoir de camper.

Les tentes furent à peine dressées, que les Kolo reparurent sur la crête de la montagne; ils coururent de nouveau vers nous avec leur rapidité accoutumée. Le chef entra seul dans le camp, les autres attendirent un peu en dehors de l'enceinte. Le Kolo s'adressa au Thibétain qui lui avait parlé la première fois. « Je viens, lui dit-il, te demander l'explication d'une chose que je ne comprends pas. Vous savez que nous campons derrière cette montagne, et vous osez dresser votre tente ici, tout près de nous! Combien donc êtes-vous d'hommes dans votre bande? — Nous ne sommes que dix-huit. Vous autres, si je ne me trompe, vous êtes vingt-sept; mais les gens de cœur ne prennent jamais la fuite. — Vous voulez donc vous battre? — Si nous n'avions pas plusieurs malades dans la caravane, je répondrais : Oui... car j'ai déjà fait mes preuves avec les Kolo. — Toi, tu t'es battu avec les Kolo? à quelle époque? Comment t'appelles-tu? — Il y a cinq ans, lors de l'affaire du Tchanak-Campo; voici encore un souvenir... » Et il découvrit son bras droit, marqué d'une large entaille de sabre. Le brigand se mit à rire, et lui demanda de nouveau son nom. « Je m'appelle *Rala-Tchembé*, répondit le marchand; tu dois connaître ce nom? — Oui, tous les Kolo le connaissent, c'est le nom d'un brave. » Et, en disant ces mots, il sauta en bas de son cheval; il tira un sabre de sa ceinture, et l'offrit au Thibétain. « Tiens, lui dit-il, reçois ce sabre, c'est le meilleur que j'aie; nous nous sommes battus assez souvent;

à l'avenir, quand nous nous rencontrerons, nous devons nous traiter en frères. » Le Thibétain reçut le cadeau du chef de brigands, et lui offrit en retour un arc et un carquois magnifiques qu'il avait achetés à Pékin.

Les Kolo qui étaient restés hors du camp, voyant que leur maître avait fraternisé avec le chef de la caravane, mirent pied à terre, attachèrent leurs chevaux deux à deux par la bride, et vinrent boire amicalement le thé avec les pauvres voyageurs, qui commençaient, enfin, à respirer à leur aise. Tous ces brigands furent extrêmement aimables; ils demandèrent des nouvelles des Tartares-Kalkhas, qu'ils attendaient spécialement, disaient-ils, parce que l'année précédente ils leur avaient tué trois hommes qu'il fallait venger. On fit aussi un peu de politique. Les brigands prétendirent qu'ils étaient grands amis du Talé-Lama, et ennemis irréconciliables de l'empereur de la Chine; qu'à cause de cela ils manquaient rarement de piller l'ambassade quand elle se rendait à Pékin, parce que l'empereur était indigne de recevoir les présents de Talé-Lama, mais qu'ils la respectaient ordinairement à son retour, parce qu'il était très convenable que l'empereur fît des cadeaux au Talé-Lama. Après avoir fait honneur au thé et au tsamba de la caravane, ces brigands nous souhaitèrent bon voyage et reprirent le chemin de leur campement. Toutes ces fraternelles manifestations ne nous empêchèrent pas de dormir avec un œil ouvert. La nuit ne fut pas troublée, et le lendemain nous continuâmes en paix notre route Parmi les nombreux pèlerins qui ont fait le voyage de Lha-Ssa, il en est fort peu qui puissent se vanter d'avoir vu les brigands de si près, sans en avoir reçu aucun mal.

Nous venions d'échapper à un grand danger; mais il s'en préparait un autre, nous disait-on, bien plus formidable encore, quoique d'une nature différente. Nous commencions à gravir la vaste chaîne des monts *Tant-La*. Au dire de nos compagnons de voyage, tous les malades devaient mourir sur le plateau, et les bien portants y endurer une forte crise. M. Gabet fut irrévocablement condamné à mort par les gens d'expérience. Après six jours de pénible ascension sur les flancs de plusieurs montagnes, placées comme en amphithéâtres les unes au-dessus des autres, nous arrivâmes enfin sur ce fameux plateau, le point peut-être le plus élevé du globe. La neige semblait y être incrustée, et faire partie du sol. Elle craquait sous nos pas; mais nous y laissions à peine une légère empreinte. Pour toute végétation, on rencontrait çà et là quelques bouquets d'une herbe courte, pointue, lisse, ligneuse à l'intérieur, dure comme du fer, sans être cassante; de sorte qu'on eût pu facilement en faire des aiguilles de matelassier. Les animaux étaient si affamés, qu'il leur fallait, bon gré mal gré, attaquer cet atroce fourrage. On l'entendait craquer sous leurs dents, et ils ne pouvaient parvenir à en dévorer quelques parcelles qu'après de vigoureux tiraillements et à la condition de s'ensanglanter les lèvres.

Des bords de ce magnifique plateau nous apercevions à nos pieds les pics et les aiguilles de plusieurs immenses massifs, dont les derniers rameaux allaient se perdre dans l'horizon. Nous n'avions rien vu de comparable à ce grandiose et gigantesque spectacle. Pendant les douze jours que nous voyageâmes sur les hauteurs du Tant-La, nous n'eûmes pas de mauvais temps; l'air fut calme, et Dieu nous envoya tous les jours un soleil bienfaisant et tiède, pour tempérer un peu la froidure de l'atmosphère. Cependant l'air, excessivement raréfié à cette hauteur considérable, était d'une vivacité extrême. Des aigles monstrueux suivaient la grande troupe de voyageurs, qui leur laissaient tous les jours un certain nombre de cadavres. Il était écrit que la petite caravane des Missionnaires français devait, elle aussi, payer son tribut à la mort, qui se contenta de notre petit mulet noir. Nous le lui abandonnâmes tout à la fois avec regret et résignation. Les tristes prophéties qui avaient été faites au sujet de M. Gabet se trouvèrent avoir menti. Ces redoutables montagnes lui furent, au contraire, très favorables. Elles lui rendirent peu à peu la santé et ses forces premières. Ce bienfait presque inespéré de la divine Providence nous fit oublier toutes nos misères passées. Nous reprîmes un nouveau courage, et nous espérâmes fermement que le bon Dieu nous permettrait d'arriver au terme de notre voyage.

La descente du Tant-La fut longue, brusque et rapide. Durant quatre jours entiers, nous allâmes comme par un gigantesque escalier dont chaque marche était formée d'une montagne. Quand nous fûmes arrivés au bas, nous rencontrâmes des sources d'eau thermale, d'une extrême magnificence. On voyait, parmi d'énormes rochers, un grand nombre de réservoirs creusés par la nature, où l'eau bouillonnait comme dans de grandes chaudières placées sur un feu très actif. Quelquefois elle s'échappait à travers les fissures des rochers, et s'élançait dans toutes les directions par une foule de petits jets bizarres et capricieux. Souvent l'ébullition devenait tout à coup si violente, au milieu de certains réservoirs. que de grandes colonnes d'eau montaient et retombaient avec intermittence, comme si elles eussent été poussées par un immense corps de pompe. Au dessus de ces sources, des vapeurs épaisses s'élevaient continuellement dans les airs, et se condensaient en nuages blanchâtres. Toutes ces eaux étaient sulfureuses. Après avoir longtemps bondi et rebondi dans leurs vastes réservoirs de granit, elles abandonnaient enfin ces rochers, qui semblaient vouloir les retenir captives, et allaient se réunir dans une petite vallée où elles formaient un large ruisseau qui s'écoulait sur un lit de cailloux jaunes comme de l'or. Ces eaux bouillantes ne conservaient pas longtemps leur fluidité. L'extrême rigueur de l'atmosphère les refroidissait si rapidement, qu'à une demi-lieue loin de sa source le ruisseau était presque entièrement glacé. On rencontre fréquemment, dans les montagnes du Thibet, des sources d'eaux thermales. Les Lamas médecins reconnaissent qu'elles ont de grandes propriétés médicales ; ils en prescrivent volontiers l'usage à leurs malades, soit en bains, soit en boisson.

Depuis les monts Tant-La jusqu'à Lha-Ssa, on remarque que le sol va toujours en inclinant. A mesure qu'on descend, l'intensité du froid diminue, et la terre se recouvre d'herbes plus vigoureuses et d'une plus grande variété. Un jour, nous campâmes dans une vaste plaine, où les pâturages étaient d'une merveilleuse abondance. Comme nos animaux souffraient depuis longtemps d'une affreuse famine, on décida qu'on les ferait profiter de l'occasion, et qu'on s'arrêterait pendant deux jours.

Le lendemain matin, au moment où nous faisions tranquillement bouillir le thé dans l'intérieur de notre tente, nous aperçûmes au loin une troupe de cavaliers qui se dirigeaient sur nous ventre à terre. A cette vue, il nous sembla que le sang se glaçait dans nos veines; nous fûmes d'abord comme pétrifiés. Après ce premier instant de stupeur, nous sortîmes avec précipitation, et nous courûmes à la tente de Rala-Tchembé. « Les Kolo! les kolo! nous écriâmes-nous ; voici une grande troupe de Kolo qui arrive. » Les marchands thibétains, qui étaient occupés à boire du thé et à pétrir du tsamba, se mirent à rire et nous invitèrent à nous asseoir. « Prenez le thé avec nous, dirent-ils, il n'y a plus de Kolo à craindre; les cavaliers qui viennent sont des amis. Nous commençons à entrer dans les pays habités; derrière cette colline que nous avons à notre droite, il y a un grand nombre de tentes noires. Les cavaliers que vous prenez pour des Kolo sont des bergers du voisinage. » Ces paroles nous rendirent la paix, et, la paix nous ramenant l'appétit, nous nous assîmes volontiers pour partager le déjeuner des marchands thibétains. A peine nous avait-on versé une écuellée de thé beurré que les cavaliers furent à la porte de la tente. Bien loin d'être des brigands, c'étaient au contraire de forts braves gens qui venaient nous vendre du beurre et de la viande fraîche. Leurs selles ressemblaient à des établis de bouchers; elles soutenaient de nombreux quartiers de mouton et de chevreau, qui pendaient le long des flancs des chevaux. Nous achetâmes huit gigots de mouton qui, étant gelés, pouvaient se transporter facilement. Ils nous coûtèrent une vieille paire de bottes de Pékin, un briquet de Pékin, et la selle de notre petit mulet qui, fort heureusement, était aussi une selle de Pékin.... Tous les objets qui viennent de Pékin sont très estimés par les Thibétains, et surtout par ceux qui en sont encore à la vie pastorale et nomade. Aussi, les marchands qui accompagnent l'ambassade ont-ils grand soin d'inscrire invariablement sur tous leurs ballots : *Marchandises de Pekin*. Le tabac à priser fait surtout fureur parmi les Thibétains. Tous les bergers nous demandèrent si nous n'avions pas du tabac à priser de Pékin. M. Huc, qui était le seul priseur de la troupe, en avait eu autrefois; mais, depuis huit jours, il en était réduit à remplir sa tabatière d'un affreux mélange de terre et de cendres. Ceux qui ont une habitude longue et invétérée du tabac pourront comprendre tout ce qu'une position pareille avait de triste et de lamentable.

Condamnés depuis plus de deux mois à ne vivre que de farine d'orge délayée dans du thé, la seule vue de nos quartiers de mouton semblait déjà nous fortifier l'estomac, et rendre un peu de vigueur à nos membres amaigris. Tout le reste de la journée se passa en opérations culinaires. En fait d'épices et d'assaisonnement, nous n'avions que de l'ail, et encore tellement gelé et ridé, qu'il était presque anéanti dans son enveloppe. Nous épluchâmes tout ce qui nous restait, et nous l'insérâmes dans deux gigots, que nous mîmes bouillir dans notre grande marmite. Les argols, qu'on trouvait en abondance dans cette bienheureuse plaine, nous permirent de faire assez bon feu pour cuire convenablement notre inappréciable souper. Le soleil était sur le point de se coucher, et Samdadchiemba, qui venait d'inspecter un gigot avec l'ongle de son pouce, nous annonçait triomphalement que le mouton était cuit à point, lorsque nous entendîmes retentir de toutes parts ce cri désastreux : *Mi-yon! mi-yon!* Le feu ! le feu ! D'un bond nous fûmes hors de

Les bœufs à long poil s'avancèrent les premiers. (P. 351.)

notre tente. Le feu avait pris, en effet, dans l'intérieur du camp, aux herbes sèches,
et menaçait d'envahir nos demeures de toile; la flamme courait dans tous les sens
avec une rapidité effrayante. Tous les voyageurs, armés de tapis de feutre,
cherchaient à étouffer l'incendie, ou du moins à l'empêcher de gagner les tentes.
Elles furent heureusement préservées. Le feu, chassé de tous côtés se fraya une
issue, et s'échappa dans le désert. Alors la flamme, poussée par le vent, s'étendit
au milieu de ces vastes pâturages, qu'elle dévorait en courant. Nous pensions qu'il
n'y avait plus rien à craindre, mais le cri : Sauvez les chameaux! sauvez les
chameaux! nous fit aussitôt comprendre combien peu nous avions d'expérience
d'un incendie dans le désert. Nous remarquâmes bientôt que les chameaux
attendaient stupidement la flamme, au lieu de fuir comme les chevaux et les bœufs.
Nous volâmes alors au secours des nôtres, qui étaient encore assez éloignés de
l'incendie. Mais le feu y fut presque aussitôt que nous. Bientôt nous fûmes
entourés de flammes. Nous avions beau pousser et frapper ces stupides chameaux
pour les forcer à fuir, ils demeuraient immobiles, se contentant de tourner la tête
et de nous regarder flegmatiquement, comme pour nous demander de quel droit
nous venions les empêcher de paître. Il y aurait eu, en vérité, de quoi les tuer!
La flamme consumait avec une si grande rapidité l'herbe qu'elle rencontrait sur
son passage, qu'elle atteignit bientôt les chameaux. Le feu prit à leur longue
et épaisse bourre, et nous dûmes nous précipiter sur eux avec des tapis de feutre
pour éteindre l'incendie qui s'était allumé sur leur corps. Nous pûmes en sauver
trois, qui eurent seulement l'extrémité du poil flambé. Mais le quatrième fut réduit
à un état pitoyable; il ne lui resta pas un brin de poil sur le corps; tout fut
consumé jusqu'à la peau, qui elle-même fut affreusement charbonnée.

Les pâturages qui furent dévorés par les flammes, pouvaient occuper
un espace d'une demi-lieue en longueur, sur un quart en largeur. Les Thibétains
ne cessaient de s'applaudir du bonheur qu'ils avaient eu d'arrêter les progrès
de l'incendie, et nous partageâmes volontiers leur joie, quand nous comprîmes
toute l'étendue du malheur dont nous avions été menacés. On nous dit que
si le feu avait encore continué quelque temps, il serait parvenu jusqu'aux tentes
noires, et qu'alors les bergers auraient couru après nous, et nous auraient infailliblement massacrés. Rien n'égale la fureur de ces pauvres habitants du désert,
lorsque, par malice ou par imprudence, on réduit en cendres des pâturages
qui sont leur unique ressource. C'est à peu près comme si on détruisait
leurs troupeaux.

Quand nous nous remîmes en route, le chameau grillé n'était pas encore
mort, mais il se trouvait tout à fait hors de service; les trois autres durent
se prêter à la circonstance, et recevoir sur leur dos chacun une partie des bagages
que portait leur infortuné compagnon de route. Au reste toutes les charges étaient
beaucoup diminuées de leur pesanteur depuis notre départ de Koukou Noor; nos
sacs de farine étaient à peu près vides; et depuis que nous étions descendus des
monts Tant-La, nous étions obligés de nous mettre à la ration de deux écuellées
de tsamba par jour. Avant de partir, nous avions assez bien fait nos calculs; mais
nous n'avions pas compté sur le gaspillage que nos deux chameliers feraien de

nos provisions; le premier, par bêtise et insouciance, et le second, par méchanceté. Heureusement que nous étions sur le point d'arriver à une grande station thibétaine, où nous devions trouver les moyens de nous approvisionner.

Après avoir suivi pendant quelques jours une longue série de vallons, où l'on découvrait parfois quelques tentes noires et de grands troupeaux d'yaks, nous allâmes enfin camper à côté d'un grand village thibétain. Il est situé sur les bords de la rivière *Na-Ptchu*, désignée sur la carte de M. Andriveau-Goujon, par le nom mongol de *Khara-Oussou;* les deux dénominations signifient également : *Eaux-Noires*. Na-Ptchu est la première station thibétaine de quelque importance, que l'on rencontre en allant à Lha-Ssa. Le village est composé de maisons bâties en terre, et d'une foule de tentes noires. Les habitants ne cultivent pas la terre. Quoiqu'ils demeurent toujours à poste fixe, ils sont bergers comme les tribus nomades, et ne s'occupent que du soin d'élever des troupeaux. On nous raconta, qu'à une époque très reculée, un roi de Koukou-Noor, ayant fait la guerre aux Thibétains, les subjugua en grande partie, et donna le pays de Na-Ptchu aux soldats qu'il avait emmenés avec lui. Quoique ces Tartares soient actuellement fondus dans les peuples thibétains, on peut encore remarquer, parmi les tentes noires, un certain nombre de yourtes mongoles. Cet événement peut aussi expliquer l'origine d'une foule d'expressions mongoles, qui sont en usage dans le pays, et qui sont passées dans le domaine de l'idiome thibétain.

Les caravanes qui se rendent à Lha-Ssa, doivent forcément s'arrêter quelques jours à Na-Ptchu, pour organiser un nouveau système de transport; car les difficultés d'un chemin horriblement rocailleux, ne permettent pas aux chameaux d'aller plus loin. Notre premier soin fut donc de chercher à vendre les nôtres; ils étaient si misérables et si éreintés, que personne n'en voulait. Enfin une espèce de vétérinaire, et qui, sans doute, avait quelque recette pour les tirer du mauvais état dans lequel ils se trouvaient, se présenta; nous lui en vendîmes trois pour quinze onces d'argent, et nous lui abandonnâmes l'*incendié* par dessus le marché. Ces quinze onces d'argent étaient juste ce qu'il nous fallait pour louer six bœufs à long poil, qui devaient transporter les bagages jusqu'à Lha-Ssa.

Une seconde opération, fut de renvoyer le Lama des monts Ratchico. Après lui avoir fait largement ses comptes, nous lui dîmes que, s'il avait l'intention d'aller à Lha-Ssa, il devait se choisir d'autres compagnons; qu'il pouvait se regarder comme libéré des engagements qu'il avait contractés avec nous. Enfin, nous nous séparâmes de ce malheureux qui avait doublé, par sa méchanceté, les peines et les misères que nous avions eues à endurer en route.

Après avoir fait provision de beurre, de tsamba et de quelques quartiers de mouton, nous nous acheminâmes vers Lha-Ssa, dont nous n'étions guère éloignés que d'une quinzaine de jours de marche. Nous eûmes pour compagnons de voyage des Mongols du royaume de Khartchin, qui se rendaient en pèlerinage au *Sanctuaire Eternel;* ils avaient avec eux leur grand *Chaberon*, c'est-à-dire un Bouddha vivant qui était supérieur de leur lamaserie. Ce Chaberon était un jeune homme de dix-huit ans; il avait des manières agréables et distinguées; sa figure pleine de candeur et d'ingénuité contrastait singulièrement avec le rôle qu'on lui

faisait jouer. A l'âge de cinq ans, il avait été déclaré Bouddha et Grand-Lama des
Bouddhistes de Khartchin. Il allait passer quelques années dans une des grandes
lamaseries de Lha-Ssa pour s'appliquer à l'étude des prières, et acquérir la science
convenable à sa dignité. Un frère du roi de Khartchin et plusieurs Lamas de
qualité, étaient chargés de lui faire cortège et de le servir en route. Le titre
de Bouddha vivant paraissait être, pour ce pauvre jeune homme une véritable
oppression. On voyait qu'il aurait voulu pouvoir rire et folâtrer tout à son aise,
en route, il lui eût été bien plus agréable de faire caracoler son cheval, que d'aller
gravement entre deux cavaliers d'honneur qui ne quittaient jamais ses côtés.
Quand on était arrivé au campement, au lieu de rester continuellement assis sur
des coussins, au fond de sa tente, et de singer les idoles des lamaseries, il eût bien
mieux aimé se répandre dans le désert, et s'abandonner comme tout le monde
aux travaux de la vie nomade; mais rien de tout cela ne lui était permis.
Son métier, à lui, consistait à faire le Bouddha, sans se mêler aucunement des
soins qui ne devaient regarder que les simples mortels.

Le jeune Chaberon se plaisait assez à venir de temps en temps causer dans
notre tente; au moins, lorsqu'il était avec nous, il lui était permis de mettre
de côté sa divinité officielle, et d'appartenir franchement à l'espèce humaine.
Il était très curieux d'entendre ce que nous lui racontions des hommes et
des choses de l'Europe. Il nous questionnait avec beaucoup d'ingénuité sur notre
religion, il la trouvait très belle : et quand nous lui demandions s'il ne vaudrait
pas mieux être adorateur de Jéhovah que Chaberon, il nous répondait qu'il n'en
savait rien. Il n'aimait pas, par exemple, qu'on lui demandât compte de sa vie
antérieure et de ses continuelles incarnations; il rougissait à toutes ces questions,
et finissait par nous dire que nous lui faisions de la peine en lui parlant de toutes
ces choses-là. C'est qu'en effet le pauvre enfant se trouvait engagé dans une espèce
de labyrinthe religieux auquel il ne comprenait rien du tout.

Le quinzième jour après notre départ de Na-Ptchu, nous arrivâmes à Pampou
qui, à cause de sa proximité de Lha-Ssa, est regardé par les pèlerins comme le
vestibule de la ville sainte.

A Pampou, notre caravane fut obligée de se transformer encore une fois.
Ordinairement, les bœufs à long poil ne vont pas plus loin ; ils sont remplacés par
des ânes extrêmement petits, mais robustes, et accoutumés à porter des fardeaux.
La difficulté de trouver un assez grand nombre d'ânes pour les bagages des Lamas
de Khartchin et les nôtres, nous contraignit de séjourner à Pampou pendant deux
jours. Nous utilisâmes ce temps en essayant de mettre un peu d'ordre dans notre
toilette. Nous avions la chevelure et la barbe si hérissées, la figure si noircie par la
fumée de la tente, si crevassée par le froid, si maigre, si décomposée, que nous
eûmes pitié de nous-mêmes, quand nous pûmes considérer notre image dans un
miroir. Pour ce qui est de notre costume, il était parfaitement assorti à notre
personne.

Après deux jours de réquisitions dans toutes les fermes de la plaine, la caravane
des ânes se trouva enfin organisée, et nous nous mîmes en route. Nous n'étions
séparés de Lha-Ssa que par une montagne; mais c'était, sans contredit, la plus

ardue et la plus escarpée de toutes celles que nous eussions rencontrées dans notre voyage Les Thibétains et les Mongols la gravissent avec une grande dévotion ; ils pré endent que ceux qui ont le bonheur d'arriver au sommet reçoivent la rémission complète de leurs péchés. Ce qu'il y a de certain, c'est que si cette montagne n'a pas le pouvoir de remettre les péchés, elle a du moins celui d'imposer une longue et rude pénitence à ceux qui la franchissent. Nous étions partis à une heure après minuit, et ce ne fut que vers dix heures du matin que nous atteignîmes le sommet. Nous fûmes contraints d'aller presque tout le temps à pied, tant il est difficile de se tenir à cheval parmi ces sentiers escarpés et rocailleux.

Le soleil était sur le point de se coucher, quand nous achevâmes de descendre les nombreuses spirales de la montagne. Nous débouchâmes dans une vallée, nous aperçûmes à notre droite Lha Ssa, cette célèbre métropole du monde bouddhique. Cette multitude d'arbres séculaires, qui entourent la ville comme d'une ceinture de feuillage ; ces grandes maisons blanches, terminées en plates-formes et surmontées de tourelles ; ces temples nombreux aux toitures dorées, ce Bouddha-La, au-dessus duquel s'élève le palais du Talé-Lama...., tout donne à Lha-Ssa, un aspect majestueux et imposant.

A l'entrée de la ville, les Mongols que nous avions connus en route, et qui nous avaient précédés de quelques jours, vinrent nous recevoir et nous inviter à mettre pied à terre dans un logement qu'ils nous avaient préparé. Nous étions au 29 janvier 1846 ; il y avait dix-huit mois que nous étions partis de la Vallée des Euax-Noires.

VI

Le lendemain de notre arrivée à Lha-Ssa, nous prîmes un guide thibétain et nous parcourûmes les divers quartiers de la ville, en quête d'un appartement à louer.

Après de longues investigations, nous choisîmes enfin un tout petit logement, qui faisait partie d'une grande maison où se trouvaient réunis une cinquantaine de locataires. Notre pauvre gîte était à l'étage supérieur ; on y montait par vingt-six degrés en bois, dépourvus de rampe, et tellement roides et étroits que pour obvier au désagrément de se casser le cou, il était extrêmement prudent de s'aider des pieds et des mains. Notre appartement se composait d'une grande chambre carrée et d'un petit corridor auquel nous donnions le nom de cabinet. La chambre était éclairée, au nord-est, par une étroite fenêtre garnie de trois épais barreaux en bois, et au zénith par une lucarne ronde percée au toit ; ce dernier trou servait à beaucoup de choses : d'abord il donnait entrée au jour, au vent, à la pluie et à la neige ; en second lieu il laissait sortir la fumée qui s'élevait de notre foyer. Afin de se mettre à l'abri de la froidure de l'hiver, les Thibétains ont imaginé de placer, au milieu de leurs chambres, un petit bassin en terre cuite où l'on fait brûler des argols. Comme ce combustible est souvent sujet à répandre beaucoup plus de fumée que de chaleur, quand on a envie de se chauffer, on comprend tout l'avantage d'avoir une lucarne au-dessus de sa tête : ce trou inappréciable nous donnait la possibilité d'allumer un peu de feu, sans courir risque d'être étouffés par la fumée. Il y avait bien, dans tout cela, le petit inconvénient de recevoir de temps à autre la pluie ou la neige sur son dos ; mais, quand on a mené la vie nomade, on ne s'arrête pas à si peu de chose. La chambre avait pour ameublement deux peaux de bouc étendues à droite et à gauche de notre plat à feu, puis deux selles de cheval, notre tente de voyage, quelques vieilles paires de bottes, deux malles disloquées, trois robes déchirées suspendues à des clous, nos couvertures de nuit roulées les unes dans les autres, et une grande provision de bouse sèche empilée dans un coin. Comme on voit, nous nous trouvions du premier coup tout à fait au niveau de la civilisation thibétaine. Le cabinet, où s'élevait un magnifique fourneau en maçonnerie, nous tenait lieu de cuisine et d'office ; nous y avions installé Samdadchiemba, qui après avoir résigné son emploi de chamelier, cumulait les fonctions de cuisinier, de maître d'hôtel et de palefrenier. Nos deux chevaux blancs étaient logés dans un recoin de la cour, et se reposaient de leur pénible et glorieuse campagne, en attendant l'occasion de passer à de nouveaux maîtres ; ces pauvres bêtes étaient tellement exténuées, que nous ne pouvions convenablement les mettre en vente, avant qu'il leur eût repoussé un peu de chair entre la peau et les os.

Aussitôt que nous eûmes organisé notre maison, nous nous occupâmes de visiter en détail la capitale du Thibet, et de faire connaissance avec ses nombreux habitants. Lha-Ssa n'est pas une grande ville ; elle a tout au plus deux lieues de tour ; elle n'est pas enfermée, comme les villes de Chine, dans une enceinte de remparts. On prétend qu'autrefois elle en avait, mais qu'ils furent entièrement détruits dans une guerre que les Thibétains eurent à soutenir contre les Indiens du Boutan ; aujourd'hui on n'en retrouve pas les moindres vestiges. En dehors des faubourgs, on voit un grand nombre de jardins plantés de grands arbres, qui font à la ville un magnifique entourage de verdure. Les principales rues de Lha-Ssa sont très larges, bien alignées et assez propres, du moins quand il ne pleut pas ; les faubourgs sont d'une saleté révoltante et inexprimable. Les maisons, comme nous l'avons déjà dit, sont généralement grandes, élevées et d'un bel aspect ; elles sont construites les unes en pierres, les autres en briques, et quelques-unes en terre ; mais elles sont toujours blanchies avec tant de soin qu'elles paraissent avoir toutes la même valeur. Dans les faubourgs, il existe un quartier dont les maisons sont entièrement bâties avec des cornes de bœufs et de moutons : ces bizarres constructions sont d'une solidité extrême, et présentent à la vue un aspect assez agréable. Les cornes de bœufs étant lisses et blanchâtres, et celles des moutons étant au contraire noires et raboteuses, ces matériaux étranges se prêtent merveil-leusement à une foule de combinaisons, et forment sur les murs des dessins d'une variété infinie ; les interstices qui se trouvent entre les cornes sont remplis avec du mortier : ces maisons sont les seules qui ne soient pas blanchies. Les Thibétains ont le bon goût de les laisser au naturel, sans prétendre rien ajouter à leur sauvage et fantastique beauté. Il serait superflu de faire remarquer que les habitants de Lha-Ssa font une assez grande consommation de bœufs et de moutons ; leurs maisons en cornes en sont une preuve incontestable.

Les temples bouddhiques sont les édifices les plus remarquables de Lha-Ssa.

Nous n'en ferons pas ici la description parce qu'ils ressemblent tous à peu près à ceux dont nous avons eu déjà occasion de parler. Il y a seulement à remarquer qu'ils sont plus grands, plus riches, et recouverts de dorures avec plus de profusion.

Le palais du Talé-Lama mérite, à tous égards, la célébrité dont il jouit dans le monde entier. Vers la partie septentrionale de la ville et tout au plus à un quart d'heure de distance, il existe une montagne rocheuse, peu élevée, et de forme conique. Elle s'élève au milieu de cette large vallée comme un îlot isolé au-dessus d'un immense lac. Cette montagne porte le nom de Bouddha-La, c'est-à-dire montagne de Bouddha, montagne divine; c'est sur ce socle grandiose, préparé par la nature que les adorateurs du Talé-Lama ont édifié un palais magnifique où réside en chair et en os leur divinité vivante. Ce palais est une réunion de plusieurs temples, de grandeur et de beauté différentes; celui qui occupe le centre est élevé de quatre étages, et domine tous les autres; il est terminé par un dôme entièrement recouvert de larmes d'or, et entouré d'un grand péristyle dont les colonnes sont également dorées. C'est là que le Talé-Lama a fixé sa résidence; du haut de ce sanctuaire élevé, il peut contempler, aux jours des grandes solennités, ses adorateurs innombrables se mouvant dans la plaine, et venant se prosterner au pied de la montagne divine. Les palais secondaires, groupés autour du grand temple, servent de demeures à une foule de Lamas de tout ordre, dont l'occupation continuelle est de servir le Bouddha vivant et de lui faire la cour. Deux belles avenues bordées de grands arbres conduisent de Lha-Ssa au Bouddha-La; on y voit toujours un grand nombre de pèlerins étrangers, déroulant entre leurs doigts leur long chapelet bouddhique, et des Lamas de la cour revêtus d'habits magnifiques et montés sur des chevaux richement harnachés. Il règne continuellement aux alentours du Bouddha-La, une grande activité; mais en général tout le monde y est grave et silencieux; les pensées religieuses paraissent préoccuper tous les esprits.

Dans l'intérieur de la ville, l'allure de la population offre un caractère tout différent; on crie, on s'agite, on se presse, et chacun s'occupe avec ardeur de vendre ou d'acheter. Le commerce et la dévotion attirent sans cesse à Lha-Ssa un grand nombre d'étrangers, et font de cette ville comme le rendez-vous de tous les peuples asiatiques; les rues sont sans cesse encombrées de pèlerins et de marchands, parmi lesquels on remarque une étonnante variété de physionomies de costumes et d'idiomes. Cette immense multitude est en grande partie flottante, et se renouvelle tous les jours. La population fixe de Lha-Ssa se compose de Thibétains, de Pébouns, de Katchi et de Chinois.

Les Thibétains appartiennent à la grande famille qu'on a coutume de désigner par le nom de race mongole; ils ont les cheveux noirs, la barbe peu fournie, les yeux petits et bridés, les pommettes des joues saillantes, le nez court, la bouche largement fendue, et les lèvres amincies; leur teint est légèrement basané : cependant, dans la classe élevée, on trouve des figures aussi blanches qu'en Europe. Les Thibétains sont de taille moyenne; à l'agilité et à la souplesse des Chinois, ils joignent la force et la vigueur des Tartares. Les exercices gymnastiques, et surtout la danse, paraissent faire leurs délices ; leur démarche est cadencée et pleine de légèreté. Quand ils vont dans les rues, on les entend fredonner sans cesse des prières ou des chants populaires ; ils ont de la générosité et de la franchise dans le caractère ; braves à la guerre, ils affrontent la mort avec courage ; ils sont aussi religieux, mais moins crédules que les Tartares. La propriété est peu en honneur parmi eux ; ce qui ne les empêche pas d'aimer beaucoup le luxe et les habits somptueux.

Les Thibétains ne se rasent pas la tête ; ils laissent flotter leurs cheveux sur les épaules, se contentant de les raccourcir de temps en temps avec des ciseaux. Les élégants de Lha-Ssa ont depuis peu d'années adopté la mode de les tresser à la manière des Chinois, et d'attacher ensuite au milieu de leur tresse des joyaux en or, ornés de pierres précieuses et de grains de corail. Leur coiffure ordinaire est une toque bleue avec un large rebord en velours noir, surmontée d'un pompon rouge ; aux jours de fêtes, ils portent un grand chapeau rouge, assez semblable pour la forme au béret basque ; il est seulement plus large, et orné sur les bords de franges longues et touffues. Une large robe agrafée au côté droit par quatre crochets, et serrée aux reins par une ceinture rouge ; enfin des bottes en drap rouge ou violet, complètent le costume simple, et pourtant assez gracieux des Thibétains. Ils suspendent ordinairement à leur ceinture un sac en taffetas jaune, renfermant leur inséparable écuelle de bois, et deux petites bourses de forme ovale et richement brodées, qui ne contiennent rien du tout et servent uniquement de parure.

Les femmes thibétaines ont un habillement à peu près semblable à celui des hommes ; par dessus leur robe, elles ajoutent une tunique courte et bigarrée de diverses couleurs ; elles divisent leurs cheveux en deux tresses, qu'elles laissent pendre sur leurs épaules. Les femmes de classe inférieure sont coiffées d'un petit bonnet jaune, assez semblable au bonnet de la liberté qu'on portait sous la république française. Les grandes dames ont pour tout ornement de tête une élégante et gracieuse couronne, fabriquée avec des perles fines. Les femmes thibétaines se soumettent dans leur toilette à un usage ou plutôt à une règle incroyable et sans doute unique dans le monde : avant de sortir de leurs maisons, elles se frottent le visage avec une espèce de vernis noir et gluant, assez semblable à de la confiture de raisin. Comme elles ont pour but de se rendre laides et hideuses, elles répandent sur leur face ce fard dégoûtant à tort et à travers, et se barbouillent de manière à ne plus ressembler à des créatures humaines.

Dans le Thibet, les femmes jouissent d'une grande liberté. Au lieu de végéter emprisonnées au fond de leurs maisons, elles mènent une vie laborieuse et pleine d'activité. Outre qu'elles sont chargées des soins du ménage, elles concentrent entre leurs mains tout le petit commerce. Ce sont elles qui colportent les marchandises de côté et d'autre, les étalent dans les rues et tiennent presque toutes les boutiques de détail. Dans la campagne, elles ont aussi une grande part aux travaux de la vie agricole.

Les hommes, quoique moins laborieux et moins actifs que les femmes, sont loin pourtant de passer leur vie dans l'oisiveté. Ils s'occupent spécialement de la filature et du tissage des laines. Les étoffes qu'ils fabriquent portent le nom de *Pou-Lou*; elles sont très étroites, et d'une grande solidité; leurs qualités varient d'une manière étonnante. On trouve, dans leurs fabriques, depuis le drap le plus grossier et le plus velu, jusqu'au mérinos le plus beau et le plus fin qu'on puisse imaginer. D'après une règle de la réforme bouddhique, tous les Lamas doivent être habillés de pou-lou rouge. Il s'en fait une grande consommation dans le Thibet, et les caravanes en emportent une quantité considérable dans le nord de la Chine et dans la Tartarie. Le pou-lou le plus grossier se vend à vil prix, mais celui qui est de qualité supérieure est d'une cherté excessive.

Les bâtons d'odeur si célèbres en Chine sous le nom de *Tsan-Hiang*, parfums du Thibet, sont pour les habitants de Lha-Ssa un objet de commerce assez important. On les fabrique avec la poudre de divers arbres aromatiques, à laquelle on mélange du musc et de la poussière d'or. Avec tous ces ingrédients, on élabore une pâte de couleur violette, qu'on moule ensuite en petits bâtons cylindriques ayant la longueur de trois ou quatre pieds. On les brûle dans les lamaseries et devant les idoles qu'on honore dans l'intérieur des maisons. Quand ces bâtons d'odeur sont allumés, ils se consument lentement sans jamais s'éteindre, et répandent au loin un parfum d'une douceur exquise. Les marchands thibétains qui se rendent tous les ans à Pékin, à la suite de l'ambassade, en exportent des quantités considérables et les vendent à un prix exorbitant. Les Chinois du nord falsifient les bâtons d'odeur, et les livrent au commerce sous le nom de *Tsan-Hiang*; mais ils ne peuvent soutenir la comparaison avec ceux qui viennent du Thibet.

Les Thibétains n'ont pas de porcelaine; ils fabriquent néanmoins des poteries de tout genre avec une rare perfection. Comme nous l'avons déjà fait observer ailleurs, toute leur vaisselle consiste en une simple écuelle de bois, que chacun porte cachée dans son sein, ou suspendue à sa ceinture dans une bourse de luxe. Ces écuelles sont faites avec les racines de certains arbres précieux qui croissent sur les montagnes du Thibet. Elles sont de forme gracieuse, mais simples et sans ornements. On se contente de les enduire d'un léger vernis, qui ne fait disparaître ni leur couleur naturelle, ni les marbrures formées par les veines du bois. Dans le Thibet tout entier, depuis le mendiant le plus misérable jusqu'au Thalé-Lama, tout le monde prend ses repas dans une écuelle de bois. Il est vrai que les Thibétains ne confondent pas indistinctement les écuelles entre elles, comme nous serions tentés de le faire, nous autres Européens. On doit donc savoir qu'il y a écuelle et écuelle; il y en a qu'on achète pour quelques pièces de monnaie et d'autres dont le prix va jusqu'à cent onces d'argent, à peu près mille francs; et si l'on nous demande quelle différence nous avons remarquée entre ces diverses qualités d'écuelles en bois, nous répondrons, la main sur la conscience, que toutes nous ont parues à peu près de même valeur, et qu'avec la meilleure volonté du monde, il nous a toujours été impossible de saisir entre elles une différence de quelque importance. Les écuelles de première qualité, disent les Thibétains, ont la vertu de neutraliser les poisons.

Quelques jours après notre arrivée à Lha-Ssa, désireux que nous étions de remonter un peu notre vaisselle déjà bien vieille et bien avariée, nous entrâme dans une boutique d'écuelles. Une Thibétaine au visage richement vernissé de noir était au comptoir. Cette dame, jugeant à notre mine tant soit peu exotique et étrange que nous étions, sans doute, des personnages de haute distinction, ouvrit un tiroir et en exhiba deux petites boîtes artistement façonnées, dans chacune desquelles était contenue une écuelle trois fois enveloppée dans du papier soyeux. Après avoir examiné la marchandise avec une sorte d'anxiété, nous demandâmes le prix. *Tchik-la, gatsé-ré?* Combien chacune? « Excellence, cinquante onces d'argent la pièce. » A peine eûmes-nous entendu ces paroles foudroyantes, que nos oreilles se mirent à bourdonner, et qu'il nous sembla que tout tournoyait dans la boutique. Avec toute notre fortune, nous eussions pu, tout au plus, acheter quatre écuelles en bois! Quand nous fûmes un peu revenus de notre saisissement, nous replaçâmes avec respect les deux précieuses gamelles dans leurs boîtes respectives, et nous passâmes en revue les nombreuses collections qui étaient étalées sans façon sur les rayons de la boutique. « Et celles-ci, combien la pièce? Tchik-la, gatsé-ré? — Excellence, une paire pour une once d'argent. » Nous payâmes sur-le-champ une once d'argent, et nous emportâmes nos deux écuelles avec une joie triomphante; car elles nous paraissaient absolument semblables à celles qui valaient 5oo francs pièce... De retour au logis, le maître de la maison, à qui nous nous hâtâmes de montrer notre emplette, nous dit que, pour une once d'argent, on pouvait avoir au moins quatre écuelles de cette façon.

Les pou-lou, les bâtons odorants et les écuelles en bois sont les trois principales branches d'industrie que les Thibétains exploitent avec quelque succès. Pour tout le reste, ils travaillent mal ou médiocrement, et les grossiers produits de leurs arts et métiers ne méritent pas d'être mentionnés. Leurs productions agricoles n'offrent non plus rien de remarquable. Le Thibet, presque entièrement recouvert de montagnes et sillonné de torrents impétueux, fournit à ses habitants peu de terres cultivables. Il n'y a guère que les vallées qu'on puisse ensemencer avec quelque espérance d'avoir une moisson à recueillir. Les Thibétains cultivent peu le froment, et encore moins le riz. La principale récolte est en *Tsing-Kou*, ou orge noire, dont on fait le *tsamba*, base alimentaire de toute la population thibétaine, riche ou pauvre. La ville de Lha-Ssa est abondamment approvisionnée de moutons, de chevaux et de bœufs grognants. On y vend aussi d'excellents poissons frais, et de la viande de porc dont le goût est exquis. Mais, le plus souvent, tout cela est très cher et hors de la portée du bas peuple. En somme, les Thibétains vivent très mal. D'ordinaire, leurs repas se composent uniquement de thé beurré et de tsamba, qu'on pétrit grossièrement avec les doigts. Les plus riches suivent le même régime; et c'est vraiment pitié de les voir façonner une nourriture si misérable, dans une écuelle qui a coû é quelquefois cent onces d'argent. La viande, quand on en a, se mange hors des repas; c'est une affaire de pure fantaisie. Cela se pratique à peu près comme ailleurs, on mange par gourmandise des fruits ou quelque légère pâtisserie. On sert ordinairement deux plats, l'un de viande bouillie et l'autre de viande crue; les Thibétains dévorent l'une et l'autre avec un égal appétit, sans qu'il soit besoin qu'aucun genre d'assaisonnement leur vienne en aide. Ils ont pourtant le bon esprit de ne pas manger sans boire. Ils remplissent de temps en temps leur écuelle chérie d'une liqueur aigrelette faite avec de l'orge fermentée, et dont le goût est assez agréable.

Le Thibet, si pauvre en produits agricoles et manufacturés, est riche en métaux au delà de tout ce qu'on peut imaginer ; l'or et l'argent s'y recueillent avec une si grande facilité, que les simples bergers eux-mêmes connaissent l'art de purifier ces métaux précieux. On les voit quelquefois, au fond des ravins, ou aux anfractuosités des montagnes, accroupis à côté d'un feu d'argols de chèvre et s'amusant à purifier dans des creusets la poudre d'or qu'ils ont recueillie çà et là, en faisant paître leurs troupeaux. Il résulte de cette grande abondance de métaux que les espèces sont de peu de valeur, et par suite, les denrées se maintiennent toujours à un prix très élevé. Le système monétaire des Thibétains ne se compose que de pièces d'argent ; elles sont un peu plus grandes, mais moins épaisses que nos pièces d'un franc. D'un côté elles portent des inscriptions en caractères thibétains, farsis ou indiens ; de l'autre elles ont une couronne composée de huit petites fleurs rondes. Pour la facilité du commerce, on fractionne ces pièces de monnaie, de telle sorte que le nombre des fleurettes restant sur le fragment en détermine la valeur. La pièce entière se nomme *Tchan-Ka*. Le *Tché-Piché* est une moitié du Tchan Ka, et par conséquent n'a que quatre fleurettes. Le *Cho Kan* en a cinq, et le *Kagan* trois. Dans les grandes opérations commerciales, on se sert de lingots d'argent, qu'on pèse avec une balance romaine graduée d'après le système décimal. Les Thibétains comptent, le plus souvent, sur leur chapelet ; quelques-uns, et surtout les marchands, se servent du *souan-pan* chinois ; les savants, enfin, opèrent avec les chiffres que nous nommons arabes, et qui paraissent être très anciens dans le Thibet. Nous avons vu plusieurs livres lamaïques manuscrits, renfermant des tableaux et des figures astronomiques, représentés avec des chiffres arabes. La pagination de ces livres était pareillement marquée avec ces mêmes caractères. Quelques-uns de ces chiffres ont avec ceux dont on se sert en Europe, une légère différence.

Parmi les étrangers qui constituent la population fixe de Lha-Ssa, les Pébouns sont les plus nombreux. Ce sont des Indiens venus du côté de Boutan, par delà les monts Himalaya. Ils sont petits, vigoureux, et d'une allure pleine de vivacité ; ils ont la figure plus arrondie que les Thibétains ; leur teint est fortement basané, leurs yeux sont petits, noirs et malins ; ils portent au front une tache de rouge ponceau, qu'ils renouvellent tous les matins. Ils sont toujours vêtus d'une robe en pou-lou violet, et coiffés d'un petit bonnet en feutre, de la même couleur, mais un peu plus foncée. Quand ils sortent, ils ajoutent à leur costume une longue écharpe rouge, qui fait deux fois le tour du cou, comme un grand collier, et dont les deux extrémités sont rejetées par-dessus les épaules.

Les Pébouns sont les seuls ouvriers métallurgistes de Lha-Ssa. C'est dans leur quartier qu'il faut aller chercher les forgerons, les chaudronniers, les plombiers, les étameurs, les fondeurs, les orfèvres, les bijoutiers, les mécaniciens, même les physiciens et les chimistes. Leurs ateliers et leurs laboratoires sont un peu souterrains. On y entre par une ouverture basse et étroite ; et avant d'y arriver, il faut descendre trois ou quatre marches. Sur toutes les portes de leurs maisons, on voit une peinture représentant un globe rouge, et au-dessous un croissant blanc. Evidemment, cela signifie le soleil et la lune. Mais à quoi cela fait-il encore allusion? C'est ce dont nous avons oublié de nous informer.

On rencontre parmi les Pébouns des artistes très distingués en fait de métallurgie. Ils fabriquent des vases en or et en argent pour l'usage des lamaseries, et des bijoux de tout genre, qui certainement ne feraient pas déshonneur à des artistes européens. Ce sont eux qui font aux temples bouddhiques ces belles toitures en lames dorées, qui résistent à toutes les intempéries des saisons, et conservent toujours une fraîcheur et un éclat merveilleux. Ils sont si habiles pour ce genre d'ouvrage, qu'on vient les chercher du fond de la Tartarie pour orner les grandes lamaseries. Les Pébouns sont encore les teinturiers de Lha-Ssa. Leurs couleurs sont vives et persistantes ; leurs étoffes peuvent s'user, mais jamais se décolorer. Il ne leur est permis de teindre que les pou-lou. Les étoffes qui viennent des pays étrangers doivent être employées telles qu'elles sont ; le gouvernement s'oppose absolument à ce que les teinturiers exercent sur elles leur industrie. Il est probable que cette prohibition a pour but de favoriser le débit des étoffes fabriquées à Lha-Ssa.

Les Pébouns ont le caractère extrêmement jovial et enfantin ; aux moments de repos, on les voit toujours rire et folâtrer ; pendant les heures de travail, ils ne cessent jamais de chanter. Leur religion est le bouddhisme indien. Quoiqu'ils ne suivent pas la réforme de Tsong-Kaba, ils sont pleins de respect pour les cérémonies et les pratiques lamaïques. Ils ne manquent jamais, aux jours de grande solennité, d'aller se prosterner aux pieds du Bouddha-La, et d'offrir leurs adorations au Talé-Lama.

Après les Pébouns, on remarque à Lha-Ssa les Katchi, ou Musulmans originaires de Kachemir. Leur turban, leur grande barbe, leur démarche grave et solennelle, leur physionomie pleine d'intelligence et de majesté, la propreté et la richesse de leurs habits : tout en eux contraste avec les peuples de race inférieure auxquels ils se trouvent mêlés. Ils ont, à Lha-Ssa, un gouverneur duquel ils dépendent immédiatement, et dont l'autorité est reconnue par le gouvernement thibétain. Ce gouverneur est en même temps chef de la religion musulmane. Ses compatriotes le considèrent, sur cette terre étrangère, comme leur pacha et leur mufti.

Les Katchi sont les plus riches marchands de Lha-Ssa; ce sont eux qui tiennent les magasins de lingerie et tous les objets de luxe et de toilette; ils sont, en outre, agents de change, et trafiquent sur l'or et l'argent. De là vient qu'on trouve presque toujours des caractères farsis sur les monnaies thibétaines. Tous les ans, quelque-uns d'entre eux se rendent à Calcutta pour des opérations commerciales; les Katchi sont les seuls à qui l'on permette de passer les frontières, pour se rendre chez les Anglais; ils partent munis d'un passeport du Talé-Lama, et une escorte thibétaine les accompagne jusqu'au pied des Himalaya. Les objets qu'ils rapportent de Calcutta se réduisent à bien peu de chose : ce sont des rubans, des galons, des couteaux, des ciseaux, quelques autres articles de quincaillerie, et un petit assortiment de toiles de coton ; les soieries et les draps qu'on trouve dans leurs magasins, et qui ont à Lha-Ssa un assez grand débit, leur viennent de Pékin par les caravanes ; les draps sont russes, et par conséquent leur viennent à bien meilleur marché que ceux qu'ils pourraient acheter à Calcutta.

Les Katchi ont à Lha-Ssa une mosquée, et sont rigides observateurs de la loi de Mahomet ; ils professent ostensiblement leur mépris pour toutes les pratiques superstitieuses des Bouddhistes. Parce qu'ils ne se prosternent pas devant le Talé-Lama, et ne vont pas prier dans les lamaseries tout le monde dit que ce sont des impies. Cependant, comme, en général, ils sont riches et puissants, on se range dans les rues pour les laisser passer, et chacun leur tire la langue en signe de respect. Dans le Thibet, quand on veut saluer quelqu'un, on se découvre la tête, on tire la langue, et on se gratte l'oreille droite ; ces trois opérations se font en même temps.

Les Chinois qu'on voit à Lha-Ssa sont pour la plupart soldats ou employés dans les tribunaux ; ceux qui demeurent fixés dans cette ville sont en très petit nombre. A toutes les époques, les Chinois et les Thibétains ont eu ensemble des relations plus au moins importantes ; souvent ils se sont fait la guerre, et ont cherché à empiéter sur les droits les uns des autres. La dynastie tartare-mandchoue, comme nous l'avons déjà remarqué ailleurs, a compris dès le commencement de son élévation, combien il lui était important de se ménager l'amitié du Talé-Lama, dont l'influence est toute-puissante sur les tribus mongoles. En conséquence, elle n'a jamais manqué d'avoir à la cour de Lha-Ssa deux grands mandarins révêtus du titre de *Kin-Tchaï*, c'est-à-dire, ambassadeur ou délégué extraordinaire. Ces personnages ont pour mission avouée de présenter, dans certaines circonstances déterminées les hommages de l'empereur chinois au Talé-Lama, et de lui prêter l'appui de la Chine dans les difficultés qu'il pourrait avoir avec ses voisins. Tel est, en apparence, le but de cette ambassade permanente ; mais, au fond, elle n'est là que pour flatter les croyances religieuses des Mongols et les rallier à la dynastie régnante, en leur faisant croire que le gouvernement de Pékin a une grande dévotion pour la divinité du Bouddha-La. Un autre avantage de cette ambassade, c'est que les deux Kin-Tchaï peuvent facilement, à Lha-Ssa, surveiller les mouvements des peuples divers qui avoisinent l'empire, et en donner avis à leur gouvernement.

Les forces militaires que les Chinois entretiennent dans le Thibet sont peu considérables. Depuis le Sse-Tchouen jusqu'à Lha-Ssa, ils ont d'étape en étape quelques misérables corps de garde, destinés à favoriser le passage des courriers de l'empereur. Dans la ville même de Lha-Ssa, leur garnison se compose de quelques centaines de soldats, dont la présence contribue à relever et à protéger la position des ambassadeurs. De Lha-Ssa, en allant vers le sud jusqu'au Boutan, ils ont encore une ligne de corps de garde, assez mal entretenus. Sur les frontières, ils gardent, conjointement avec des troupes thibétaines, les hautes montagnes qui séparent le Thibet des premiers postes anglais. Dans les autres parties du Thibet, il n'y a pas de Chinois ; l'entrée leur en est sévèrement interdite.

Les soldats et les mandarins chinois établis dans le Thibet sont à la solde du gouvernement de Pékin; ils restent ordinairement trois ans dans le pays; quand ce temps est écoulé, on leur envoie des remplaçants, et ils rentrent dans leurs provinces respectives. Il en est pourtant un certain nombre, qui, après avoir terminé leur service, obtiennent la permission de se fixer à Lha-Ssa, ou dans les villes situées sur la route de Sse-Tchouen. Les Chinois de Lha-Ssa sont peu nombreux; il serait assez difficile de dire à quel genre de spécialité ils se livrent pour faire fortune. En général, ils sont un peu de tous les états, et savent toujours trouver mille moyens pour faire passer dans leur bourse les tchan ka des Thibétains. Il en est plusieurs qui prennent une épouse dans le pays; mais les liens du mariage sont incapables de les fixer pour la vie dans leur patrie adoptive. Après un certain nombre d'années, quand ils jugent qu'ils ont fait des économies assez abondantes, ils s'en retournent tout bonnement en Chine, et laissent là leurs femmes et leurs enfants, à l'exception toutefois des garçons, qu'ils auraient scrupule d'abandonner. Les Thibétains redoutent les Chinois, les Katchi les méprisent, et les Pébouns se moquent d'eux.

Parmi les nombreuses classes d'étrangers qui séjournent ou qui ne font que passer à Lha-Ssa, il n'y en avait aucune à laquelle nous eussions l'air d'appartenir; nous ne ressemblions à personne. Aussi, dès les premiers jours de notre arrivée, nous aperçûmes-nous que l'étrangeté de notre physionomie attirait l'attention de tout le monde. Quand nous passions dans les rues, on nous examinait avec étonnement, et puis on faisait, à voix basse, de nombreuses hypothèses sur notre nationalité.

Tous ces doutes sur le lieu de notre origine furent d'abord assez amusants; mais ils devinrent bientôt graves et sérieux. Des esprits mal tournés allèrent s'imaginer que nous ne pouvions être que Russes ou Anglais; on finit même assez généralement par nous honorer de cette dernière qualification. On disait, sans trop se gêner, que nous étions des *Pélins de Calcutta*, que nous étions venus pour examiner les forces du Thibet, dresser des cartes de géographie, et chercher les moyens de nous emparer du pays. Tout préjugé national à part, il était très fâcheux pour nous qu'on nous prît pour des sujets de Sa Majesté Britannique. Un pareil quiproquo ne pouvait que nous rendre très impopulaires, et peut-être eût fini par nous faire écarteler; car les Thibétains, nous ne savons trop pourquoi, se sont mis dans la tête que les Anglais sont un peuple envahisseur et dont il faut se défier.

Pour couper court à tous les bavardages qui circulaient sur notre compte, nous prîmes la résolution de nous conformer à un règlement en vigueur à Lha-Ssa, et qui prescrit à tous les étrangers qui veulent séjourner dans la ville, pendant quelque temps, d'aller se présenter aux autorités. Nous allâmes donc trouver le chef de la police, et nous lui déclarâmes que nous étions du ciel d'Occident, d'un grand royaume appelé la France, et que nous étions venus dans le Thibet pour y prêcher la religion chrétienne dont nous étions ministres. Le personnage à qui nous fîmes cette déclaration fut sec et impassible comme un bureaucrate. Il tira flegmatiquement son poinçon de bambou de derrière l'oreille, et se mit à écrire, sans réflexion aucune, ce que nous venions de lui dire. Il se contenta de répéter deux ou trois fois entre les dents les mots *France* et *religion chrétienne*, comme un homme qui ne sait pas trop de quoi on veut lui parler. Quand il eut achevé d'écrire, il essuya à ses cheveux son poinçon encore imbibé d'encre, et le réinstalla derrière l'oreille droite en nous disant : « *Yak poré* (c'est bien). — *Témou chu* (demeure en paix), » lui répondîmes-nous; et après lui avoir tiré la langue, nous sortîmes tout enchantés de nous être mis en règle avec la police. Nous circulâmes dès lors dans les rues de Lha-Ssa d'un pas plus ferme, plus assuré, et sans tenir aucun compte des propos qui bourdonnaient incessamment à nos oreilles.

Nous avons déjà parlé des nombreuses et frappantes analogies qui existent entre les rites lamaïques et le culte catholique. Rome et Lha-Ssa, le Pape et le Talé-Lama pourraient encore nous fournir des rapprochements pleins d'intérêt. Le gouvernement thibétain, étant purement lamaïque, paraît, en quelque sorte, être calqué sur le gouvernement ecclésiastique des Etats pontificaux. Le Talé-Lama est le chef politique et religieux de toutes les contrées du Thibet; c'est dans ses mains que réside toute puissance législative, exécutive et administrative. Le droit coutumier et certains règlements, laissés par Tsong-Kaba, servent à le diriger dans l'exercice de son immense autorité. Quand le Talé-Lama meurt, ou pour parler le langage des Bouddhistes, quand il transmigre, on élit un enfant qui doit continuer la personnification indestructible du Bouddha vivant : cette élection se fait par la grande assemblée des *Lamas-Houtouktou*, dont la dignité sacerdotale n'est inférieure qu'à celle du Talé-Lama. Plus bas, nous entrerons dans quelques détails sur la forme et les règles de cette singulière élection. Comme le Talé-Lama est non seulement le souverain politique et religieux des Thibétains, mais encore leur Dieu visible, on comprend qu'il ne pourrait, sans compromettre gravement sa divinité, descendre des hauteurs de son sanctuaire, et se mêler à tout propos des choses humaines. Il s'est donc réservé les affaires de majeure importance, se contentant de régner beaucoup et de gouverner très peu. Au reste, l'exercice de son autorité dépend uniquement de son goût et de son bon plaisir. Il n'y a ni charte ni constitution pour contrôler sa manière de faire.

Après le Talé-Lama, que les Thibétains nomment aussi quelquefois *Kian-Ngan-Remboutchi* (souverain trésor), vient le *Nomekhan* ou empereur spirituel. Les Chinois lui donnent le nom de *Tsan Wang*, roi du Thibet. Ce personnage est nommé par le Talé-Lama, et doit être toujours choisi parmi la classe des *Lamas-Chaberons*. Il conserve son poste pendant toute sa vie, et ne peut être renversé que par un coup d'Etat. Toutes les affaires du gouvernement dépendent du Nomekhan et de quatre ministres nommés *Kalons*. Les Kalons sont choisis par le Talé-Lama sur une liste de candidats formée par le Nomekhan : ils n'appartiennent pas à la tribu sacerdotale, et peuvent être mariés; la durée de leur pouvoir est illimitée. Quand ils se rendent indignes de leurs fonctions, le Nomekhan adresse un rapport au Talé-Lama, qui les casse, s'il le juge opportun.

Les provinces sont divisées en plusieurs principautés, qui sont gouvernées par des Lamas Houtouktou. Ces espèces de petits souverains ecclésiastiques reçoivent leur investiture du Talé-Lama, et reconnaissent son autorité suzeraine.

VII

Aussitôt après que nous nous fûmes présentés aux autorités thibétaines, en leur déclarant qui nous étions, et le but qui nous avait amenés à Lha-Ssa, nous profitâmes de la position semi-officielle que nous venions de nous faire, pour entrer en rapport avec les Lamas thibétains et tartares, et commencer enfin notre œuvre de Missionnaires. Un jour, que nous étions assis à côté de notre modeste foyer, nous entretenant de questions religieuses avec un Lama très versé dans la science bouddhique, voilà qu'un Chinois vêtu d'une manière assez recherchée se présente inopinément à nous : il se dit commerçant, et témoigne un vif désir d'acheter de nos marchandises. Nous lui répondîmes que nous n'avions rien à vendre. « Comment rien à vendre? — Non, rien; si ce n'est ces deux vieilles selles de cheval dont nous n'avons plus besoin. — Bon bon! c'est précisément ce qu'il me faut; j'ai besoin de selles; » et tout en examinant notre pauvre marchandise, il nous adresse mille questions sur notre pays et sur les lieux que nous avions visités avant d'arriver à Lha-Ssa... Bientôt arrivent un deuxième Chinois, puis un troisième, puis enfin deux Lamas enveloppés de magnifiques écharpes de soie. Tous ces visiteurs veulent nous acheter quelque chose; ils nous accablent de questions, et paraissent en même temps scruter avec inquiétude tous les recoins de notre chambre. Nous avons beau dire que nous ne sommes pas marchands, ils insistent... A défaut de soieries, de draperies ou de quincailleries, ils s'accommoderont volontiers de nos selles; ils les tournent et les retournent dans tous les sens; ils les trouvent tantôt magnifiques et tantôt abominables; enfin, après de longues tergiversations, ils partent en nous promettant de revenir.

La visite de ces cinq individus était faite pour nous donner à penser : leur façon d'agir et de parler n'avait rien de naturel. Quoique venus les uns après les autres, ils paraissaient s'entendre parfaitement, et marcher de concert vers un même but. Leur envie de nous acheter quelque chose n'était évidemment qu'un prétexte pour déguiser leurs intentions : ces gens étaient plutôt des escrocs ou des mouchards que de véritables marchands. « Attendons, dîmes-nous; demeurons en paix; plus tard, peut-être, nous verrons clair dans cette affaire. »

L'heure de dîner étant venue, nous nous mîmes à table, ou plutôt nous demeurâmes accroupis à côté de notre foyer, et nous découvrîmes la marmite, où bouillait depuis quelques heures une bonne tranche de bœuf grognant. Samdadchiemba, en sa qualité de majordome, la fit monter à la surface du liquide au moyen d'une large spatule en bois, puis la saisit avec ses ongles et la jeta précipitamment sur un bout de planche, où il la dépeça en trois portions égales : chacun prit une ration dans son écuelle, et à l'aide de quelques petits pains cuits sous la cendre, nous commençâmes tranquillement notre repas, sans trop nous préoccuper ni des escrocs ni des mouchards. Nous en étions au dessert, c'est-à-dire que nous en étions à rincer nos écuelles avec du thé beurré, lorsque les deux Lamas, prétendus marchands, reparurent. « Le régent, dirent-ils, vous attend à son palais, il veut vous parler. — Bon! est-ce que le régent, lui aussi, voudrait, par hasard, nous acheter nos vieilles selles? — Il n'est question ni de selles, ni de marchandises... Levez-vous promptement, et suivez-nous chez le régent. » Notre affaire n'était plus douteuse; le gouvernement avait envie de se mêler de nous; mais dans quel but? Était-ce pour nous faire du bien ou du mal? pour nous donner la liberté ou pour nous enchaîner? pour nous laisser vivre, ou pour nous faire mourir? C'était ce que nous ne savions pas, ce que nous ne pouvions prévoir. « Allons voir le régent, dîmes-nous, et pour tout le reste, à la volonté du bon Dieu! »

Après nous être revêtus de nos plus belles robes, et nous être coiffés de nos majestueux bonnets en peau de renard, nous dîmes à notre estafier : « Allons! — Et ce jeune homme? fit-il, en nous montrant du doigt Samdadchiemba, qui lui tournait les yeux d'une manière fort peu galante. — Ce jeune homme? c'est notre domestique; il gardera la maison pendant notre absence. — Ce n'est pas cela; il faut qu'il vienne aussi; le régent veut vous voir tous les trois. » Samdadchiemba secoua, en guise de toilette, sa grosse robe de peau de mouton, posa d'une façon très insolente une petite toque noire sur son oreille, et nous partîmes tous ensemble, après avoir cadenassé la porte de notre logis.

Nous allâmes au pas de charge pendant cinq ou six minutes, et nous arrivâmes au palais du premier Kalon, régent du Thibet. Après avoir traversé une grande cour, où se trouvaient réunis un grand nombre de Lamas et de Chinois, qui se mirent à chuchoter en nous voyant paraître, on nous fit arrêter devant une porte dorée dont les battants étaient entr'ouverts : l'introducteur passa par un petit corridor à gauche, et un instant après la porte s'ouvrit. Au fond d'un appartement orné avec simplicité, nous aperçûmes un personnage assis, les jambes croisées, sur un épais coussin recouvert d'une peau de tigre : c'était le régent. De la main droite il nous fit signe d'approcher. Nous avançâmes jusqu'à lui, et nous le saluâmes en mettant notre bonnet sous le bras. Un banc recouvert d'un tapis rouge était placé à notre droite; nous fûmes invités à nous y asseoir, ce que nous fîmes immédiatement. Pendant ce temps, la porte dorée avait été refermée, et il n'était resté dans la salle que le régent et sept individus qui se tenaient debout derrière lui, savoir : quatre Lamas au maintien modeste et composé; deux Chinois dont le regard était plein de finesse et de malice, et un personnage qu'à sa grande barbe, à son turban et à sa contenance brave, nous reconnûmes être un Musulman. Le régent était un homme d'une cinquantaine d'années; sa figure large, épanouie et d'une blancheur remarquable, respirait une majesté vraiment royale; ses yeux noirs, ombragés de longs cils, étaient intelligents et pleins de douceur. Il était vêtu d'une robe jaune doublée de martre zibeline; une boucle ornée de diamants était suspendue à son oreille gauche, et ses longs cheveux, d'un noir d'ébène, étaient ramassés au sommet de la tête, et retenus par trois petits peignes en or. Son large bonnet rouge, entouré de perles et surmonté d'une boule en corail, était déposé à côté de lui sur un coussin vert.

Aussitôt que nous fûmes assis, le régent se mit à nous considérer longtemps en silence et avec une attention minutieuse. Il penchait sa tête tantôt à droite, tantôt à gauche, et nous souriait d'une façon moitié moqueuse et moitié bienveillante. Cette espèce de pantomime nous parut, à la fin, si drôle que nous ne pûmes nous empêcher de rire. « Bon! dîmes-nous en français et à voix basse, ce monsieur paraît assez bon enfant; notre affaire ira bien. — Ah! dit le régent, d'un ton plein d'affabilité, quel langage parlez-vous? Je n'ai pas compris ce que vous avez dit. — Nous parlons le langage de notre pays. — Voyons, répétez à haute voix ce que vous avez prononcé tout bas. — Nous disions : Ce monsieur paraît assez bon enfant. — Vous autres, comprenez-vous ce langage? » ajouta-t-il en se tournant vers ceux qui se tenaient debout derrière lui. Ils s'inclinèrent tous ensemble, et répondirent qu'ils ne comprenaient pas. « Vous voyez, personne ici n'entend le langage de votre pays; traduisez vos paroles en thibétain. — Nous disions que, dans la physionomie du premier Kalon, il y avait beaucoup de bonté. — Ah! oui, vous trouvez que j'ai de la bonté? Cependant, je suis très méchant. N'est-ce pas que je suis très méchant? » demanda-t-il à ses gens. Ceux-ci se mirent à sourire, et ne répondirent pas. « Vous avez raison, continua le régent, je suis bon, car la bonté est le devoir d'un Kalon. Je dois être bon envers mon peuple, et aussi envers les étrangers. » Puis il nous fit un long discours auquel nous ne comprimes que fort peu de chose. Quand il eut fini, nous lui dîmes que, n'ayant pas assez d'habitude de la langue thibétaine, nous n'avions pas entièrement pénétré le sens de ses paroles. Le régent fit signe à un Chinois, qui avança d'un pas et nous traduisit sa harangue, dont voici le résumé : On nous avait fait appeler, sans avoir la moindre intention de nous molester. Les bruits contradictoires, qui, depuis notre arrivée à Lha-Ssa, circulaient sur notre compte, avaient déterminé le régent à nous interroger lui-même, pour savoir d'où nous étions. « Nous sommes du ciel d'Occident, dîmes-nous au régent. — De Calcutta? — Non, notre pays s'appelle la France. — Vous êtes sans doute du Peling? — Non, nous sommes Français. — Savez-vous écrire? — Mieux que parler. » Le régent se détourna, adressa quelques mots à un Lama qui disparut, et revint un instant après avec du papier, de l'encre et un poinçon en bambou. « Voilà du papier, nous dit le régent ; écrivez quelque chose. — Dans quelle langue? en thibétain? — Non, écrivez des caractères de votre pays. — L'un de nous prit le papier sur ses genoux et écrivit cette sentence : « Que sert à l'homme de conquérir le monde entier, s'il vient à perdre son âme? » — Ah! voilà des caractères de votre pays, je n'en avais jamais vu de semblables; et quel est le sens de cela ? » Nous écrivîmes la traduction en thibétain, en tartare et en chinois, et nous la lui fîmes passer. « On ne m'avait pas trompé, nous dit-il; vous êtes des hommes d'un grand savoir. Voilà que vous pouvez écrire dans toutes les langues, et vous exprimez des pensées aussi profondes que celles qu'on trouve dans les livres de prières. » Puis il répétait en branlant lentement la tête : *Que sert à l'homme de conquérir le monde entier, s'il vient à perdre son âme?*

Pendant que le régent et les personnages dont il était entouré s'extasiaient sur notre merveilleuse science on entendit tout à coup retentir, dans la cour du palais, les cris de la multitude et le bruit sonore du tam-tam chinois. « Voici l'ambassadeur de Pékin, nous dit le régent; il veut lui-même vous interroger. Dites-lui franchement ce qui vous concerne, et comptez sur ma protection ; c'est moi qui gouverne le pays. » Cela dit, il sortit, avec les gens de sa suite, par une petite porte dérobée, et nous laissa seuls au milieu de cette espèce de prétoire.

L'idée de tomber entre les mains des chinois nous fit d'abord une impression désagréable, et l'image de ces horribles persécutions, qui, à diverses époques, ont désolé les chrétientés de Chine, s'empara tout à coup de notre imagination ; mais nous fûmes bientôt rassurés, en réfléchissant que, seuls et isolés comme nous l'étions au milieu du Thibet nous ne pouvions compromettre personne. Cette pensée nous donna du courage. « Samdadchiemba, dîmes-nous à notre jeune néophyte, c'est maintenant qu'il faut montrer que nous sommes des braves, que nous sommes des chrétiens. Cette affaire ira peut-être loin; mais ne perdons jamais de vue l'éternité. Si l'on nous traite bien, nous remercierons le bon Dieu ; si l'on nous traite mal, nous le remercierons encore, car nous aurons le bonheur de souffrir pour la foi. Si l'on nous fait mourir, le martyre sera un beau couronnement de nos fatigues. Après seulement dix-huit mois de marche arriver au ciel, n'est-ce pas là un bon voyage? n'est-ce pas avoir du bonheur? Qu'en dis-tu, Samdadchiemba? — Moi, je n'ai jamais eu peur de la mort; si l'on me demande si je suis chrétien, vous verrez si je tremble! »

Ces excellentes dispositions de Samdadchiemba nous remplirent le cœur de joie, et dissipèrent complètement l'impression fâcheuse que cette mésaventure nous avait occasionnée. Nous fûmes un instant sur le point de prévoir les questions qu'on nous adresserait, et les réponses que nous aurions à y faire; mais nous repoussâmes ce conseil de la prudence humaine. Nous pensâmes que le moment était venu de nous en tenir strictement à ces paroles que Notre-Seigneur adressait à ses disciples : *Quand on vous conduira aux synagogues, aux magistrats et aux puissances, ne soyez point en peine de quelle manière vous répondrez, etc.* — Il fut seulement convenu qu'on saluerait le mandarin à la française, et qu'on ne se mettrait pas à genoux en sa présence. Nous pensâmes que, lorsqu'on a l'honneur d'être chrétien, missionnaire et Français, on peut sans orgueil se tenir debout devant un Chinois quelconque.

Après quelques moments d'antichambre, un jeune Chinois élégamment vêtu et plein de gracieuses manières, vint nous annoncer que Ki-Chan, grand ambassadeur du grand empereur de la Chine, nous attendait pour nous interroger. Nous suivîmes cet aimable appariteur, et nous fûmes introduits dans une salle ornée à la chinoise, où Ki-Chan était assis sur une estrade haute de trois pieds et recouverte de drap rouge. Devant lui était une petite table en laque noire, où l'on voyait une écritoire, des pinceaux, quelques feuilles de papier, et un vase en argent rempli de tabac à priser. Au-dessous de l'estrade, étaient quatre scribes, le reste de la salle était occupé par un grand nombre de Chinois et de Thibétains, qui avaient mis leurs beaux habits pour assister à la représentation.

Ki-Chan, quoique âgé d'une soixantaine d'années, nous parut plein de force et de vigueur. Sa figure est sans contredit la plus noble, la plus gracieuse et la plus spirituelle que nous ayons jamais rencontrée parmi les Chinois. Aussitôt que nous lui eûmes tiré notre chapeau, en lui faisant une courbette de la meilleure façon qu'il nous fut possible : « C'est bien, c'est bien, nous dit-il, suivez vos usages; on m'a dit que vous parlez correctement le langage de Pékin, je désire causer un instant avec vous. — Nous commettons beaucoup de fautes en parlant, mais ta merveilleuse intelligence saura suppléer à l'obscurité de notre parole. — En vérité, voilà du pur pékinois ! vous autres Français, vous avez une grande facilité pour toutes les sciences; vous êtes Français, n'est-ce pas ? — Oui, nous sommes Français. — Oh! je connais les Français; autrefois il y en avait beaucoup à Pékin, j'en voyais quelques-uns. — Tu as dû en connaître aussi à Canton, quand tu étais commissaire impérial. » Ce souvenir fit froncer le soucil à notre juge ; il puisa dans sa tabatière une abondante prise de tabac, et le renifla de très mauvaise humeur. « Oui, c'est vrai, j'ai vu beaucoup d'Européens à Canton.... Vous êtes de la religion du Seigneur du ciel, n'est-ce pas? — Certainement ; nous sommes même prédicateurs de cette religion. — Je le sais, je le sais; vous êtes, sans doute, venus ici pour prêcher cette religion? — Nous n'avons pas d'autre but. — Avez-vous déjà parcouru un grand nombre de pays? — Nous avons parcouru toute la Chine, toute la Tartarie, et maintenant, nous voici dans la capitale du Thibet. — Chez qui avez-vous logé, quand vous étiez en Chine? — Nous ne répondons pas à des questions de ce genre. — Et si je vous le commande? — Nous ne pourrons pas obéir. » Ici, le juge dépité frappa un rude coup de poing sur la table. « Tu sais, lui dîmes-nous, que les chrétiens n'ont pas peur; pourquoi donc chercher à nous intimider ? — Où avez-vous appris le chinois? — En Chine. — Dans quel endroit? — Un peu partout. — Et le Tartare, le savez-vous? où l'avez-vous appris? — En Mongolie, dans la Terre-des-Herbes. »

Après quelques autres questions insignifiantes, Ki-Chan, nous dit que nous devions être fatigués, et nous invita à nous asseoir. Changeant ensuite brusquement de ton et de manière, il s'adressa à Samdadchiemba, qui, le poing sur la hanche, s'était tenu debout un peu derrière nous. « Et toi, lui dit-il d'une voix sèche et courroucée, d'où es-tu? — Je suis du *Ki-Tou-Sse*. — Qu'est-ce que c'est que ce Ki-Tou-Sse? qui est-ce qui connaît cela? — Ki-Tou-Sse est dans le San-Tchouen. — Ah! tu es du San-Tchouen, dans la province du Kan-Sou!... Enfant de la nation centrale, à genoux! » — Samdadchiemba pâlit, son poing se détacha de la hanche, et son bras glissa modestement le long de la cuisse... « A genoux! » répéta le mandarin d'une voix vibrante. Samdadchiemba tomba à genoux, en disant : « A genoux, debout ou assis, ces positions me sont à peu près indifférentes : un homme de peine et de fatigue comme moi n'est pas accoutumé à ses aises. — Ah! tu es du Kan-Sou, dit le juge, en aspirant de grosses prises de tabac, ah! tu es du Kan-Sou, tu es un enfant de la nation centrale! C'est bien... Dans ce cas, c'est moi qui vais te traiter; ton affaire me regarde. Enfant de la nation centrale, réponds à ton père et à ta mère, et garde-toi d'éparpiller des mensonges. Où as-tu rencontré ces deux étrangers? comment t'es-tu attaché à leur service? » Samdadchiemba fit avec beaucoup d'aplomb une longue histoire de sa vie, qui parut assez intéresser l'auditoire; puis il raconta comment il nous avait connus en Tartarie, et quels avaient été les motifs qui l'avaient porté à nous suivre. Notre jeune néophite parla avec dignité, mais surtout avec une prudence à laquelle nous nous attendions peu. « Pourquoi es-tu entré dans la religion du Seigneur du ciel? ne sais-tu pas que le grand empereur le défend? — Je suis entré dans cette religion, parce qu'elle est la seule véritable. Comment aurais-je pu croire que le grand empereur proscrivait une religion qui ordonne de faire le bien et d'éviter le mal? — C'est vrai, la religion du Seigneur du ciel est sainte; je la connais. Pourquoi t'es-tu mis au service des étrangers? ne sais-tu pas que les lois le défendent? — Est-ce qu'un ignorant comme moi peut savoir qui est étranger ou qui ne l'est pas? Ces hommes ne m'ont jamais fait que du bien, ils m'ont toujours exhorté à la pratique de la vertu; pourquoi ne les aurais-je pas suivis? — Combien te donnent-ils pour ton salaire? — Si je les accompagne, c'est pour sauver mon âme, et non pas pour gagner de l'argent. Mes maîtres ne m'ont jamais laissé manquer ni de riz ni de vêtements; cela me suffit. — Es-tu marié? — Ayant été Lama avant d'entrer dans la religion du Seigneur du ciel, je n'ai jamais été marié. » Le juge adressa ensuite, en riant, une question inconvenante à Samdadchiemba, qui baissa la tête et garda le silence. L'un de nous se leva alors, et dit à Ki-Chan : « Notre religion défend non seulement de commettre des actions impures, mais encore d'y penser et d'en parler; il ne nous est pas même permis de prêter l'oreille aux propos déshonnêtes. » Ces paroles, prononcées avec calme et gravité, firent monter à la figure de Son Excellence l'ambassadeur de Chine une légère teinte de rougeur. « Je le sais, dit-il, je le sais, la religion du Seigneur du ciel est sainte; je la connais, j'ai lu ses livres de doctrine; celui qui suivrait fidèlement tous ses enseignements serait un homme irréprochable. » Il fit signe à Samdadchiemba de se lever; puis, se tournant vers nous : « Il est déja nuit, dit-il;

vous devez être fatigués, il est temps de prendre le repas du soir; allez, demain, si j'ai besoin de vous, je vous ferai appeler. »

L'ambassadeur Ki-Chan avait parfaitement raison; il était fort tard et les diverses émotions qui nous avaient été ménagées pendant la soirée n'avaient été capables, en aucune façon, de nous tenir lieu de souper. En sortant du prétoire sinico-thibétain, nous fûmes accostés par un vénérable Lama, qui nous donna avis que le premier Kalon nous attendait. Nous traversâmes la cour, illuminée par quelques lanternes rouges; nous allâmes prendre à droite un escalier périlleux, dont nous montâmes les degrés en nous tenant prudemment accrochés à la robe de notre conducteur; puis, après avoir longé une longue terrasse, en marchant à la lueur douteuse des étoiles du firmament, nous fûmes introduits chez le régent. L'appartement, vaste et élevé, était splendidement éclairé au beurre; les murs, le plafond, le plancher même, tout était chargé de dorures et de couleurs éblouissantes. Le régent était seul; il nous fit asseoir tout près de lui sur un riche tapis, et essaya de nous exprimer par ses paroles, et plus encore par ses gestes, combien il s'intéressait à nous. Nous comprîmes surtout très clairement qu'on s'occupait de ne pas nous laisser mourir de faim. Notre pantomime fut interrompue par l'arrivée d'un personnage qui laissa en entrant ses souliers à la porte; c'était le gouverneur des Musulmans kachemiriens. Après avoir salué la compagnie, en portant la main au front et en prononçant la formule « *Salamalek,* » il alla s'appuyer contre une colonne, qui s'élevait au milieu de la salle, et paraissait en soutenir la charpente. Le gouverneur musulman parlait très bien la langue chinoise; le régent l'avait fait appeler pour servir d'interprète. Aussitôt après son arrivée, un domestique plaça devant nous une petite table, et on nous servit à souper aux frais du gouvernement thibétain. Nous ne dirons rien pour le moment de la cuisine du régent : d'abord, parce que le grand appétit dont nous étions dévorés ne nous permit pas de faire une attention suffisante à la qualité des mets; en second lieu, parce que ce jour-là, nous avions l'esprit beaucoup plus tourné à la politique qu'à la gastronomie. Nous nous aperçûmes cependant que Samdadchiemba n'était pas là, et nous demandâmes ce qu'on en avait fait. « Il est avec mes domestiques, nous répondit le régent ; soyez sans inquiétude sur son compte, rien ne lui manquera. »

Pendant et après le repas, il fut beaucoup question de la France et des pays que nous avions parcourus. Le régent nous fit ensuite admirer les tableaux de peinture qui décoraient son appartement, et nous demanda si nous serions capables d'en faire autant. « Nous ne savons pas peindre, lui répondîmes-nous ; l'étude et la prédication de la doctrine de Jéhovah sont la seule chose qui nous occupe. — Oh! ne dites pas que vous ne savez pas peindre; je sais que les hommes de votre pays sont très habiles dans cet art. — Oui, ceux qui en font un état, mais les ministres de la religion ne sont pas dans l'usage de s'en occuper. — Quoique vous ne soyez pas spécialement adonnés à cet art, cependant vous ne l'ignorez pas tout à fait;... vous savez bien, sans doute, tracer des cartes de géographie? — Non, nous ne le savons pas. — Comment! dans vos voyages vous n'avez jamais dessiné, vous n'avez fait aucune carte? — Jamais. — Oh! c'est impossible ! » La persistance du régent à nous questionner sur un semblable sujet nous donna à penser. Nous lui exprimâmes l'étonnement que nous causaient toutes ces demandes. « Je vois, dit-il, que vous êtes des hommes pleins de droiture, je vais donc vous parler franchement. Vous savez que les Chinois sont soupçonneux ; puisque vous êtes restés longtemps en Chine, vous devez les connaître aussi bien que moi ; ils sont persuadés que vous parcourez les royaumes étrangers pour tracer des cartes et explorer tous les pays. Si vous dessinez, si vous faites des cartes de géographie, vous pouvez me l'avouer sans crainte ; comptez sur ma protection... » Evidemment, le régent avait peur d'un envahissement ; il se figurait, peut-être, que nous étions chargés de préparer les voies à quelque armée formidable, prête à fondre sur le Thibet. Nous tâchâmes de dissiper ses craintes, et de l'assurer des dispositions extrèmement pacifiques du gouvernement français. Nous lui avouâmes que, cependant, parmi nos effets, il se trouvait un grand nombre de dessins et de cartes géographiques, que nous avions même une carte du Thibet... A ces mots, la figure du régent se contracta subitement... Mais nous nous hâtâmes d'ajouter, pour le rassurer, que tous nos dessins et cartes de géographie étaient imprimés, et que nous n'en étions pas les auteurs. Nous prîmes de là occasion de parler au régent et au gouverneur kachemirien des connaissances géographiques des Européens. Ils furent fort étonnés, quand nous leur dîmes que, parmi nous, les enfants de dix ou douze ans avaient une idée exacte et complète de tous les royaumes de la terre.

La conversation se prolongea bien avant dans la nuit. Le régent se leva enfin, et nous demanda si nous n'éprouvions pas le besoin de prendre un peu de repos. « Nous n'attendions, lui répondîmes-nous, pour rejoindre notre demeure, que la permission du Kalon. — Votre demeure? mais j'ai donné ordre de vous préparer une chambre dans mon palais, vous coucherez ici cette nuit ; demain, vous retournerez à votre maison. » Nous voulûmes nous excuser et remercier le régent de sa bienveillante attention ; mais nous nous aperçûmes bientôt que nous n'étions pas libres de refuser ce que nous avions eu la bonhomie de prendre pour une politesse. Nous étions tout bonnement prisonniers. Nous saluâmes le régent un peu froidement, et nous suivîmes un individu, qui, après nous avoir fait traverser un grand nombre de chambres et de corridors, nous introduisit dans une espèce de cabinet, auquel nous avons bien le droit de donner le nom de prison, puisqu'il ne nous était pas permis d'en sortir pour aller ailleurs.

On nous avait préparé deux couchettes, qui, sans contredit, valaient infiniment mieux que les nôtres. Cependant, nous regrettâmes nos pauvres grabats, où nous avions goûté si longtemps un sommeil libre et indépendant, durant nos grandes courses à travers le désert. Des Lamas et des serviteurs du régent arrivèrent en foule pour nous visiter. Ceux qui étaient déjà couchés se relevèrent, et on entendit bientôt dans ce vaste palais, naguère si silencieux et si calme, les portes s'ouvrir et se fermer, et les pas précipités des curieux retentir dans tous les corridors. On se pressait autour de nous, et on nous examinait avec une insupportable avidité. Dans tous ces regards qui se croisaient sur nous de tous côtés, il n'y avait ni sympathie ni malveillance ; ils exprimaient seulement une plate curiosité. Pour tous ces individus qui nous entouraient, nous n'étions rien de plus qu'une sorte de phénomène zoologique. Oh! qu'il est dur d'être ainsi donné en spectacle à une multitude indifférente!

Lorsque nous jugeâmes que ces importuns avaient suffisamment regardé et chuchoté, et qu'ils devaient se trouver satisfaits, nous les avertîmes que nous allions nous mettre au lit et qu'ils nous feraient un plaisir extrême s'ils voulaient bien se retirer. Tout le monde nous fit une inclination de tête, quelques-uns même nous tirèrent la langue; mais personne ne bougea. Il était évident qu'on avait envie de savoir comment nous allions nous y prendre pour nous coucher. Ce désir nous parut quelque peu déplacé, cependant nous crûmes devoir le tolérer jusqu'à un certain point. Nous nous mîmes donc à genoux, nous fîmes le signe de la croix, et nous récitâmes à haute voix notre prière du soir. Aussitôt que nous eûmes commencé, les chuchotements cessèrent, et on garda un silence religieux. Quand la prière fut terminée, nous invitâmes de nouveau les assistants à nous laisser seuls et, afin de donner un peu d'efficacité à nos paroles, nous soufflâmes immédiatement le luminaire de notre chambre. Le public, plongé tout à coup dans une obscurité profonde, prit le parti de rire et de se retirer à tâtons. Nous poussâmes la porte de notre prison, et nous nous couchâmes.

Aussitôt que nous fûmes étendus sur les lits du premier Kalon, nous nous trouvâmes beaucoup mieux disposés à causer qu'à dormir. Nous éprouvâmes un certain plaisir à récapituler les aventures de la journée. Les prétendus commerçants qui voulaient nous acheter nos selles de cheval, notre comparution devant le régent, l'interrogatoire que nous avait fait subir l'ambassadeur Ki-Chan, notre souper aux frais du trésor public, nos longs entretiens avec le régent : tout cela nous paraissait une fantasmagorie. Il nous semblait que notre journée tout entière n'avait été qu'un long cauchemar. Notre voyage même, notre arrivée à Lha-Ssa, tout nous semblait incroyable. Nous nous demandions s'il était bien vrai que nous Missionnaires, nous Français, nous fussions réellement dans les Etats du Talé-Lama, dans la capitale du Thibet, couchés dans le palais même du régent! Tous ces événements passés et présents se heurtèrent dans notre tête. L'avenir surtout nous apparaissait enveloppé de noirs et épais nuages. Comment tout cela va-t-il finir? Nous dira-t-on : Vous êtes libres; allez où il vous plaira? Nous laissera-t-on croupir dans cette prison? ou bien va-t-on nous y étrangler? Ces réflexions étaient bien faites pour froisser le cœur, et donner un peu de migraine. Mais que la confiance en Dieu est une bonne chose au milieu des épreuves! Comme on est heureux de pouvoir s'appuyer sur la Providence, alors qu'on se trouve seul, abandonné et privé de tout secours! Oh! nous disions-nous l'un à l'autre, soyons résignés à tout, et comptons sur la protection du bon Dieu. Pas un cheveu ne tombera de notre tête sans sa permission.

Nous nous endormîmes, dans ces pensées, d'un sommeil peu profond et souvent interrompu. Aussitôt que les premières lueurs du jour commencèrent à paraître, la porte de notre cellule s'ouvrit tout doucement, et nous vîmes entrer le gouverneur des Katchi. Il vint s'asseoir à côté de nous, entre nos deux couchettes, et nous demanda d'un ton bienveillant et affectueux si nous avions passé une assez bonne nuit. Il nous offrit ensuite une petite corbeille de gâteaux faits dans sa famille, et de fruits secs venus de Ladak. Cette attention nous toucha profondément; ce fut comme si nous venions de faire la rencontre d'un ami sincère et dévoué.

Le gouverneur des Katchi était âgé de trente-deux ans; sa figure, pleine de noblesse et de majesté, respirait en même temps une bonté et une franchise bien capables d'attirer notre confiance. Son regard, ses paroles, ses manières, tout en lui semblait nous exprimer combien vivement il s'intéressait à nous. Il était venu pour nous mettre au courant de ce qui aurait lieu pendant la journée à notre sujet. « Dans la matinée, nous dit-il, l'autorité thibétaine se rendra avec vous dans votre demeure. On mettra le scellé sur tous vos effets, puis on les transportera au tribunal, où ils seront examinés, en votre présence, par le régent et l'ambassadeur chinois. Si vous n'avez pas dans vos malles des cartes de géographie autographes, vous pouvez être tranquilles; on vous laissera en paix. Si au contraire vous en avez, vous feriez bien de me prévenir d'avance, parce que nous pourrions dans ce cas trouver quelque moyen d'arranger l'affaire. Je suis très lié avec le régent (il nous avait été, en effet, facile de le remarquer la veille pendant notre souper); c'est lui-même qui m'a chargé de venir vous faire confidence. Et il ajouta ensuite, en baissant la voix, que toutes ces tracasseries nous étaient suscitées par les Chinois, contre la volonté du gouvernement thibétain. Nous répondîmes au gouverneur des Katchi que nous n'avions aucune carte de géographie autographe. Puis, nous parlâmes en détail de tous les objets qui étaient renfermés dans nos deux malles. « Puisqu'on doit aujourd'hui en faire la visite, tu jugeras par toi-même si nous sommes des gens qu'on peut croire, quand ils avancent quelque chose. » La figure du Musulman s'épanouit. « Vos paroles, nous dit-il, me rassurent complètement. Parmi les objets dont vous m'avez parlé, il n'y a rien qui puisse vous compromettre. Les cartes de géographie sont très redoutées dans ce pays. On en a une peur extrême, surtout depuis l'affaire d'un certain Anglais nommé Moorcroft, qui s'était introduit à Lha-Ssa, où il se faisait passer pour Kachemirien. Après y avoir séjourné pendant douze ans, il est reparti; mais il a été assassiné sur la route de Ladak. Parmi ses effets, on a trouvé une nombreuse collection de cartes de géographie et de dessins qu'il avait composés pendant son séjour à Lha-Ssa. Cet événement a rendu les autorités chinoises très soupçonneuses à ce sujet. Puisque vous autres vous ne faites pas de cartes de géographie, c'est bien. Je vais rapporter au régent ce que vous m'avez dit. »

Nous profitâmes du départ du gouverneur des Katchi pour nous lever, car nous étions restés couchés, sans façon, pendant sa longue visite. Après avoir fait notre prière du matin, et avoir, de notre mieux, préparé nos cœurs à la patience et à la résignation, nous dégustâmes le déjeuner que le régent venait de nous faire servir. C'était un plat de petits pains farcis de cassonade et de viande hachée, puis un pot de thé richement beurré. Nous fîmes honneur, plus volontiers, aux gâteaux et aux fruits secs que nous avait apportés le gouverneur des Katchi.

Trois Lamas-huissiers ne tardèrent pas à venir nous signifier l'ordre du jour, portant qu'on allait procéder à la visite de notre bagage. Nous nous inclinâmes respectueusement devant les ordres de l'autorité thibétaine, et nous nous dirigeâmes vers notre domicile, accompagnés d'une nombreuse escorte. Depuis le palais du régent jusqu'à notre habitation, nous remarquâmes sur notre passage une grande agitation. On balayait les rues, on enlevait les immondices avec empressement et on tapissait le devant des maisons avec de grandes bandes de *pou-lou*, jaune et rouge. Nous nous demandions ce que signifiait tout cela, pour qui toutes ces démonstrations d'honneur et de respect,... lorsque nous entendîmes retentir derrière nous de vives acclamations. Nous tournâmes la tête et nous reconnûmes le régent. Il s'avançait, monté sur un magnifique cheval blanc, et entouré de nombreux cavaliers. Nous arrivâmes presque en même temps que lui à notre logis. Nous ouvrîmes le cadenas qui en fermait la porte, et nous priâmes le régent de vouloir bien nous faire l'honneur d'entrer dans les appartements des Missionnaires français.

Samdadchiemba, que nous n'avions pas revu depuis l'audience de l'ambassadeur chinois, se trouvait aussi au rendez-vous. Il était complètement stupéfait ; car il ne comprenait rien du tout à ces opérations. Les domestiques du régent, avec lesquels il avait passé la nuit, n'avaient pu le mettre au courant des affaires. Nous lui dîmes un mot pour le rassurer, et lui donner à entendre qu'on n'allait pas tout de suite nous martyriser.

Le régent s'assit, au milieu de notre chambre, sur un siège doré qu'on avait eu soin de prendre au palais; puis il nous demanda si ce qu'il voyait dans notre demeure était tout notre avoir. « Oui, voilà tout ce que nous possédons, ni plus ni moins. Voilà toutes nos ressources pour nous emparer du Thibet. — Il y a de la malice dans vos paroles, dit le régent. Je n'ai jamais pensé que vous fussiez des gens si redoutables.... Qu'est-ce que c'est que cet objet? ajouta-t-il, en nous montrant un crucifix que nous avions placé au mur. — Ah! si tu connaissais bien cet objet, tu ne dirais pas que nous sommes peu redoutables. C'est avec cela que nous voulons nous rendre maîtres de la Chine, de la Tartarie et du Thibet. » Le régent se mit à rire ; car il ne vit qu'une plaisanterie dans nos paroles, pourtant si vraies et si sérieuses.

Un scribe s'accroupit au pied du régent, et fit l'inventaire de nos malles, de nos guenilles et de notre batterie de cuisine. On apporta une lampe allumée; le régent tira d'une petite bourse, suspendu à son cou, un sceau en or, qu'on apposa sur tout notre bagage. Rien ne fut épargné, nos vieilles bottes, les clous même de notre tente de voyage, tout fut barbouillé de cire rousse, et marqué solennellement au cachet du Talé-Lama.

Quand cette longue cérémonie fut terminée, le régent nous avertit qu'il fallait se rendre au tribunal. On alla donc aussitôt chercher des portefaix, ce qui demanda fort peu de temps. Un Lama de la police n'eut qu'à se présenter dans la rue, et sommer, au nom de la loi, les passants, hommes, femmes ou enfants, d'entrer immédiatement dans la maison pour prendre part à un labeur gouvernemental. A Lha-Ssa, le système des corvées est dans un état prospère et florissant. Les Thibétains s'y prêtent gaiement, et de la meilleure grâce du monde.

Lorsque la gent corvéable fut arrivée en nombre suffisant, on lui distribua toutes nos possessions; on fit dans nos appartements un vide complet, et on se mit ensuite pompeusement en route pour le tribunal. Un cavalier thibétain, le sabre au poing et un fusil en bandoulière, ouvrait la marche; venait ensuite la troupe des portefaix, s'avançant entre deux lignes de Lamas satellites; le régent, monté sur son cheval blanc, et entouré de quelques cavaliers d'honneur, suivait nos bagages; enfin, derrière le régent, marchaient les deux pauvres Missionnaires français, auxquels une grande multitude de curieux formait un cortège peu agréable. Notre allure n'était pas fière. Conduits comme des malfaiteurs, ou du moins comme des gens suspects, nous n'avions qu'à baisser les yeux et à traverser modestement la foule nombreuse qui se précipitait sur notre passage. Une pareille position était, sans doute, bien pénible et bien humiliante; mais la pensée de notre divin Sauveur traîné au prétoire à travers les rues de Jérusalem était bien capable d'adoucir l'amertume dont nous étions abreuvés. Nous le priâmes de sanctifier nos humiliations par les siennes, et de les accepter en souvenir de sa douloureuse passion.

Quand nous arrivâmes au tribunal, l'ambassadeur chinois, entouré de son état-major, était déjà à son poste. Le régent lui dit : « Tu veux examiner les effets de ces étrangers; les voici, examine. Ces hommes ne sont ni aussi riches ni aussi puissants que tu le prétends.... » Il y avait du dépit, dans les paroles du régent; et, au fond, il devait être un peu confus du rôle de gendarme qu'il venait de jouer. Ki-Chan nous demanda si nous n'avions que deux malles. « Deux seulement, on a tout apporté ici; dans notre maison, il ne reste plus un chiffon, plus un morceau de papier. — Qu'avez-vous dans ces deux malles? — Tiens, voilà les clefs; ouvre-les, vide-les, examine à ton aise. » Ki-Chan rougit, et fit un mouvement en arrière. Sa délicatesse de Chinois parut s'indigner. « Est-ce que ces malles m'appartiennent? nous dit-il avec émotion.... Est-ce que j'ai le droit de les ouvrir? Si ensuite il vous manquait quelque chose, que diriez-vous? — Ne crains rien; notre religion nous défend de juger témérairement le prochain. — Ouvrez vous-mêmes vos malles..... Je veux savoir ce qu'il y a; c'est mon devoir. Mais vous seuls avez le droit de toucher à ce qui vous appartient. »

Nous fîmes sauter le sceau du Talé-Lama, le cadenas fut enlevé; et ces deux malles, que tout le monde perçait des yeux depuis longtemps, furent enfin ouvertes à tous les regards. Nous retirâmes tous les objets les uns après les autres, et nous les étalâmes sur une grande table. D'abord, parurent quelques volumes français et latin, puis des livres chinois et tartares, des linges d'église, des ornements, des vases sacrés, des chapelets, des croix, des médailles, et une magnifique collection de lithographies. Tout le monde était en contemplation devant ce petit musée européen. On ouvrait de grands yeux, on se poussait du coude, on faisait claquer les langues en signe d'admiration. Jamais personne n'avait rien vu de si beau, de si riche, de si merveilleux. Tout ce qui brillait blanc était de l'argent; tout ce qui brillait jaune était de l'or. Toutes les physionomies s'épanouirent, et on parut oublier complètement que nous étions des gens suspects et dangereux. Les Thibétains nous tiraient la langue en se grattant l'oreille, et les Chinois nous faisaient les courbettes les plus sentimentales. Notre sac de médailles principalement faisait tournoyer les yeux dans toutes les têtes. On avait l'air d'espérer qu'avant de quitter le prétoire, nous ferions au public une large distribution de ces brillantes pièces d'or.

Le régent et Ki-Chan, dont les âmes étaient plus élevées que celles du vulgaire, et qui certainement ne convoitaient pas notre trésor, n'en avaient pas moins oublié leur rôle de juge. La vue de nos belles images coloriées les mettait tous hors d'eux-mêmes. Le régent tenait les mains jointes et regardait fixement et la bouche entr'ouverte, pendant que Ki-Chan pérorait, faisait le savant, et démontrait à l'auditoire comme quoi les Français étaient les artistes les plus distingués qu'il y eût au monde. « Autrefois, disait-il, il avait connu à Pékin un Missionnaire français qui tirait des portraits dont la ressemblance faisait peur. Il tenait son papier caché dans la manche de sa robe, saisissait les traits comme à la dérobée, et dans l'espace d'une pipe de tabac tout était terminé. » Ki-Chan nous demanda si nous n'avions pas des montres, des longues-vues, des lanternes magiques, etc.... Nous ouvrîmes alors une petite boîte que personne n'avait encore remarquée, et qui contenait un microscope. Nous en ajustâmes les diverses parties, et chacun n'eut plus d'yeux que pour cette singulière machine en or pur, et qui, sans contredit, allait opérer des choses étonnantes. Ki-Chan était le seul qui comprit ce que c'était qu'un microscope. Il en donna l'explication au public, avec beaucoup de prétention et de vanité. Puis il nous pria de placer quelque animalcule à l'objectif... Nous regardâmes Son Excellence du coin de l'œil, puis nous démontâmes le microscope pièce à pièce, et nous le casâmes dans sa boîte. « Nous pensions, dîmes-nous à Ki-Chan, sur un ton tout à fait parlementaire, nous pensions être venus ici pour subir un jugement, et non pas pour jouer la comédie. — Quel jugement a-t-on à faire? dit-il, en se redressant vivement. Nous avons voulu visiter vos effets, savoir au juste qui vous êtes, et voilà tout. — Et les cartes de géographie, tu n'en parles pas? — Oui, oui, c'est le point important; où sont vos cartes de géographie? — Les voilà; » et nous déployâmes les trois cartes que nous avions, savoir : une mappemonde, une terre-plate, d'après la projection de Mercator, et un Empire chinois. L'apparition de ces cartes fut pour le régent comme un coup de foudre. Le pauvre homme changea de couleur trois ou quatre fois dans l'espace d'une minute, comme si nous eussions déployé notre arrêt de mort. « Nous sommes heureux, dîmes-nous à Ki-Chan, de te rencontrer dans ce pays. Si, par malheur, tu n'étais pas ici, il nous serait impossible de convaincre les autorités thibétaines que nous n'avons pas nous-mêmes tracé ces cartes. Mais pour un homme instruit comme toi, pour un homme si bien au courant des choses de l'Europe, il est facile de voir que ces cartes ne sont pas notre ouvrage. » Ki-Chan parut extrêmement flatté du compliment. « C'est évident, dit-il; au premier coup d'œil, on voit que ces cartes sont imprimées. Tiens, regarde, dit-il au régent; ces cartes n'ont pas été faites par ces hommes; elles ont été imprimées dans le royaume de France. Toi, tu ne sais pas distinguer cela; mais moi, je suis accoutumé depuis longtemps aux objets venus du ciel d'Occident. » Ces paroles produisirent sur le régent un effet magique; sa figure se dilata; il nous regarda avec des yeux où brillait le contentement, et il nous fit gracieusement un signe de tête, comme pour nous dire : « C'est bien, vous êtes de braves gens. »

Il était impossible de passer outre sans faire un peu de géographie. Nous nous prêtâmes charitablement aux désirs que nous manifestèrent le régent et l'ambassadeur chinois. Nous leur indiquâmes du doigt, sur la terre-plate de Mercator, la Chine, la Tartarie, le Thibet et toutes les autres contrées du globe. Le régent fut anéanti en voyant combien nous étions éloignés de notre patrie, et quelle longue route nous avions été obligés de faire, sur terre et sur mer, pour venir lui faire une visite dans la capitale du Thibet. Il nous regardait avec stupéfaction ; puis il levait le pouce de la main droite, en nous disant : « Vous êtes des hommes comme cela. » Ce qui voulait dire dans la langue figurée des Thibétains : Vous êtes des hommes au superlatif. Après avoir reconnu les points principaux du Thibet, le régent nous demanda où était *Calcutta*. « Voilà, lui dîmes-nous, en lui indiquant un tout petit rond sur les bords de la mer. — Et Lha-Ssa? où est donc Lha Ssa? — Le voici. » Les yeux et le doigt du régent se promenèrent un instant de Lha-Ssa à Calcutta, et de Calcutta à Lha-Ssa. « Les Pélins de Calcutta sont bien près de nos frontières, dit-il, en faisant la grimace et branlant la tête.... Peu importe, ajouta-t-il ensuite, voici les monts Himalaya! »

Le cours de géographie étant terminé, les cartes furent repliées et mises dans leurs étuis respectifs, et on passa aux objets de religion. Ki-Chan en savait assez long là-dessus. Lorsqu'il était vice-roi de la province du Pé-Tché-Ly, il avait suffisamment persécuté les chrétiens, pour avoir eu de nombreuses occasions de se familiariser avec tout ce qui a rapport au culte catholique; aussi ne manqua-t-il pas de faire le connaisseur. Il expliqua les images, les vases sacrés, les ornements ; il sut même dire que, dans la boîte aux saintes huiles, il y avait un remède fameux pour les moribonds. Pendant toutes ces explications le régent était préoccupé et distrait; ses yeux se tournaient incessamment vers un grand feu à hosties. Ces longues pinces terminées par deux larges lèvres paraissaient agir fortement sur son imagination; il nous interrogeait des yeux, et semblait nous demander si cet affreux instrument n'était pas quelque chose comme une machine infernale. Il ne fut rassuré qu'après avoir vu quelques hosties que nous tenions renfermées dans une boîte. Alors, seulement, il comprit l'usage de cette étrange machine.

Le bonhomme de régent était tout rayonnant de joie et tout triomphant de voir que, parmi nos effets, on n'avait rien trouvé qui pût nous compromettre. « Eh bien! dit-il à l'ambassadeur chinois, avec un ton plein de malice, que penses-tu de ces hommes? Que faut-il en faire? — Ces hommes sont Français, ils sont ministres de la religion du Seigneur du ciel, ce sont de braves gens; il faut les laisser en paix... » Ces paroles flatteuses furent accueillies dans la salle par un léger murmure d'approbation, et les deux Missionnaires répondirent au fond du cœur : *Deo gratias!*

La gent corvéable s'empara de notre bagage, et nous retournâmes à notre logis avec une démarche sans doute plus alerte et plus dégagée que lorsque nous étions partis. La nouvelle de notre réhabilitation s'était promptement répandue dans la ville, et le peuple thibétain accourait de toutes parts pour nous faire fête. On nous saluait avec empressement, et le nom français était dans toutes les bouches. Dès ce moment, les Azaras blancs furent complètement oubliés.

Aussitôt que nous eûmes regarni nos appartements, nous distribuâmes quelques *tchan ka* aux porteurs de nos effets, afin qu'ils pussent boire à notre santé un pot de petite bière thibétaine, et apprécier la magnanimité des Français, qui ne font pas travailler le peuple gratis.

Tout le monde étant parti, nous rentrâmes dans notre solitude accoutumée, et la solitude amenant la réflexion, nous nous avisâmes de deux choses très importantes : la première, que nous n'avions pas encore dîné, et la seconde, que nos deux coursiers n'étaient plus à leur râtelier. Pendant que nous songions aux moyens de faire promptement notre cuisine, et de découvrir ce qu'étaient devenus nos chevaux, nous vîmes apparaître au seuil de notre porte le gouverneur des Katchi qui nous tira de ce double embarras. Cet excellent homme, ayant prévu que notre séance à la cour d'assises ne nous avait pas permis de faire bouillir notre marmite, arrivait suivi de deux domestiques portant une corbeille remplie de provisions. C'était un festin d'ovation qu'il nous avait préparé. « Et nos chevaux, pourrais-tu nous en donner des nouvelles? nous ne les voyons plus dans la cour. — J'allais vous en parler; ils sont depuis hier au soir dans les écuries du régent. Pendant votre absence, ils n'ont enduré ni la faim ni la soif. J'ai ouï dire que vous étiez dans l'intention de les vendre...; la chose est-elle vraie? — Oh! oui, c'est vrai, ces animaux nous ruinent; mais ils sont si maigres! qui voudrait les acheter à cette heure? — Le régent désire les acheter. — Le régent? — Oui, lui-même; ne riez pas, ce n'est pas une plaisanterie... Combien en voulez-vous? — Oh! ce qu'on voudra! — Eh bien! vos chevaux sont achetés. » Et à ces mots, le Kachemirien déploya un petit paquet qu'il portait sous son bras, et posa sur le plancher deux lingots d'argent du poids de dix onces chacun. « Voilà, dit-il, le prix de vos deux chevaux. » Nous pensâmes que nos animaux, maigres et éreintés comme ils étaient, ne valaient pas cela, et nous le dîmes consciencieusement au gouverneur des Katchi; mais il fut impossible de rien changer à cette affaire, qui avait été déjà conclue et arrêtée d'avance. Le régent prétendait que nos chevaux, quoique maigres, étaient d'excellente race, puisqu'ils n'avaient pas succombé aux fatigues de notre long voyage. De plus, ils avaient à ses yeux une valeur exceptionnelle, parce qu'ils avaient parcouru de nombreuses contrées, et surtout parce qu'ils avaient brouté les pâturages de Kounboum, patrie de Tsong-Kaba.

Vingt onces d'argent de plus dans notre maigre bourse, c'était une bonne fortune; nous avions de quoi faire les généreux. Aussi, sans désemparer, nous prîmes un de ces lingots, et nous le plaçâmes sur les genoux de Samdadchiemba. « Voilà pour toi, lui dîmes-nous; tu en auras pour t'endimancher des pieds à la tête. » Samdadchiemba remercia froidement et maussadement; puis les muscles de sa figure se détendirent, ses narines se gonflèrent, et sa large bouche se mit à sourire. Enfin il ne lui fut plus possible de comprimer sa joie; il se leva, et fit deux ou trois fois sauter en l'air son lingot, en s'écriant : « Voilà un fameux jour!... » Au fait, Samdadchiemba avait raison; cette journée, si tristement

Il descendit les jambes écartées. (P. 352.)

commencée, avait été bonne au-delà de ce que nous pouvions espérer. Nous avions maintenant à Lha-Ssa une position honorable, et il allait enfin nous être permis de travailler librement à la propagation de l'Evangile.

La journée du lendemain fut encore plus heureuse que la précédente, et vint en quelque sorte mettre le comble à notre prospérité. Dans la matinée, nous nous rendîmes accompagnés du gouverneur kachemirien, chez le régent, auquel nous désirions exprimer notre gratitude pour les témoignages d'intérêt qu'il nous avait donnés. Nous fûmes accueillis avec bienveillance et cordialité. Le régent nous dit, comme en confidence, que les Chinois étaient jaloux de nous voir à Lha-Ssa, mais que nous pouvions compter sur sa protection, séjourner librement dans le pays, sans que personne eût le droit de s'immiscer dans nos affaires. « Vous êtes très mal logés, ajouta-t-il, votre chambre m'a paru sale, étroite et incommode ; je prétends que des étrangers comme vous venus de si loin, se trouvent bien à Lha-Ssa. Est-ce que dans votre pays de France on ne traite pas bien les étrangers? — On les traite à merveille. Oh! si un jour tu pouvais y aller, tu verrais comme notre empereur te recevrait ! — Les étrangers, ce sont des hôtes ; ils vous faut donc abandonner la demeure que vous vous êtes choisie. J'ai donné ordre de vous préparer une demeure convenable dans une de mes maisons.... » Nous acceptâmes avec empressement et reconnaissance une offre si bienveillante. Etre logés commodément et gratis n'était pas chose à dédaigner dans notre position; mais nous appréciâmes, surtout, l'avantage de pouvoir fixer notre résidence dans une maison même du régent. Une faveur si signalée, une protection si éclatante de l'autorité thibétaine, ne pouvait manquer de nous donner, auprès des habitants de Lha-Ssa, une grande influence morale, et de faciliter notre mission apostolique.

En sortant du palais, nous allâmes, sans perdre de temps, visiter la maison qui nous avait été assignée : c'était superbe, c'était ravissant! Le soir même nous opérâmes ce déménagement, et nous prîmes possession de notre nouvelle demeure.

Notre premier soin fut d'ériger dans notre maison une petite chapelle. Nous choisîmes l'appartement le plus vaste et le plus beau; nous le tapissâmes aussi proprement qu'il nous fut possible, et ensuite nous l'ornâmes de saintes images. Oh! comme notre âme fut inondée de joie, quand il nous fut enfin permis de prier publiquement au pied de la croix, au sein même de la capitale du bouddhisme, qui peut-être n'avait jamais encore vu briller à ses yeux le signe de notre Rédemption! Quelle consolation pour nous de pouvoir enfin faire retentir des paroles de vie aux oreilles de ces pauvres populations, assises depuis tant de siècles aux ombres de la mort! Cette petite chapelle était à la vérité bien pauvre, mais pour nous elle était ce centuple que Dieu a promis à ceux qui renoncent à tout pour son service. Notre cœur était si plein, que nous crûmes n'avoir pas acheté trop cher le bonheur que nous goûtions, par deux années de souffrances et de tribulations à travers le désert.

Tout le monde, à Lha-Ssa, voulut visiter la chapelle des français ; plusieurs, après s'être contentés de nous demander quelques éclaicissements sur la signification dex images qu'ils voyaient, s'en retournaient en remettant à une autre époque de s'instruire de la sainte doctrine de Jéhovah : mais plusieurs aussi se sentaient intérieurement frappés, et paraissaient attacher une grande importance à l'étude des vérités que nous étions venus leur annoncer. Tous les jours ils se rendaient auprès de nous avec assiduité; ils lisaient avec application le résumé de la doctrine chrétienne, que nous avions composé à la lamaserie des Kounboum, et nous priaient de leur enseigner les *véritables prières*.

Les Thibétains n'étaient pas les seuls à montrer du zèle pour l'étude de notre sainte religion. Parmi les Chinois, les secrétaires de l'ambassadeur Ki-Chan venaient souvent nous visiter, pour s'entretenir de la grande doctrine de l'Occident ; l'un d'entre eux, à qui nous avions prêté plusieurs ouvrages chrétiens écrits en tartare-mandchou, s'était convaincu de la vérité du christianisme et de la nécessité de l'embrasser, mais il n'avait pas le courage de faire publiquement profession de la foi, tant qu'il serait attaché à l'ambassade; il voulait attendre le moment où il serait libre de rentrer dans son pays. Dieu veuille que ses dispositions ne se soient pas évanouies !

Un médecin, originaire de la province de Yun-Nan, montra plus de générosité. Ce jeune homme, depuis son arrivée à Lha-Ssa, menait une vie si étrange que tout le monde le nommait l'*Ermite chinois*. Il ne sortait jamais que pour aller voir ses malades, et ordinairement il ne se rendait que chez les pauvres. Les riches avaient beau le solliciter, il dédaignait de répondre à leurs invitations, à moins qu'il n'y fût forcé par la nécessité d'obtenir quelque secours ; car il ne recevait jamais rien des pauvres au service desquels il s'était voué. Le temps qui n'était pas absorbé par la visite des malades, il le consacrait à l'étude; il passait même la majeure partie de la nuit sur ses livres. Il dormait peu, et ne prenait par jour qu'un seul repas de farine d'orge, sans qu'il lui arrivât jamais d'user de viande. Il n'y avait, au reste, qu'à le voir pour se convaincre qu'il menait une vie rude et pénible : sa figure était d'une pâleur et d'une maigreur extrêmes; et quoiqu'il fût âgé tout au plus d'une trentaine d'années, il avait les cheveux presque entièrement blanc.

Un jour il vint nous voir pendant que nous récitions le bréviaire dans notre petite chapelle; il s'arrêta à quelques pas de la porte, et attendit gravement et en silence. Une grande image coloriée, représentant le crucifiement, avait sans doute fixé son attention; car aussitôt que nous eûmes terminé nos prières, il nous demanda brusquement et sans s'arrêter à nous faire les politesses d'usage de lui expliquer ce que signifiait cette image. Quand nous eûmes satisfait à sa demande, il croisa les bras sur la poitrine, et sans dire un seul mot, il demeura immobile et les yeux fixés sur l'image du crucifiement; il garda cette position pendant près d'une demi-heure; ses yeux enfin se mouillèrent de larmes; il étendit ses bras vers le Christ, puis tomba à genoux, frappa trois fois la terre de son front, et se releva en s'écriant : « Voilà le seul Bouddha que les hommes doivent adorer! » Ensuite il se tourna vers nous, et après nous avoir fait une profonde inclination, il ajouta : « Vous êtes mes maîtres, prenez-moi pour votre disciple. »

Tout ce que venait de faire cet homme nous frappa étrangement; nous ne pûmes nous empêcher de croire qu'un puissant mouvement de la grâce venait d'ébranler son cœur. Nous lui exposâmes brièvement les principaux points de la doctrine chrétienne; et à tout ce que nous lui disions, il se contentait de répondre, avec une expression de foi étonnante : Je crois! Nous lui présentâmes un petit crucifix en cuivre doré, et nous lui demandâmes s'il voulait l'accepter. Pour toute réponse, il nous fit avec empressement une profonde inclination; aussitôt qu'il eut le crucifix entre ses mains, il nous pria de lui donner un cordon, et immédiatement il le pendit à son cou; il voulut aussi savoir quelle prière il pourrait réciter devant la croix « Nous te prêterons, lui dîmes-nous, quelques livres chinois, où tu trouveras des explications de la doctrine et de nombreux formulaires de prières. — Mes maîtres, c'est bien...; mais je voudrais avoir une prière courte, facile, que je puisse apprendre à l'instant et répéter souvent et partout. » Nous lui apprîmes à dire : Jésus, sauveur du monde, ayez pitié de moi. De peur d'oublier ces paroles, il les écrivit sur un morceau de papier, qu'il plaça dans une petite bourse suspendue à sa ceinture; il nous quitta en nous assurant que le souvenir de cette journée ne s'effacerait jamais de sa mémoire.

Ce jeune médecin mit beaucoup d'ardeur à s'instruire des vérités de la religion chrétienne; mais ce qu'il y eut en lui de remarquable, c'est qu'il ne chercha nullement à cacher la foi qu'il avait dans le cœur. Quand il venait nous visiter, ou quand nous le rencontrions dans les rues, il avait toujours son crucifix qui brillait sur sa poitrine, et il ne manquait jamais de nous aborder en disant : Jésus, sauveur du monde, ayez pitié de moi. C'était la formule qu'il avait adoptée pour nous saluer.

Pendant que nous faisions quelques efforts pour répandre le grain évangélique parmi la population de Lha Ssa, nous ne négligeâmes pas de faire pénétrer cette divine semence jusque dans le palais du régent; et ce ne fut pas sans l'espérance d'y recueillir un jour une précieuse moisson. Depuis l'espèce de jugement qu'on nous avait fait subir, nos relations avec le régent étaient devenues fréquentes, et en quelque sorte pleines d'intimité. Presque tous les soirs, quand il avait terminé ses travaux de haute administration, il nous faisait inviter à venir partager avec lui son repas thibétain, auquel il avait soin de faire ajouter, à notre intention, quelques mets préparés à la chinoise. Nos entretiens se prolongeaient ordinairement bien avant dans la nuit.

Le régent était un homme d'une capacité remarquable; issu d'une humble extraction, il s'était élevé graduellement et par son propre mérite jusqu'à la dignité de premier Kalon. Depuis trois ans seulement, il était parvenu à cette charge éminente; jusque là il avait toujours rempli des fonctions pénibles et laborieuses; il avait souvent parcouru dans tous les sens les immenses contrées du Thibet, soit pour faire la guerre ou négocier avec les Etats voisins, soit pour surveiller la conduite des Houtoutkou placés au gouvernement des diverses provinces. Une vie si active, si agitée, et en quelque sorte si incompatible avec l'étude, ne l'avait pas empêché d'acquérir une connaissance approfondie des livres lamaïques. Tout le monde s'accordait à dire que la science des Lamas les plus renommés était inférieure à celle du régent. On admirait surtout l'aisance avec laquelle il expédiait les affaires. Un jour, nous nous trouvions chez lui, quand on lui apporta un grand nombre de rouleaux de papier; c'étaient les dépêches des provinces; une espèce de secrétaire les déroulait les unes après les autres, et les lui présentait à lire, en tenant un genou en terre. Le régent le parcourait rapidement des yeux, sans pourtant interrompre la conversation qu'il avait engagée avec nous. Au fur et à mesure qu'il avait pris connaissance d'une dépêche, il saisissait son style de bambou, et écrivait ses ordres au bout du rouleau ; il expédia ainsi toutes ses affaires avec promptitude, et comme en se jouant. Nous ne sommes nullement compétents pour nous faire juges du mérite littéraire qu'on attribuait au premier Kalon ; il nous est seulement permis de dire que nous n'avons jamais vu d'écriture thibétaine aussi belle que la sienne.

Le régent aimait beaucoup à s'occuper de questions religieuses, et le plus souvent elles faisaient la principale matière de nos entretiens. Au commencement, il nous dit ces paroles remarquables : « Tous vos longs voyages, vous les avez entrepris uniquement dans un but religieux...; vous avez raison, car la religion est l'affaire importante des hommes ; je vois que les Français et les Thibétains pensent de même à ce sujet. Nous ne ressemblons nullement aux Chinois, qui ne comptent pour rien les affaires de l'âme. Cependant votre religion n'est pas la même que la nôtre ;... il importe de savoir quelle est la véritable. Nous les examinerons donc toutes les deux attentivement et avec sincérité ; si la vôtre est la bonne, nous l'adopterons ; comment pourrions-nous nous y refuser ! Si, au contraire, c'est la nôtre, je crois que vous serez assez raisonnables pour la suivre. » Ces dispositions nous parurent excellentes ; nous ne pouvions pour le moment en désirer de meilleures.

Nous commençâmes par le christianisme. Le régent, toujours aimable et poli dans les rapports qu'il avait avec nous, prétendit que, puisque nous étions ses hôtes, nos croyances devaient avoir l'honneur de la priorité. Nous passâmes successivement en revue les vérités dogmatiques et morales. A notre grand étonnement, le régent ne paraissait surpris de rien. « Votre religion, nous répétait-il sans cesse, est conforme à la nôtre ; les vérités sont les mêmes, nous ne différons que dans les explications. Parmi tout ce que vous avez vu et entendu dans la Tartarie et dans le Thibet, vous avez dû, sans doute, trouver beaucoup à redire ; mais il ne faut pas oublier que les erreurs et les superstitions nombreuses que vous avez remarquées ont été introduites par les Lamas ignorants, et qu'elles sont rejetées par les Bouddhistes instruits. » Il n'admettait entre lui et nous que deux points de dissidence, l'origine du monde et la transmigration des âmes. Les croyances du régent, bien qu'elles parussent quelquefois se rapprocher de la doctrine catholique, finissaient néanmoins par aboutir à un vaste panthéisme ; mais il prétendait que nous arrivions aussi aux mêmes conséquences, et il se faisait fort de nous en convaincre.

La langue thibétaine, essentiellement religieuse et mystique, exprime avec beaucoup de clarté et de précision toutes les idées qui touchent à l'âme humaine et à la Divinité. Malheureusement, nous n'avions pas un usage suffisant de cette langue, et nous étions forcés, dans nos entretiens avec le régent, d'avoir recours au gouverneur kachemirien pour nous servir d'interprète ; mais comme il n'était pas lui-même très habile à rendre en chinois des idées métaphysiques, il nous était

très souvent difficile de bien nous entendre. Un jour, le régent nous dit :
« La vérité est claire par elle-même ; mais si on l'enveloppe de mots obscurs, on
ne l'aperçoit pas. Tant que nous serons obligés d'avoir le chinois pour intermédiaire, il nous sera impossible de nous comprendre. Nous ne discuterons avec
fruit qu'autant que vous parlerez clairement le thibétain. » Personne plus que
nous n'était persuadé de la justesse de cette observation. Nous répondîmes
au régent que l'étude de la langue thibétaine était l'objet de notre sollicitude, et que
nous y travaillions tous les jours avec ardeur. « Si vous voulez, nous dit-il, je vous
faciliterai les moyens de l'apprendre. » Au même instant, il appela un domestique,
et lui dit quelques mots que nous ne comprîmes pas. Un tout jeune homme,
élégamment vêtu, parut aussitôt, et nous salua avec beaucoup de grâce. « Voilà
mon neveu, nous dit le régent ; je vous le donne pour élève et pour maître ;
il passera toute la journée avec vous, et vous aurez ainsi occasion de vous exercer
dans la langue thibétaine ; en retour, vous lui donnerez quelques leçons de
chinois et de mandchou. » Nous acceptâmes cette proposition avec reconnaissance,
et nous pûmes, en effet, par ce moyen, faire des progrès rapides dans la langue
du pays.

Le régent aimait beaucoup à s'entretenir de la France. Durant nos longues
visites, il nous adressait une foule de questions sur les mœurs, les habitudes
et les productions de notre pays. Tout ce que nous lui racontions des bateaux
à vapeur, des chemins de fer, des aérostats, de l'éclairage au gaz, des télégraphes,
du daguerréotype, et de tous nos produits industriels, le jetait comme hors de lui,
et lui donnait une haute idée de la grandeur et de la puissance de la France.

Un jour que nous lui parlions des observations et des instruments astronomiques, il nous demanda s'il ne lui serait pas permis d'examiner de près
cette machine étrange et curieuse que nous tenions dans une boîte. Il voulait
parler du microscope. Comme nous étions de meilleure humeur, et infiniment
plus aimables qu'au moment où l'on faisait la visite de nos effets, nous nous
empressâmes de satisfaire la curiosité du régent. Un de nous courut à notre
résidence, et revint à l'instant avec le merveilleux instrument. Tout en l'ajustant,
nous essayâmes de donner, comme nous pûmes, quelques notions d'optique
à notre auditoire ; mais, nous étant aperçus que la théorie excitait fort peu
d'enthousiasme, nous en vînmes tout de suite à l'expérience. Nous demandâmes
si dans la société quelqu'un serait assez bon pour nous procurer un pou. La chose
était plus facile à trouver qu'un papillon. Un noble Lama, secrétaire de
Son Excellence le premier Kalon, n'eut qu'à porter sa main à son aisselle
par dessous sa robe de soie, et il nous offrit un pou extrêmement bien membré.
Nous le saisîmes immédiatement aux flancs avec la pointe de nos brucelles ; mais
le Lama se mit aussitôt à faire de l'opposition ; il voulut empêcher l'expérience,
sous prétexte que nous allions procurer la mort d'un être vivant. « Sois sans
crainte, lui dîmes-nous ; ton pou n'est pris que par l'épiderme ; d'ailleurs, il paraît
assez vigoureux pour se tirer victorieusement de ce mauvais pas. » Le régent, qui,
comme nous l'avons dit, avait un symbolisme plus épuré que celui du vulgaire,
dit au Lama de garder le silence et de nous laisser faire. Nous continuâmes donc

l'expérience, et nous fixâmes à l'objectif cette pauvre petite bête, qui se débattait de toutes ses forces, à l'extrémité des brucelles. Nous invitâmes ensuite le régent à appliquer l'œil droit, en clignant le gauche, au verre qui se trouvait au haut de la machine. « Tsong Kaba! s'écria le régent, ce pou est gros comme un rat... » Après l'avoir considéré un instant, il leva la tête et cacha sa figure dans ses deux mains, en disant que c'était horrible à voir... Il voulut dissuader les autres de regarder, mais son influence échoua complètement. Tout le monde, à tour de rôle, alla se pencher sur le microscope, et se releva en poussant des cris d'horreur. Le Lama-secrétaire, s'étant avisé que son petit animal ne remuait plus guère, réclama en sa faveur. Nous enlevâmes les brucelles et nous fîmes tomber le pou dans la main de son propriétaire. Mais, hélas! la pauvre victime était sans mouvement. Le régent dit en riant à son secrétaire : « Je crois que ton pou est indisposé; va, tâche de lui faire prendre une médecine; autrement, il n'en reviendra pas. »

Personne ne voulant plus voir des êtres vivants, nous continuâmes la séance, en faisant passer sous les yeux des spectateurs une petite collection de tableaux microscopiques. Tout le monde était dans le ravissement, et ne parlait qu'avec admiration de la prodigieuse capacité des Français. Le régent nous dit : « Vos chemins de fer et vos navires aériens ne m'étonnent plus tant; des hommes qui peuvent inventer une machine comme celle-ci sont capables de tout. »

Le premier Kalon était tellement engoué des choses de notre patrie, qu'il lui prit fantaisie d'étudier la langue française. Un soir, nous lui apportâmes, selon ses désirs, un *A B C* français, dont chaque lettre avait la prononciation écrite au-dessous, avec des caractères thibétains. Il y jeta un coup d'œil; et, comme nous voulions lui donner quelques explications, il nous répondit que cela n'était pas nécessaire, que ce que nous avions écrit était très clair.

Le lendemain, aussitôt que nous parûmes en sa présence, il nous demanda quel était le nom de notre empereur. « Notre empereur s'appelle Louis Philippe. — Louis-Philippe! Louis-Philippe!.... C'est bien. » Puis il prit son poinçon, et se mit à écrire. Un instant après, il nous présenta un morceau de papier, où l'on voyait écrit, en caractères très bien formés : LOUY FILIPE.

Pendant la courte période de notre prospérité à Lha-Ssa, nous eûmes aussi des relations assez familières avec l'ambassadeur chinois Ki-Chan. Il nous fit appeler deux ou trois fois pour parler politique, ou, selon l'expression chinoise, pour dire des paroles oiseuses. Nous fûmes fort surpris de le trouver au courant des affaires d'Europe. Il nous parla beaucoup des Anglais et de la reine Victoria. « Il paraît, dit-il, que cette femme a une grande capacité; mais son mari, selon moi, joue un rôle fort ridicule : elle ne le laisse se mêler de rien. Elle lui a fait arranger un jardin magnifique, rempli d'arbres fruitiers et de fleurs de toute espèce, et c'est là qu'il est toujours enfermé, passant toute sa vie à se promener.... On prétend qu'en Europe il y a encore d'autres royaumes où les femmes gouvernent. Est-ce vrai? Est-ce que leurs maris sont également enfermés dans des jardins? Est-ce que dans le royaume de France vous avez aussi cet usage? — Non, en France les femmes sont dans les jardins, et les hommes se mêlent des affaires. — Voilà qui est la raison; agir autrement, c'est du désordre. » Ki-Chan nous demanda des nouvelles de Palmerston, s'il était toujours chargé des affaires étrangères.... « Et *Ilu*,[1] qu'est-il devenu? le savez-vous? — Il a été rappelé; ta chute a entraîné la sienne. — C'est dommage; Ilu avait un cœur excellent, mais il ne savait pas prendre une résolution. A-t-il été mis à mort ou exilé? — Ni l'un ni l'autre; en Europe, on n'y va pas aussi rondement qu'à Pékin. — Oui, c'est vrai; vos mandarins sont plus heureux que nous. Votre gouvernement vaut mieux que le nôtre : notre empereur ne peut tout savoir, et cependant c'est lui qui juge tout, sans que personne ose jamais trouver à reduire à ses actes. Notre empereur nous dit : « Voilà qui est blanc. » Nous nous prosternons et nous répondons : « Oui, voilà qui est blanc. » Il nous montre ensuite le même objet et nous dit : « Voilà qui est noir. » Nous nous prosternons de nouveau et nous répondons : « Oui, voilà qui est noir. » — Mais enfin, si vous disiez qu'un objet ne saurait être à la fois blanc et noir? — L'empereur dirait peut-être à celui qui aurait ce courage : « Tu as raison. » Mais en même temps il le ferait étrangler ou décapiter. Oh! nous n'avons pas comme vous une *assemblée de tous les chefs Tchoung Teou-Y*, c'est ainsi que Ki-Chan désignait la chambre des députés). Si votre empereur voulait agir contrairement à la justice, votre Tchoung-Teou-Y serait là pour arrêter sa volonté. »

Ki-Chan nous raconta de quelle manière étrange on avait traité à Pékin la grande affaire des Anglais en 1839. L'empereur convoqua les huit *Tchoung-Tang* qui composent son conseil intime et leur parla des événements survenus dans le Midi. Il leur dit que des aventuriers des mers occidentales s'étaient montrés rebelles et insoumis, qu'il fallait les prendre et les châtier sévèrement, afin de donner un exemple à tous ceux qui seraient tentés d'imiter leur inconduite ... Après avoir ainsi manifesté son opinion, l'empereur demanda l'avis de son conseil. Les quatre Tchoung-Tang mandchoux se prosternèrent, et dirent : *Tché, tché, tché, Tchou Dze-Ti, Fan Fou;* oui, oui, oui, voilà d'ordre du maître. Les quatre Tchoung-Tang chinois se prosternèrent à leur tour et dirent : *Ché, ché, ché, Hoang-Chang-Ti, Tien-Ngen;* oui, oui, oui, c'est le bienfait céleste de l'empereur. .. Après cela il n'y eut rien à ajouter, et le conseil fut congédié.

Cette anecdocte est très authentique; car Ki-Chan est un des huit Tchouang-Tang de l'empire. Il ajouta que, pour son compte, il était persuadé que les Chinois étaient incapables de lutter contre les Européens, à moins de modifier leurs armes et de changer leurs vieilles habitudes, mais qu'il se garderait bien de jamais le dire à l'empereur, parce que, outre que le conseil serait inutile, il lui en coûterait peut-être la vie.

Nos relations fréquentes avec l'ambassadeur chinois, le régent et le gouverneur kachemirien, ne contribuaient pas peu à nous attirer la confiance et la considération de la population de Lha-Ssa. En voyant augmenter de jour en jour le nombre de ceux qui venaient nous visiter et s'instruire de notre sainte religion,

(1) Nom chinoisé de M. Elliot, plénipotentiaire anglais à Canton au commencement de la guerre anglo-chinoise.

nous sentions nos espérances grandir, et notre courage se fortifier. Cependant, au milieu de ces consolations, une pensée venait incessamment nous navrer le cœur : nous souffrions de ne pouvoir offrir aux Thibétains le ravissant spectacle des fêtes pompeuses et touchantes du catholicisme. Il nous semblait toujours que la beauté de nos cérémonies eût agi puissamment sur ce peuple, si avide de tout ce qui tient au culte extérieur.

Les Thibétains, nous l'avons déjà dit, sont éminemment religieux ; mais, à part quelques Lamas contemplatifs, qui se retirent au sommet des montagnes, et passent leur vie dans le creux des rochers, ils sont très peu portés au mysticisme. Au lieu de renfermer leur dévotion au fond de leur cœur, ils aiment au contraire à la manifester par des actes extérieurs. Ainsi les pèlerinages, les cérémonies bruyantes dans les lamaseries, les prostrations sur les plates-formes de leurs maisons sont des pratiques extrêmement de leur goût. Ils ont continuellement à la main le chapelet bouddhique, qu'ils agitent avec bruit ; et ils ne cessent de murmurer des prières, lors même qu'ils vaquent à leurs affaires.

Il existe à Lha-Ssa une coutume bien touchante, et que nous avons en quelque sorte été jaloux de rencontrer parmi les infidèles. Sur le soir, au moment où le jour touche à son déclin, tous les Thibétains cessent de se mêler d'affaires, et se réunissent, hommes, femmes et enfants, conformément à leur sexe et à leur âge, dans les principaux quartiers de la ville et sur les places publiques. Aussitôt que les groupes se sont formés, tout le monde s'accroupit par terre, et on commence à chanter des prières lentement et à demi-voix. Les concerts religieux qui s'é èvent du sein de ces réunions nombreuses produisent dans la ville une harmonie immense, solennelle, et qui agit fortement sur l'âme. La première fois que nous fûmes témoins de ce spectacle, nous ne pûmes nous empêcher de faire un douloureux rapprochement entre cette ville païenne où tout le monde priait en commun, et les cités de l'Europe où l'on rougirait de faire en public le signe de la croix.

La prière que les Thibétains chantent dans les réunions du soir varie selon les saisons de l'année : celle au contraire qu'ils récitent sur leur chapelet est toujours la même, et ne se compose que de six syllabes : *Om, mani padmé houm.* Cette formule que les Bouddhistes nomment par abréviation le *mani*, se trouve non seulement dans toutes les bouches, mais on la rencontre encore écrite de toutes parts, dans les rues, sur les places publiques, et dans l'intérieur des maisons. Sur toutes les banderoles qu'on voit flotter au-dessus des portes ou au sommet des édifices, il y a toujours un *mani* imprimé en caractères landza, tartares et thibétains. Certains Bouddhistes riches et zélés entretiennent à leurs frais des compagnies de Lamas sculpteurs, qui ont pour mission de propager le mani. Ces étranges missionnaires s'en vont un ciseau et un marteau à la main, parcourant les campagnes, les montagnes et les déserts, et gravant la formule sacrée sur les pierres et les rochers qu'ils rencontrent.

D'après l'explication du régent, le mani serait en quelque sorte le résumé d'un vaste panthéisme, base de toutes les croyances des Bouddhistes.

Il nous a été impossible de voir le Talé-Lama ; ce n'est pas qu'on soit très difficile pour laisser pénétrer les curieux ou les dévots jusqu'à lui, mais nous en avons été empêchés par une circonstance assez bizarre. Le régent nous avait promis de nous conduire au Bouddha-La, et nous étions sur le point de faire cette fameuse visite, lorsqu'on s'imagina que nous donnerions la petite vérole au Talé-Lama. Cette maladie venait effectivement de se déclarer à Lha-Ssa, et on prétendait qu'elle avait été apportée de Pékin par la grande caravane qui était arrivée depuis peu de jours. Comme nous avions fait partie de cette caravane, on nous demanda s'il ne serait pas mieux d'ajourner notre visite, que d'exposer le Talé-Lama à gagner la petite vérole. L'observation était trop raisonnable pour que nous eussions quelque chose à objecter.

VIII

Il y avait tout au plus un mois que nous étions à Lha-Ssa, et déjà les nombreux habitants de cette ville étaient accoutumés à parler avec respect et admiration de la sainte doctrine de Jéhovah et du grand royaume de France. La paix et la tranquillité dont nous jouissions, la protection éclatante que nous accordait le gouvernement thibétain, la sympathie dont le peuple semblait nous entourer, tout nous donnait l'espérance qu'avec l'aide de Dieu, nous pourrions jeter, au sein même de la capitale du Bouddhisme, les fondements d'une mission dont l'influence s'étendrait bientôt jusque chez les tribus nomades de la Mongolie. Le moment paraissait arrivé ou les pèlerins tartares pourraient enfin venir s'instruire, à Lha-Ssa, de la seule doctrine qui puisse sauver les âmes et civiliser les nations.

Aussitôt que nous crûmes notre position assurée à Lha-Ssa, nous songeâmes aux moyens de renouer au plus tôt nos communications avec l'Europe. La voie du désert était impraticable. Nous avions bien pu traverser une fois, et comme miraculeusement, ces steppes infestées de brigands et de bêtes sauvages, mais il n'était pas permis de s'arrêter à la pensée d'organiser un service de courriers sur cette route affreuse. En supposant d'ailleurs toute la sécurité désirable, le trajet eût été d'une longueur à faire frémir. La voie de l'Inde nous parut la seule praticable. De Lha-Ssa jusqu'aux premiers postes anglais, il n'y a guère qu'un mois de marche. En établissant un correspondant par delà les monts Himalaya et un autre à Calcutta, nos communications avec la France devenaient, sinon promptes et faciles, du moins réalisables. Comme ce plan ne pouvait s'exécuter qu'avec l'assentiment du gouvernement thibétain, nous le communiquâmes au régent, qui entra aussitôt dans nos vues. Il fut donc convenu qu'à la belle saison, M. Gabet entreprendrait le voyage de Calcutta, avec une escorte thibétaine, qui l'accompagnerait jusqu'à Boutan.

Tels étaient les plans que nous formions pour l'établissement d'une mission à Lha-Ssa; mais, en ce moment même, l'ennemi de tout bien travaillait à ruiner nos projets, et à nous éloigner d'un pays qu'il semble avoir choisi pour le siège de son empire. Ayant entendu çà et là quelques paroles de mauvais augure, nous comprîmes que l'ambassadeur chinois tramait secrètement notre expulsion du Thibet. Le bruit vague de cette persécution n'avait, du reste, rien qui pût nous étonner. Dès le commencement, nous avions prévu que, s'il nous survenait des difficultés, ce ne pourrait être que de la part des mandarins chinois. Ki-Chan, en effet, ne pouvait supporter de voir le gouvernement thibétain accueilir si favorablement une religion et des étrangers que les absurdes préjugés de la Chine repoussent depuis si longtemps de ses frontières. Le christianisme et le nom français excitaient trop vivement la sympathie de la population de Lha-Ssa, pour que les Chinois n'en fussent pas jaloux. Un agent de la cour de Pékin ne pouvait penser, sans dépit, à la popularité dont des étrangers jouissaient dans le Thibet, et à l'influence qu'ils exerceraient peut-être un jour dans un pays que la Chine a tout intérêt à tenir sous sa domination. Il fut donc arrêté qu'on chasserait de Lha Ssa les prédicateurs de la religion du Seigneur du ciel.

Un jour, l'ambassadeur Ki-Chan nous fit appeler, et après maintes cajoleries, il finit par nous dire que le Thibet était un pays trop froid, trop pauvre pour nous, et qu'il fallait songer à retourner dans notre royaume de France. Ki-Chan nous adressa ces paroles avec une sorte de laisser aller et d'abandon, comme s'il eût supposé qu'il n'y avait pas la moindre objection à faire. Nous lui demandâmes si, en parlant ainsi, il entendait nous donner un conseil ou un ordre. « L'un et l'autre, nous répondit-il froidement. — Puisqu'il en est ainsi, nous avons d'abord à te remercier pour l'intérêt que tu parais nous porter, en nous avertissant que ce pays est froid et misérable. Mais tu devrais savoir que des hommes comme nous ne recherchent pas les biens et les commodités de cette vie; s'il en était autrement, nous serions restés dans notre royaume de France. Car, ne l'ignore pas, il n'existe nulle part une contrée qui vaille notre patrie. Pour ce qu'il y a d'impératif dans tes paroles, voici notre réponse : Admis dans le Thibet par l'autorité du lieu, nous ne reconnaissons ni à toi, ni à qui que ce soit, le droit d'y troubler notre séjour. — Comment! vous êtes des étrangers, et vous prétendez encore rester ici? — Oui, nous sommes étrangers, mais nous savons que les lois du Thibet ne ressemblent pas à celles de la Chine. Les Péboun, les Katchi, les Mongols, sont étrangers comme nous; et cependant on les laisse vivre en paix, nul ne les tourmente. Que signifie donc cet arbitraire, de vouloir exclure les Français d'un pays ouvert à tous les peuples? Si les étrangers doivent partir de Lha-Ssa, pourquoi y restes-tu? Est-ce que ton titre de Kin-Tchaï (ambassadeur) ne dit pas clairement que toi-même tu n'es ici qu'un étranger? » A ces mots, Ki-Chan bondit sur son coussin cramoisi.

« Moi, un étranger! s'écria-t-il, un étranger! moi qui porte la puissance du grand empereur! Il n'y a encore que quelques mois, qui donc a jugé et envoyé en exil le Nomekhan? — Nous connaissons cette affaire. Il y a cette différence entre le Nomekhan et nous, c'est que le Nomekhan est du Kan-Sou, province de l'empire, et que nous autres nous sommes de la France, où ton grand empereur n'a rien à voir; c'est que le Nomekhan a assassiné trois Talé-Lamas, et que nous autres nous n'avons fait de mal à personne. Est-ce que nous avons un autre but que celui de faire connaître aux hommes le véritable Dieu, et de les instruire des moyens de sauver leurs âmes? — Oui, je vous l'ai déjà dit, je crois que vous êtes des gens honnêtes; mais enfin, la religion que vous prêchez a été déclarée mauvaise, et a été prohibée par notre grand empereur. — Aux paroles que tu viens de prononcer, nous n'avons à répondre que ceci : c'est que la religion du Seigneur du ciel n'a jamais eu besoin de la sanction de ton empereur pour être une religion sainte, pas plus que nous de sa mission pour la venir prêcher dans le Thibet. » L'ambassadeur chinois ne jugea pas à propos de continuer cette discussion; il nous congédia sèchement, en nous déclarant que nous pouvions nous tenir assurés qu'il nous ferait partir du Thibet.

Nous nous hâtâmes de nous rendre chez le régent, et de lui faire part de la déplorable entrevue que nous avions eue avec Ki-Chan. Le premier Kalon avait eu connaissance des projets de persécution que les mandarins chinois tramaient contre nous. Il tâcha de nous rassurer et nous dit que, protégeant dans le pays des milliers d'étrangers, il serait assez fort pour nous y faire jouir d'une protection que le gouvernement thibétain accordait à tout le monde. « Au reste, ajouta-t-il, lors même que nos lois interdiraient aux étrangers l'entrée de notre pays, ces lois ne pourraient vous atteindre. Les religieux, les hommes de prières, étant de tous les pays, ne sont étrangers nulle part; telle est la doctrine qui est enseignée dans nos saints livres. Il est écrit : *La chèvre jaune est sans patrie, et le Lama n'a pas de famille...* Lha-Ssa étant le rendez-vous et le séjour spécial des hommes de prières, ce seul titre devrait toujours vous y faire trouver liberté et protection. »

Cette opinion des Bouddhistes, qui fait du religieux un homme cosmopolite, n'est pas seulement une pensée mystique écrite dans les livres, mais nous avons remarqué qu'elle était passée dans les mœurs et les habitudes des lamaseries. Aussitôt qu'un homme s'est rasé la tête et a revêtu le costume religieux, il renonce à son ancien nom pour en prendre un nouveau. Si l'on demande à un Lama de quel pays il est, il répond : je n'ai pas de patrie, mais je passe mes jours dans telle lamaserie. Cette manière de penser et d'agir est même admise en Chine, parmi les bonzes et les autres espèces de religieux, qu'on a coutume de désigner par le nom générique de *Tchoun Kia-Jin*, homme sorti de la famille.

Il s'engagea à notre sujet une lutte de plusieurs jours entre le gouvernement thibétain et l'ambassadeur chinois. Ki-Chan, afin de mieux réussir dans ses prétentions, se posa comme défenseur des intérêts du Talé-Lama. Voici quelle était son argumentation : Envoyé à Lha-Ssa par son empereur afin de protéger le Bouddha vivant, il était de son devoir d'éloigner de lui tout ce qui pouvait lui être nuisible. Des prédicateurs de la religion du Seigneur du ciel, bien qu'animés d'intentions excellentes, propageaient une doctrine qui au fond, tendait à ruiner l'autorité et la puissance de Talé-Lama. Leur but avoué était de substituer leurs croyances religieuses au bouddhisme, et de convertir tous les habitants du Thibet, de tout âge, de toutes conditions et de tout sexe. Que deviendrait le Talé-Lama, lorsqu'il n'aurait plus d'adorateurs? L'introduction de la religion du Seigneur du ciel dans le pays ne conduit-elle pas directement à la destruction du sanctuaire du Bouddha-La, et par conséquent à la ruine de la hiérarchie lamaïque et du gouvernement thibétain? Moi, disait-il, qui suis ici pour défendre le Talé-Lama, puis-je laisser à Lha-Ssa des hommes qui sèment des doctrines si redoutables? Lorsqu'elles auront pris racine, et qu'il ne sera plus possible de les extirper, qui sera responsable d'un si grand mal? Qu'aurai-je à répondre au grand empereur, lorsqu'il me reprochera ma négligence et ma lâcheté? Vous autres Thibétains, disait-il au régent, vous ne comprenez pas la gravité de cette affaire. Parce que ces hommes sont vertueux et irréprochables, vous pensez qu'ils ne sont pas dangereux....; c'est une illusion. S'ils restent longtemps à Lha-Ssa, ils vous auront bientôt ensorcelés. Parmi vous, il n'est personne qui soit capable de lutter avec eux en matière de religion. Vous ne pourrez vous empêcher d'adopter leurs croyances, et. dans ce cas, le Talé-Lama est perdu.

Le régent n'entrait nullement dans ces appréhensions que l'ambassadeur chinois cherchait à lui inspirer. Il soutenait que notre présence à Lha-Ssa ne pouvait, en aucune façon, nuire au gouvernement thibétain. « Si la doctrine que ces hommes apportent, disait-il, est une doctrine fausse, les Thibétains ne l'embrasseront pas. Si au contraire elle est vraie, qu'avons-nous à craindre? Comment la vérité pourrait-elle être préjudiciable aux hommes? Ces deux Lamas du royaume de France, ajoutait-il, n'ont fait aucun mal; ils sont animés des meilleures intentions à notre égard. Pouvons-nous, sans motif, les priver de la protection que nous accordons ici à tous les étrangers, et surtout aux hommes de prières? Nous est-il permis de nous rendre coupables d'une injustice actuelle et certaine, par la crainte imaginaire d'un malheur à venir? »

Ki-Chan reprochait au régent de négliger les intérêts du Talé-Lama, et le régent de son côté accusait Ki Chan de profiter de la minorité du souverain pour tyranniser le gouvernement thibétain Quant à nous, au milieu de ce malheureux confit, nous refusions de reconnaître l'autorité du mandarin chinois, et nous déclarions que nous ne quitterions pas le pays sans un ordre formel du régent, qui nous assurait constamment qu'on ne lui arracherait jamais un acte semblable.

La querelle s'envenimant tous les jours de plus en plus, Ki-Chan se décida enfin à prendre sur lui de nous faire partir. Les choses en vinrent à un tel point, que la prudence nous fit une obligation de céder aux circonstances et de ne pas opposer une plus longue résistance, de peur de compromettre le régent et de devenir, peut-être, la cause de fâcheuses dissensions entre la Chine et le Thibet. En nous raidissant contre cette injuste persécution, nous avions à craindre d'irriter trop vivement les Chinois et de fournir des prétextes à leurs projets d'usurpation sur le gouvenement thibétain. Si, à cause de nous, une rupture venait malheureusement à éclater entre Lha-Ssa et Pékin, on ne manquerait pas de nous en rendre responsables; nous deviendrions odieux aux yeux des Thibétains, et l'introduction du christianisme dans ces contrées souffrirait peut-être dans la suite de plus grandes difficultés. Nous pensâmes donc qu'il valait mieux courber la tête, et accepter avec résignation le rôle de persécutés. Notre conduite prouverait du moins aux Thibétains que nous étions venus au milieu d'eux avec des intentions pacifiques, et que nous n'entendions nullement nous y établir par la violence

Une autre considération vint encore nous confirmer dans notre résolution. Il nous vint à la pensée que cette tyrannie même que les Chinois exerçaient contre nous serait peut-être cause que les Missionnaires pourraient un jour s'établir dans le Thibet avec sécurité. Dans notre candeur, nous nous imaginions que le gouvernement français ne verrait pas avec indifférence cette prétention inouïe de la Chine, qui ose poursuivre de ses outrages le christianisme et le nom français jusque chez les peuples étrangers, et à plus de mille lieues loin de Pékin. Nous étions persuadés que le représentant de France à Canton ne pourrait s'empêcher de faire de vives réclamations auprès de l'autorité chinoise, et qu'il obtiendrait une réparation de la violence qui nous avait été faite. En pensant ainsi, nous pauvres et obscurs Missionnaires, nous étions bien loin de vouloir nous donner, à nos propres yeux, la moindre importance personnelle; mais, nous ne le cachons pas, nous avions l'orgueil de croire que notre qualité de Français serait un titre suffisant pour obtenir la protection du gouvernement de notre patrie.

Après avoir mûre ment réfléchi aux motifs que nous venons d'indiquer, nous nous rendîmes chez le régent. En apprenant que nous avions résolu de partir de Lha-Ssa, il parut triste et embarrassé Il nous dit qu'il eût vivement désiré de pouvoir nous assurer dans le Thibet un séjour libre et tranquille; mais que, seul et privé de l'appui de son souverain, il s'était trouvé trop faible pour réprimer la tyrannie des Chinois, qui, depuis plusieurs années, profitant de l'enfance du Talé-Lama, s'arrogeaient des droits inouïs dans le pays .. Nous remerciâmes le régent de sa bonne volonté, et nous partîmes pour nous rendre chez l'ambassadeur chinois.

Nous dîmes à Ki-Chan que, loin de tout moyen de protection, nous étions décidés à nous éloigner de Lha-Ssa, puisqu'on voulait nous y contraindre, mais que nous protestions contre cette violation de nos droits. « Oui, c'est cela, nous répondit Ki-Chan; il n'y a rien de mieux à faire, il faut vous mettre en route; ce sera bien pour vous, bien pour moi, bien pour les Thibétains, bien pour tout le monde. » Il nous annonça ensuite qu'il avait déjà ordonné de faire les préparatifs nécessaires pour notre prochain départ, que déjà le mandarin et l'escorte qui devaient nous accompagner avaient été désignés. Il avait été même arrêté que nous partirions dans huit jours, et qu'on nous ferait suivre la route qui conduit aux frontières de Chine. Ces dernières dispositions excitèrent tout à la fois notre indignation et notre surprise; nous ne concevions pas qu'on eût la cruauté de nous condamner à un voyage de huit mois, tandis qu'en nous dirigeant vers l'Inde, vingt-cinq jours de marche nous suffisaient pour arriver au premier poste européen, où nous ne pouvions manquer de trouver des moyens sûrs et faciles pour nous rendre à Calcutta. Nous fîmes là-dessus les plus instantes réclamations; mais elles ne furent pas écoutées, non plus que la demande d'un sursis de quelques jours pour nous reposer un peu de la longue route que nous venions de faire, et laisser se cicatriser de grandes plaies causées par le froid du désert. Tout ce que nous pûmes dire pour adoucir la dureté de l'ambassadeur chinois fut inutile.

Pour lors nous laissâmes là notre ton suppliant, et nous déclarâmes au délégué de la cour de Pékin que nous cédions à la violence, mais que nous dénoncerions à notre gouvernement : premièrement, que l'ambassadeur chinois installé à Lha-Ssa nous en avait arbitrairement et violemment chassé, sous le vain prétexte que nous étions étrangers et prédicateurs de la religion chrétienne, qu'il disait mauvaise et réprouvée par son empereur. Secondement, que, contre tout droit et toute justice, il nous avait empêchés de suivre une route facile, directe, et de vingt-cinq jours seulement, pour nous traîner tyranniquement dans l'intérieur de la Chine, et nous faire subir les rigueurs d'un voyage de huit mois. Enfin, que nous dénoncerions à notre gouvernement la barbarie avec laquelle on nous forçait de nous mettre en route, sans nous accorder un peu de repos; barbarie que, vu l'état où nous étions, nous avions droit de considérer comme un attentat à nos jours. Ki-Chan nous répondit qu'il n'avait pas à s'occuper de ce que pouvait penser ou faire le gouvernement français, que dans sa conduite il ne devait envisager que la volonté de son empereur. « Si mon maître, dit-il, savait que j'ai laissé deux Européens prêcher librement la religion du Seigneur du ciel dans le Thibet, je serais perdu. Il ne me serait plus possible pour cette fois d'échapper à la mort. »

Le lendemain, Ki-Chan nous fit appeler pour nous communiquer un rapport qu'il avait rédigé au sujet de nos affaires, et qu'il devait adresser à l'empereur. « Je n'ai pas voulu, nous dit-il, le faire partir avant de vous le lire, de peur qu'il ne me soit échappé des paroles inexactes ou qui pourraient vous être désagréables. » Ayant obtenu son principal but, Ki-Chan reprenait à notre égard ses manières aimables et caressantes. Son rapport était assez insignifiant : ce qu'on y disait de nous n'était ni bien ni mal; on se contentait d'y donner une sèche nomenclature des pays que nous avions parcourus depuis notre départ de Macao. « Ce rapport va-t-il bien comme cela, dit Ki-Chan; y trouvez-vous quelque chose à redire? » M. Huc répondit qu'il aurait à faire une observation d'une grande importance. « Parle, j'écoute tes paroles. — Ce que j'ai à te dire ne nous intéresse nullement; mais cela te touche de très près. — Voyons qu'est-ce donc? — Ma communication doit être secrète, fais retirer tout ce monde. — Ces gens sont mes serviteurs, ils appartiennent tous à ma maison; ne crains rien. — Oh! nous autres, nous n'avons rien à craindre; tout le danger est pour toi! — Du danger pour moi!... N'importe, les gens de ma suite peuvent tout entendre. — Si tu veux, tu leur rapporteras ce que j'ai à te dire; mais je ne puis parler en leur présence. — Les mandarins ne peuvent s'entretenir en secret avec des étrangers; cela nous est défendu par les lois. — Dans ce cas, je n'ai rien à te dire, envoie le rapport tel qu'il est; mais, s'il t'en arrive malheur, ne t'en prends qu'à toi... » L'ambassadeur chinois devint pensif; il aspira coup sur coup de nombreusee prises de tabac, et après avoir longtemps réfléchi, il dit aux gens de sa suite de se retirer et de nous laisser seuls avec lui.

Quand tout le monde fut parti, M Huc prit la parole : « Maintenant, dit-il à Ki-Chan, tu vas comprendre pourquoi j'ai voulu te parler en secret, et combien il t'importe que personne n'entende ce que j'ai à te dire; tu vas juger si nous sommes des hommes dangereux, nous qui craignons même de nuire à nos persécuteurs. » Ki-Chan était pâle et décontenancé. « Voyons, dit-il, explique-toi; que tes paroles soient blanches et claires : que veux-tu dire? — Dans ton rapport, il y a une chose inexacte; tu me fais partir de Macao avec mon frère Joseph Gabet, pourtant je ne suis entré en Chine que quatre ans après lui. — Oh! si ce n'est que cela, c'est facile à corriger. — Oui, très facile; ce rapport, dis-tu, est pour l'empereur, n'est-ce pas? — Certainement. — Dans ce cas, il faut dire à l'empereur la vérité et toute la vérité. — Oui, oui, toute la vérité; corrigeons le rapport,... A quelle époque es-tu entré en Chine? — Dans la vingtième année de *Tao-Kouang* (1840). » Ki-Chan prit son pinceau et écrivit à la marge : vingtième année de Tao-Kouang. « Quelle lune? — Deuxième lune... » Ki-Chan, entendant parler de la deuxième lune, posa son pinceau et nous regarda fixement. « Oui, je suis entré dans l'empire chinois la vingtième année de Tao-Kouang, dans la deuxième lune; j'ai traversé la province de Canton, dont tu étais à cette époque le vice-roi... Pourquoi n'écris-tu pas? est-ce qu'il ne faut pas dire toute la vérité à l'empereur? » La figure de Ki-Chan se contracta. « Comprends-tu maintenant pourquoi j'ai voulu te parler en secret? — Oui, je sais que les chrétiens ne sont pas méchants... Quelqu'un ici connaît-il cette affaire? -- Non, personne. » Ki-Chan prit le rapport et le déchira; il en composa un nouveau, tout différent du premier; les dates de notre entrée en Chine n'y étaient pas précisées; et on y lisait un pompeux éloge de notre science et de notre sainteté. Ce pauvre homme avait eu la simplicité de croire que nous attacherions une grande importance à ce que l'empereur de Chine eût une bonne opinion de nous.

D'après les ordres de Ki-Chan, nous devions nous mettre en route après les fêtes de la nouvelle année thibétaine.

Le renouvellement de l'année est pour les Thibétains, comme pour tous les peuples, une époque de fêtes et de réjouissances. Les derniers jours de la douzième lune sont consacrés à en faire les préparatifs; on s'approvisionne de thé, de beurre, de tsamba, de vin d'orge, et de quelques quartiers de bœuf ou de mouton. Les beaux habits sont retirés de leurs armoires; on enlève la poussière dont les meubles sont ordinairement couverts; on fourbit, on nettoie, on balaye; on cherche en un mot à introduire dans l'intérieur de la maison un peu d'ordre et de propreté. La chose n'arrivant qu'une fois par an, tous les ménages prennent un nouvel aspect; les autels domestiques sont surtout l'objet d'un soin tout particulier; on repeint à neuf les vieilles idoles; on façonne avec du beurre frais des pyramides, des fleurs, et divers ornements destinés à parer les petits sanctuaires, où résident les Bouddhas de la famille.

Le premier *Louk-So*, ou rite de la fête, commence à minuit; aussi tout le monde veille, attendant avec impatience cette heure mystique et solennelle, qui doit clore la vieille année et ouvrir le cours de la nouvelle. Comme nous étions peu curieux de saisir ce point d'intersection qui sépare les deux années thibétaines, nous nous étions couchés à notre heure ordinaire. Nous dormions profondément, lorsque nous fûmes tout à coup réveillés par les cris de joie qui éclatèrent de toutes parts dans les quartiers de la ville. Les cloches, les cymbales, les conques marines, les tambourins et tous les instruments de la musique thibétaine se firent bientôt entendre, et donnèrent naissance au tintamarre le plus affreux qu'on puisse imaginer; on eût dit qu'on accueillait par un charivari l'année qui venait d'éclore. Nous eûmes un instant bonne envie de nous lever, pour aller contempler le bonheur des heureux habitants de Lha-Ssa; mais le froid était si piquant, qu'après de mûres et sérieuses réflexions, nous opinâmes qu'il serait plus convenable de demeurer sous nos épaisses couvertures de laine et de nous unir seulement de cœur à la félicité publique... Des coups redoublés, qui retentirent bientôt à la porte de notre demeure, et qui menaçaient de la faire voler en éclats, nous avertirent qu'il fallait renoncer à notre magnifique projet. Après quelques tergiversations, nous fûmes enfin contraints de sortir de notre chaude couchette; nous endossâmes nos robes, et la porte ayant été ouverte, quelques Thibétains de nos connaissances envahirent notre chambre, en nous conviant au régal de la nouvelle année. Ils portaient tous, entre leurs mains, un petit pot en terre cuite, où flottaient, dans de l'eau bouillante, des boulettes fabriquées avec du miel et de la farine de froment. Un de ces visiteurs nous offrit une longue aiguille en argent, terminée en crochet, et nous invita à pêcher dans son vase. D'abord nous voulûmes nous excuser, en objectant que nous n'étions pas dans l'habitude de prendre de la nourriture pendant la nuit; mais on nous fit des instances si engageantes, on nous tira la langue de si bonne grâce, qu'il fallut bien se résigner au Louk-So. Nous piquâmes chacun une boulette, que nous écrasâmes d'abord entre les dents pour en étudier la saveur... Nous nous regardâmes en faisant la grimace; cependant les convenances étaient là, et nous dûmes l'avaler par politesse. Si encore nous en avions été quittes pour ce premier acte de dévouement! Mais le Louk-So était inexorable; les nombreux amis que nous avions à Lha-Ssa se succédèrent presque sans interruption, et force nous fut de croquer jusqu'au jour des dragées thibétaines.

Le second Louk-So consiste encore à faire des visites, mais avec un nouveau cérémonial. Aussitôt que l'aube paraît, les Thibétains parcourent les rues de la ville, portant d'une main un pot de thé beurré, et de l'autre un large plat doré et vernissé, rempli de farine de tsamba amoncelée en pyramide, et surmontée de trois épis d'orge; en pareil jour, il n'est pas permis de faire des visites sans avoir avec soi du tsamba et du thé beurré. Dès qu'on est entré dans la maison de ceux à qui on veut souhaiter la bonne année, on commence avant tout par se prosterner trois fois devant l'autel domestique, qui est solennellement paré et illuminé; ensuite, après avoir brûlé quelques feuilles de cèdre, ou d'autres arbres aromatiques, dans une grande cassolette en cuivre, on offre aux assistants une écuellée de thé, et on leur présente le plat, où chacun prend une pincée de tsamba. Les gens de la maison font aux visiteurs la même politesse. Les habitants de Lha-Ssa ont coutume de dire : Les Thibétains célèbrent les fêtes du nouvel an avec du tsamba et du thé beurré ; les Chinois, avec du papier rouge et des pétards ; les Katchi, avec des mets recherchés et du tabac ; les Pébouns, avec des chansons et des gambades.

Quoique ce dicton populaire soit plein d'exactitude, cependant les Pébouns n'ont pas tout à fait le monopole de la gaieté. Les Thibétains savent aussi animer leurs fêtes du nouvel an par des réjouissances bruyantes, et où les chants et les danses jouent toujours un grand rôle. Des groupes d'enfants, portant de nombreux grelots suspendus à leur robe verte, parcourent les rues, et vont de maison en maison donner des concerts qui ne sont pas dépourvus d'agrément. Le chant ordinairement doux et mélancolique, est entrecoupé de refrains précipités et pleins de feu. Pendant la strophe, tous ces petits chanteurs marquent continuellement la mesure en imprimant à leurs corps un mouvement lent et régulier, semblable au balancier d'une pendule ; mais, quand arrive le refrain, ils se mettent à trépigner, en frappant la terre en cadence et avec vigueur. Le bruit des grelots et de leur chaussure ferrée produit une espèce d'accompagnement sauvage, qui ne laisse pas de frapper agréablement l'oreille. surtout lorsqu'il est entendu d'une certaine distance. Ces jeunes *dilettanti* ayant achevé leur concert, il est d'usage que ceux pour lesquels ils ont chanté leur distribuent des gâteaux frits dans de l'huile de noix et quelques petites boules de beurre.

Sur les places principales et devant les monuments publics, on rencontre, du matin au soir, des troupes de comédiens et de bateleurs qui amusent le peuple par leurs représentations. Les Thibétains n'ont pas comme les Chinois, des répertoires de pièces de théâtre ; leurs comédiens sont tous ensemble et continuellement sur la scène, tantôt chantant et dansant, tantôt faisant des tours de force et d'adresse. Le ballet est l'exercice dans lequel ils paraissent exceller le plus. Ils valsent, ils bondissent, ils pirouettent avec une agilité vraiment étonnante. Leur costume se compose d'une toque surmontée de longues plumes de faisan, d'un masque noir orné d'une barbe blanche d'une prodigieuse longueur, d'un large pantalon blanc, et d'une tuniqae verte pendante jusqu'aux genoux, et serrée aux reins par une ceinture jaune. A cette tunique sont attachés, de distance en distance, de longs cordons, au bout desquels pendent de gros flocons de laine blanche. Quand l'acteur se balance en cadence, toutes ces houppes accompagnent avec grâce les mouvements de son corps ; et quand il se met à tonrnoyer, elles se dressent horizontalement, font la roue autour de l'individu, et semblent en quelque sorte accélérer la rapidité de ses pirouettes.

On voit encore à Lha-Ssa une espèce d'exercice gymnastique, nommé *danse des esprits*. Une longue corde faite avec des lanières de cuir solidement tressées ensemble est attachés au sommet du Bouddha-La, et descend jusqu'au pied de la montagne. Les *esprits danseurs* vont et viennent sur cette corde, avec une agilité qui ne peut être comparée qu'à celle des chats ou des singes. Quelquefois, quand ils sont arrivés au sommet, ils étendent les bras comme pour se jeter à la nage, et se laissent couler le long de la corde avec la rapidité d'une flèche. Les habitants de la province de Ssang sont réputés les plus habiles pour ce genre d'exercice.

La chose la plus étrange que nous ayons vue à Lha-Ssa, pendant les fêtes du nouvel an, c'est ce que les Thibétains appellent le Lha-Ssa-Morou, c'est-à-dire l'invasion totale de la ville et de ses environs par des bandes innombrables de Lamas. Le Lha-Ssa-Morou commence le troisième jour de la première lune. Tous les couvents bouddhiques de la province d'Oui ouvrent leurs portes à leurs nombreux habitants; et l'on voit arriver en tumulte, par tous les chemins qui conduisent à Lha-Ssa, de grandes troupes de Lamas, à pied, à cheval, montés sur des ânes et sur des bœufs grognants, et portant avec eux leurs livres de prières et leurs instruments de cuisine. La ville se trouve bientôt couverte, sur tous les points, par ces avalanches de Lamas, qui se précipitent de toutes les montagnes environnantes. Ceux qui ne trouvent pas à se caser dans les maisons des particuliers et dans les édifices publics forment des campements sur les places et dans les rues, ou dressent leurs petites tentes de voyage dans la campagne. Le Lha-Ssa-Morou dure six jours entiers. Pendant ce temps, les tribunaux sont fermés, le cours ordinaire de la justice est suspendu, les ministres et les fonctionnaires publics perdent en quelque sorte leur autorité, et toute la puissance du gouvernement est abandonnée à cette armée formidable de religieux bouddhistes. Il règne alors dans la ville un désordre et une confusion inexprimables. Les Lamas parcourent les rues par bandes désordonnées, poussent des cris affreux, chantent des prières, se heurtent, se querellent, et quelquefois se livrent, à grands coups de poing, des batailles sanglantes.

Quoique les Lamas montrent, en général, peu de réserve et de modestie pendant ces jours de fête, il ne faudrait pas croire cependant qu'ils se rendent à Lha-Ssa pour se livrer à des divertissements profanes, et peu conformes à leur état de religieux; c'est la dévotion, au contraire, qui est le grand mobile de leur voyage. Leur but est d'implorer la bénédiction du Talé-Lama, et de faire un pèlerinage au célèbre couvent bouddhique appelé *Morou*, et qui occupe le centre de la ville. C'est de là qu'est venu le nom de Lha-Ssa-Morou, qui a été donné à ces six jours de fête.

Le couvent de Morou est remarquable par le luxe et les richesses qui sont étalés dans ses temples. L'ordre et la propreté qui y règnent continuellement en font comme le modèle et la règle des autres couvents de la province. A l'ouest du principal temple, on voit un vaste jardin entouré d'un péristyle. C'est là que se trouvent les ateliers de typographie. De nombreux ouvriers, appartenant à la lamaserie, sont journellement occupés à graver des planches et à imprimer les livres bouddhiques. Les procédés dont ils se servent étant semblables à ceux des Chinois, qui sont suffisamment connus, nous nous dispenserons d'en parler. Les Lamas qui se rendent annuellement à la fête du Lha-Ssa-Morou ont l'habitude de profiter de cette occasion pour faire leurs emplettes de livres.

Dans le seul district de Lha-Ssa, on compte plus de trente grands couvents bouddhiques. Ceux de Khaldhan, de Préboung et de Séra sont les plus célèbres et les plus nombreux. Chacun d'eux renferme à peu près quinze mille Lamas.

Pendant que les innombrables Lamas du Lha-Ssa-Morou célébraient avec transport leur bruyante fête, nous autres, le cœur navré de tristesse, nous étions occupés en silence des préparatifs de notre départ; nous défaisions cette petite chapelle où nous avions goûté des consolations bien enivrantes, mais, hélas! de bien courte durée. Après avoir essayé de défricher et d'ensemencer un pauvre petit coin de cet immense désert, il fallait l'abandonner, en nous disant que bientôt, sans doute, les ronces et les épines viendraient repousser en abondance, et étouffer ces précieux germes de salut qui déjà commençaient à poindre. Oh! comme ces pensées étaient amères et désolantes! Nous sentions nos cœurs se briser; et nous n'avions de force que pour supplier le Seigneur d'envoyer à ces pauvres enfants des ténèbres des missionnaires plus dignes de leur porter le flambeau de la foi.

La veille de notre départ, un des secrétaires du régent entra chez nous, et nous remit, de sa part, deux gros lingots d'argent. Cette attention du premier Kalon nous toucha profondément; mais nous crûmes ne pas devoir accepter cette somme. Sur le soir, en nous rendant à son palais pour lui faire nos adieux, nous lui rapportâmes les deux lingots. Nous les déposâmes devant lui sur une petite table, en lui protestant que cette démarche n'était nullement un signe de mécontentement de notre part; qu'au contraire, nous nous souviendrions toujours, avec reconnaissance, des bons traitements que nous avions reçus du gouvernement thibétain, pendant le court séjour que nous avions fait à Lha-Ssa; que nous étions persuadés que, s'il eût dépendu du régent, nous eussions toujours joui dans le Thibet du séjour le plus tranquille et le plus honorable; mais que, pour cet argent, nous ne pouvions le recevoir sans compromettre notre conscience de Missionnaires et l'honneur de notre nation. Le régent ne se montra nullement choqué de notre procédé. Il nous dit qu'il comprenait notre démarche et savait apprécier la répugnance que nous lui exprimions : qu'il n'insisterait donc pas pour nous faire accepter cet argent, mais que pourtant il serait bien aise de nous offrir quelque chose avant de se séparer de nous... Alors, nous indiquant un dictionnaire en quatre langues, qu'il nous avait souvent vu feuilleter avec intérêt, il nous demanda si cet ouvrage pourrait nous être agréable. Nous crûmes pouvoir recevoir ce présent, sans compromettre en aucune manière la dignité de notre caractère. Nous exprimâmes ensuite au régent combien nous serions heureux s'il daignait accepter, comme un souvenir de la France, le microscope qui avait tant excité sa curiosité : notre offre fut accueillie avec bienveillance.

Au moment de nous séparer, le régent se leva et nous adressa ces paroles : « Vous partez;... mais qui peut connaître les choses à venir?... Vous êtes des hommes d'un courage étonnant, puisque vous avez pu venir jusqu'ici... Je sais que vous avez dans le cœur une grande et sainte résolution. Je pense que vous ne l'oublierez jamais; pour moi, je m'en souviendrai toujours... Vous me comprenez assez; les circonstances ne me permettent pas d'en dire davantage. — Nous comprenons, répondîmes-nous au régent, toute la portée de tes paroles... Nous prierons beaucoup notre Dieu de réaliser un jour le vœu qu'elles expriment. » Nous nous séparâmes ensuite, le cœur gros d'affliction, de cet homme qui avait été pour nous si plein de bonté, et sur lequel nous avions fondé l'espérance de faire connaître, avec l'aide de Dieu, les vérités du christianisme à ces pauvres peuplades du Thibet.

Quand nous rentrâmes à notre habitation, nous trouvâmes le gouverneur kachemirien qui nous attendait : il nous avait apporté quelques provisions de voyage, d'excellents fruits secs de Ladak et des gâteaux faits avec de la farine de froment, du beurre et des œufs. Il voulut passer toute la soirée avec nous, et nous aider à confectionner nos malles. Comme il avait le projet de faire prochainement le voyage de Calcutta, nous le chargeâmes de donner de nos nouvelles au premier Français qu'il rencontrerait dans les possessions anglaises de l'Inde. Nous lui remîmes même une lettre, que nous le priâmes de faire parvenir au représentant du gouvernement français à Calcutta. Dans cette lettre, nous exposions sommairement les circonstances de notre séjour dans la capitale du Thibet et les causes de notre départ. Il nous parut bon de prendre cette mesure de prudence, au moment où nous allions nous engager dans un voyage de mille lieues, à travers des routes affreuses et continuellement bordées de précipices. Nous pensâmes que, si telle était la volonté de Dieu, que nous fussions ensevelis au milieu des montagnes du Thibet, nos amis de France pourraient du moins savoir ce que nous serions devenus.

Ce soir même, Samdadchiemba vint nous faire ses adieux. Depuis le jour où l'ambassadeur chinois avait arrêté de nous faire partir du Thibet, notre cher néophyte nous avait été arraché. Il est inutile de dire combien cette épreuve nous fut dure et pénible ; mais à cette mesure nous ne pouvions, ni le régent ni nous, opposer aucune réclamation, Samdadchiemba, étant originaire de la province du Kan-Sou, dépendait directement de l'autorité chinoise. Quoique notre influence auprès de Ki-Chan ne fût pas très grande, nous obtînmes de lui pourtant qu'on ne lui ferait subir aucun mauvais traitement, et qu'on le renverrait en paix dans sa famille. Ki-Chan nous le promit, et nous avons su depuis qu'il avait été assez fidèle à sa parole. Le régent fut plein de bonté pour notre néophyte. Aussitôt qu'il fut séparé de nous, il pourvut à ce que rien ne lui manquât ; il lui fit même donner une assez forte somme d'argent pour faire les préparatifs de son voyage. Avec ce que les circonstances nous permirent d'y ajouter, Samdadchiemba put se faire une petite fortune, et se mettre en état de rentrer convenablement dans la maison paternelle. Nous lui recommandâmes d'aller auprès de sa vieille mère remplir les devoirs qu'impose la piété filiale, de l'instruire des mystères de la foi, et de la faire jouir à sa dernière heure du bienfait de la régénération baptismale ; puis, quand il lui aurait fermé les yeux, de retourner passer ses jours parmi les chrétiens[1].

Pour dire vrai, Samdadchiemba n'était pas un jeune homme aimable ; son caractère âpre, sauvage, et quelquefois insolent, en faisait un assez mauvais compagnon de voyage. Cependant il y avait en lui un fond de droiture et

---

(1) Nous avons eu depuis peu de temps des nouvelles de Samdadchiemba. Après être resté pendant plus d'un an dans son pays, il est retourné dans nos missions de la Tartarie mongole, et actuellement il est dans le village chrétien de Si-Wang, en dehors de la grande muraille. (1852).

de dévouement, bien capable de compenser à nos yeux les travers de son naturel. Nous éprouvâmes en nous séparant de lui une douleur profonde, et qui nous fut d'autant plus sensible, que nous n'eussions jamais soupçonné avoir au fond du cœur un si vif attachement pour ce jeune homme. Mais nous avions fait ensemble un voyage si long et si pénible, nous avions enduré ensemble tant de privations et supporté tant de misères, qu'insensiblement, et comme à notre insu, notre existence s'était, pour ainsi dire, soudée à la sienne. La loi d'affinité qui unit les hommes entre eux, agit au milieu des souffrances, bien plus puissamment que dans un état de prospérité.

Le jour fixé pour notre départ, deux soldats chinois vinrent, de grand matin, nous avertir que le *Ta-Lao-Yé*, Ly-Kouo-Ngan, c'est-à-dire Son Excellence *Ly*, Pacificateur des royaumes, nous attendait pour déjeuner. Ce personnage était le mandarin que l'ambassadeur Ki-Chan avait désigné pour nous accompagner jusqu'en Chine. Nous nous rendîmes à son invitation ; et comme le convoi devait s'organiser chez lui, nous y fîmes transporter nos effets.

Ly, Pacificateur des royaumes, était originaire de *Tcheng Tou-Fou*, capitale de la province du Sse-Tchouen : il appartenait à la hiérarchie des mandarins militaires. Pendant douze ans, il avait servi dans le *Gorkha*, province du Boutan, où il avait obtenu un avancement rapide, et était parvenu jusqu'à la dignité de *Tou-Sse*, avec le commandement général des troupes qui surveillent les frontières voisines des possessions anglaises. Il était décoré du globule bleu, et jouissait du privilège de porter à son bonnet sept queues de martre zibeline. Ly-Kouo-Ngan n'était âgé que de quarante-cinq ans, mais on lui en eût bien donné soixante-dix, tant il était cassé et délabré ; il n'avait presque plus de dents, ses rares cheveux étaient gris, et ses yeux ternes et vitrés supportaient avec peine une lumière trop vive ; sa figure molle et plissée, ses mains entièrement desséchées, et ses jambes épaisses, sur lesquelles il pouvait à peine se soutenir, tout indiquait un homme épuisé par de grands excès. Nous crûmes d'abord que cette vieillesse précoce était le résultat d'un usage immodéré de l'opium ; mais il nous apprit lui-même, et dès notre première entrevue, que c'était l'eau-de-vie qui l'avait réduit en cet état. Ayant demandé et obtenu sa retraite, il allait, au sein de sa famille, essayer de réparer, par un régime sage et sévère, le délabrement de sa santé. L'ambassadeur Ki-Chan n'avait tant pressé notre départ, que pour nous faire aller de compagnie avec ce mandarin, qui, en sa qualité de Tou-Sse, devait avoir une escorte de quinze soldats.

Ly-Kouo-Ngan était très instruit pour un mandarin militaire ; les connaissances qu'il avait de la littérature chinoise, et surtout son caractère éminemment observateur, rendaient sa conversation piquante et pleine d'intérêt. Il parlait lentement, d'une manière même traînante, mais il savait admirablement donner à ses récits une tournure dramatique et pittoresque. Il aimait beaucoup à s'occuper de questions philosophiques et religieuses ; il avait même, disait-il, de magnifiques projets de perfection pour le temps où, libre et tranquille dans sa famille, il n'aurait plus à s'occuper qu'à jouer aux échecs avec ses amis, ou à aller voir la comédie. Il ne croyait ni aux Bonzes ni aux Lamas ; quant à la doctrine du Seigneur du ciel, il ne savait pas trop ce que c'était ; il avait besoin de s'en instruire avant de l'embrasser. En attendant, toute sa religion consistait en une fervente dévotion pour la grande Ourse ; il affectait des manières aristocratiques, et d'une politesse exquise ; malheureusement, il lui arrivait parfois de s'oublier, et de laisser percer son origine tout à fait plébéienne. Il est inutile d'ajouter que Son Excellence le Pacificateur des royaumes était amateur des lingots d'argent ; sans cela, il eût été difficile de reconnaître en lui un Chinois, et surtout un mandarin.

Ly-Kouo-Ngan nous fit servir un déjeuner de luxe ; sa table nous parut d'autant mieux servie, que, depuis deux ans, nous étions accoutumés à vivre un peu comme des sauvages. L'habitude de manger avec les doigts nous avait fait presque oublier de nous servir des bâtonnets chinois. Quand nous eûmes fini, Ly-Kouo-Ngan nous avertit que tout était préparé pour le départ, mais qu'avant de se mettre en route, il était de son devoir de se rendre, avec sa compagnie de soldats, au palais de l'ambassadeur, pour prendre congé de lui. Il nous demanda si nous ne désirerions pas l'accompagner. « Volontiers, lui répondîmes-nous, allons ensemble chez l'ambassadeur ; nous remplirons, toi, un devoir, et nous, une politesse. »

Nous entrâmes, notre conducteur et nous, dans l'appartement où était Ki-Chan. Les quinze soldats s'arrêtèrent au seuil de la porte, et se rangèrent en file, après s'être prosternés et avoir frappé trois fois la terre de leur front. Le Pacificateur des royaumes en fit autant ; mais le pauvre malheureux ne put se relever qu'avec notre secours. Selon notre habitude, nous saluâmes en mettant notre bonnet sous le bras. Ki-Chan prit la parole et nous fit à chacun une petite harangue.

S'adressant d'abord à nous, il prit un ton patelin et maniéré : « Voilà, nous dit-il, que vous allez retourner dans votre royaume ; je pense que vous n'aurez pas à vous plaindre de moi, ma conduite à votre égard est irréprochable. Je ne vous permets pas de rester ici, mais c'est la volonté du grand empereur et non la mienne ; je ne vous permets pas de suivre la route de l'Inde, parce que les lois de l'empire s'y opposent ; s'il en était autrement, tout vieux que je suis, je vous accompagnerais moi-même jusqu'aux frontières. La route que vous allez suivre n'est pas aussi affreuse qu'on le prétend ; vous aurez, il est vrai, un peu de neige ; vous trouverez quelques montagnes élevées ; il y aura des journées froides... Vous voyez que je ne vous cache pas la vérité ; pourquoi vous tromper ? mais au moins vous aurez des hommes pour vous servir, et tous les soirs vous trouverez un gîte préparé ; vous n'aurez pas besoin de dresser la tente. Est-ce que cette route ne vaut pas mieux que celle que vous avez suivie pour venir ! Vous serez obligés d'aller à cheval ; je ne puis pas vous donner un palanquin, on n'en trouve pas dans ce pays. Le rapport que je dois adresser au grand empereur partira dans quelques jours ; comme mes estafettes courent jour et nuit, il vous précédera. Quand vous serez arrivés en paix à la capitale de Sse-Tchouen, le vice-roi, *Pao*, aura soin de vous, et ma responsabilité cessera. Vous pouvez partir avec confiance, et en dilatant vos cœurs. J'ai déjà envoyé des ordres, afin que vous soyez bien traités partout où vous passerez. Que l'astre de la félicité vous guide dans votre voyage depuis le commencement jusqu'à la fin! — Quoique nous nous sentions opprimés, répondîmes-nous à Ki-Chan, nous n'en faisons pas moins des vœux pour ta prospérité. Puisque c'est aux dignités que tu aspires, puisses-tu rentrer dans toutes celles que tu as perdues, et en obtenir encore de plus grandes! — Oh! mon étoile est mauvaise! mon étoile est mauvaise! » s'écria Ki-Chan, en puisant dans son godet d'argent une forte prise de tabac.

S'adressant ensuite au Pacificateur des royaumes, sa voix prit tout à coup une intonation grave et solennelle. « Ly-Kouo-Ngan, lui dit-il, puisque le grand empereur te permet de rentrer dans ta famille, tu vas partir : tu auras ces deux compagnons de voyage, et ce doit être pour toi un grand sujet de joie; car la route, tu le sais, est longue et ennuyeuse. Le caractère de ces hommes est plein de justice et de miséricorde; tu vivras donc avec eux dans une grande concorde. Garde-toi de jamais contrister leur cœur, soit par parole, soit par action... Voici encore une chose importante que j'ai à te dire : comme tu as servi l'empire pendant douze ans sur les frontières du Gorkha, j'ai donné ordre au fournisseur de t'envoyer cinq cents onces d'argent; c'est un cadeau du grand empereur. » A ces mots, Ly-Kouo-Ngan, trouvant tout à coup dans ses jambes une souplesse inusitée, se précipita à genoux avec impétuosité. « Les bienfaits célestes du grand empereur, dit-il, m'ont toujours environnés de toutes parts; mais, mauvais serviteur que je suis, comment pourrais-je encore recevoir, sans rougir, une faveur si signalée! J'adresse de vives supplications à l'ambassadeur, afin qu'il me soit permis de me cacher la face et de me soustraire à cette grâce imméritée. » Ki-Chan lui répondit : « Est-ce que tu t'imagines que le grand empereur va te savoir beaucoup de gré de ton désintéressement? Qu'est-ce que c'est que quelques onces d'argent? Va, reçois ce peu d'argent, puisqu'on te l'offre : tu en auras pour boire une tasse de thé avec tes amis; mais quand tu seras là-bas, garde-toi bien de recommencer avec ton eau-de-vie. Si tu es désireux de vivre encore quelques années, tu dois t'interdire l'eau-de-vie. Je te dis cette parole, parce qu'un père et une mère doivent donner de bons conseils à leurs enfants. » Ly-Kouo-Ngan frappa trois fois la terre du front, puis se releva et vint se placer à côté de nous.

Ki-Chan harangua enfin les soldats, et changea de ton pour la troisième fois. Sa voix fut brusque, saccadée, et frisant quelquefois la colère et l'emportement. « Et vous autres soldats.... » A ces mots, les quinze militaires, comme poussés par un ressort unique, tombèrent ensemble à genoux, et gardèrent cette posture pendant tout le temps que dura l'allocution. « Voyons, combien êtes-vous? vous êtes quinze, je crois;... et en même temps. il les compta du doigt... oui, c'est cela, quinze hommes. Vous autres quinze soldats, vous allez rentrer dans votre province, votre service est fini; vous escorterez jusqu'au Sse-Tchouen votre Tou Sse, ainsi que ces deux étrangers; en route, vous les servirez fidèlement, et soyez attentifs à être toujours respectueux et obéissants. Comprenez-vous claire-ment ces paroles? — Oui, nous comprenons. — Quand vous passerez dans les villages des *Poba* (Thibétains), gare à vous, si vous opprimez le peuple; dans les relais, gardez-vous bien de piller et de dérober le bien d'autrui. Comprenez-vous clairement? — Oui, nous comprenons. — Ne nuisez pas aux troupeaux, respectez les champs ensemencés, n'incendiez pas les forêts... Comprenez-vous clairement? — Oui, nous comprenons. — Entre vous autres, qu'il y ai toujours paix et concorde. Est-ce que vous n'êtes pas tous des soldats de l'empire? N'allez donc pas vous maudire et vous quereller. Comprenez-vous clairement? — Oui, nous comprenons. — Quiconque aura une mauvaise conduite, qu'il n'espère pas échapper au châtiment; son péché sera examiné attentivement, et puni avec sévérité. Comprenez-vous clairement? — Oui nous comprenons. — Puisque vous comprenez, obéissez et tremblez! » Aussitôt après cette courte, mais énergique péroraison, les quinze soldats frappèrent trois fois la terre du front et se relevèrent.

Au moment où nous quittions la résidence de l'ambassadeur, Ki-Chan nous tira à l'écart pour nous dire quelque chose en particulier. « Dans peu de temps, nous dit-il, je dois quitter le Thibet et rentrer en Chine. Pour ne pas être trop chargé de bagage à mon départ, je fais partir deux grosses caisses par cette occasion; elles sont recouvertes en peau de bœuf à long poil. » Il nous indiqua ensuite les caractères dont elles étaient marquées. « Ces deux caisses, ajouta-t-il, je vous les recommande. Tous les soirs, quand vous arriverez au relais, faites-les déposer dans l'endroit même où vous devrez passer la nuit. A Tching-Tou-Fou, capitale du Sse-Tchouen, vous les remettrez à Pao-Tchouang-Tang, vice-roi de la province. Veillez aussi avec soin sur vos effets; car dans la route que vous allez suivre, il y a beaucoup de petits voleurs. » Après avoir donné à Ki-Chan l'assurance que nous nous souviendrions de sa recommandation, nous allâmes rejoindre Ly-Kouo-Ngan, qui nous attendait au seuil de la grande porte d'entrée.

C'est une chose assez curieuse que l'ambassadeur chinois se soit avisé de nous confier son trésor, tandis qu'il avait à sa disposition un grand mandarin qui naturellement était appelé par sa position à lui rendre ce service. Mais la jalousie dont Ki-Chan était animé à l'égard des étrangers, n'allait pas jusqu'à lui faire oublier ses intérêts. Il trouva, sans doute, qu'il serait plus sûr de confier ses caisses à des Missionnaires qu'à un Chinois, même mandarin. Cette marque de confiance nous fit plaisir; c'était un hommage rendu à la probité des chrétiens, et en même temps une satire bien amère du caractère chinois.

Nous nous rendîmes à la maison de Ly-Kouo-Ngan, où dix-huit chevaux déjà tout sellés nous attendaient dans la cour. Les trois qui avaient meilleure mine étaient à part; on les avait réservés pour le Tou-Sse et pour nous. Les quinze autres étaient pour les soldats, et chacun dut prendre celui qui lui fut désigné par le sort.

Quand nous fûmes hors de la ville, nous aperçûmes un groupe assez nombreux qui paraissait nous attendre; c'étaient des habitants de Lha-Ssa, avec lesquels nous avions eu des relations assez intimes pendant notre séjour dans cette ville. La plupart d'entre eux avaient commencé à s'instruire des vérités du christianisme, et nous avaient paru sincèrement disposés à embrasser notre sainte religion; ils s'étaient rassemblés sur notre passage, pour nous saluer et nous offrir un Khaa d'adieu. Nous remarquâmes au milieu d'eux le jeune médecin, portant toujours sur sa poitrine la croix que nous lui avions donnée. Nous descendîmes de cheval pour adresser à ces cœurs chrétiens quelques paroles de consolation; nous les exhortâmes à renoncer courageusement au culte superstitieux de Bouddha, pour adorer le Dieu des chrétiens, et à être toujours pleins de confiance en sa miséricorde infinie. Oh! qu'il fut cruel le moment où nous fûmes obligés de nous séparer de ces bien-aimés catéchumènes, auxquels nous n'avions fait qu'indiquer la voie du salut éternel, sans pouvoir y diriger leurs premiers pas! Hélas! nous ne pouvions plus rien pour eux, rien, si ce n'est de prier la divine Providence d'avoir compassion de ces âmes rachetées par le sang de Notre-Seigneur Jésus-Christ.

Au moment où nous remontions à cheval pour continuer notre route, nous aperçûmes un cavalier qui se dirigeait vers nous au grand galop; c'était le gouverneur des Kachemiriens qui avait eu la pensée de nous accompagner jusqu'à la rivière Bo-Tchou. Nous fûmes extrêmement touchés d'une attention si aimable, et qui n'avait rien qui dut nous surprendre de la part d'un ami sincère, dévoué, et qui nous avait donné des marques si nombreuses d'attachement durant notre séjour à Lha-Ssa.

L'arrivée du gouverneur des Kachemiriens fut cause que nous chevauchâmes très lentement, car nous avions beaucoup de choses à nous dire; enfin, après une heure de marche, nous arrivâmes sur les bords du Bo-Tchou. Nous y trouvâmes une escorte thibétaine, que le régent avait fait organiser pour nous conduire jusqu'aux frontières de Chine; elle se composait de sept hommes et d'un grand Lama, portant le titre de Dhéba, gouverneur de canton; avec l'escorte chinoise, nous formions une caravane de vingt-six cavaliers, sans parler des conducteurs d'un grand troupeau de bœufs grognants qui portaient nos bagages.

Deux grands bacs étaient disposés pour recevoir les cavaliers et les chevaux; ceux-ci y sautèrent d'un seul bond et allèrent ensuite s'aligner tout tranquillement les uns à côté des autres : on voyait que ce n'était pas la première fois qu'ils faisaient ce métier. Les hommes entrèrent ensuite, à l'exemple du Dhéba, de Ly-Kouo-Ngan et de nous deux. Nous comprîmes qu'on allait nous faire passer la rivière d'une façon un peu plus aristocratique; mais nous avions beau regarder de tous côtés, nous n'apercevions pas d'embarcation. « Comment donc allons-nous faire pour passer, nous autres? — Voilà là-bas, nous répondit-on, la barque qui arrive. » Nous levâmes les yeux du côté qu'on nous indiquait : nous aperçûmes, en effet, une barque et un homme qui s'avançait à travers champs; à l'opposé de ce qui se pratique ordinairement, c'était la barque qui était portée par l'homme et non l'homme par la barque. Ce batelier, qui courait le dos chargé d'une grande embarcation, était une chose monstrueuse à voir. Aussitôt qu'il fut arrivé sur le rivage, il déposa tranquillement son fardeau, et poussa la barque à l'eau sans le moindre effort. Il n'y avait pas de milieu, ou l'homme était d'une force prodigieuse, ou la barque d'une légèreté extrême. Nous regardâmes l'homme et nous n'aperçûmes en lui rien d'extraordinaire; nous approchâmes de la barque, nous l'examinâmes, nous la touchâmes, et le problème fut aussitôt résolu. Cette grande embarcation était fabriquée avec des cuirs de bœuf solidement cousus les uns aux autres; dans l'intérieur, quelques légères tringles en bambou servaient à lui maintenir sa forme.

Après avoir serré affectueusement la main au gouverneur kachemirien, nous entrâmes dans l'embarcation; mais nous faillîmes la crever du premier pas que nous fîmes. On avait oublié de nous avertir qu'on devait appuyer les pieds seulement sur les tringles de bambou. Quand nous fûmes tous embarqués, le batelier se mit à pousser avec une longue perche, et dans un clin d'œil nous fûmes de l'autre côté de la rivière; nous sautâmes à terre, et le patron. prenant la barque sur son dos, se sauva à travers champs.

Ces barques en cuir ont l'iconvénient de ne pouvoir rester longtemps dans l'eau sans se pourrir. Aussitôt qu'on s'en est servi, on a soin de les renverser sur la plage, pour les faire sécher : peut-être qu'en les enduisant d'un bon vernis, on pourrait les préserver de l'action de l'eau, et les rendre propres à supporter une plus longue navigation.

Quand nous fûmes à cheval, nous jetâmes un dernier regard sur la ville de Lha-Ssa qu'on apercevait encore dans le lointain; nous dîmes au fond du cœur. « O mon Dieu, que votre volonté soit faite! » Et nous suivîmes en silence les pas de la caravane. C'était le 15 mars 1849.

IX

En sortant de Lha-Ssa, nous cheminâmes pendant plusieurs jours au milieu d'une large vallée entièrement livrée à la culture, et où l'on aperçoit de tous côtés de nombreuses fermes thibétaines, ordinairement entourées de grands arbres. Les travaux agricoles n'avaient pas encore commencé, car, dans le Thibet, les hivers sont toujours longs et rigoureux. Des troupeaux de chèvres et de bœufs grognants erraient tristement parmi les champs poudreux, et donnaient de temps en temps quelques coups de dent aux dures tiges de *tsing-kou* dont le sol était hérissé. Cette espèce d'orge est la récolte principale de ces pauvres contrées.

La vallée tout entière se compose d'une foule de petits champs, séparés les uns des autres par des clôtures basses et épaisses, formées avec de grosses pierres. Le défrichement de ce terrain rocailleux a sans doute coûté, aux premiers cultivateurs, beaucoup de fatigues et une grande patience. Ces pierres énormes ont dû être péniblement arrachées du sol les unes après les autres, et roulées avec effort sur les limites des champs.

Au moment de notre passage, la campagne présentait en général un aspect morne et mélancolique. Cependant le tableau était quelquefois animé par quelques caravanes de Lamas, qui se rendaient en chantant et en folâtrant à la solennité du Lha-Ssa-Morou. Des cris de joie et des éclats de rire s'échappaient par intervalles des métairies qui bordaient la route, et nous annonçaient que les réjouissances du nouvel an n'étaient pas encore terminées.

Après quelques jours, nous commençâmes à gravir la formidable *montagne des Esprits* (Lha-Ri). Elle s'élevait devant nous comme un immense bloc de neige, où les yeux n'apercevaient pas un seul arbre, pas un brin d'herbe, pas un point noir qui vînt rompre l'uniformité de cette blancheur éblouissante. Ainsi qu'il avait été réglé, les bœufs à long poil, suivis de leurs conducteurs, s'avancèrent les premiers, marchant les uns après les autres, puis tous les cavaliers se rangèrent en file sur leur trace, et la longue caravane, semblable à un gigantesque serpent, déroula lentement ses grandes spirales sur les flancs de la montagne. D'abord la pente fut peu rapide; mais nous trouvâmes une si affreuse quantité de neige, que nous étions menacés, à chaque instant, d'y demeurer ensevelis. On voyait les bœufs placés à la tête de la colonne, avançant par soubresauts, cherchant avec anxiété à droite et à gauche les endroits les moins périlleux, quelquefois disparaissant tout à fait dans des gouffres et bondissant au milieu de ces amas de neige mouvants, comme de gros marsouins dans les flots de l'Océan. Les cavaliers qui fermaient la marche trouvaient un terrain plus solide. Nous avancions pas à pas dans un étroit et profond sillon, entre deux murailles de neige qui s'élevaient au niveau de notre poitrine. Les bœufs à long poil faisaient entendre leur sourd grognement, les chevaux haletaient avec grand bruit, et les hommes, afin d'exciter le courage de la caravane, poussaient tous ensemble un cri cadencé, et semblable à celui des mariniers quand ils virent au cabestan. Peu à peu la route devint tellement roide et escarpée, que la caravane paraissait en quelque sorte suspendue à la montagne. Il ne fut plus possible de rester à cheval. Tout le monde descendit, et chacun se cramponnant à la queue de son coursier, on se remit en marche avec une nouvelle ardeur. Le soleil, brillant de tout son éclat, dardait ses rayons sur ces vastes entassements de neige, et en faisait jaillir d'innombrables étincelles, dont le scintillement éblouissait la vue. Heureusement, nous avions les yeux abrités sous les inappréciables lunettes dont nous avait fait cadeau le Dhéba de Ghiamda.

Après de longues et indicibles fatigues, nous arrivâmes ou plutôt nous fûmes hissés sur le sommet de la montagne. Le soleil était déjà sur son déclin. On s'arrêta un instant, soit pour rajuster les selles et consolider les bagages, soit pour détacher de la semelle des bottes ces insupportables blocs de neige, qui s'y étaient amassés et solidifiés en forme de cônes renversés. Tout le monde était transporté de joie; on éprouvait une sorte de fierté d'être monté si haut, et de se trouver debout sur ce gigantesque piédestal. On aimait à suivre des yeux cette profonde et tortueuse ornière qu'on avait creusé dans la neige, et dont la teinte roussâtre se dessinait sur le blanc immaculé de la montagne.

La descente était plus escarpée que la montée; mais elle était beaucoup moins longue, et ne demandait pas les efforts que nous avions été obligés de déployer de l'autre côté du mont. L'extrême roideur de la pente était au contraire une facilité pour descendre : car il n'y avait qu'à se laisser aller; le seul danger était de rouler trop brusquement, de franchir le sentier battu, et d'aller s'engloutir pour toujours au fond de quelque abîme. Dans un semblable pays, des accidents de ce genre ne sont nullement chimériques. Nous descendîmes donc lestement, tantôt debout, tantôt assis, et sans autres mésaventures que des culbutes et de longues glissades, bien plus propres à exciter l'hilarité que la crainte des voyageurs.

Un peu avant d'arriver au bas de la montagne, toute la caravane s'arrêta sur un petit plateau où s'élevait un *obo*, ou monument bouddhique, en pierres amoncelées et surmontées de banderoles et d'ossements chargés de sentences thibétaines. Quelques énormes et majestueux sapins entouraient cet *obo*, et l'abritaient sous un magnifique dôme de verdure. « Nous voici arrivés au glacier de la montagne des Esprits, nous dit Ly-Kouo-Ngan; nous allons rire un instant. » Nous regardâmes avec étonnement le Pacificateur des royaumes. « Oui, voici le glacier, voyez de ce côté... » Nous nous dirigeâmes vers l'endroit qu'il nous indiquait; nous nous penchâmes sur le bord du plateau, et nous aperçûmes un immense glacier extrêmement bombé, et bordé des deux côtés par d'affreux précipices. On pouvait entrevoir, sous une légère couche de neige, la couleur verdâtre de la glace. Nous détachâmes une pierre du monument bouddhique et nous la jetâmes sur le glacier. Un bruit sonore se fit entendre, et la pierre, glissant avec rapidité, laissa sur son passage un large ruban vert. Il n'y avait pas à en douter, c'était bien là un glacier; et nous comprîmes une partie des paroles de Ly-Kouo-Ngan; mais nous ne trouvions absolument rien de risible à être obligés de voyager sur une pareille route. Ly-Kouo-Ngan avait cependant raison en tout point, et nous pûmes bientôt nous en convaincre.

On fit passer les animaux les premiers, d'abord les bœufs, et puis les chevaux. Un magnifique bœuf à long poil ouvrit la marche : il avança gravement jusque sur le bord du plateau; là, après avoir allongé le cou, flairé un instant la glace, et soufflé par ses larges naseaux quelques épaisses bouffées de vapeur, il appliqua avec courage ses deux pieds de devant sur le glacier, et partit à l'instant, comme s'il eût été poussé par un ressort. Il descendit les jambes écartées, mais aussi roides et immobiles que si elles eussent été de marbre. Arrivé au bout du glacier, il fit la culbute, et se sauva grognant et bondissant à travers des flots de neige. Tous les animaux les uns après les autres nous donnèrent ce spectacle, qui était réellement palpitant d'intérêt. Les chevaux faisaient en général, avant de se lancer, un peu plus de façon que les bœufs; mais il était facile de voir que les uns et les autres étaient accoutumés depuis longtemps à ce genre d'exercice.

Les hommes s'embarquèrent à leur tour, avec non moins d'intrépidité et de succès que nos animaux, quoique d'après une méthode toute différente. Nous nous assîmes avec précaution sur le bord du glacier; nous appuyâmes fortement sur la glace nos talons serrés l'un contre l'autre; puis, nous servant du manche de notre fouet en guise de gouvernail, nous nous mîmes à voguer sur ces eaux glacées, avec la rapidité d'une locomotive. Un marin eût trouvé que nous filions au moins douze nœuds. Dans nos longs et nombreux voyages, nous n'avions encore jamais rencontré un moyen de transport à la fois si commode, si expéditif, et surtout si rafraîchissant.

Au bas du glacier, chacun rattrapa son cheval comme il put, et nous continuâmes notre route selon la méthode vulgaire. Après une descente peu rapide, nous laissâmes derrière nous la *montagne des Esprits*, et nous entrâmes dans une vallée parsemée çà et là de larges plaques de neige qui avaient résisté aux rayons du soleil. Nous longeâmes pendant quelques instants les bords glacés d'une petite rivière, et nous arrivâmes enfin au poste de Lha-Ri. Il y eut à la porte de la ville, comme à Ghiamda, une réception militaire. Le Dhéba du lieu vint nous offrir ses services, et nous allâmes occuper le logement qui nous avait été préparé dans une pagode chinoise nommée *Kouang-Ti-Miao*, c'est-à-dire *temple du dieu de la guerre*. De Lha-Ssa à Lha-Ri, on compte mille dix lis (cent et une lieues); il y avait quinze jours que nous étions en route.

Depuis Lha-Ssa jusqu'à la province du Sse-Tchouen, dans toute l'étendue de cette longue route, on ne voit jamais que de vastes chaînes de montagnes, entre-coupées de cataractes, de gouffres profonds et d'étroits défilés. Ces montagnes sont tantôt entassées pêle-mêle, et présentent à la vue les formes les plus bizarres et les plus monstrueuses : tantôt elles sont rangées et pressées symétriquement les unes contre les autres, comme les dents d'une immense scie ; ces contrées changent d'aspect à chaque instant, et présentent aux yeux des voyageurs des tableaux d'une variété infinie. Cependant, au milieu de cette inépuisable diversité, la vue continuelle des montagnes répand sur la route une certaine uniformité qui finit par devenir fatigante.

Une relation détaillée d'un voyage dans le Thibet pouvant par contre-coup se ressentir de cette monotonie, nous nous en abstiendrons, de peur de tomber dans de trop fastidieuses répétitions.

Quatre jours après notre départ de Kiang-Ssa, nous arrivâmes sur les bords du Kin-Cha-Kiang, fleuve à sable d'or, que nous avions déjà traversé sur la glace avec l'ambassade thibétaine deux mois avant d'arriver à Lha-Ssa. Au milieu des belles plaines de la Chine, ce fleuve magnifique roule ses ondes bleues avec une imposante majesté; mais parmi les montagnes du Thibet, il bondit sans cesse, et précipite la grande masse de ses eaux au fond des gorges et des vallées, avec une impétuosité et des mugissements épouvantables. A l'endroit où nous rencontrâmes le fleuve, il était encaissé entre deux montagnes, dont les flancs escarpés, se dressant perpendiculairement sur ses bords, lui faisaient un lit étroit, mais d'une grande profondeur; les eaux couraient rapidement, en faisant entendre un bruit sourd et lugubre. De temps en temps on voyait avancer d'énormes quartiers de glace, qui, après avoir tournoyé dans mille remous, allaient se briser avec fracas contre les aspérités de la montagne.

En deçà du grand fleuve à sable d'or, on remarque, parmi les tribus qu'on rencontre, une assez notable modification dans les mœurs, le costume et le langage même. On voit qu'on n'est plus dans le Thibet proprement dit. A mesure qu'on se rapproche des frontières de la Chine, les indigènes ont moins de fierté et de rudesse dans le caractère; on les trouve déjà un peu cupides, flatteurs et rusés; leur foi religieuse n'est plus même ni si vive ni si franche. Quant au langage, ce n'est plus le thibétain pur qui se parle à Lha-Ssa et dans la province de Kham : c'est un dialecte qui tient beaucoup de l'idiome des Si-Fan, et où l'on remarque plusieurs expressions chinoises. Les Thibétains de Lha-Ssa qui nous accom-pagnaient avaient toutes les peines du monde à comprendre et à être compris. Le costume ne varie en général que dans la coiffure. Les hommes portent un chapeau de feutre gris ou brun, ressemblant assez à nos chapeaux de feutre, lorsqu'ils sortent du fouloir et qu'ils n'ont pas encore été arrondis sur la forme. Les femmes fabriquent avec leurs cheveux une foule innombrable de petites tresses qu'elles laissent flotter sur les épaules.

Depuis Lithang jusqu'à Ta-Tsien-Lou, ville frontière de Chine, on ne compte que six cents lis, qui se divisent en huit étapes. Nous trouvâmes la fin de cette affreuse route du Thibet, en tout semblable à son milieu et à son commencement. Nous avions beau franchir des montagnes, nous en trouvions toujours de nouvelles devant nous : montagnes toujours d'un aspect menaçant, toujours couvertes de neige et semées de précipices. La température n'avait pas subi non plus un changement sensible. Il nous semblait que, depuis notre départ de Lha-Ssa, nous ne faisions que nous mouvoir dans un même cercle. Cependant, à mesure que nous avancions, les villages devenaient plus fréquents sans pourtant rien perdre de leur caractère thibétain. Le plus important de ces villages est Makian-Dsoung, où quelques marchands chinois tiennent des magasins pour approvisionner les caravanes. A une journée de Makian-Dsoung, on passe en bateau le Ya-Loung-Kiang, rivière large et rapide. Sa source est au pied des monts Bayen-Kharat, tout près de celle du fleuve Jaune. Elle se réunit au Kin-Cha-Kiang, dans la province du Sse-Tchouen. D'après les traditions du pays, les bords du Ya-Loung-Kiang auraient été le premier berceau de la nation thibétaine.

Pendant que nous passions le Ya-Loung-Kiang en bateau, un berger traversait la même rivière sur un pont uniquement composé d'un gros câble en peau d'yak, fortement tendu d'un bord à l'autre. Une espèce d'étrier en bois était suspendu par une solide lanière, à une poulie mobile sur le câble. Le berger n'eut qu'à se placer à la renverse sous ce pont étrange, en appuyant les pieds sur l'étrier, et en se cramponnant au câble de ses deux mains; ensuite il tira le câble par petits coups; et le poids du corps faisant avancer la poulie, il arriva de l'autre coté en peu de temps. Ces ponts sont assez répandus dans le Thibet; ils sont très commodes pour traverser les torrents et les précipices, mais il faut être habitué à s'en servir. Nous n'avons jamais osé nous y aventurer. Les ponts en chaînes de fer sont aussi très en usage, surtout dans les provinces d'Ouëi et de Dzang. Pour les construire, on fixe sur les deux bords de la rivière autant de crampons en fer qu'on veut tendre de chaînes; on place ensuite sur les chaînes des planches qu'on recouvre quelquefois d'une couche de terre. Comme ces ponts sont extrêmement élastiques, on a soin de les garnir de gardes-fous.

Enfin nous arrivâmes sains et saufs aux frontières de la Chine, où le climat du Thibet nous fit de bien froids adieux. En traversant la montagne qui précède la ville de Ta-Tsien-Lou, nous fûmes presque ensevelis sous la neige, tant elle tombait épaisse et abondante. Elle nous accompagna jusque dans la vallée où est bâtie la ville chinoise, qui nous reçut avec une pluie battante. C'était dans les premiers jours du mois de juin 1846. Il y avait près de trois mois que nous étions partis de Lha-Ssa; d'après l'itinéraire chinois, nous avions parcouru cinq mille cinquante lis.

Nous nous reposâmes trois jours à Ta-Tsien-Lou. Pendant ce temps, nous eûmes à nous quereller plusieurs fois par jour avec le principal mandarin du lieu, qui ne voulait pas consentir à nous faire continuer notre route en palanquin. Il dut pourtant en passer par là ; car nous ne pouvions pas même supporter l'idée d'aller encore à cheval. Nos jambes avaient enfourché tant de chevaux de tout âge, de toute grandeur, de toute couleur et de toute qualité, qu'elles n'en voulaient plus ; elles aspiraient irrésistiblement à s'étendre en paix dans un palanquin. Cela leur fut accordé, grâce à la persévérance et à l'énergie de nos réclamations.

Le lendemain, à l'aube du jour, nous entrâmes dans nos palanquins, et nous fûmes portés aux frais du trésor public, jusqu'à la capitale de la province du Sse-Tchouen où par ordre de l'empereur, nous devions subir un jugement solennel par-devant les grands mandarins du Céleste Empire.

Après quelques mois de marche à travers la Chine, nous arrivâmes à Macao, dans les commencements du mois d octobre 1846.... Notre long et pénible voyage était terminé, et nous pûmes enfin, à la suite d'un si grand nombre de tribulations, retrouver un peu de calme et de repos. Pendant deux années de séjour dans notre maison de procure, nous avons profité de nos moments de loisir, pour rédiger les quelques notes recueillies de la route. De là ces *Souvenirs de voyage*, que nous adressons à nos frères d'Europe dont la charité veut bien s'intéresser aux épreuves et aux fatigues des Missionn aires.

TABLE DES MATIÈRES

LA TARTARIE

LE THIBET

Él. Casterman, Tournai. 1891

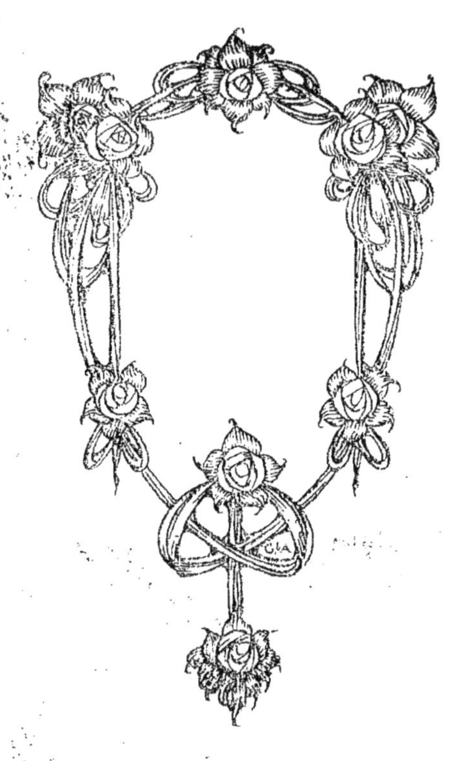

www.ingramcontent.com/pod-product-compliance
Lightning Source LLC
LaVergne TN
LVHW050301060726
842525LV00002B/362